TOEIC®テスト
ビジュアル英単語

TOEIC is a registered trademark of Educational Testing Service (ETS).
This publication is not endorsed or approved by ETS.

佐藤誠司／小池直己 編
Seishi Sato & Naomi Koike

the japan times

はじめに

　本書は、TOEIC テストによく出るすべての重要語を網羅した単語集です。見出し語数は約 4,800 語とかなり多めですが、本書を完全にマスターすれば TOEIC テストの英単語対策は完璧に仕上がることを、筆者は確信しています。

　一方で本書は幅広いレベルの学習者に対応しており、学習のレベルに応じて次のように使い分けることもできます。

目標得点	学習方法
500 点レベル	大きな活字の語（基本語）を重点的に暗記する。
700 点レベル	全見出し語を暗記する。★ 印の語句に注意。
900 点レベル	関連語句や例文・語法なども確認する。

　本書では、写真描写問題・リーディングなど出題形式に応じて TOEIC テストの重要分野を 130 の項目に分類し、イラストや図表を多用して各分野の関連語句をコンパクトに整理するとともに、記憶に残りやすい形で提示しています。

　また本書では、ビジネス英語に関する語句に特に重点を置いています。たとえば、次の英文を見てみましょう。この文の意味を容易に理解できる人は、700 点レベル以上の実力があるはずです。

Purchasers are responsible for duties on shipments.

　色文字で示した duties や shipments が、TOEIC テストに特有の（ビジネス英語における）重要語です。この文の意味は、次のようになります。

輸送品に課される関税は、購入者が（支払いの）責任を負います。

　こうした文の意味をすらすら理解できるようになることが、本書による学習の最終目標です。本書の学習を終えた後、皆さんは TOEIC テストの得点力が飛躍的に向上した自分を必ず発見することでしょう。

　本書の出版に当たっては、ジャパンタイムズ出版局の伊藤秀樹さんに多大なお世話になりました。心よりお礼申し上げます。

2009 年 2 月

編者

本書の特色

　本書は、TOEICテストに出題されやすい単語や語句、および、それらに関するさまざまな知識を体系的に整理したものです。本書には、次のような特色があります。

①TOEICテストの頻出分野を絞り込んでいる。

　TOEICテストに出題されやすい単語のジャンルは、著しく偏っています。たとえば「環境問題」は今日の社会の大きなテーマの1つですが、TOEICでの出題頻度が低いため、本書には「環境」という項目は設けていません。同様に政治・社会問題・家族・日常生活などの分野の単語も、原則として割愛しています。

　TOEICテストの最頻出分野は経済活動やビジネスシーン（会議・交渉・宣伝など）に関するものであり、本書ではそれらの分野に関する語句を重点的に取り上げています。抽象的な単語も、具体的な状況に即して分類しているのが本書の1つの特徴です。

②単語を分野別に分類している。

　意味の上で関連した語句をまとめて覚えられるよう、暗記の対象となる語句を130の分野に分類しました。各項目はさらに意味を細分化し、状況や行動の流れに沿って自然に語彙力がつくような構成になっています。

　たとえば「旅行」の項では、「旅行の計画」「手続き」「トラブル」「観光」「買い物」などのトピック別に、重要単語・表現が列挙されています。

③視覚的効果を活用している。

　この点が、本書の最大の特色です。イラストを活用して単語を覚える方法は、TOEICテストのPart 1（写真描写問題）の対策には特に効果的です。本書ではその視点をさらに発展させ、「TOEICの重要単語のすべてを『図解』によって示す」ことを目指しました。本書では、抽象概念を表す単語も含めて、意味の上で関連のある語句をグループ化したり、一覧表などを使ってわかりやすく示しています。

④分野・状況に応じた単語の意味を示している。

　最近では大学生や高校生にもTOEICテストの受験者が増えていますが、いわゆる受

験英語とTOEICに出題される英語との間には、かなりの違いがあります。したがって、同じ単語であっても、「大学受験の対策として覚えるべき意味」と「TOEICテストの対策として覚えるべき意味」とは決して同じではありません。

たとえば、proofという単語を見たとき、大学受験生ならおそらく「証拠」という意味を思い浮かべるでしょう。しかし、TOEICテスト受験者なら、それ以外に「ゲラ」（→ proofreading ＝校正）や「～に耐える」（→ waterproof ＝防水の）などの意味を覚えておく必要があります。

このように同じ語が複数の異なる分野に入る場合、1つの語がそれぞれの分野に繰り返し出てきます（proofは「73 論理・正誤」「77 本・出版」「84 品質」に掲載されています）。

⑤語句の意味や使い方を詳しく説明している。

大学受験の単語集などの場合、「1つの単語に対して1つの訳語を覚える」方法が一般的です。しかしTOEICテストでは、単に「意味」を覚えただけでは不十分なケースがしばしばあります。

| letter of credit ★ | 解説 自社の信用度を証明するために、銀行から発行してもらう証書のこと。L/Cと略記する。結びつく動詞は、open/establish（開設する）、issue（発行する）など。 |

この例（「38 資格・保証」から抜粋）の場合、「letter of credit ＝信用状」という意味だけでなく、どのような場面で使われる言葉なのかを理解しておく必要があります。本書では、「意味」「解説」「類語」のアイコンを使って、その語が指し示す具体的な意味や類語との識別などに関する情報を盛り込んでいます。

⑥語法・文法のまとめを含んでいる。

TOEICテストには、たとえば、次のような文法問題がしばしば出題されます。

He suggested that the plan be reconsidered.
（その案は再考すべきだと彼は提案した）

beの部分が空欄になっていて、動詞の適切な形を選ぶ問題です。これを解くには、「suggestに続くthat節中では、常に動詞の原形を使う」という知識が必要です。この形をとる動詞はまとめて覚えておくのが効率的であり、本書では「63 交渉②」で

それらの動詞のリストを示しています。このように、本書に盛り込まれた知識は、単に「単語の意味を覚える」というだけでなく、語法・文法の観点からも体系化されています（使い方に注意すべき語句には「語法」のアイコンを付けています）。

⑦ 暗記用カラーシートで効率的に学習できる。

　TOEICテストでは、単語や文を見たときに、まず意味がわかることが大切です。本書には、そうした能力を優先的に身につけられるように、カラーシートが付いています。シートを本文に当てると語義や例文の訳が消えますので、記憶の確認にご活用ください。

本書で使用した記号について

❶ 実線のワク内または表中に含まれる語句（＝見出し語句）が、暗記の対象となります。見出し語句の総数は、約 4,800 語（のべ 5,392 語）です。英語の文字サイズについては、「大きい文字で示した語句ほど重要度が高い」ことを意味します。

❷ 見出し語句の右または下に、派生語・例文・関連情報などを入れています。

❸ 色が付いた見出し語句は、TOEIC テスト対策以外にも役立つ基本的な語句です。

❹ ★ は、TOEIC テスト対策として特に重要と思われる語句です。

❺ 見出し語には、原則として、カタカナで発音を示しています。アクセントは適宜、太字で示しました。

❻ 例文中のイタリック体は、熟語・連語を示します。

❼ ⇔ は見出し語と反意語の関係にある語です。

見出し語に付したアイコン・記号

意味 その語句がどのような意味を持ち、どんな場合に使われるかを解説しています。

類語 意味の似た語との使い方の区別を解説しています。

解説 その語句が指し示す具体的な内容や補足事項を解説しています。

語法 その語句の文法・語法的な機能を解説しています。

混同注意 形が似ていて紛らわしい語を示しています。

語形成 接頭辞などに着目して、形の似た単語をまとめています。

―― 元の語から派生した語や元の語を使った連語などを、元の語と結び付けています。

―― 対にして覚えておくべき語句同士を結びつけています。

⇔ 反意語の関係にあるもの同士を結びつけています。

点線の囲みに付した見出し

連語 〈動詞＋名詞〉〈形容詞＋名詞〉などの形で覚えておくとよいものをまとめています。

表現 表現力を広げるために、まとめて覚えておくとよい語句などを示しています。

語形成 接頭辞などに着目して、形の似た単語をまとめています。

暗記 丸暗記しておくとよい重要例文です。

語法 同じ使い方をする語（例：〈＋人＋to do の形をとる動詞〉）などをまとめて示しています。

重要 特に重要な語句などをまとめています。必ずチェックしておきましょう。

語彙強化 英語の総合力を高めるために、日常会話などで使える語句を示しています（TOEICテストでの出題頻度があまり高くないため、活字のサイズを小さくしています）。

目次 CONTENTS

はじめに	iii
本書の特色	iv
本書で使用した記号について	vii

Stage 1

1 街路① ……………………… 2
2 街路② ……………………… 4
3 道路・交通① ……………… 6
4 道路・交通② ……………… 8
5 自動車① …………………… 10
6 自動車② …………………… 12
7 鉄道 ………………………… 14
8 飛行機 ……………………… 16
9 旅行① ……………………… 18
10 旅行② ……………………… 20
11 ホテル ……………………… 22
　確認テスト ………………… 24

Stage 2

12 公園 ………………………… 26
13 動作 ………………………… 28
14 人物の外見 ………………… 30
15 自然 ………………………… 32
16 建築 ………………………… 34
17 道具・設備 ………………… 36

18 家 …………………………… 38
19 水回り・衛生 ……………… 40
20 住宅・不動産 ……………… 42
21 ビジネス …………………… 44
22 買い物 ……………………… 46
23 値段 ………………………… 48
24 料金・支払い ……………… 50
25 注文 ………………………… 52
26 荷物 ………………………… 54
27 運送 ………………………… 56
　確認テスト ………………… 58

Stage 3

28 宣伝① ……………………… 60
29 宣伝② ……………………… 62
30 営業・接待 ………………… 64
31 クレーム …………………… 66
32 損害賠償・保険 …………… 68
33 経済 ………………………… 70
34 会社の形 …………………… 72
35 会社の経営 ………………… 74
36 組織 ………………………… 76
37 社員募集 …………………… 78
38 資格・保証 ………………… 80
　確認テスト ………………… 82

Stage 4

39 雇用・研修 ………………… 84
40 人事異動 …………………… 86

| 41 労務管理 …………………… 88
| 42 給料・報酬・税金 …………… 90
| 43 オフィス ………………………… 92
| 44 職業・任務 …………………… 94
| 45 能率・時間管理 ……………… 96
| 46 業務の遂行 …………………… 98
| 47 事務用品・連絡 ① ………… 100
| 48 連絡 ② ………………………… 102
| 49 文書・電子メール ………… 104
| 50 手紙 ① ………………………… 106
| 51 手紙 ② ………………………… 108
| 52 パソコン ……………………… 110
| 53 情報整理・インターネット 112
| 54 電話 …………………………… 114
| 確認テスト …………………… 116

Stage 5

| 55 財務・会計 …………………… 118
| 56 収支・計算 …………………… 120
| 57 銀行・お金 ① ……………… 122
| 58 お金 ② ………………………… 124
| 59 株・投資 ……………………… 126
| 60 契約 ① ………………………… 128
| 61 契約 ② ………………………… 130
| 62 交渉 ① ………………………… 132
| 63 交渉 ② ………………………… 134
| 64 裁判・法律 …………………… 136
| 確認テスト …………………… 138

Stage 6

| 65 会議 ① ………………………… 140
| 66 会議 ② ………………………… 142
| 67 議論 …………………………… 144
| 68 計画・方針 …………………… 146
| 69 発言・発表 …………………… 148
| 70 説明・提示 ① ……………… 150
| 71 説明・提示 ② ……………… 152
| 72 思考・判断 …………………… 154
| 73 論理・正誤 …………………… 156
| 74 調査・検討 …………………… 158
| 確認テスト …………………… 160

Stage 7

| 75 新聞 …………………………… 162
| 76 放送・テレビ ………………… 164
| 77 本・出版 ……………………… 166
| 78 大学 …………………………… 168
| 79 農林漁業 ① …………………… 170
| 80 農林漁業 ② …………………… 172
| 81 資源・工業 …………………… 174
| 82 製造・生産 …………………… 176
| 83 機械 …………………………… 178
| 84 品質 …………………………… 180
| 85 研究開発 ……………………… 182
| 確認テスト …………………… 184

Stage 8

- 86 競争・優劣 ……………… 186
- 87 対立・害 ………………… 188
- 88 可能性・成功・失敗 …… 190
- 89 制約・妨害 ……………… 192
- 90 作成・使用 ……………… 194
- 91 能力・技術 ……………… 196
- 92 程度・範囲 ① …………… 198
- 93 程度・範囲 ② …………… 200
- 94 量・種類 ………………… 202
- 95 数字・尺度・比率 ……… 204
- 96 部分・変更 ……………… 206
- 97 関連・適合 ……………… 208
- 98 因果関係 ………………… 210
- 99 存在・生起 ……………… 212
- 100 所有・保持 ……………… 214
- 確認テスト ………………… 216

Stage 9

- 101 増減 ……………………… 218
- 102 拡大 ……………………… 220
- 103 変化・悪化 ……………… 222
- 104 変形 ……………………… 224
- 105 物の形 ① ………………… 226
- 106 物の形 ② ………………… 228
- 107 位置関係 ………………… 230
- 108 順序 ……………………… 232
- 109 地理・地域 ……………… 234
- 110 気象 ……………………… 236
- 111 時 ………………………… 238
- 112 状況・問題・記憶 ……… 240
- 113 感情・心理 ① …………… 242
- 114 感情・心理 ② …………… 244
- 115 感情・心理 ③ …………… 246
- 確認テスト ………………… 248

Stage 10

- 116 交際 ① …………………… 250
- 117 交際 ② …………………… 252
- 118 性格・態度 ① …………… 254
- 119 性格・態度 ② …………… 256
- 120 人への対応 ……………… 258
- 121 比較 ……………………… 260
- 122 価値 ……………………… 262
- 123 余暇・娯楽 ① …………… 264
- 124 余暇・娯楽 ② …………… 266
- 125 健康・美容 ……………… 268
- 126 人体・医療 ……………… 270
- 127 食事・料理 ① …………… 272
- 128 食事・料理 ② …………… 274
- 129 衣類・掃除 ……………… 276
- 130 重要な前置詞・副詞 …… 278
- 確認テスト ………………… 280

確認テストの解答 …………… 281
索引 …………………………… 283

カバーデザイン
渡部英郎（DELASIGN Inc.）

イラスト
島津敦（Pesco Paint）

本文デザイン・DTP組版
清水裕久・清水将博（Pesco Paint）

英文校閲
Michael A. Haase

Stage 1

1	街路①
2	街路②
3	道路・交通①
4	道路・交通②
5	自動車①
6	自動車②
7	鉄道
8	飛行機
9	旅行①
10	旅行②
11	ホテル

1 街路①

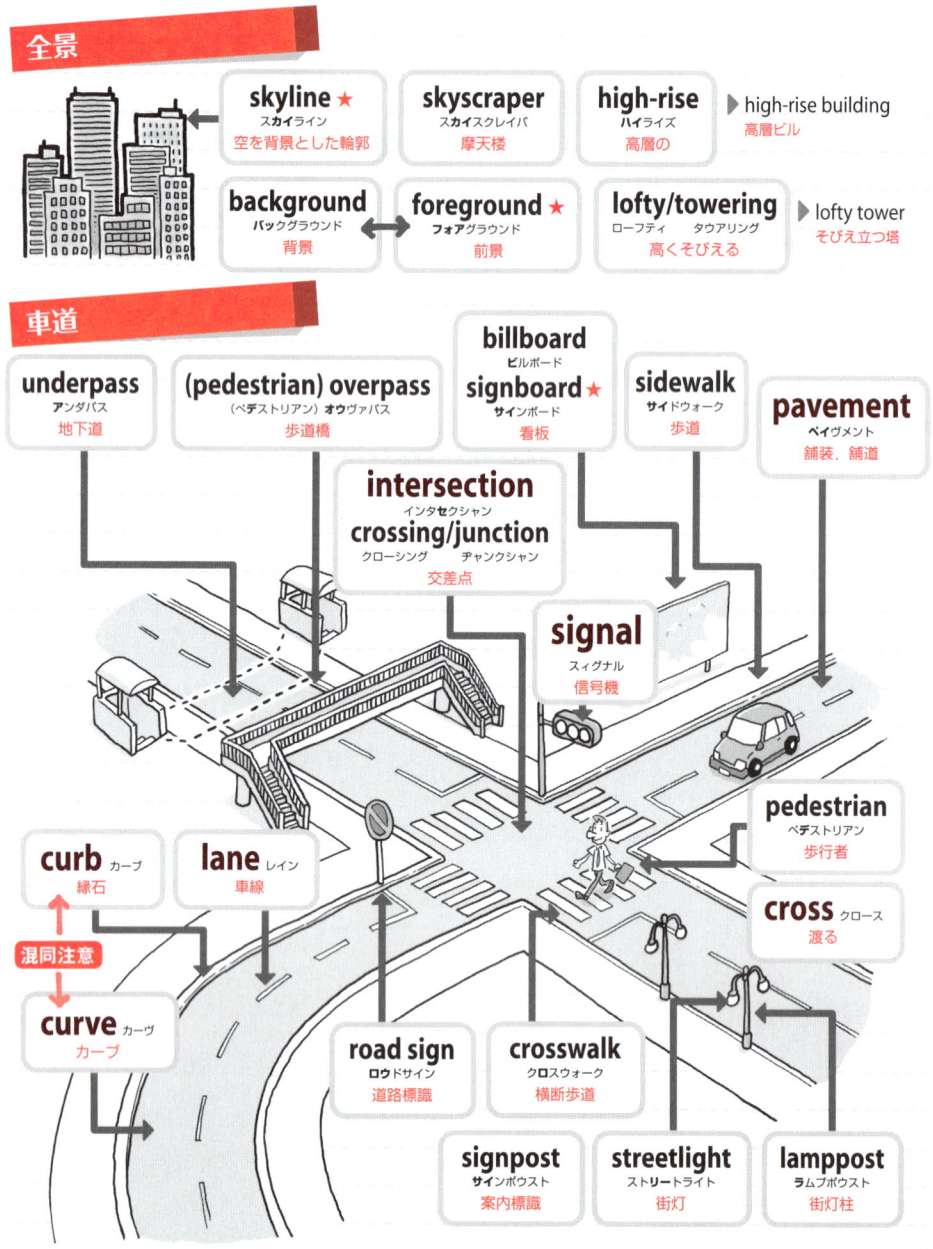

ここまでの見出し語数(のべ) **48**語

繁華街

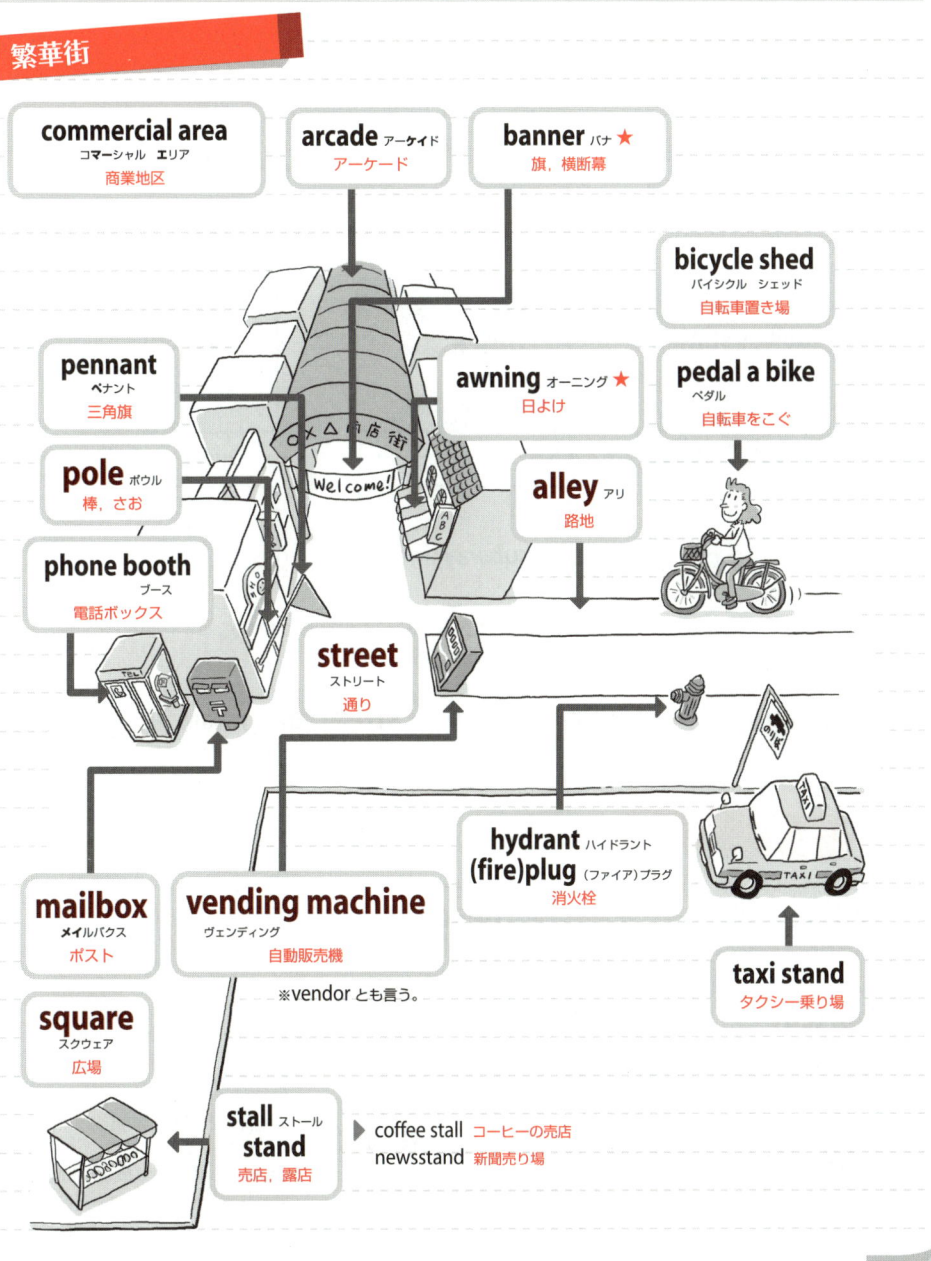

2 街路②

市街図

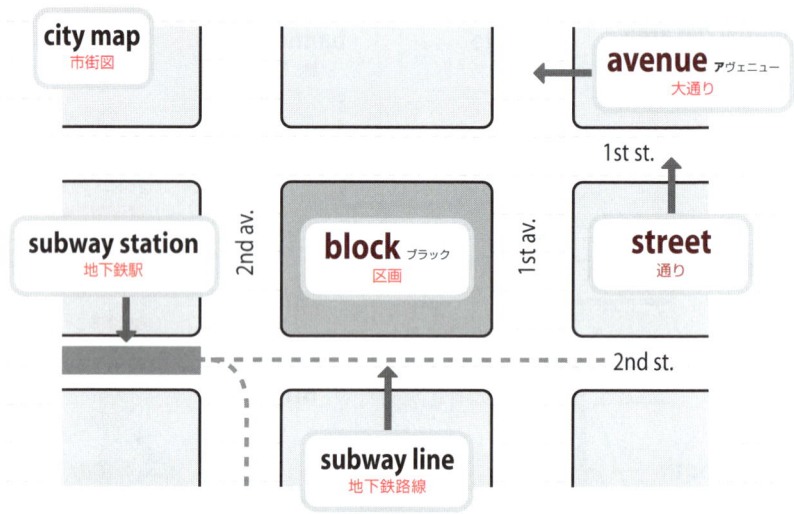

※《東西の比較的狭い》通りが street，《南北の》大通りが avenue。
　street と avenue に囲まれた1区画が block。

subway《米》サブウェイ　地下鉄　※《英》では the underground。
ロンドンの地下鉄は the Tube。

streetcar《米》/ **tram**《英》トラム　市街[路面]電車

道順

route ルート　道筋，路線　▶ delivery route 配達ルート　route 12（国道）12号線

head for ～へ向かう　▶ Where are you *heading for*?　どちらへお出かけですか。

shortcut ショートカット　近道　▶ take a shortcut 近道をする

detour ★ ディートゥア　迂回路　▶ make a detour 回り道をして行く

en route アーン　ルート　途中で　▶ *en route to* the station 駅へ行く途中で

stray ストレイ / **get lost** 道に迷う　▶ stray child 迷子

direction ディレクシャン　方角，道順 — **direct** ディレクト　道を教える　▶ *directions to* the station 駅へ行く道順
Could you *direct* me *to* the station? 駅へ行く道を教えていただけますか。

ここまでの見出し語数(のべ) **88**語

建物などの外観

face 面する
▶ The shop faces the main street.
その店は本通りに面している。

hang ハング ぶら下がる/掛ける
▶ A hat is hanging on a branch. 帽子が枝にぶらさがっている。
A picture is hung on the wall. 壁に絵が掛かっている。

droop ドループ 垂れ下がる
▶ A flag is drooping from a pole.
旗が旗ざおから垂れ下がっている。

suspend サスペンド 吊り下げる
▶ suspend a flag from the ceiling
天井から旗を吊り下げる

overhang オウヴァハング 張り出す
▶ overhanging awning
張り出した日よけ

decorate/adorn デコレイト アドーン 飾る
▶ a tree *decorated with* lights 電飾のついた木
decoration 装飾

ornament/décor オーナメント デイコウ 装飾(品)
▶ put ornaments on a tree
木に飾りをつける

penthouse ペントハウス 屋上塔[家屋]

illuminate イルーミネイト 照らす ― **illumination** イルーミネイシャン 照明
▶ a street illuminated by streetlights
街灯に照らされた通り

facade ファサード 〈立派な〉正面

lonely/deserted/derelict ロウンリ ディザーティド デレリクト 人けのない

secluded シクルーディド 人目につかない

imposing/massive インポウジング マシヴ 堂々とした

neglected/abandoned ネグレクティド アバンダンド 放置された

ivy-grown アイヴィグロウン ツタの生い茂った

3 道路・交通①

一般道路

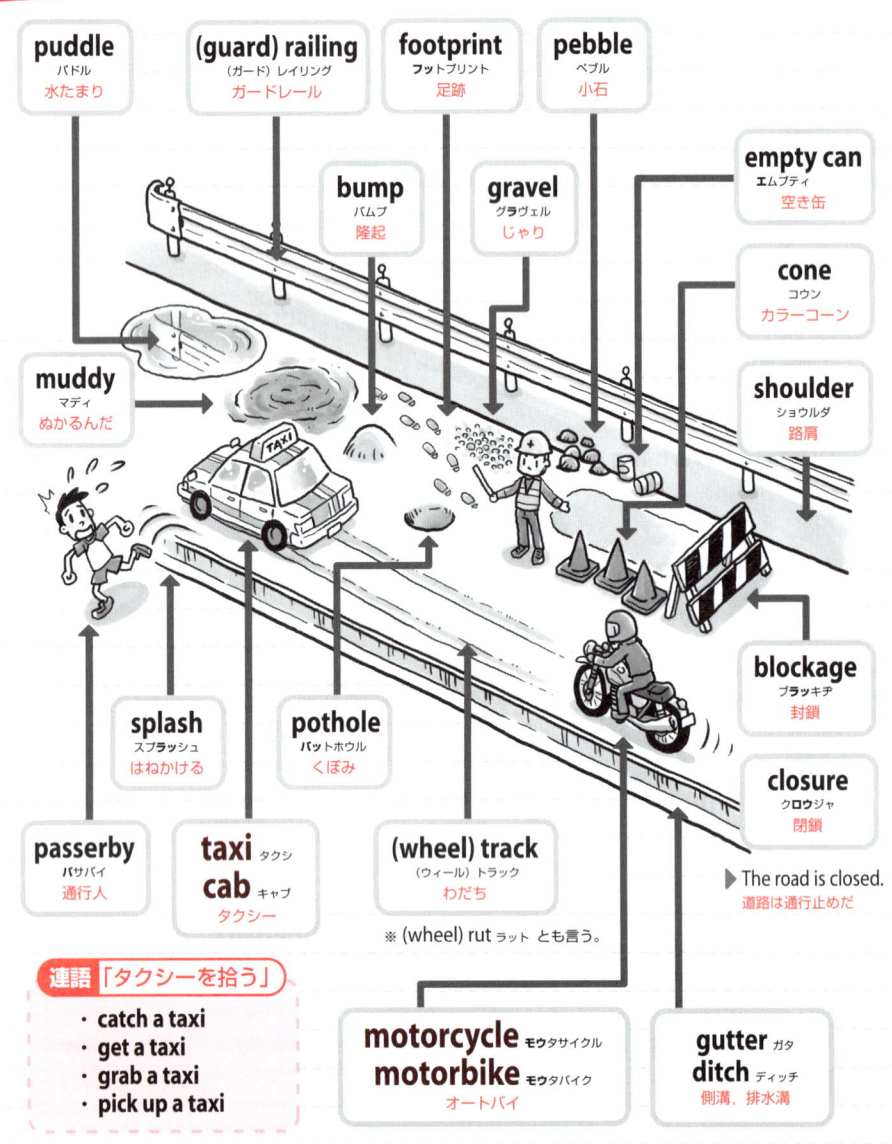

ここまでの見出し語数（のべ）**131**語

工事

under repair リペア
工事中で
▶ The road *is under repair[construction]*. 道路は修理[建設]中だ。
語法 under は「〜中である」の意味（under discussion＝検討中で）。

civil engineering シヴィル エンヂニアリング
土木工学
▶ civil engineer 土木技師

crane クレイン
クレーン

bulldozer ブルドウザ
ブルドーザー

concrete カンクリート
コンクリート
▶ reinforced concrete 鉄筋コンクリート
※形容詞の concrete は「具体的な」の意味。

道路の種類

road ロウド
道路

path パス / **trail** トレイル
小道 / 通路、歩行路

walkway ウォークウェイ
通路、歩行路

連語 形容詞・名詞 ＋ road
・**bumpy [uneven] road** でこぼこ道
・**unpaved road** 舗装されていない道
・**uphill road** 上り坂の道
・**one-way road** 一方通行の道路
・**through road** 通りぬけられる道路
・**toll road** 有料道路
※ toll は「通行料」。有料道路の料金所は toll gate [booth]。

slope スロウプ
坂道
▶ uphill [downhill] slope 上り[下り]坂

overpass オウヴァパス
高架道路

highway ハイウェイ
幹線道路
⇔ **byway** バイウェイ / **bypass** バイパス
わき道

freeway フリーウェイ
〈無料の〉高速道
※高速道路は expressway/superhighway などとも言う。
median (strip) 中央分離帯

impassable イムパサブル
通行できない
※ impossible（不可能な）と発音が似ているので注意。

impasse イムパス
袋小路

lead リード **to**
通じる
▶ road *leading to* the park 公園へ通じる道

wind ワインド
曲がりくねる
▶ winding [twisting] road 曲がりくねった道

暗記 **The road winds up the hill.**
道はうねうねと丘の上へ続いている。

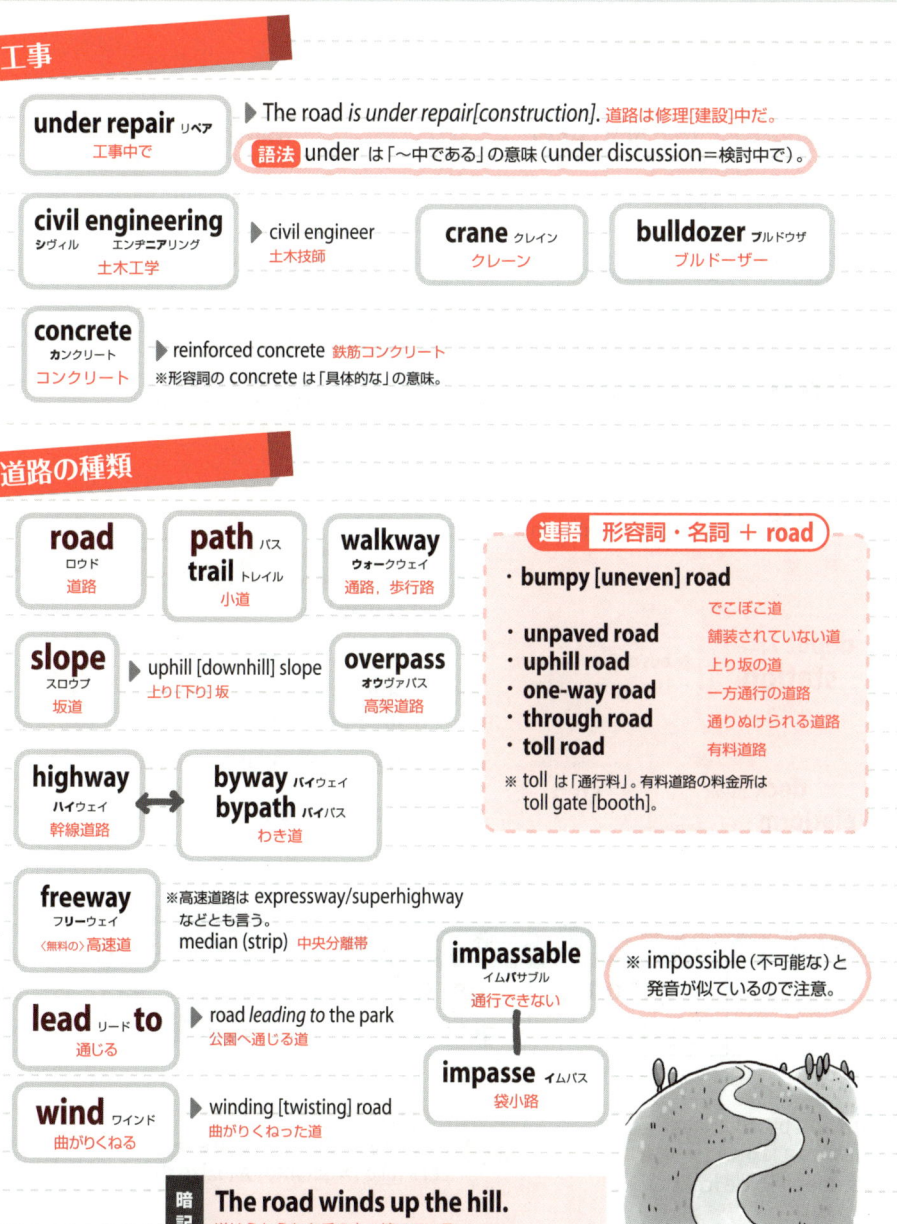

4 道路・交通②

交通機関・バス

transport トランスポート 輸送する
transportation トランスポーテイシャン 輸送（機関）
▶ public transportation 公共交通機関

transit トランジット 通行，輸送
▶ mass transit 大量輸送

混同注意
transition 推移，変化

ridership ライダシップ 特定の交通機関の利用者数
▶ decline in bus ridership バス利用者の減少

shuttle シャトル 定期往復便（で輸送する）
▶ Buses shuttle between the station and the airport.
バスが駅と空港との間を往復している。

access アクセス 交通の便
accessible アクセシブル 近づきやすい
▶ The new road gave us good access to the airport.
新しい道路のおかげで空港への交通の便がよくなった。

service サーヴィス 運行，便
▶ There is no bus service to the village.
その村へ行くバスの便はない。

depot ディーポウ
station 発着所
▶ bus depot バス発着所
　bus stop バス停

語彙強化　バスの種類
- **trolley bus** トロリーバス ※架線からの電力で路面上を動くバス。
- **double-decker** 二階建てバス
- **shuttle bus** シャトル[往復運行]バス
- **municipal bus** 市営バス　ミューニシパル
- **transcontinental bus** 大陸横断バス　トランスコンティネンタル
- **interurban bus** 都市間連絡バス　インタアーバン

deck デック
platform プラットフォーム 乗降口
step ステップ 昇降段

表現

	乗る	降りる
バス・列車	get on	get off
車・タクシー　エレベーター	get into	get out of

get on a bus　バスに乗る
get into a taxi　タクシーに乗り込む
cf. ride a bicycle [coaster]
　　自転車[コースター]に乗る

語法「乗る＝利用する」のときは take を使う。
Let's take [×get into] a taxi to the station.
駅までタクシーに乗って行こう。

ここまでの見出し語数(のべ) **163** 語

交通渋滞など

traffic トラフィク 交通
▶ There is a heavy traffic on this street.
この通りは交通が激しい。
語法 「交通の激しい通り」は busy street。

crowded クラウディド 混雑して
▶ The road is *crowded with* cars.
道路は車で混雑している。

traffic congestion コンチェスチャン **traffic jam** ヂャム 交通渋滞

caught in コート ～にあう
▶ be [get] *caught in* a traffic jam
渋滞に巻き込まれる

delay ディレイ 遅らせる/遅れ
▶ The train is delayed by snow.
列車は雪で遅れている。
語法 The train delayed は誤り！
be delayed (受動態)で「遅れる」の意味を表す。

back up 交通の流れを止める
▶ Traffic is *backed up* for 10 miles.
交通は10マイル渋滞している。

tie up ★ タイ 動けなくする
▶ The snow *tied up* the train.
雪で列車が不通になった。

hold up ★ 妨げる、遅らせる
▶ The departure was *held up* by the fog.
霧のために出発が遅れた。
holdup〈交通の〉停滞

到着時刻

due デュー 到着予定で
意味 due には「出産予定で」「支払い期日が来て」などの意味もある (due date＝支払い期日)。

暗記 What time are we *due* in Osaka?
何時に大阪に着く予定ですか。
※列車の中などで使う言い方。

in time (for) (～に)間に合って
▶ I was *in time for* the departure.
私は出発に間に合った。

make it ★ 間に合う
▶ I *made it* to the train.
私は列車に間に合った。

on time 定刻に
▶ Our bus came *on time*.
私たちの乗るバスは定刻に来た。
※「予定どおりに」は on schedule スケジュール、「予定より遅れては」behind schedule とも言う。

ahead of time アヘッド 予定より早く ⟷ **behind time** ビハインド 予定より遅く
▶ arrive 5 minutes *behind time*
予定より5分遅れて到着する

5 自動車①

車体

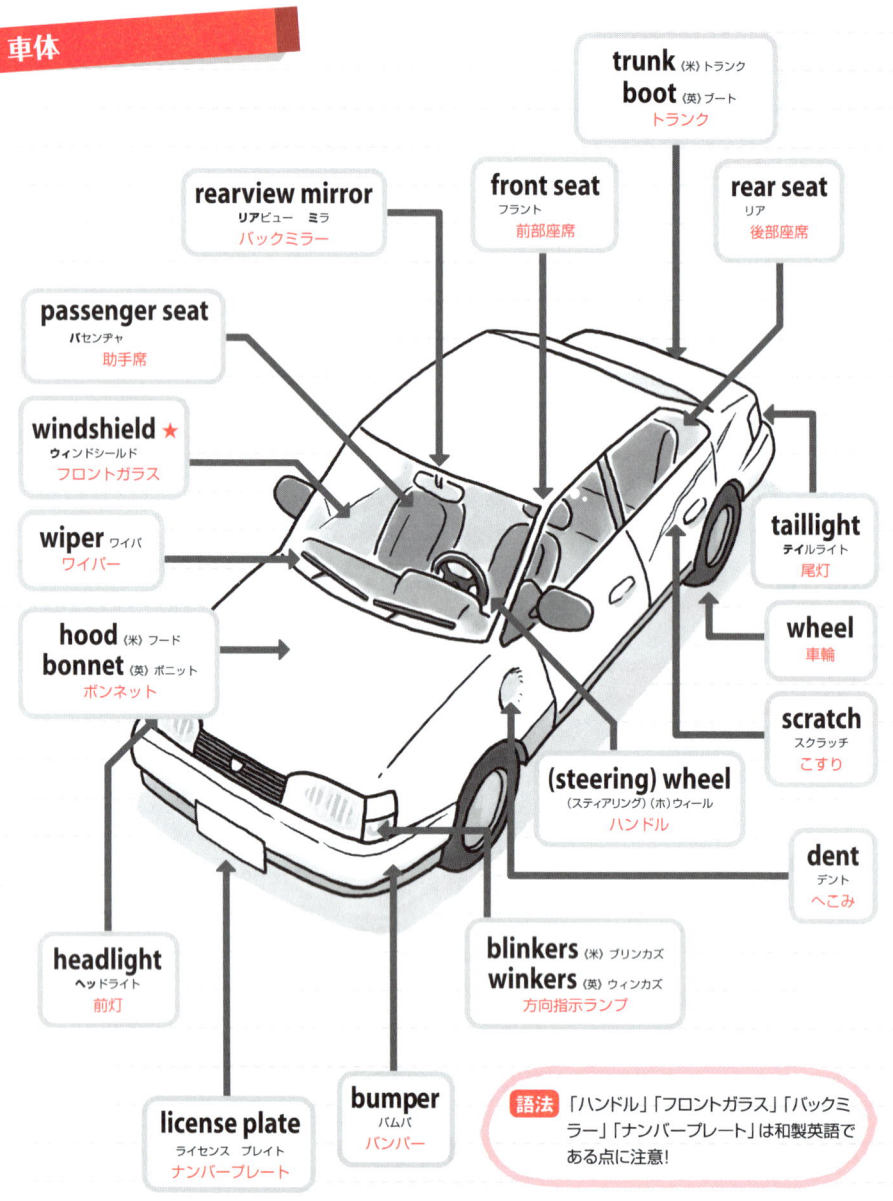

trunk (米) トランク
boot (英) ブート
トランク

front seat
フロント
前部座席

rear seat
リア
後部座席

rearview mirror
リアビュー ミラ
バックミラー

passenger seat
パセンヂャ
助手席

windshield ★
ウィンドシールド
フロントガラス

wiper ワイパ
ワイパー

hood (米) フード
bonnet (英) ボニット
ボンネット

taillight
テイルライト
尾灯

wheel
車輪

scratch
スクラッチ
こすり

(steering) wheel
(スティアリング) (ホ) ウィール
ハンドル

dent
デント
へこみ

blinkers (米) ブリンカズ
winkers (英) ウィンカズ
方向指示ランプ

headlight
ヘッドライト
前灯

license plate
ライセンス プレイト
ナンバープレート

bumper
バムパ
バンパー

語法「ハンドル」「フロントガラス」「バックミラー」「ナンバープレート」は和製英語である点に注意!

ここまでの見出し語数(のべ) **200**語

車の種類

automobile オートモビール
自動車

※auto とも言う。
automaker は「自動車製造会社」。

vehicle ヴィーイクル
乗り物, 車

◀ amphibious vehicle　水陸両用車

ambulance アムビュランス
救急車

fire engine エンヂン
消防車

語彙強化　車の種類

- **camper**　キャンピングカー
- **RV** = recreational vehicle
　　　　レジャー用自動車
- **SUV** = sport-utility vehicle
　　　　スポーツ用多目的車
- **jeep**　ジープ
- **truck**　トラック
- **lorry** 〈英〉　貨物自動車
- **rental car/rent-a-car**
　　　　レンタカー

sedan セダン
セダン

van ヴァン
バン

limousine リムヂーン
リムジン

燃料

fuel フューアル
燃料

refuel リフューアル
燃料を補給する

◀ refuel a car
　車にガソリンを入れる

refill ★ リフィル
燃料補給(をする)

◀ refill a car with gas
　車にガソリンを入れる

gas ギャス **station**
service サーヴィス **station**
ガソリンスタンド

◀ **kerosene** ケロシーン
　灯油

go out of gas
ガス欠になる

fill up
満たす

◀ Fill it up, please.
　満タンにしてください。

emission イミシャン
exhaust (fumes) イグゾースト (フュームズ)
排気ガス

mileage ★ マイレヂ
〈車の〉燃費

◀ This car has good (gas) mileage.
　この車は燃費がよい。

6 自動車②

車の操作

ここまでの見出し語数(のべ) **232** 語

事故

accident アクシデント
事故

▶ have an accident
事故にあう

stall ストール
〈エンジンが〉止まる

get a flat フラット
パンクする

※ flat = flat tire (平らなタイヤ)。puncture とも言う。

skid スキッド ★
スリップする

【語法】「〈車が〉スリップする」は、slip でなく skid で表す。

collide コライド
crash クラッシュ
clash クラッシュ
bump バムプ
衝突する

jack ヂャック
ジャッキ（で持ち上げる）

▶ collide head-on
正面衝突する
bump against a wall
壁に衝突する

【暗記】**A man is jacking up his car to change a flat tire.**
男性がパンクしたタイヤを交換するために車をジャッキで持ち上げている。

交通違反

traffic regulations レギュレイシャンズ
交通規則

traffic offense オフェンス
交通違反

tow トウ
レッカー移動する

▶ tow car [truck] /wrecker
レッカー車
My car was *towed away*.
私の車はレッカー移動された。

driver's license ライセンス
運転免許証

※ driving license [licence] とも言う。

garage ガラーヂ
自動車整備工場

▶ I had my car inspected at a garage.
私は車を車検に出した。

語彙強化	交通違反
・reckless driving	無謀運転
・drunken driving	飲酒運転
・driving under the influence/DUI	酒気帯び運転
・intoxicated driver インタクシケイティド	酒に酔った運転者
・speeding	スピード違反
・speed trap	速度違反摘発装置
・illegal parking	駐車違反
・run a red light	赤信号を無視する
・traffic ticket	交通違反カード
・crackdown	取り締まり

【暗記】**I had my driver's license suspended [revoked].**
私は免停［免許取消し］になった。

7 鉄道

線路・駅

- **track** トラック 線路 ▶ The train leaves from Track[Platform] 5. その列車は5番線から出ます。
- **platform** プラットフォーム プラットホーム ※「乗降口」「演壇」などの意味もある。
- **(grade) crossing** (グレイド)クロシング 踏切
- **crossing gate** ゲイト 遮断機
- **derail** ディレイル 脱線させる[する] ▶ The train was[got] derailed. その列車は脱線した。
- **station attendant** アテンダント 駅員 ▶ stationmaster 駅長　redcap 赤帽
- **waiting room** 待合室
- **baggage** バギッヂ **office** 手荷物預かり所
- **lost and found** 遺失物取扱所 ▶ lost property 遺失物

切符を買う

- **ticket** ティキット 切符
- **ticket gate[wicket]** ウィキット 改札口
- ticket(-vending) machine 券売機　automatic ticket checker 自動改札機
- **seat** シート 座席
- **one-way** ワンウェイ 片道の
- **round-trip** ラウンドトリップ 往復の ▶ one-way ticket 片道切符

連語　形容詞・名詞 + seat
- reserved seat 予約席
- unreserved seat 自由席
- window seat 窓側の席
- aisle seat 通路側の席

- **local** ロウカル 各駅停車の
- **express** イクスプレス 急行の
- **limited** リミティド **express** 　**special** スペシャル **express** 特急の ▶ express (train) 急行列車　bullet train 弾丸列車, 新幹線
- **excursion ticket** イクスカーシャン 周遊券 ※excursion は「遊覧旅行」。
- **fare** フェア 運賃 ▶ fare adjustment 運賃精算　flat fare 均一料金　同じ発音：fair (見本市)
- **stopover** スタップオウヴァ **layover** レイオウヴァ 途中下車 ▶ I'll stop over at Nagoya. 私は名古屋で途中下車します。　No stopover permitted. 途中下車前途無効〈掲示〉

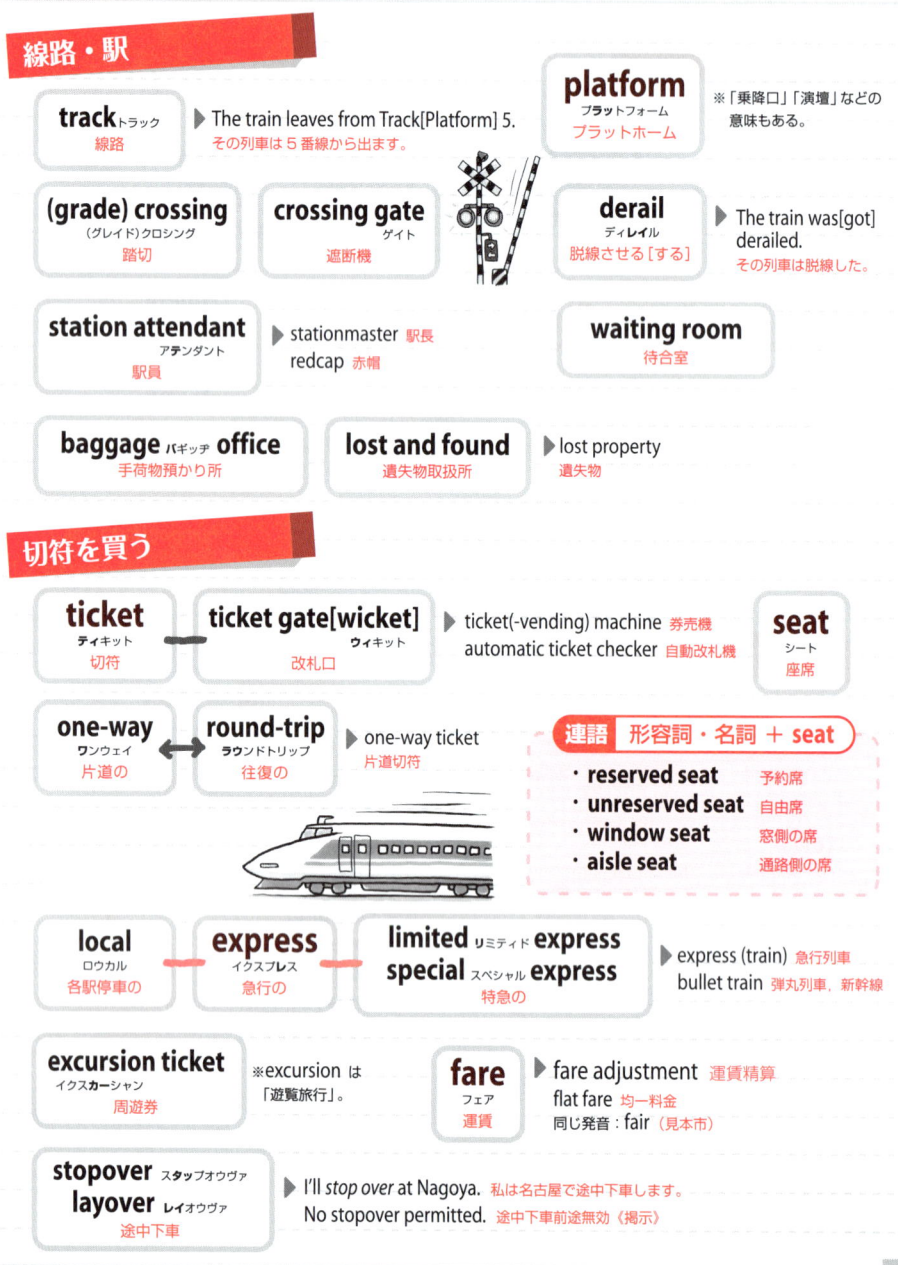

ここまでの見出し語数(のべ) **279** 語

列車に乗る

commute コミュート 通勤する
commuter コミュータ 通勤客
▶ commute by train 電車で通勤する
commuter pass 定期券 / pass holder 定期入れ

暗記 How do you commute to work? どのようにして通勤していますか。

rush hour ラッシュ アウア ラッシュアワー
▶ during rush hours ラッシュ時には

by train 列車で
語法 by (〜によって)の後ろに置かれた交通や通信の手段を表す名詞には冠詞をつけない。
I went there by car. 私は車でそこへ行った。
Contact me by e-mail. メールで連絡してください。

bound for バウンド 〜行きの
▶ a train bound for Chiba 千葉行きの列車
timetable タイムテイブル 時刻表

inbound インバウンド 市内へ向かう ⇔ **outbound** アウトバウンド 市外へ向かう
▶ inbound train 上り列車
outbound train 下り列車

change trains 列車を乗り換える
語法 train が複数形になる点に注意。
transfer トランスファ 乗り換え(る)
▶ transfer station 乗り換え駅
transfer (ticket) 乗り継ぎ切符

passenger パセンヂャ 乗客
vacant[empty] seat ヴェイカント[エムプティ] 空席
▶ Is this seat taken [occupied]? この席は空いていますか。
compartment コムパートメント 〈仕切られた〉客室

aisle アイル 〈座席間の〉通路
conductor コンダクタ 車掌
※「管理者」「〈オーケストラの〉指揮者」などの意味もある。
sleeping car 寝台車 ― **berth** バース 寝台

rack ラック 網棚
strap ストラップ つり革
(hand)rail (ハンド)レイル 手すり
hold on to しがみつく
▶ hang on to a strap つり革につかまる

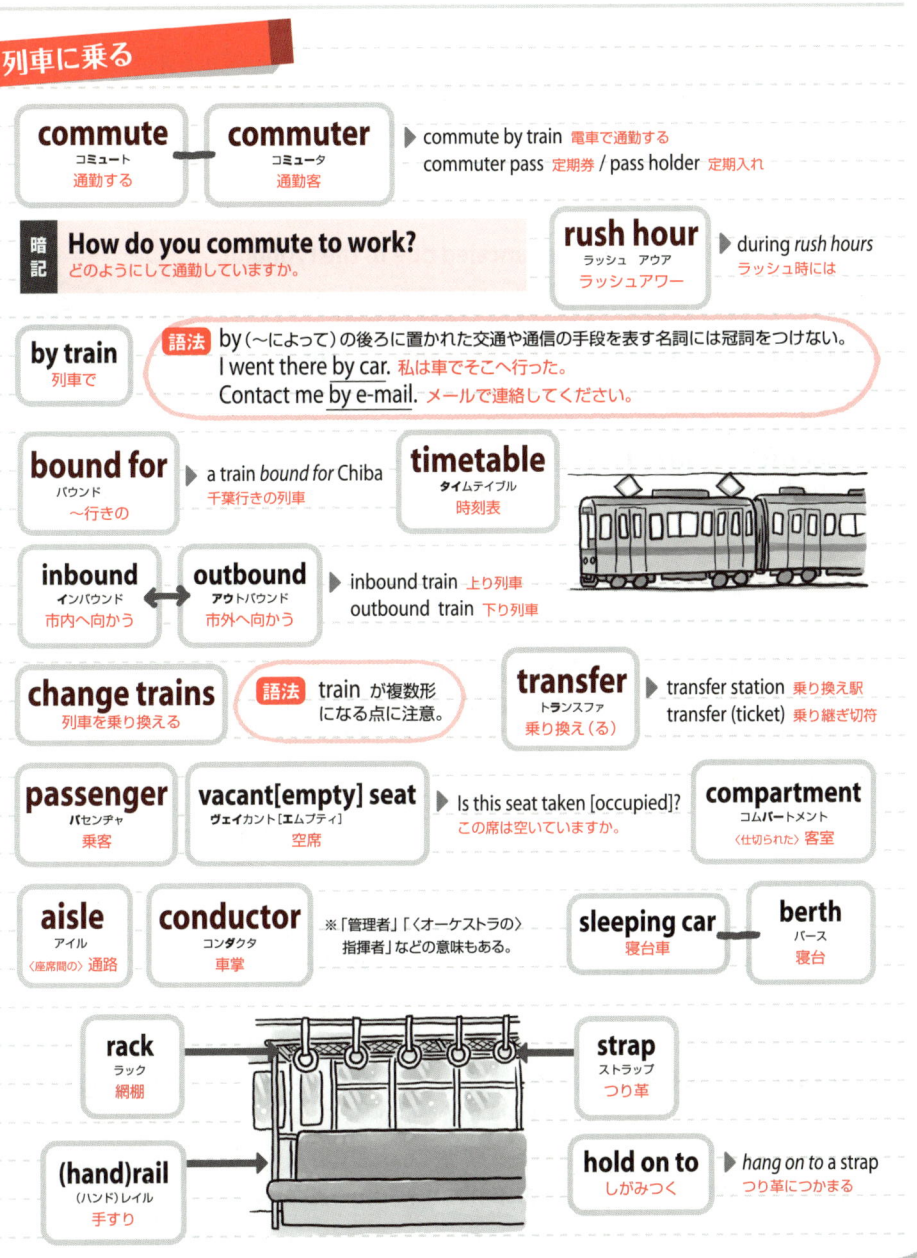

8 飛行機

空港・路線

aircraft エアクラフト 航空機
airline エアライン 航空路線
aviation エイヴィエイシャン 航空(機)
flight フライト 航空便
▶ direct flight to Beijing 北京への直行便

【暗記】**All flights to Kyushu were canceled due to the typhoon.** 九州行きの全便が台風のために欠航になった。

airport エアポート 空港
runway ランウェイ 滑走路
control tower コントロウル タウア 管制塔
wing ウィング 翼棟
※建物の中心部から側面に伸びた部分のこと。

see off 見送る ⇔ **meet** 出迎える
▶ see him off [meet him] at the airport 空港で彼を見送る[出迎える]

搭乗

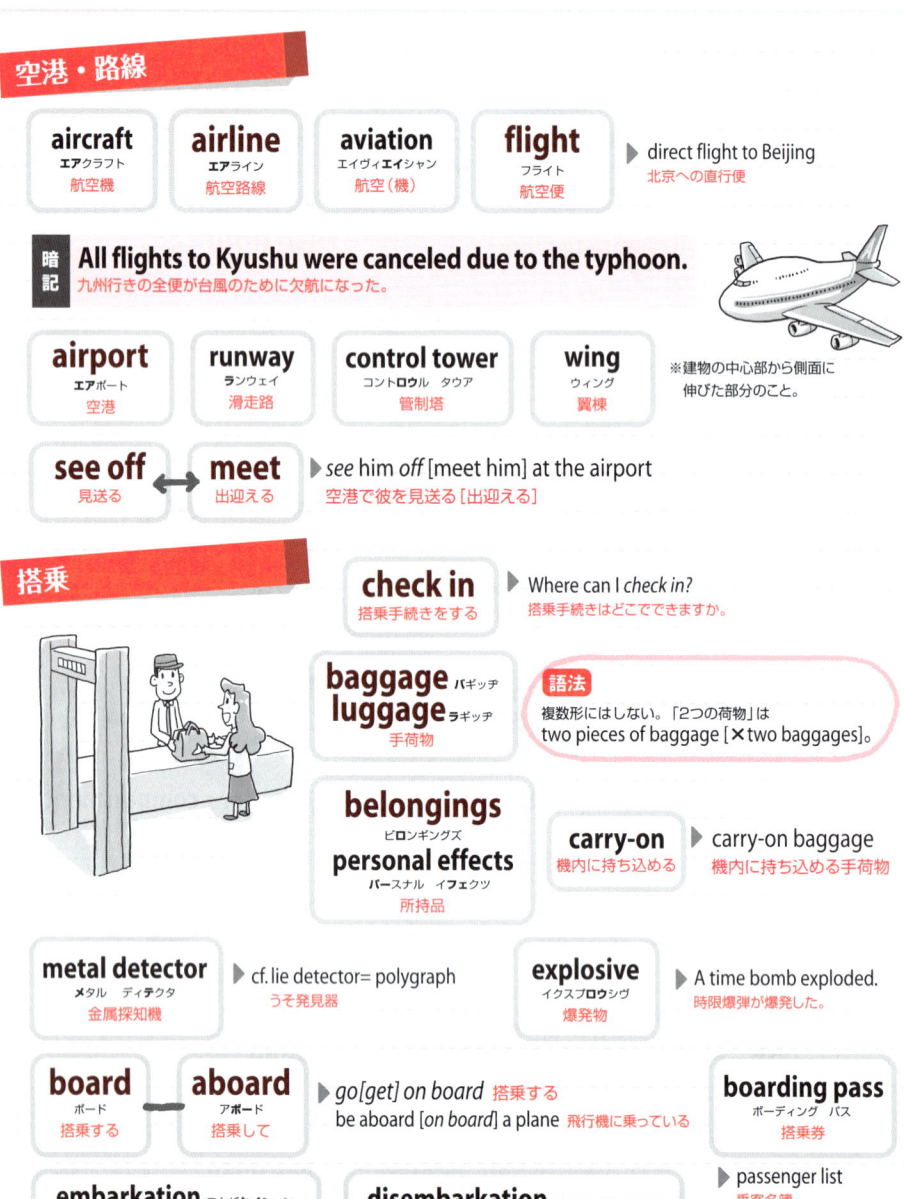

check in 搭乗手続きをする
▶ Where can I check in? 搭乗手続きはどこでできますか。

baggage バギッヂ **luggage** ラギッヂ 手荷物

【語法】複数形にはしない。「2つの荷物」は two pieces of baggage [✗two baggages]。

belongings ビロンギングズ **personal effects** パーソナル イフェクツ 所持品

carry-on 機内に持ち込める
▶ carry-on baggage 機内に持ち込める手荷物

metal detector メタル ディテクタ 金属探知機
▶ cf. lie detector= polygraph うそ発見器

explosive イクスプロウシヴ 爆発物
▶ A time bomb exploded. 時限爆弾が爆発した。

board ボード 搭乗する ― **aboard** アボード 搭乗して
▶ go[get] on board 搭乗する
be aboard [on board] a plane 飛行機に乗っている

boarding pass ボーディング パス 搭乗券
▶ passenger list 乗客名簿

embarkation エムバケイシャン 搭乗 ⇔ **disembarkation** ディセムバケイシャン 降機、下船

ここまでの見出し語数(のべ) **326** 語

機内

- **take off** 離陸する ⇔ **land** 着陸する
  - takeoff 離陸
  - landing 着陸
- **seat belt** シートベルト
  - fasten one's seat belt シートベルトを締める
- **flight attendant** フライト アテンダント 客室乗務員
- **airborne** エアボーン 飛行中で
- **in-flight** 飛行中の
  - in-flight movie 機内映画
- **overhead bin** オウヴァヘッド ビン 〈頭上の〉荷物入れ
- **cabin** キャビン
- **galley** ギャリー 調理室
- **altitude** アルティテュード 高度
  - at an altitude of 6,000 feet 6,000フィートの高度で
- **date line** 日付変更線
- **turbulence** タービュランス ★ 乱気流
  - go through turbulence 乱気流を通り抜ける
- **inclement** インクレメント 荒れ模様の
  - inclement weather 荒れ模様の天候
- **get airsick** エアシック 飛行機に酔う
  - airsickness bag 飛行機酔いのバッグ
- **oxygen mask** アクシヂャン 酸素マスク
- **crash** クラッシュ 墜落(する)
  - crash landing 胴体着陸

降機

- **baggage claim** クレイム ★ 手荷物引き渡し所
- **immigration** ★ イミグレイシャン 入国管理(カウンター)
- **disembarkation card** ★ 入国カード
  - disembark 降りる ⇔ embark 搭乗する
- **customs inspection** カスタムズ インスペクシャン 税関検査
- **quarantine** クウォーランティーン 検疫
- **carousel** キャラセル 回転式ベルトコンベアー
- **transit** トランジット 一時降機
  - 解説 給油や乗り継ぎのため乗客全員が一時的に降りること。乗客自身の意志で降りるのは stopover [layover]。
- **local time** 現地時間

9 旅行①

旅行の計画

travel agency トラヴェル エイヂェンシ 旅行代理店
類語 agency は「代理店，取扱店」(advertising agency＝広告代理店)。agent は「代理人[業者]」(real estate agent＝不動産業者)。
voyage ヴォイイヂ 船旅
cruise クルーズ 巡航(する)

schedule スケヂュール 予定(する) ▶ We *are scheduled to leave* tomorrow. 我々は明日出発する予定だ。
itinerary ★ アイティネラリ 旅行日程 ▶ make[draw] up an itinerary 旅行の計画を立てる

destination デスティネイシャン 目的地，旅先 ※「〈荷物の〉送付先」の意味でも使う。
via ヴァイア **by way of** 〜経由で ▶ fly to Paris via London ロンドン経由でパリへ飛ぶ

暗記 **The next destination of our tour is Paris.** 私たちのツアーの次の行き先はパリです。

depart デパート 出発する — **departure** デパーチャ 出発 ↔ **arrival** アライヴァル 到着
▶ E.T.D.＝estimated time of departure 出発予定時刻
E.T.A.＝estimated time of arrival 到着予定時刻

stay ステイ 滞在(する) ▶ while I was staying in London ＝ during my stay in London 私がロンドンに滞在していた間に

homestay ホウムステイ ホームステイ 解説 日本語から借用された言葉で，留学生などが現地の一般家庭に滞在すること。受け入れ先の家庭は host family。

手続き

book / **reserve** リザーヴ 予約する — **reservation** リザヴェイシャン 予約
▶ reserve a room at a hotel ホテルの部屋を予約する
make a *reservation* 予約する

cancel キャンセル / **revoke** リヴォウク ★ 取り消す ▶ cancellation 予約の取り消し
irrevocable 取り消しせない
暗記 **The tour was canceled at the last minute.** そのツアーはどたん場で中止になった。

confirm コンファーム 確認する — **reconfirm** リコンファーム 再確認する ▶ confirm [reconfirm] one's reservation 予約を確認[再確認]する

waiting list ★ キャンセル待ち名簿 ▶ We're *on the waiting list.* 我々はキャンセル待ちだ。
standby スタン(ド)バイ 空席待ち客 ▶ I'm *on standby* for the flight. 私はその便の空席待ちをしている。

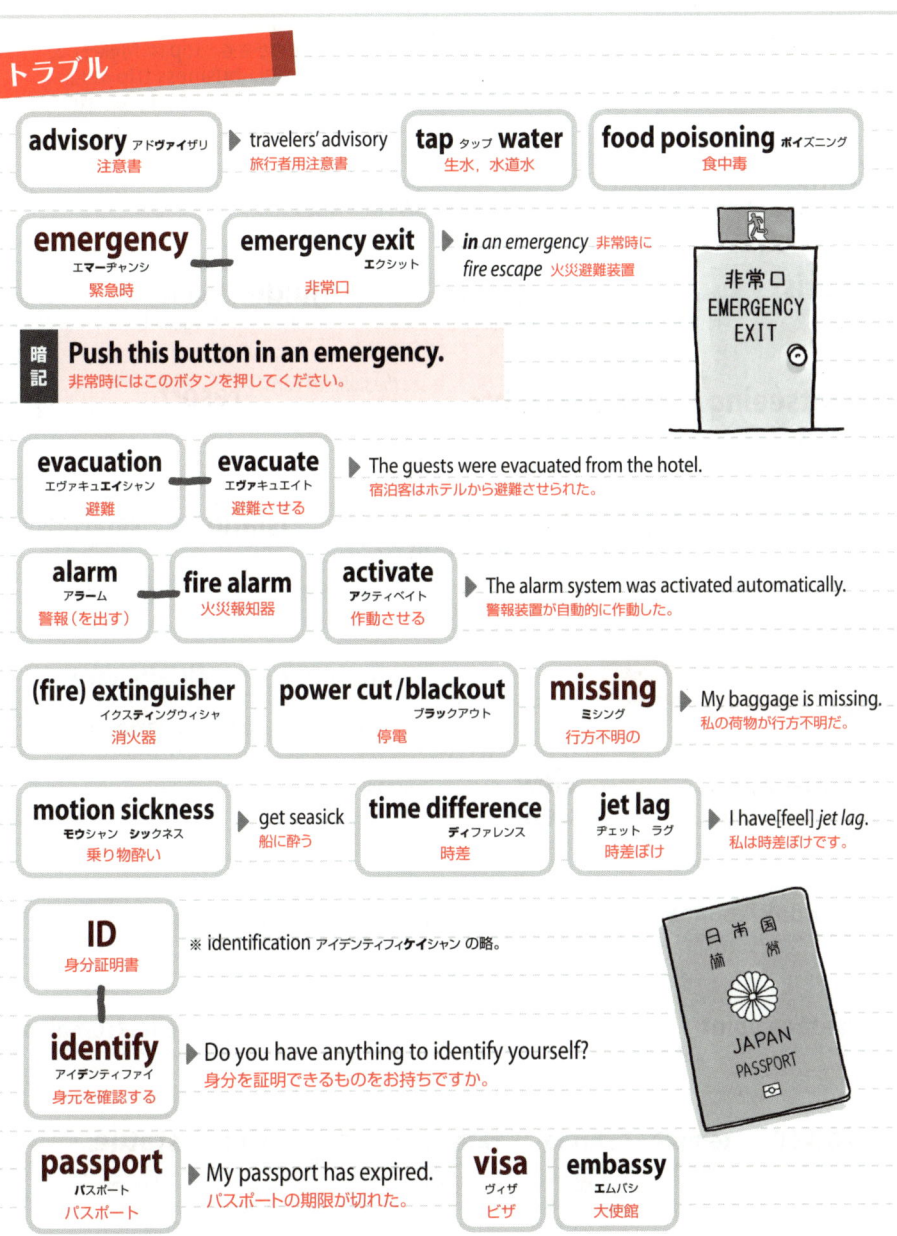

10 旅行②

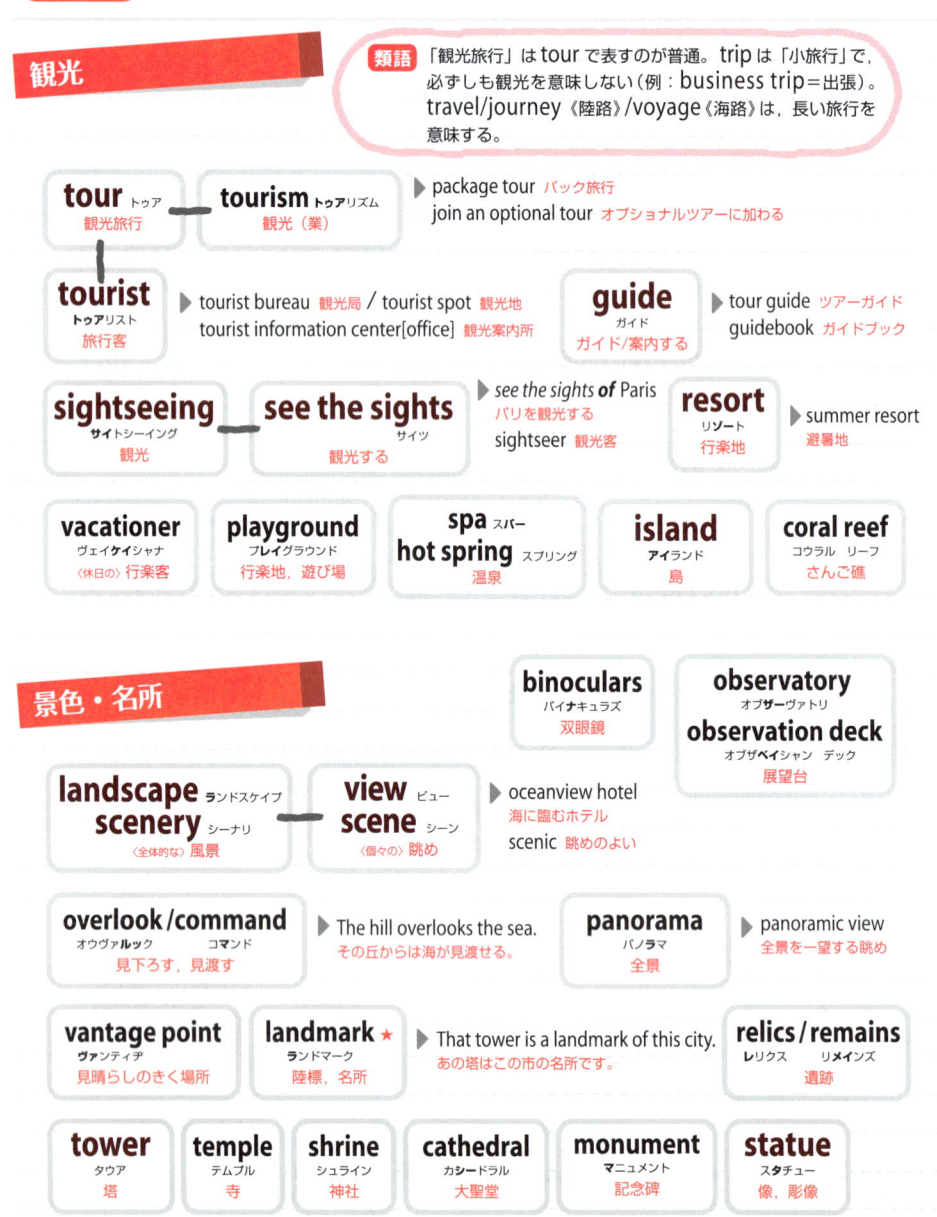

観光

類語 「観光旅行」は tour で表すのが普通。trip は「小旅行」で，必ずしも観光を意味しない（例：business trip＝出張）。travel/journey《陸路》/voyage《海路》は，長い旅行を意味する。

- **tour** トゥア 観光旅行
- **tourism** トゥアリズム 観光（業）
  - ▶ package tour パック旅行
  - join an optional tour オプショナルツアーに加わる
- **tourist** トゥアリスト 旅行客
  - ▶ tourist bureau 観光局 / tourist spot 観光地
  - tourist information center[office] 観光案内所
- **guide** ガイド ガイド/案内する
  - ▶ tour guide ツアーガイド
  - guidebook ガイドブック
- **sightseeing** サイトシーイング 観光
- **see the sights** サイツ 観光する
  - ▶ see the sights of Paris パリを観光する
  - sightseer 観光客
- **resort** リゾート 行楽地
  - ▶ summer resort 避暑地
- **vacationer** ヴェイケイシャナ 〈休日の〉行楽客
- **playground** プレイグラウンド 行楽地，遊び場
- **spa** スパー / **hot spring** スプリング 温泉
- **island** アイランド 島
- **coral reef** コウラル リーフ さんご礁

景色・名所

- **binoculars** バイナキュラズ 双眼鏡
- **observatory** オブザーヴァトリ / **observation deck** オブザベイシャン デック 展望台
- **landscape** ランドスケイプ / **scenery** シーナリ 〈全体的な〉風景
- **view** ビュー / **scene** シーン 〈個々の〉眺め
  - ▶ oceanview hotel 海に臨むホテル
  - scenic 眺めのよい
- **overlook / command** オウヴァルック コマンド 見下ろす，見渡す
  - ▶ The hill overlooks the sea. その丘からは海が見渡せる。
- **panorama** パノラマ 全景
  - ▶ panoramic view 全景を一望する眺め
- **vantage point** ヴァンティヂ 見晴らしのきく場所
- **landmark** ★ ランドマーク 陸標，名所
  - ▶ That tower is a landmark of this city. あの塔はこの市の名所です。
- **relics / remains** レリクス リメインズ 遺跡
- **tower** タウア 塔
- **temple** テムプル 寺
- **shrine** シュライン 神社
- **cathedral** カシードラル 大聖堂
- **monument** マニュメント 記念碑
- **statue** スタチュー 像，彫像

ここまでの見出し語数(のべ) **420** 語

写真

shot
シャット
スナップ写真

[暗記] Why don't we take a souvenir shot in front of that statue?
あの像の前で記念写真を撮りましょうよ。

photo(graph)
フォウタグラフ
写真

photographer
フォタグラファ
写真家, カメラマン

[混同注意] 「1枚の写真」は a photo(graph)。
「写真撮影」は photography フォタグラフィ (アクセントに注意)。

film
フィルム
▶ a roll of film 1本のフィルム
load film into a camera カメラにフィルムを入れる

strobe
ストロウブ
ストロボ

tripod
トライパッド
三脚

develop
ディヴェラプ
現像する
▶ have the film developed フィルムを現像してもらう
※D.P.E. は develop/print (焼き付ける) / enlarge (引き伸ばす) の頭文字を取った和製英語。

photogenic
フォタチェニク
写真映りのよい
▶ telegenic
テレビ映りのよい

買い物

traveler's check
トラベラズ チェック
旅行者用小切手

cash
キャッシュ
換金する
▶ cash one's traveler's check
トラベラーズチェックを換金する

souvenir
スーヴニア
おみやげ
▶ souvenir shop
みやげ物店

specialty
スペシャルティ
特産品

duty-free デューティフリー
tax-free タクスフリー
免税の

[語形成] -free は「〜抜きの」。
sugar-free 無糖の / additive-free 無添加の

exchange
イクスチェインヂ
両替(する)
▶ exchange[change] yen for dollars
円をドルに両替する

break
〈お金を〉くずす
▶ Can you break this 10,000 yen bill?
この1万円札をくずしてもらえますか。

customs
カスタムズ
税関
▶ customs duties
関税

declare
ディクレア
〈税関で〉申告する
▶ Do you have anything to declare?
何か申告するものはありますか。
declaration 〈税関への物品の〉申告

11 ホテル

宿泊施設

accommodation アコモデイシャン
sleeping facility ファシリティ
宿泊施設

lodgings ラヂングズ
宿泊設備，貸間

accommodate アカモデイト
hold ホウルド
収容できる

▶ This hotel accommodates 300 guests.
このホテルには300人収容できる。
cf. The theater seats 1,000 people.
その劇場には1,000人分の座席がある。

hostel ハストル
（ユース）ホステル

motel モウトル
モーテル

inn イン
宿屋，ホテル

no-frills hotel ノウフリルズ ホウテル
ビジネスホテル

※frill は「飾り→余分なサービス」。no-frills は「基本的なサービスだけを提供する」の意味。

ホテル内

lobby ラビ
ロビー

lounge ラウンヂ
ラウンジ，待合室

suite スウィート
スイートルーム

saloon サルーン
大広間

annex アネクス
〈ホテルの〉別館

air-conditioner エアコンディシャナ
エアコン
▶ air-conditioned room
空調のきいた部屋

ventilator ヴェンティレイタ
換気装置

draft ドラフト
すきま風
▶ drafty room
すきま風の入る部屋

key キー
鍵
▶ master key
マスターキー

unlock アンラック
錠を外す ⇔ **lock** ラック
錠（をかける）
▶ unlock the door
ドアの鍵を開ける

lock oneself out ★
締め出される
意味 I *locked* myself *out* (of the room). とは，「オートロックのキーを室内に置き忘れて出たので，部屋へ戻れなくなった」ということ。

chute シュート
シュート
解説 重いものを下へ運ぶ装置のこと。
trash chute ダストシュート

pantry パントリ
配膳室

revolving door リヴァルヴィング
回転ドア

ここまでの見出し語数(のべ) **466** 語

手続き・サービス

vacancy ヴェイカンシ
〈部屋の〉空き
▶ *No vacancy.* 満室《掲示》

availability アヴェイラビリティ
利用可能状況
▶ *There is no room available now.* ただ今満室です。

overnight オウヴァナイト
1泊の
▶ *I stayed overnight at the hotel.* そのホテルに1泊した。

extra charge エクストラ チャーヂ
別料金

check-in チェッキン
宿泊手続き
⇔
check-out チェッカウト
精算

意味 check in の意味は、次の3つを覚えておくこと。
① 〈ホテルで〉チェックインする
② 〈飛行機の〉搭乗手続きをする
③ 〈図書館で〉本の返却手続きをする

front desk フラント
フロント

receptionist リセプシャニスト
受付係

concierge コーンシエアジュ
接客係

page ペイヂ / **bellhop** ベルハップ
ボーイ

porter ポータ
赤帽

cloakroom クロウクルーム
携帯品預かり所

valuables ヴァリュアブルズ
貴重品

check チェック
預ける
▶ *Check your coat at the door.* コートは入り口でお預けください。

wake-up call ウェイカプ
モーニングコール
▶ *Wake me up at 7, please.* 7時に起こしてください。

Do not disturb ディスターブ
起こさないでください。
⇔
Make up the room. 掃除してください。

banquet ★ バンクウィト
宴会
▶ *banquet room* 宴会場

laundry ローンドリ
洗濯物

cater ケイタ
仕出しをする
▶ *cater for a banquet* 宴会の料理を賄う

tip ティプ / **gratuity** グラテューイティ ★
チップ
▶ *We don't take[accept] tips[gratuity].* チップはいただきません。

Stage 1 確認テスト

次のそれぞれの語句の意味を答えてください。

No	単語	品詞	
1	accommodation	名	( )
2	aisle	名	( )
3	altitude	名	( )
4	awning	名	( )
5	banquet	名	( )
6	belongings	名	( )
7	carry-on baggage		( )
8	checkout	名	( )
9	commute	動	( )
10	decorate	動	( )
11	disembarkation card		( )
12	destination	名	( )
13	duty-free shop		( )
14	emergency exit		( )
15	fuel	名	( )
16	get a flat		( )
17	gratuity	名	( )
18	head for 〜		( )
19	honk a horn		( )
20	hydrant	名	( )

No	単語	品詞	
21	impassable	形	( )
22	itinerary	名	( )
23	lost and found		( )
24	mileage	名	( )
25	on time		( )
26	overpass	名	( )
27	parking lot		( )
28	path	名	( )
29	receptionist	名	( )
30	reconfirm	動	( )
31	reservation	名	( )
32	round-trip ticket		( )
33	sightseeing	名	( )
34	souvenir	名	( )
35	timetable	名	( )
36	transport	動	( )
37	travel agency		( )
38	turbulence	名	( )
39	waiting list		( )
40	windshield	名	( )

正解は281ページ

Stage 2

12	公園
13	動作
14	人物の外見
15	自然
16	建築
17	道具・設備
18	家
19	水回り・衛生
20	住宅・不動産
21	ビジネス
22	買い物
23	値段
24	料金・支払い
25	注文
26	荷物
27	運送

12 公園

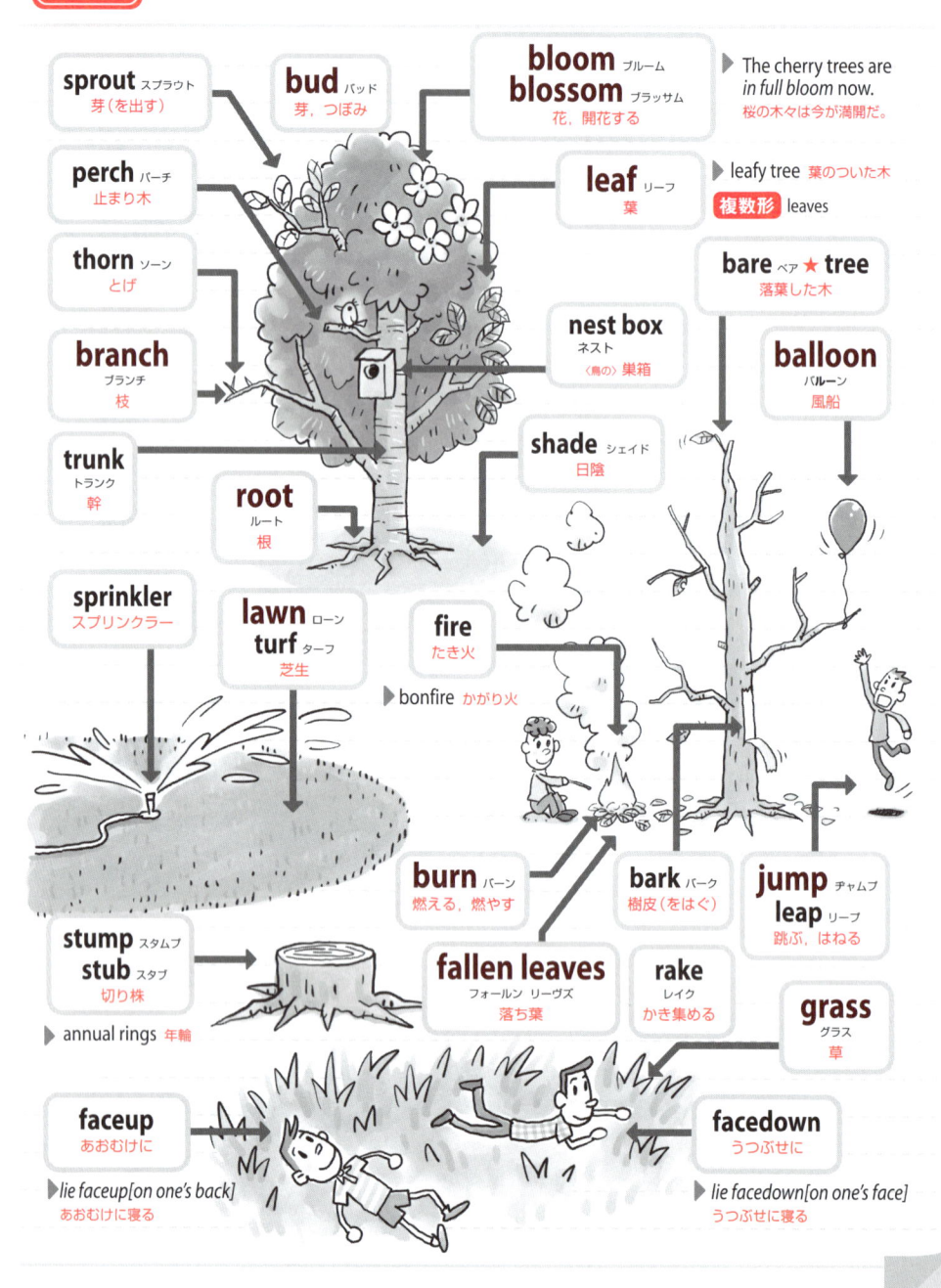

- **sprout** スプラウト 芽(を出す)
- **bud** バッド 芽、つぼみ
- **bloom / blossom** ブルーム / ブラッサム 花、開花する
  - ▶ The cherry trees are *in full bloom* now. 桜の木々は今が満開だ。
- **perch** パーチ 止まり木
- **leaf** リーフ 葉
  - ▶ leafy tree 葉のついた木
  - 複数形 leaves
- **thorn** ソーン とげ
- **bare** ベア ★ **tree** 落葉した木
- **branch** ブランチ 枝
- **nest box** ネスト 〈鳥の〉巣箱
- **balloon** バルーン 風船
- **trunk** トランク 幹
- **shade** シェイド 日陰
- **root** ルート 根
- **sprinkler** スプリンクラー
- **lawn / turf** ローン / ターフ 芝生
- **fire** たき火
  - ▶ bonfire かがり火
- **burn** バーン 燃える、燃やす
- **bark** バーク 樹皮(をはぐ)
- **jump / leap** ヂャンプ / リープ 跳ぶ、はねる
- **stump / stub** スタンプ / スタブ 切り株
  - ▶ annual rings 年輪
- **fallen leaves** フォールン リーヴズ 落ち葉
- **rake** レイク かき集める
- **grass** グラス 草
- **faceup** あおむけに
  - ▶ lie faceup [on one's back] あおむけに寝る
- **facedown** うつぶせに
  - ▶ lie facedown [on one's face] うつぶせに寝る

ここまでの見出し語数(のべ) **528**語

- **trash can** トラッシュ キャン ごみ箱
- **walk a dog** 犬を散歩させる
- **feed** フィード えさをやる
- **collar** カラ 首輪
- **chase** チェイス 追いかける
- **infant** インファント 幼児
- **fall / tumble** タンブル 転ぶ
- **wander / stroll** ワンダ / ストロール ぶらつく
- **stick / cane** スティック / ケイン 杖
- **barefoot** ベアフット はだしで[の]
- **ramble / roam** ランブル / ロウム 散策する
- **lead / leash** リード / リーシュ 鎖, 革ひも
- **kneel** ニール ひざまづく
- **fountain** ファウンテン 噴水
- **bench** ベンチ
- **wheelchair** (ホ)ウィールチェア 車いす
- **promenade** プロムナード 遊歩道
- **sandbox** サンドボックス 砂場
- **arch** アーチ
- **fence** フェンス
- **gatepost** ゲイトポウスト 門柱
- **gate** ゲイト 門
- **trowel** トラウアル スコップ
- **pail** ペイル バケツ
- **watering can** じょうろ
- **entrance** エントランス 入り口
- **exit** エクシット 出口
- **stroller** ストロウラ 乳母車

類語 stroller は折りたたみ式の乳母車。四輪でフードのついた乳母車は (baby) buggy。

27

13 動作

pose ポウズ **posture** パスチャ 姿勢	**motion** モウシャン **movement** ムーヴメント 動作	**gesture** ヂェスチャ 身振り(で表す)

crouch クラウチ
squat スクワット
しゃがむ

bend ベンド
stoop ストゥープ
かがむ

lean リーン
recline リクライン
もたれる

▶ *lean **against** a wall*
壁にもたれる

beckon ベコン
手招きする

hold ホウルド
seize シーズ
grasp グラスプ
grab グラブ
grip グリップ
take hold of
握る, つかむ

hit ヒット
strike ストライク
打つ, たたく

throw スロウ
cast キャスト
pitch ピッチ
hurl ハール
投げる

spill スピル こぼす

pour ポー 注ぐ

wipe ワイプ ふく

表現　動詞 ＋ 体の一部

- nod (one's head)　うなづく〈同意を表す〉
- shake one's head　首を横に振る〈不同意を表す〉
- raise one's hand　手を挙げる
  レイズ
- wave one's hand　手を振る
- clap one's hands　拍手する
- stand on one's hands/do a handstand
  　　　　　　　　　　逆立ちする
- fold one's arms　腕組みをする
- cross one's legs　足を組む
- clear one's throat　咳払いをする
- blow one's nose　鼻をかむ
- shrug one's shoulders
  シュラグ　　　　　　肩をすくめる

語彙強化　その他の身体動作

- stalk ストーク 忍び寄る
- climb/scramble よじ登る
  クライム
- rush 疾走する
- dash 突進する
- fetch 行って取ってくる
- stride またぐ
- clutch わしづかみにする
- clench 握りしめる
- stroke なでる
- scratch ひっかく
- rub/scrape スクレイプ こする
- tap/pat 軽くたたく
- poke つつく

- nudge ナッヂ ひじでつつく
- tickle くすぐる
- pinch つねる
- twist/wrench レンチ ねじる
- grope 手探りする
- fling 放り投げる
- toss 軽く投げる
- let go of 手を離す
- flip 〈指で〉はじく
- reach 手を伸ばす
- pick up 拾う
- rinse すすぐ
- peel 皮をむく
- scoop スクープ すくい取る

- pant/gasp あえぐ
- cough カフ[コーフ] 咳をする
- sigh サイ ため息をつく
- whistle (ホ)ウィスル 口笛を吹く
- hum ハム 鼻歌を歌う
- whisper (ホ)ウィスパ ささやく
- mutter マタ つぶやく
- shout シャウト /cry 叫ぶ
- scream スクリーム 金切り声を出す
- gargle うがい(をする)
- stare ステア /gaze 見つめる
- glance/glimpse ちらりと見る
- stretch oneself 伸びをする
- turn around 振り向く
- pray プレイ お祈りをする

14 人物の外見

人の顔

語法 「～を身につけている」は，wear や with を使って表す。
・a woman wearing[with] long hair
= a long-haired woman（長髪の女性）

glasses グラシーズ
spectacles スペクタクルズ
めがね

▶ a woman wearing[with] sunglasses
サングラスをかけた女性

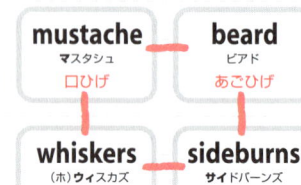

mustache マスタシュ 口ひげ
beard ビアド あごひげ

▶ a man wearing[with] a beard
あごひげをはやした男性

whiskers (ホ)ウィスカズ ほおひげ
sideburns サイドバーンズ もみあげ

語彙強化 髪型など

- **straight hair** 直毛
- **wavy hair** ウェイヴィ 波打つ髪
- **curly hair** 巻き毛
- **kinky hair** ちぢれ髪
- **bald head/skinhead** ボールド はげ頭
- **cropped head** いがぐり頭
- **crew cut** クルー 角刈り
- **layer cut** レイヤー・カット
  ※どの髪も同じ長さに切った髪型。
- **bob** ショートヘア，おかっぱ
- **braids** ブレイツ 三つ編み，おさげ髪
- **ponytail** ポニーテール
- **bun** バン 束髪
- **permanent wave** パーマ
- **wig/toupee** トゥーペイ かつら
- **disheveled [untidy] hair** ディシェヴェルド アンタイディ 乱れた髪
- **blond(e)** ブランド 金髪(の)
  ※「金髪の人」の意味では，男性には blond，女性には blonde を用いることが多い。
- **hairy arm** ヘアリ 毛深い腕

体型

figure フィギュア 姿，体型
constitution コンスティテューシャン
physique フィジーク 体格

▶ a man with a fine figure
体格のよい男性

thin シン / **lean** リーン やせた
slender スレンダ / **slim** スリム ほっそりした

類語 smart は「利口な」。「やせた」の意味では使わない。

plump プランプ ふっくらした
stout スタウト 恰幅のよい

類語 fat（太っている）は直接的すぎるので，女性には plump，男性には stout などを使う。

ここまでの見出し語数(のべ) **591** 語

服装・外見・携行品

見出し語	例
dress ドレス 服を着せる	▶ be [get] dressed in black 黒い服[喪服]を着ている[着る]
wear ウェア 身につけている	▶ He wears a gray jacket. 彼は灰色の上着を着ている。
put on 身につける, 着る	▶ put on a suit スーツを着る put it on[✕on it] それを着る
take off / remove リムーヴ 脱ぐ	▶ take off one's hat 帽子を脱ぐ

語法 動詞 + 目的語 + 副詞

put on のように〈動詞+副詞〉が1つの他動詞と同じ働きをするときは、〈代名詞の目的語〉は副詞の前に置く。次のような句動詞も同様。

- **take off**　　脱ぐ
- **put off**　　延期する
- **write down**　書き留める
- **carry out**　実行する
- **give up**　　あきらめる
- **use up**　　使い果たす

「その計画を実行する」
○ carry out the plan / ○ carry the plan out
「それを実行する」
✕ carry out it / ○ carry it out

服

clothes クロウズ 衣服	▶ working clothes 作業服 **混同注意** cloth クロス 布 clothing クロウジング 衣類
outfit アウトフィット 服装一式	▶ bride's outfit 花嫁の衣装一式
garment ガーメント 衣類(の一点)	▶ ceremonial garment 礼服
uniform ユーニフォーム 制服	
costume カスチューム 服装	▶ summer costume 夏服
attire アタイア 〈特別の〉衣装	▶ in holiday attire 晴れ着で
mourning ★ モーニング 喪服	※同じ発音: morning 朝

bandage バンディヂ 包帯	▶ a boy with a bandage around his arm 腕に包帯をした少年
plaster プラスタ ばんそうこう	
eye patch パッチ 眼帯	
mask マスク マスク	
flashlight フラッシュライト 懐中電灯	
backpack バックパック 背負い袋	
briefcase ブリーフケイス 書類かばん	
trunk トランク トランク	
purse パース ハンドバッグ/財布	

15 自然

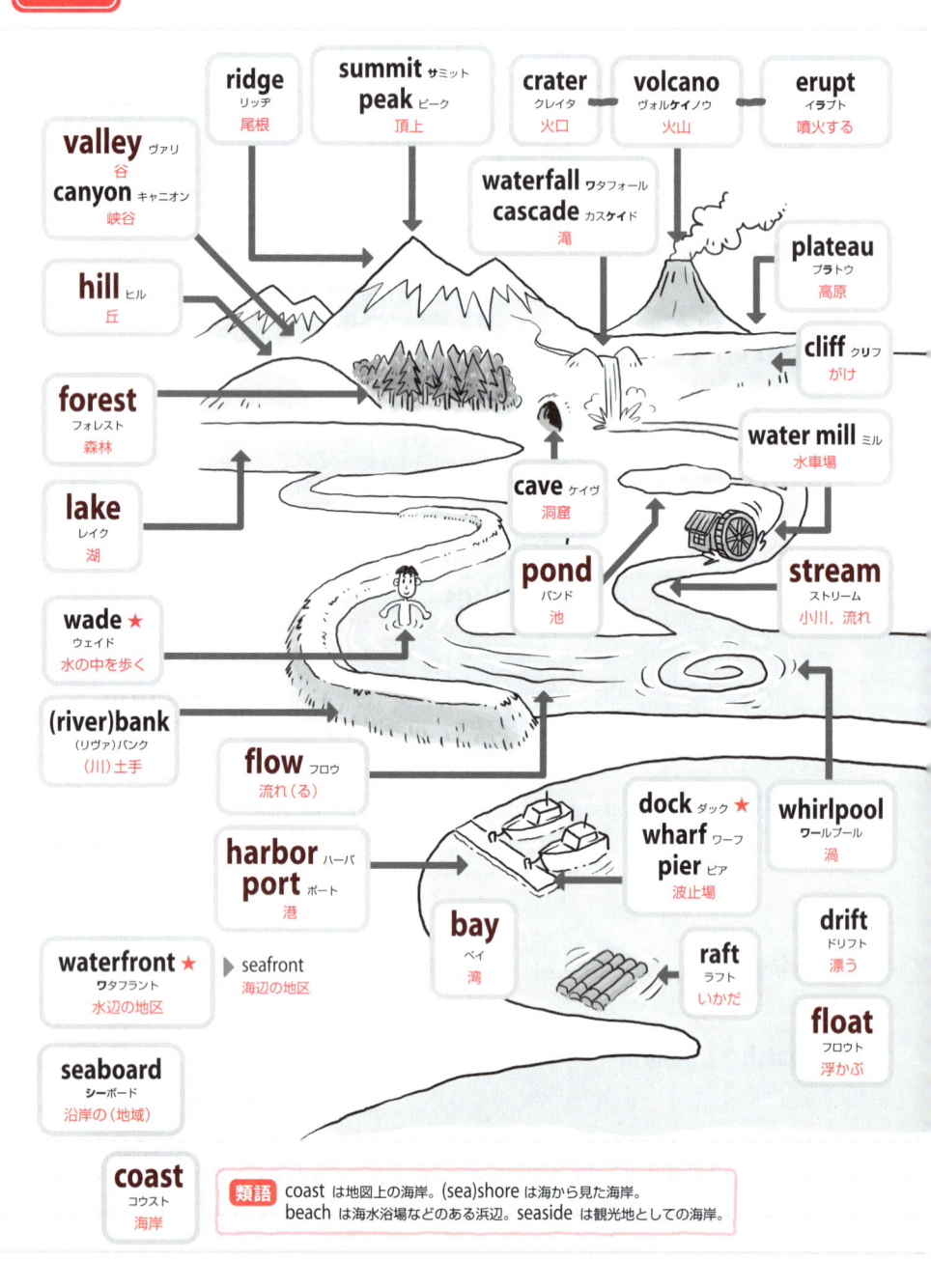

- **ridge** リッヂ 尾根
- **summit / peak** サミット / ピーク 頂上
- **crater** クレイタ 火口
- **volcano** ヴォルケイノウ 火山
- **erupt** イラプト 噴火する
- **valley** ヴァリ 谷
- **canyon** キャニオン 峡谷
- **waterfall / cascade** ワタフォール / カスケイド 滝
- **plateau** プラトウ 高原
- **hill** ヒル 丘
- **cliff** クリフ がけ
- **forest** フォレスト 森林
- **water mill** ミル 水車場
- **cave** ケイヴ 洞窟
- **lake** レイク 湖
- **pond** パンド 池
- **stream** ストリーム 小川, 流れ
- **wade** ★ ウェイド 水の中を歩く
- **(river)bank** (リヴァ)バンク (川)土手
- **flow** フロウ 流れ(る)
- **dock / wharf / pier** ダック / ワーフ / ピア 波止場
- **whirlpool** ワールプール 渦
- **harbor / port** ハーバ / ポート 港
- **bay** ベイ 湾
- **raft** ラフト いかだ
- **drift** ドリフト 漂う
- **waterfront** ★ ワタフラント 水辺の地区
- ▶ seafront 海辺の地区
- **float** フロウト 浮かぶ
- **seaboard** シーボード 沿岸の(地域)
- **coast** コウスト 海岸

類語 coast は地図上の海岸。(sea)shore は海から見た海岸。beach は海水浴場などのある浜辺。seaside は観光地としての海岸。

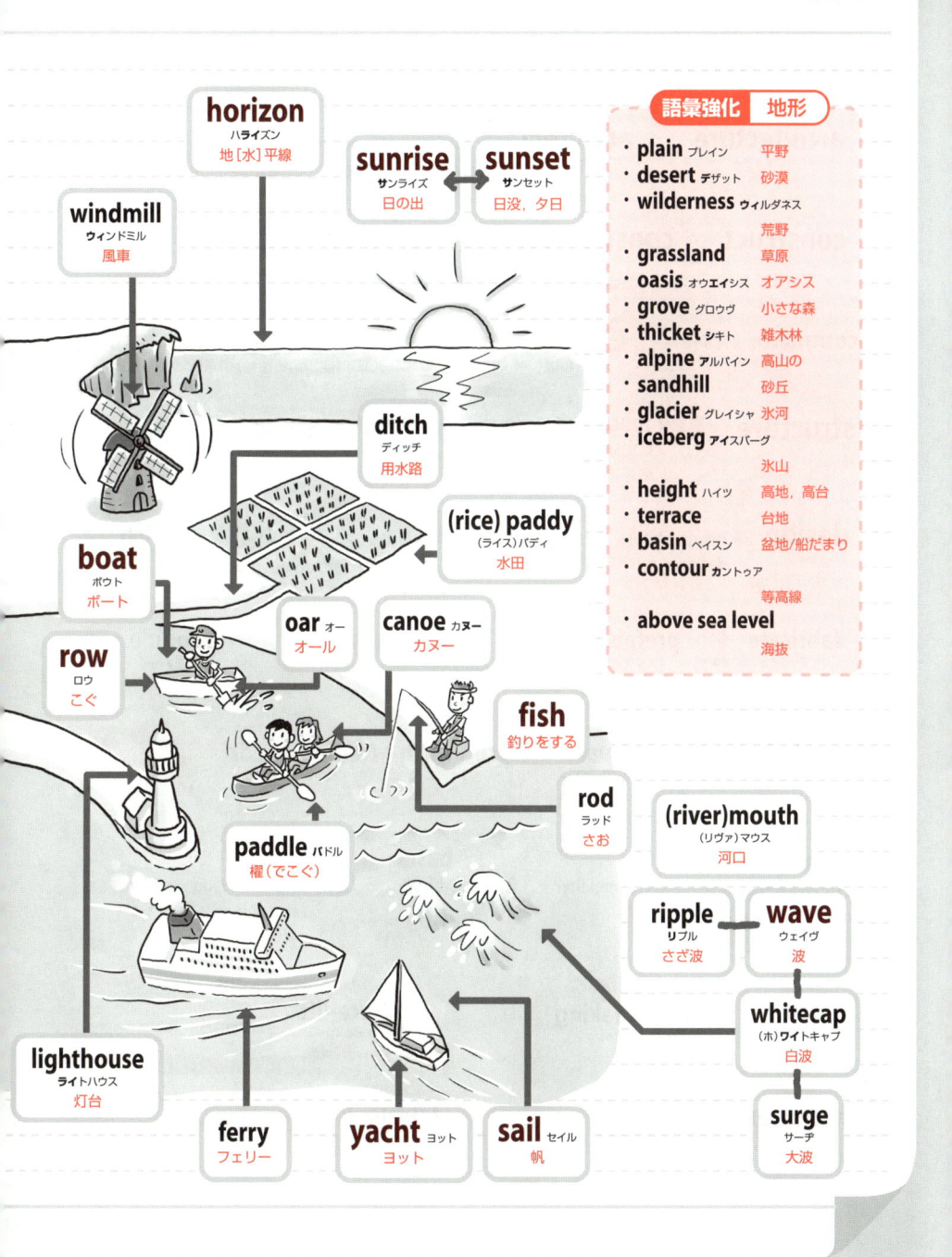

ここまでの見出し語数(のべ) **651** 語

horizon ハライズン 地[水]平線
windmill ウィンドミル 風車
sunrise サンライズ 日の出 ⇔ **sunset** サンセット 日没, 夕日
ditch ディッチ 用水路
(rice) paddy (ライス)パディ 水田
boat ボウト ボート
row ロウ こぐ
oar オー オール
canoe カヌー カヌー
fish 釣りをする
paddle パドル 櫂(でこぐ)
rod ラッド さお
(river)mouth (リヴァ)マウス 河口
ripple リプル さざ波
wave ウェイヴ 波
whitecap (ホ)ワイトキャプ 白波
surge サーヂ 大波
lighthouse ライトハウス 灯台
ferry フェリー
yacht ヨット ヨット
sail セイル 帆

語彙強化	地形
• **plain** プレイン	平野
• **desert** デザト	砂漠
• **wilderness** ウィルダネス	荒野
• **grassland**	草原
• **oasis** オウエイシス	オアシス
• **grove** グロウヴ	小さな森
• **thicket** シキト	雑木林
• **alpine** アルパイン	高山の
• **sandhill**	砂丘
• **glacier** グレイシャ	氷河
• **iceberg** アイスバーグ	氷山
• **height** ハイツ	高地, 高台
• **terrace**	台地
• **basin** ベイスン	盆地/船だまり
• **contour** カントゥア	等高線
• **above sea level**	海抜

16 建築

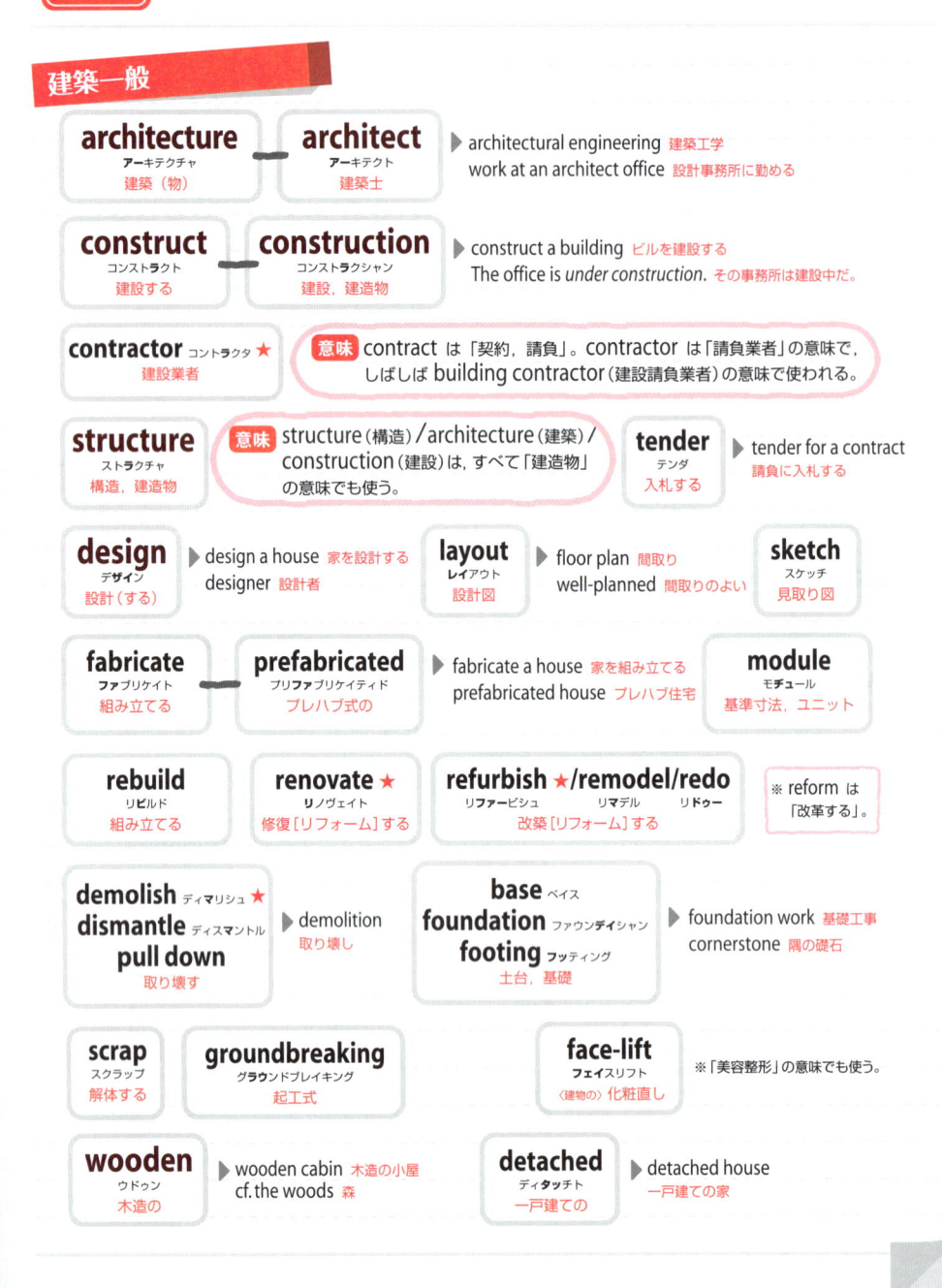

建築一般

architecture アーキテクチャ 建築（物）
architect アーキテクト 建築士
- architectural engineering 建築工学
- work at an architect office 設計事務所に勤める

construct コンストラクト 建設する
construction コンストラクシャン 建設, 建造物
- construct a building ビルを建設する
- The office is *under construction*. その事務所は建設中だ。

contractor コントラクタ ★ 建設業者

意味 contract は「契約, 請負」。contractor は「請負業者」の意味で, しばしば building contractor（建設請負業者）の意味で使われる。

structure ストラクチャ 構造, 建造物

意味 structure（構造）／architecture（建築）／construction（建設）は, すべて「建造物」の意味でも使う。

tender テンダ 入札する
- tender for a contract 請負に入札する

design デザイン 設計（する）
- design a house 家を設計する
- designer 設計者

layout レイアウト 設計図
- floor plan 間取り
- well-planned 間取りのよい

sketch スケッチ 見取り図

fabricate ファブリケイト 組み立てる
prefabricated プリファブリケイティド プレハブ式の
- fabricate a house 家を組み立てる
- prefabricated house プレハブ住宅

module モデュール 基準寸法, ユニット

rebuild リビルド 組み立てる
renovate ★ リノヴェイト 修復［リフォーム］する
refurbish ★ リファービシュ ／ **remodel** リマデル ／ **redo** リドゥー 改築［リフォーム］する

※ reform は「改革する」。

demolish ディマリシュ ★
dismantle ディスマントル ★
pull down 取り壊す
- demolition 取り壊し

base ベイス
foundation ファウンデイシャン
footing フッティング 土台, 基礎
- foundation work 基礎工事
- cornerstone 隅の礎石

scrap スクラップ 解体する

groundbreaking グラウンドブレイキング 起工式

face-lift フェイスリフト 〈建物の〉化粧直し
※「美容整形」の意味でも使う。

wooden ウドゥン 木造の
- wooden cabin 木造の小屋
- cf. the woods 森

detached ディタッチト 一戸建ての
- detached house 一戸建ての家

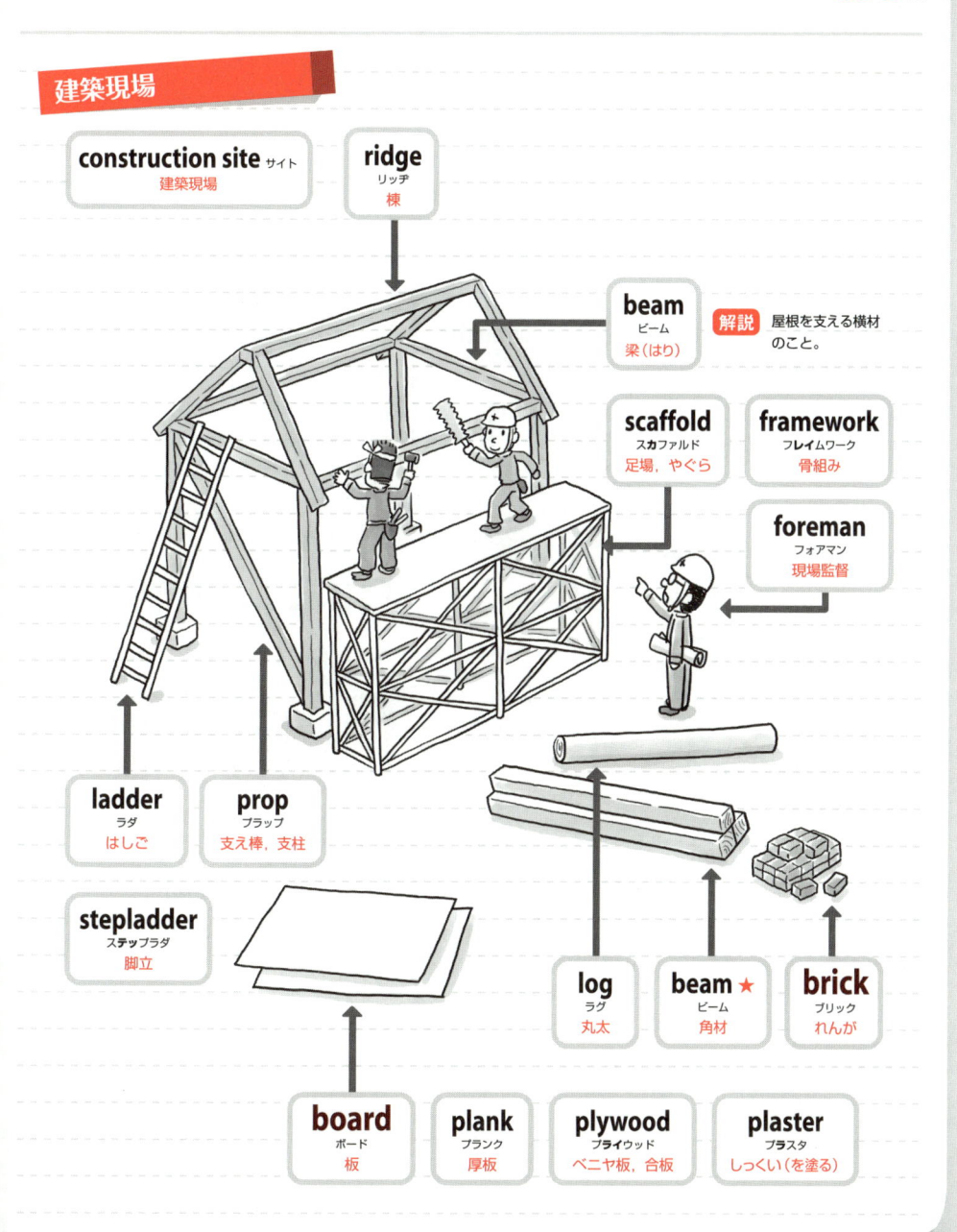

ここまでの見出し語数(のべ) **695** 語

建築現場

construction site サイト
建築現場

ridge リッヂ
棟

beam ビーム
梁(はり)

解説 屋根を支える横材のこと。

scaffold スカフォルド
足場, やぐら

framework フレイムワーク
骨組み

foreman フォアマン
現場監督

ladder ラダ
はしご

prop プラップ
支え棒, 支柱

stepladder ステップラダ
脚立

log ラグ
丸太

beam ★ ビーム
角材

brick ブリック
れんが

board ボード
板

plank プランク
厚板

plywood プライウッド
ベニヤ板, 合板

plaster プラスタ
しっくい(を塗る)

35

17 道具・設備

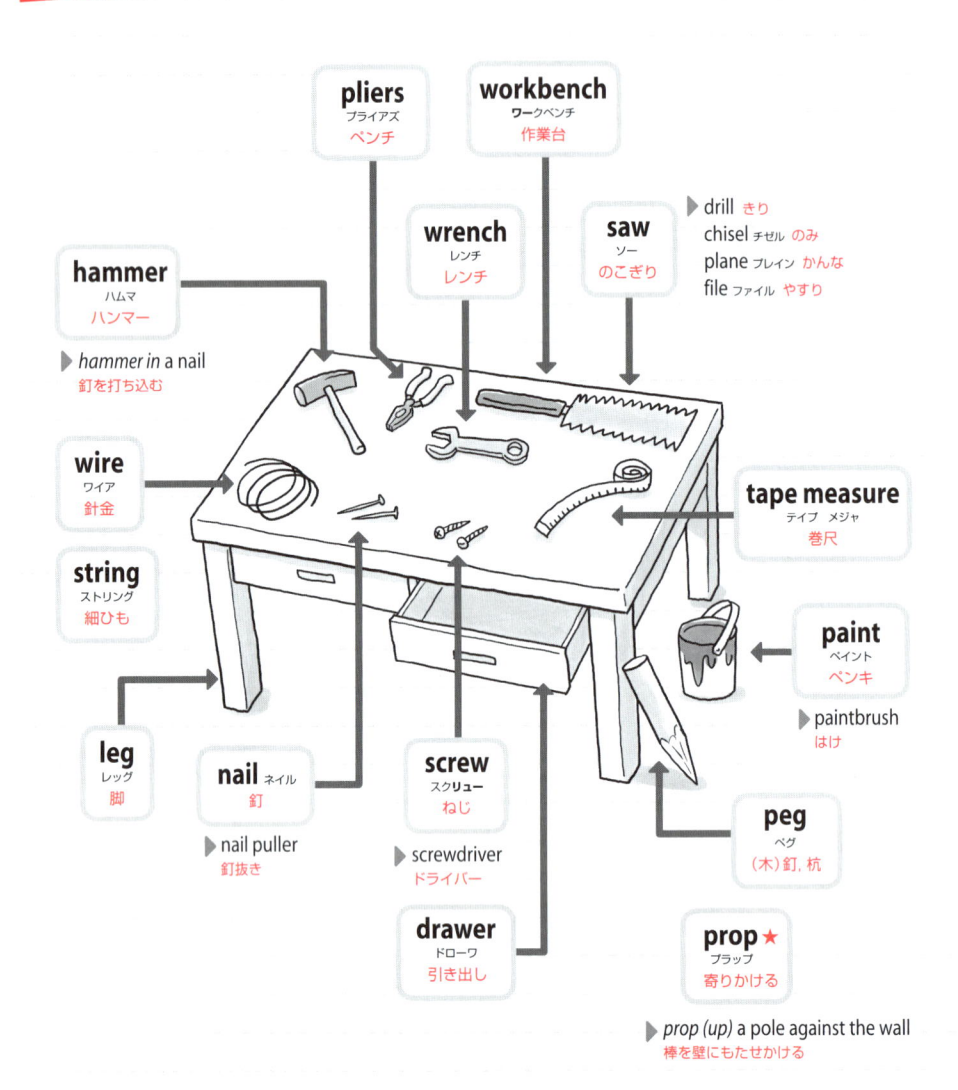

工具

pliers プライアズ ペンチ

workbench ワークベンチ 作業台

wrench レンチ レンチ

saw ソー のこぎり

- drill きり
- chisel チゼル のみ
- plane プレイン かんな
- file ファイル やすり

hammer ハムマ ハンマー
▶ *hammer in* a nail
釘を打ち込む

wire ワイア 針金

string ストリング 細ひも

tape measure テイプ メジャ 巻尺

paint ペイント ペンキ
▶ paintbrush
はけ

leg レッグ 脚

nail ネイル 釘
▶ nail puller
釘抜き

screw スクリュー ねじ
▶ screwdriver
ドライバー

peg ペグ （木）釘, 杭

drawer ドローワ 引き出し

prop ★ プラップ 寄りかける
▶ *prop (up)* a pole against the wall
棒を壁にもたせかける

36

ここまでの見出し語数(のべ) **732**語

道具・用具・装置

単語	例	
tool トゥール	machine tools	工作機械
instrument インストルメント	musical instrument	楽器
implement インプリメント	farming implements	農具
utensil ユーテンスル	kitchen utensils	台所用具
appliance アプライアンス	electric appliance	電気器具
gear ギア	camping gear	キャンプ用具
tackle タックル	fishing tackle	釣り道具
gadget ガヂェット	office gadgets	事務用具
outfit アウトフィト	travel outfit	旅行用品
kit キット	first-aid kit	救急用品一式

device ディバイス
apparatus アパレイタス
装置

▶ safety device 安全装置
electric apparatus 電気器具

setup セッタプ
装置，機構

▶ experimental setup 実験装置
the setup of a company 会社の機構

設備・施設

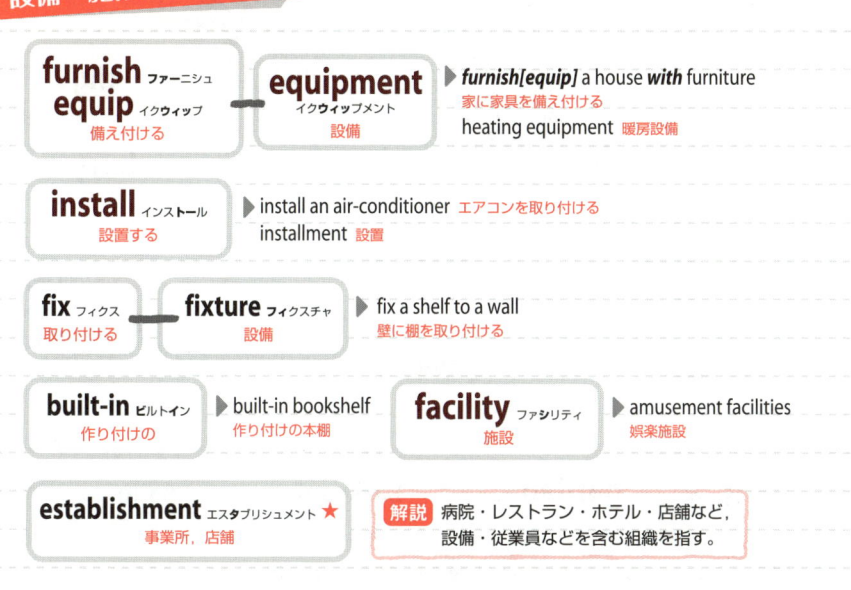

furnish ファーニシュ
equip イクウィップ
備え付ける

equipment イクウィップメント
設備

▶ furnish[equip] a house with furniture
家に家具を備え付ける
heating equipment 暖房設備

install インストール
設置する

▶ install an air-conditioner エアコンを取り付ける
installment 設置

fix フィクス
取り付ける

fixture フィクスチャ
設備

▶ fix a shelf to a wall
壁に棚を取り付ける

built-in ビルトイン
作り付けの

built-in bookshelf
作り付けの本棚

facility ファシリティ
施設

▶ amusement facilities 娯楽施設

establishment エスタブリシュメント ★
事業所，店舗

解説 病院・レストラン・ホテル・店舗など，設備・従業員などを含む組織を指す。

18 家

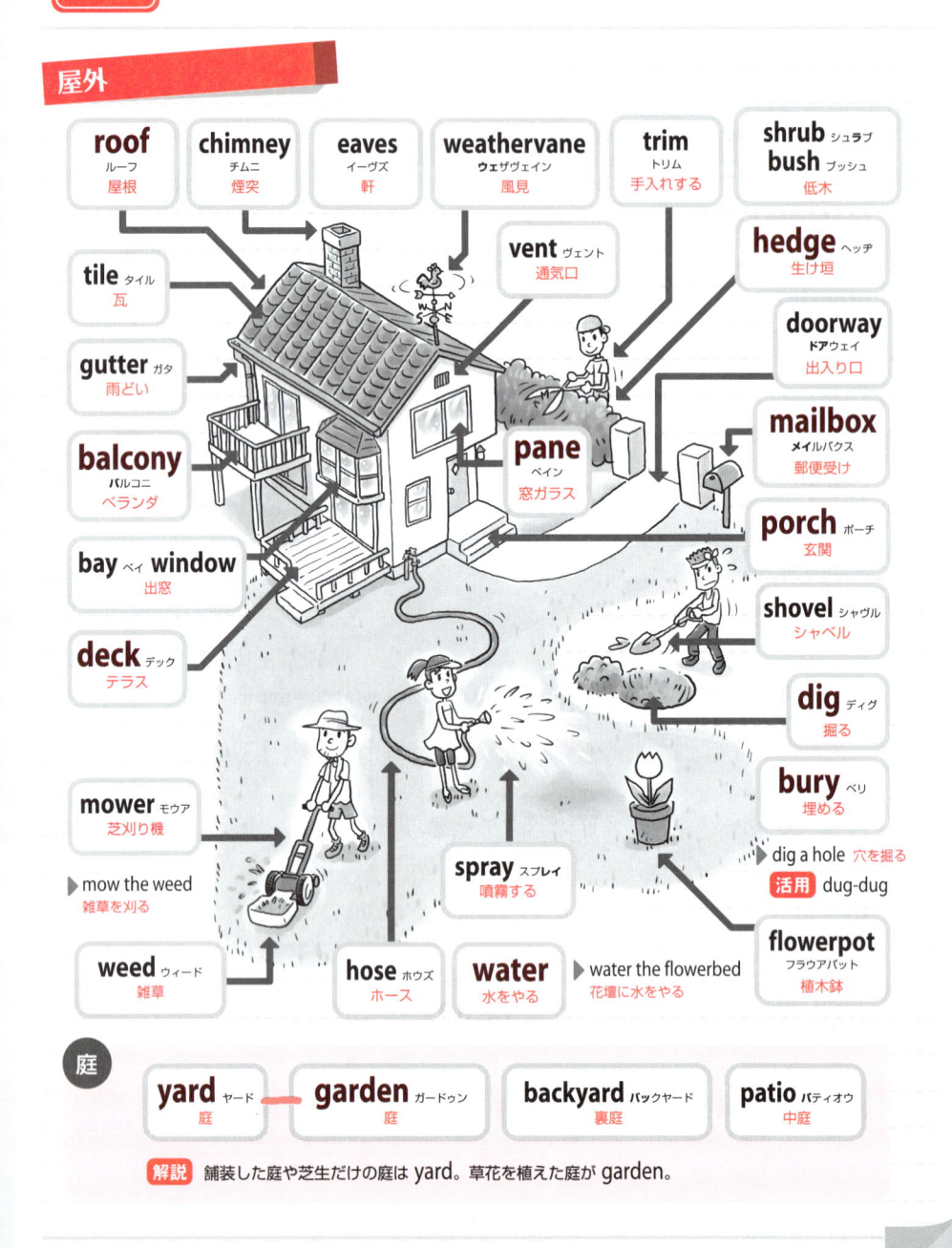

屋外

- **roof** ルーフ 屋根
- **chimney** チムニ 煙突
- **eaves** イーヴズ 軒
- **weathervane** ウェザヴェイン 風見
- **trim** トリム 手入れする
- **shrub** シュラブ / **bush** ブッシュ 低木
- **tile** タイル 瓦
- **vent** ヴェント 通気口
- **hedge** ヘッヂ 生け垣
- **gutter** ガタ 雨どい
- **doorway** ドアウェイ 出入り口
- **balcony** バルコニ ベランダ
- **pane** ペイン 窓ガラス
- **mailbox** メイルバクス 郵便受け
- **bay window** ベイ ウィンドウ 出窓
- **porch** ポーチ 玄関
- **deck** デック テラス
- **shovel** シャヴル シャベル
- **dig** ディグ 掘る
- **mower** モウア 芝刈り機
- **bury** ベリ 埋める
  - ▶ mow the weed 雑草を刈る
  - ▶ dig a hole 穴を掘る
  - 活用 dug-dug
- **weed** ウィード 雑草
- **hose** ホウズ ホース
- **spray** スプレイ 噴霧する
- **water** 水をやる
  - ▶ water the flowerbed 花壇に水をやる
- **flowerpot** フラウアパット 植木鉢

庭

- **yard** ヤード 庭 — **garden** ガードゥン 庭
- **backyard** バックヤード 裏庭
- **patio** パティオウ 中庭

解説 舗装した庭や芝生だけの庭は yard。草花を植えた庭が garden。

ここまでの見出し語数(のべ) **786** 語

屋内・住環境

story ストーリ 階
▶ two-story house 2階建ての家

attic アティック 屋根裏部屋

study スタディ 書斎

ceiling シーリング 天井

door ドア ドア

knob ナブ ノブ

pillar ピラ 柱

hall (way) ホール(ウェイ)
corridor カリダ 廊下

(hand)rail (ハンド)レイル
banister バニスタ 手すり

stairs ステアズ 階段

floor フロア 床
※「(建物の)階」の意味でも使う。
on the 10th floor 10階に

wall ウォール 壁

celler セラ 地下貯蔵庫

basement ベイスメント 地下室

amenity アメニティ 快適さ

comfortable カムファタブル
congenial コンチーニアル 心地よい

cozy コウジ
snug スナグ 居心地のよい

spacious スペイシャス 広々とした

語彙強化　家具など

- carpet　じゅうたん
- rug　敷物
- drape ドレイプ　カーテン
- couch カウチ　長いす、ソファ
- armchair　ひじ掛けいす
- bunk バンク beds　二段ベッド
- blanket　毛布
- pillow　枕
- closet クラジット　押し入れ
- drawers ドローアズ　たんす
- wardrobe ウォードロウブ　洋服だんす
- dresser　化粧台
- cupboard カバド　食器棚
- furnace ファーニス　暖炉
- fridge/refrigerator フリッヂ リフリヂレイタ　冷蔵庫

19 水回り・衛生

洗面所

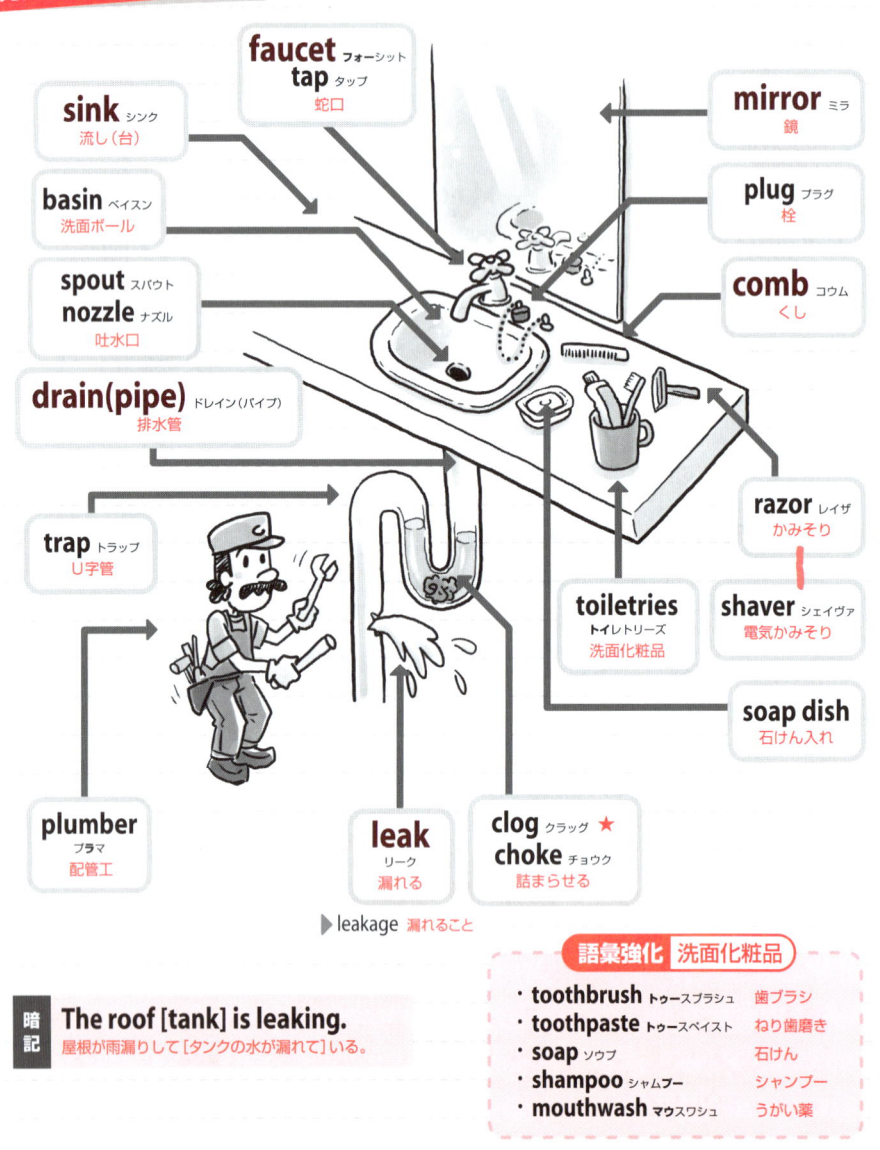

- **faucet** フォーシット / **tap** タップ 蛇口
- **sink** シンク 流し(台)
- **basin** ベイスン 洗面ボール
- **spout** スパウト / **nozzle** ナズル 吐水口
- **drain(pipe)** ドレイン(パイプ) 排水管
- **mirror** ミラ 鏡
- **plug** プラグ 栓
- **comb** コウム くし
- **trap** トラップ U字管
- **toiletries** トイレトリーズ 洗面化粧品
- **razor** レイザ かみそり
- **shaver** シェイヴァ 電気かみそり
- **soap dish** 石けん入れ
- **plumber** プラマ 配管工
- **leak** リーク 漏れる
- **clog** クラッグ ★ / **choke** チョウク 詰まらせる

▶ leakage 漏れること

暗記 The roof [tank] is leaking.
屋根が雨漏りして[タンクの水が漏れて]いる。

語彙強化 洗面化粧品

- **toothbrush** トゥースブラシュ 歯ブラシ
- **toothpaste** トゥースペイスト ねり歯磨き
- **soap** ソウプ 石けん
- **shampoo** シャムプー シャンプー
- **mouthwash** マウスワシュ うがい薬

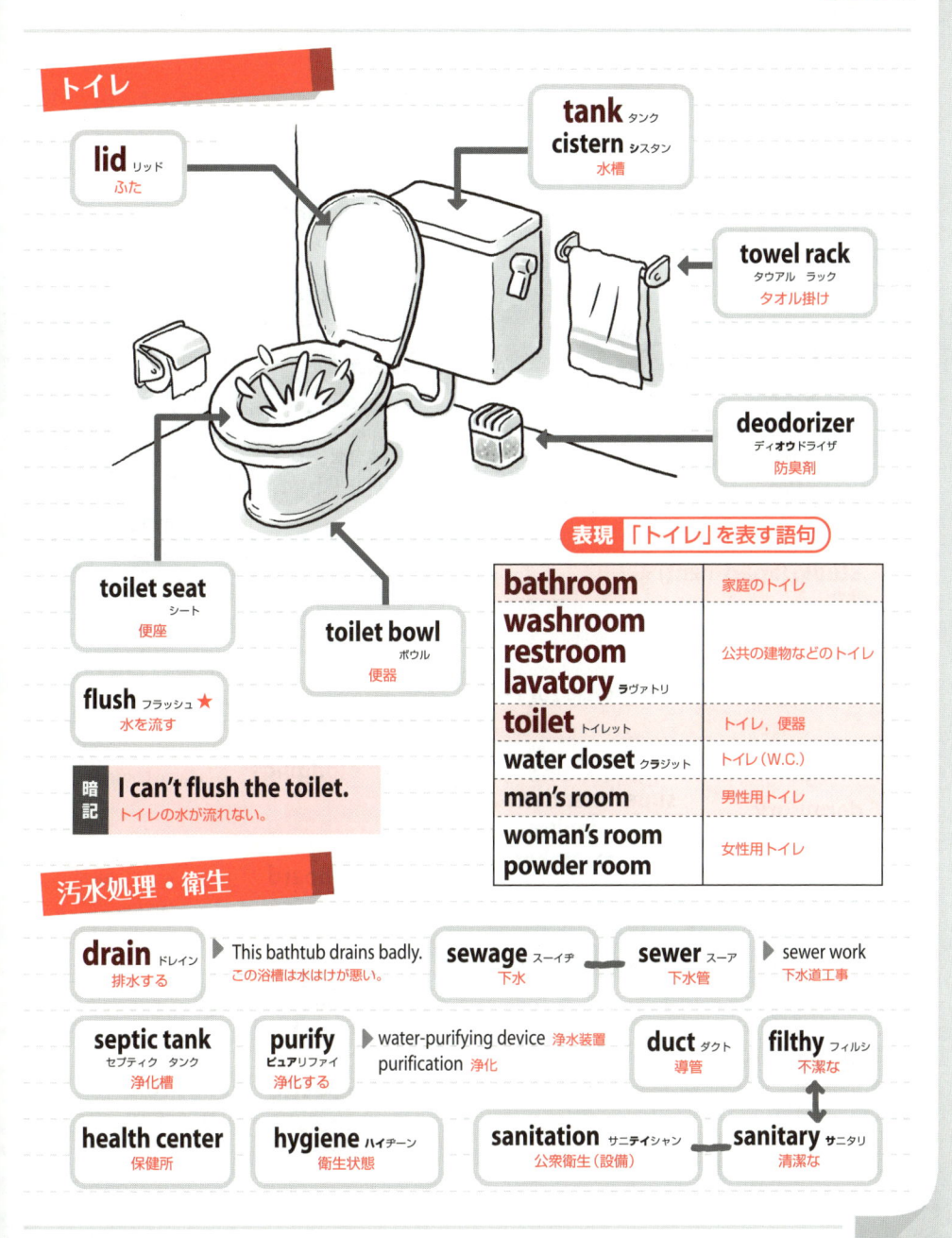

ここまでの見出し語数(のべ)**833**語

トイレ

- **lid** リッド — ふた
- **tank** タンク / **cistern** シスタン — 水槽
- **towel rack** タウアル ラック — タオル掛け
- **deodorizer** ディオウドライザ — 防臭剤
- **toilet seat** — シート, 便座
- **toilet bowl** — ボウル, 便器
- **flush** フラッシュ ★ — 水を流す

暗記 I can't flush the toilet.
トイレの水が流れない。

表現 「トイレ」を表す語句

bathroom	家庭のトイレ
washroom / **restroom** / **lavatory** ラヴァトリ	公共の建物などのトイレ
toilet トイレット	トイレ, 便器
water closet クラジット	トイレ(W.C.)
man's room	男性用トイレ
woman's room / **powder room**	女性用トイレ

汚水処理・衛生

- **drain** ドレイン — 排水する
  ▶ This bathtub drains badly.
  この浴槽は水はけが悪い。
- **sewage** スーイヂ — 下水
- **sewer** スーア — 下水管
  ▶ sewer work 下水道工事
- **septic tank** セプティク タンク — 浄化槽
- **purify** ピュアリファイ — 浄化する
  ▶ water-purifying device 浄水装置
  purification 浄化
- **duct** ダクト — 導管
- **filthy** フィルシ — 不潔な
- **health center** — 保健所
- **hygiene** ハイヂーン — 衛生状態
- **sanitation** サニテイシャン — 公衆衛生(設備)
- **sanitary** サニタリ — 清潔な

41

20 住宅・不動産

住宅の種類

residence レジデンス 〈比較的大きな〉住宅
▶ resident 住人 / reside リザイド 居住する
residential area 住宅地

condominium カンドミニアム 〈分譲の〉マンション
※略して condo カンドウ とも言う。

mansion マンシャン 大邸宅
※日本語の「マンション」に当たる英語は apartment。

villa ヴィラ 大別荘

cottage カティヂ / **bungalow** バンガロウ 小別荘
※「バンガロー」に当たる英語は hut。

apartment アパートメント / **flat** フラット 〈英〉アパート

意味 apartment は「アパートの１世帯分」。建物全体は apartment building。
walk-up flat エレベーターのないアパート

studio (apartment) ★ ストゥーディオウ ワンルームマンション
※「ワンルームマンション」は和製英語

housing complex ハウジング カムプレクス 団地

house for rent レント 貸家
※〈英〉では house to let と言う。

apartment

dormitory ドーミトリ 寮
※略して dorm とも言う。

superintendent スーパインテンダント / **janitor** ヂャニタ / **caretaker** ケアテイカ 〈アパートなどの〉管理人

lodgings ラヂングズ 貸間
▶ lodging house 下宿屋

board ボード 食事, 賄い
▶ boarding house 賄いつきの下宿屋

inhabit インハビト 住む
▶ inhabit the town その町に住む
inhabitant 住人

curfew カーフュー 門限
※「外出禁止令, 戒厳令」の意味もある。

move 引っ越す
▶ move to a new apartment 新しいアパートへ引っ越す
moving van 引越し用トラック

settle セトル 住みつく
▶ settle in Chiba 千葉に居を構える

不動産業

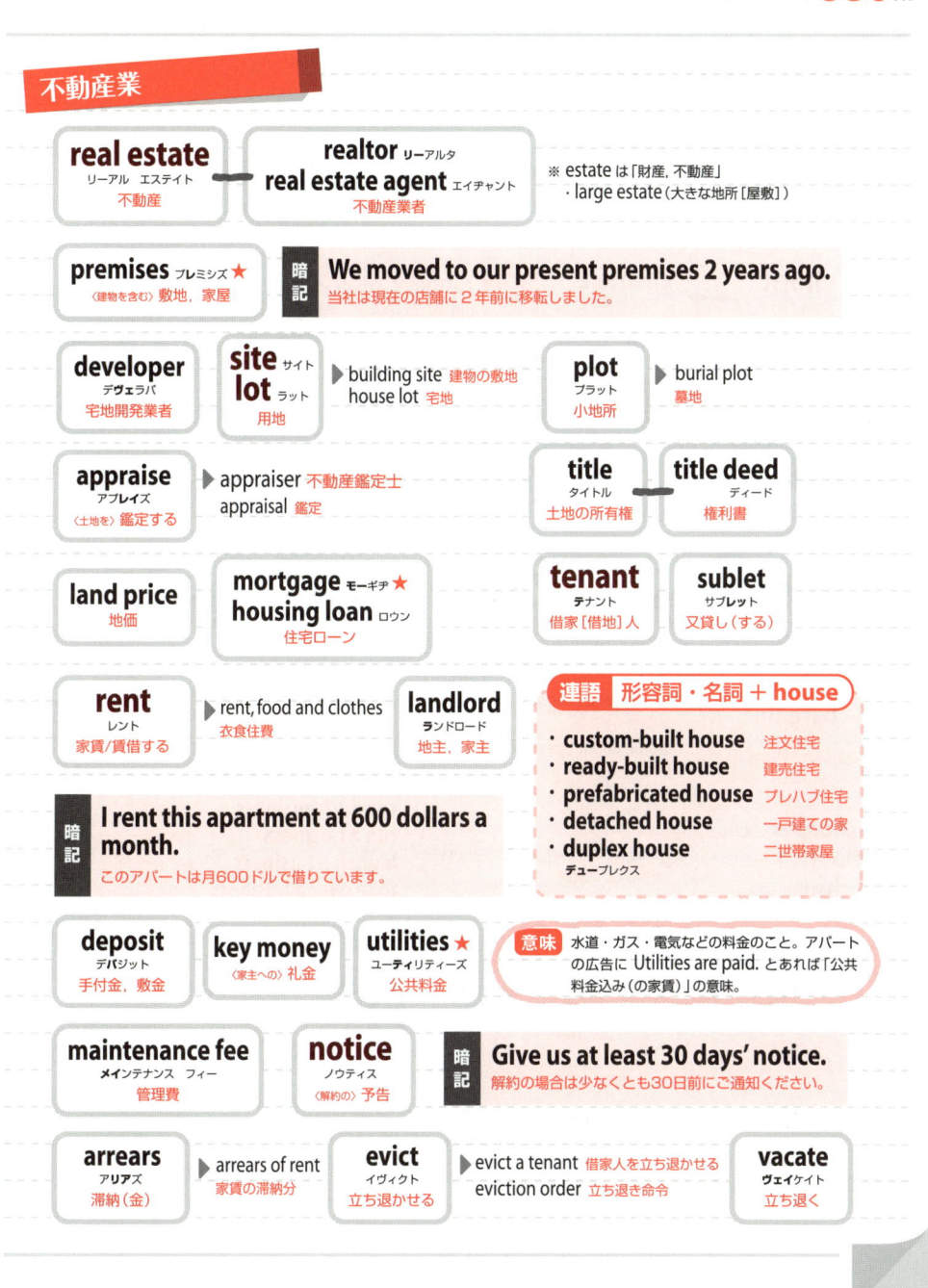

real estate リーアル エステイト 不動産 — **realtor** リーアルタ / **real estate agent** エイヂャント 不動産業者

※ estate は「財産, 不動産」
・large estate（大きな地所［屋敷］）

premises プレミシズ ★ 〈建物を含む〉敷地, 家屋

暗記 We moved to our present premises 2 years ago.
当社は現在の店舗に2年前に移転しました。

developer デヴェラパ 宅地開発業者

site サイト / **lot** ラット 用地 ▶ building site 建物の敷地 / house lot 宅地

plot プラット 小地所 ▶ burial plot 墓地

appraise アプレイズ 〈土地を〉鑑定する ▶ appraiser 不動産鑑定士 / appraisal 鑑定

title タイトル 土地の所有権

title deed ディード 権利書

land price 地価

mortgage モーギヂ ★ / **housing loan** ロウン 住宅ローン

tenant テナント 借家［借地］人

sublet サブレット 又貸し（する）

rent レント 家賃/賃借する ▶ rent, food and clothes 衣食住費

landlord ランドロード 地主, 家主

連語 形容詞・名詞 + house
・custom-built house 注文住宅
・ready-built house 建売住宅
・prefabricated house プレハブ住宅
・detached house 一戸建ての家
・duplex house デュープレクス 二世帯家屋

暗記 I rent this apartment at 600 dollars a month.
このアパートは月600ドルで借りています。

deposit デパジット 手付金, 敷金

key money 〈家主への〉礼金

utilities ユーティリティーズ ★ 公共料金

意味 水道・ガス・電気などの料金のこと。アパートの広告に Utilities are paid. とあれば「公共料金込み（の家賃）」の意味。

maintenance fee メインテナンス フィー 管理費

notice ノウティス 〈解約の〉予告

暗記 Give us at least 30 days' notice.
解約の場合は少なくとも30日前にご通知ください。

arrears アリアズ 滞納（金） ▶ arrears of rent 家賃の滞納分

evict イヴィクト 立ち退かせる ▶ evict a tenant 借家人を立ち退かせる / eviction order 立ち退き命令

vacate ヴェイケイト 立ち退く

ここまでの見出し語数（のべ）**880**語

21 ビジネス

顧客

customer カスタマ 顧客
▶ customer satisfaction/CS 顧客満足度

patron ペイトロン 顧客

patronage ペイトロニヂ 〈客の〉顧客

client クライアント 顧客，依頼人

clientele クライアンテル 依頼人，常連客

類語 customer は商店・レストランなどの客。
client は弁護士・会計士・広告会社などの客。

商売・取引

trade トレイド 商売(する)
▶ brisk trade 活発な商い
trader 商人

transact ★ トランザクト 取引する

transaction ★ トランザクシャン 取引
▶ credit transaction 信用取引

deal ディール 取引(する)

dealer ディーラ 取引業者
▶ deal *in* used cars 中古車を売買する
close a deal 商談をまとめる

broker ブロウカ 仲介業者
▶ stockbroker 株式仲買人

bargain バーゲン 売買契約／交渉する
▶ make a good bargain 有利な取引をする
bargain about the price 価格の交渉をする

連語 動詞 + business
- do business (with) (〜と)取引をする
- carry on business 商売を(経営)する
- conduct business 商売を営む
- run a business 商売をやっていく
- launch a business 商売を始める
- take over a business 商売を引き継ぐ

prosper プラスパ
flourish フラリシュ
thrive シュライヴ
繁盛する
▶ prosperous[thriving] business 繁盛している商売

lucrative ルークラティヴ ★
profitable プラフィタブル
儲かる
▶ lucrative[moneymaking] business 儲かる商売

暗記 This is the best offer we can make.
これ以上は値引きできません。

auction オークシャン 競売(で売る)

bid /offer ビッド オーファ 値をつける
▶ outbid 〜より高い値をつける
the highest bidder 落札者
offer $2,000 for the car その車を2,000ドルで買う[売る]と言う

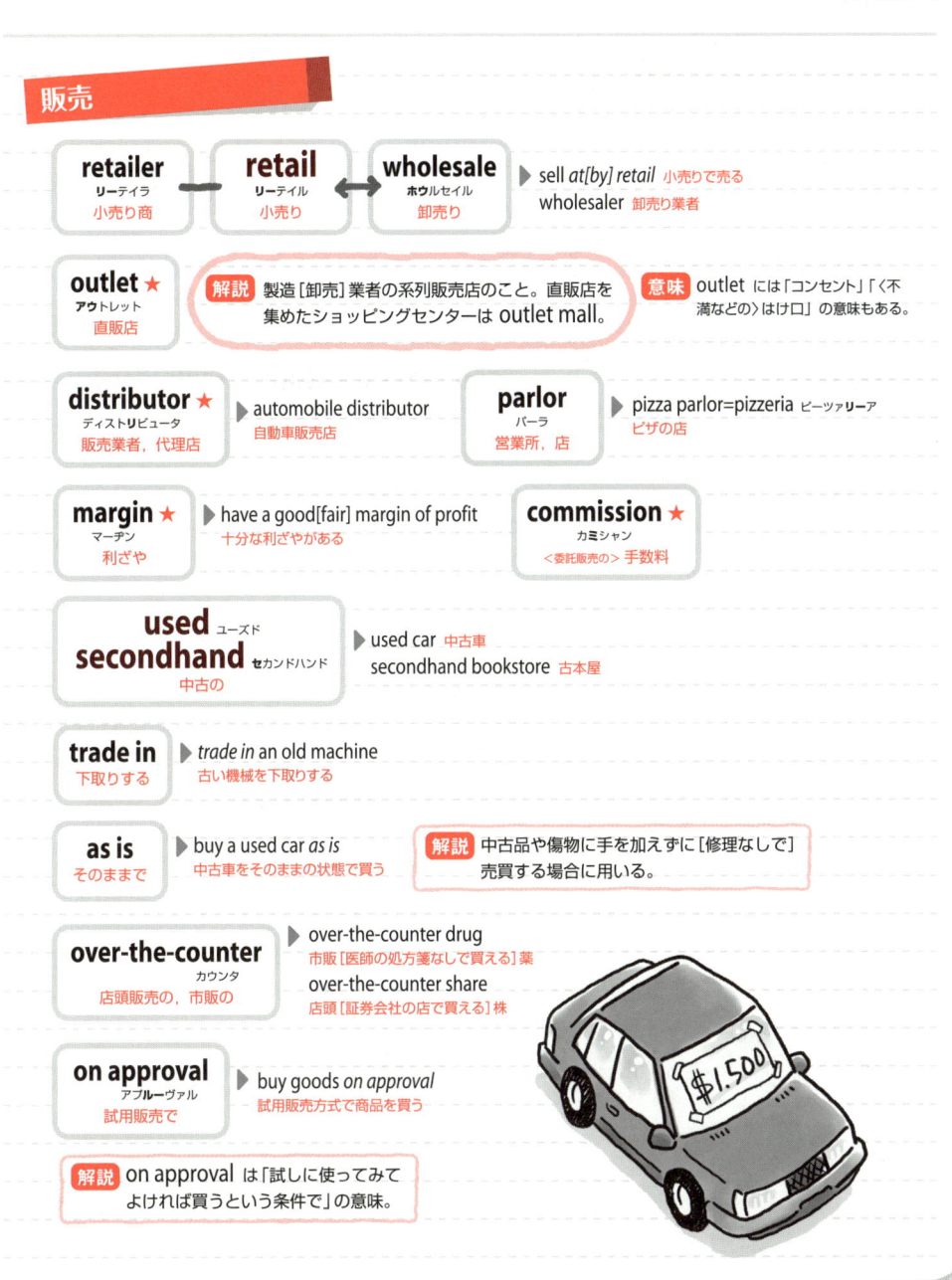

ここまでの見出し語数(のべ) **913**語

販売

retailer リーテイラ 小売り商 — **retail** リーテイル 小売り ↔ **wholesale** ホウルセイル 卸売り
▶ sell at[by] retail 小売りで売る
wholesaler 卸売り業者

outlet ★ アウトレット 直販店
解説 製造[卸売]業者の系列販売店のこと。直販店を集めたショッピングセンターは outlet mall。
意味 outlet には「コンセント」「〈不満などの〉はけ口」の意味もある。

distributor ★ ディストリビュータ 販売業者, 代理店
▶ automobile distributor 自動車販売店

parlor パーラ 営業所, 店
▶ pizza parlor=pizzeria ピーツァリーア ピザの店

margin ★ マーヂン 利ざや
▶ have a good[fair] margin of profit 十分な利ざやがある

commission ★ カミシャン <委託販売の> 手数料

used ユーズド / **secondhand** セカンドハンド 中古の
▶ used car 中古車
secondhand bookstore 古本屋

trade in 下取りする
▶ trade in an old machine 古い機械を下取りする

as is そのままで
▶ buy a used car as is 中古車をそのままの状態で買う
解説 中古品や傷物に手を加えずに[修理なしで]売買する場合に用いる。

over-the-counter カウンタ 店頭販売の, 市販の
▶ over-the-counter drug 市販[医師の処方箋なしで買える]薬
over-the-counter share 店頭[証券会社の店で買える]株

on approval アプルーヴァル 試用販売で
▶ buy goods on approval 試用販売方式で商品を買う
解説 on approval は「試しに使ってみてよければ買うという条件で」の意味。

45

22 買い物

店・販売

supermarket スーパーマーケット

mall モール ★ ショッピングセンター

類語 米国には郊外型の大型小売店が多い。これらは superstore, power (shopping) center, shopping plaza などと言う。

grocery グロウサリ **(store)** 食料雑貨店

drugstore 〈米〉ドラッグストア

解説 薬のほか日用品・新聞雑誌などを販売し，喫茶・軽食の設備も持つ店のこと。

department ディパートメント デパートの売り場

▶ furniture department 家具売り場
department store デパート

convenience store コンヴィーニアンス コンビニ

confectionery コンフェクシャナリ お菓子屋

go shopping 買物に行く

語法 「スーパーへ買物に行く」は go shopping at[✗ to] a supermarket。

around-the-clock 24時間営業の

merchant マーチャント
storekeeper ストアキーパー
商店主

salesclerk セイルズクラーク
salesperson セイルズパースン
〈商店の〉店員

※〈英〉では shop assistant と言う。

sale セイル 販売/特売

for sale 売り物の

▶ Not *For Sale* 非売品〈掲示〉

連語 形容詞・名詞 + sale
・ **bargain sale** バーゲンセール
・ **warehouse sale** 在庫一掃セール
・ **closeout sale** 閉店セール
・ **sacrifice sale** 大特売
・ **garage[tag] sale** ガレージセール

※ 不要品を自宅のガレージで売ること。庭[納屋]で売るのは yard[barn] sale。

on sale 販売して/特売で

▶ *put ~ on sale* ~を発売する
Everything here is *on sale*.
ここにあるものはすべて特売品です。

sold out 売り切れて

▶ *Sold Out* 売り切れ〈掲示〉

clearance (sale) クリアランス 在庫一掃セール

impulse buying インパルス バイイング 衝動買い

▶ buy a camera on impulse カメラを衝動買いする

select セレクト
pick out 選ぶ

▶ *pick out* the best dress 一番いい服を選ぶ

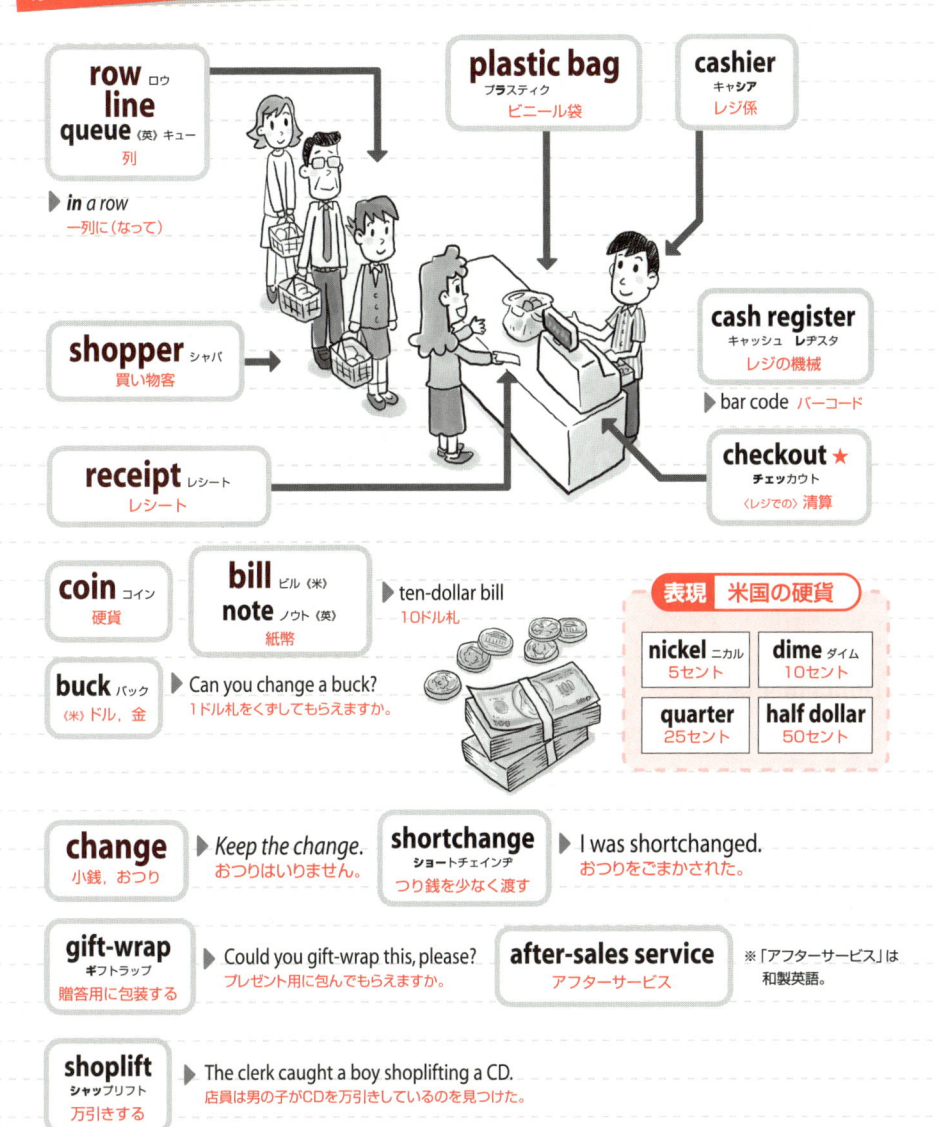

ここまでの見出し語数(のべ) **956** 語

店内

row ロウ
line
queue 〈英〉キュー
列

▶ in a row
一列に(なって)

plastic bag プラスティック
ビニール袋

cashier キャシア
レジ係

shopper シャパ
買い物客

cash register キャッシュ レヂスタ
レジの機械

▶ bar code バーコード

receipt レシート
レシート

checkout ★ チェッカウト
〈レジでの〉清算

coin コイン
硬貨

bill ビル〈米〉
note ノウト〈英〉
紙幣

▶ ten-dollar bill
10ドル札

buck バック
〈米〉ドル, 金

▶ Can you change a buck?
1ドル札をくずしてもらえますか。

表現 | 米国の硬貨

nickel ニカル 5セント
dime ダイム 10セント
quarter 25セント
half dollar 50セント

change
小銭, おつり

▶ Keep the change.
おつりはいりません。

shortchange ショートチェインヂ
つり銭を少なく渡す

▶ I was shortchanged.
おつりをごまかされた。

gift-wrap ギフトラップ
贈答用に包装する

▶ Could you gift-wrap this, please?
プレゼント用に包んでもらえますか。

after-sales service
アフターサービス

※「アフターサービス」は和製英語。

shoplift シャプリフト
万引きする

▶ The clerk caught a boy shoplifting a CD.
店員は男の子がCDを万引きしているのを見つけた。

23 値段

値段

expensive イクスペンシヴ
costly コーストリ
dear ディア
高価な

inexpensive イネクスペンシヴ
cheap チープ
安い

意味 cheap は「安っぽい」という悪い意味で使われることもある。

reasonable リーズナブル
手ごろな
▶ buy it *at a reasonable price*
　それを手ごろな値段で買う

語法 「高い[安い]値段」は high [low] price。cheap [expensive] price とは言わない。

暗記 **The price is subject to change.**
値段は変更する場合があります。

連語 形容詞・名詞 + price
- **reasonable price** 手ごろな値段
- **affordable price** 手の届く値段
- **fancy price** 法外な値段
- **exorbitant price** 法外な値段
  イグゾービタント
- **all-inclusive price** すべて込みの値段
- **unit price** 単価
- **tag[list/fixed] price** 定価
- **discounted price** 割引価格
- **bargain price** 特価
- **giveaway price** 捨て値

purchase パーチェス
購入(する)
▶ make a good *purchase*
　よい買い物をする

free (of charge)
無料で
▶ I got this *(for) free*.
　これはただで手に入れた。

complimentary ★ コンプリメンタリ
優待の，無料の
▶ *complimentary* ticket
　優待[無料]券

混同注意 complementary 補完的な
※発音は同じ。

bargain バーゲン
得な買い物，特価品
▶ good *bargain* よい買い物[取引]
　bargain hunter 特価品を買いあさる人

steal スティール
掘り出し物

price tag タグ
値札

$10.50

値引き

discount ディスカウント 割引（する）
▶ make[give] a 5% discount
5％の割引をする

mark down 値下げをする ⇔ **mark up** 値上げをする

price war 値引き競争

lower ロウア 下げる
▶ lower[cut/reduce] prices
値下げをする

Name your price. 希望の値段を言ってください。

undercut アンダカット 競争相手より安い値をつける
▶ undercut a price 競争相手よりも値を下げる
undersell 競争相手よりも安く売る

haggle ハグル / **beat[knock] down** 値切る
▶ haggle about prices 値切る
beat down the price その値段を値切る

afford to do アフォード ～する余裕がある
affordability アフォーダビリティ 値ごろ感
▶ I can't afford (to buy) such an expensive car.
そんなに高価な車を買う余裕はない。

連語　形容詞・名詞 + discount

- **cash discount** 現金割引
  ※現金での支払いに対する割引のこと。
- **quantity discount** 数量割引
  ※大口の注文に対する割引のこと。
- **settlement discount** 決裁割引
- **trade discount** 同業者割引
- **staff discount** 社員割引

景品など

voucher バウチャ ★ / **coupon** クーポン クーポン，割引券
▶ collect vouchers クーポン券を集める

gift certificate サティフィケト 商品券

feature / eye-catcher / loss leader
フィーチャ／アイキャッチャ／ロス リーダ
目玉商品

giveaway ギヴァウェイ 〈拡販用の〉景品
※ promotion goods とも言う。

free sample サムプル 〈無料の〉試供品
※ freebie とも言う。

throw in おまけにつける
▶ I'll throw in this sample for free.
このサンプルをおまけします。

24 料金・支払い

請求

単語	意味	例・説明
price プライス	商品の値段	fixed price 定価 / bargain price 特価
charge チャーヂ	サービスの料金	cover charge テーブルチャージ / admission charge 入場料
fee フィー	報酬・手数料	hospital fees 入院費 / flat monthly fee 月額固定料金
fare フェア	乗り物の運賃	bus fare バス料金 / express fare 急行料金
rate レイト	単位当たりの料金	telephone rate 電話料金 / postal rates 郵便料金
toll トゥル	通行料・サービスの料金	bridge toll 橋の通行料 / toll-free number フリーダイヤル
tuition テュイシャン	授業料	college tuition 大学の授業料
utilities ユーティリティズ	公共料金	アパートで使用する電気・ガス・水道料金のこと。
commission コミシャン	手数料	委託販売の対価として代理店などに支払うお金のこと。

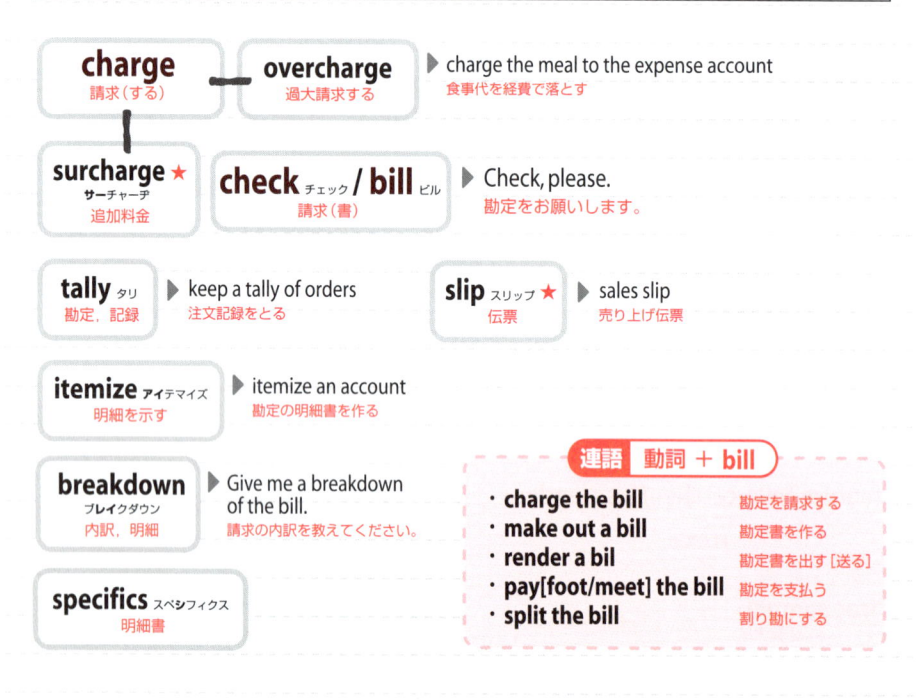

charge チャーヂ 請求(する) — **overcharge** 過大請求する
▶ charge the meal to the expense account
食事代を経費で落とす

surcharge ★ サーチャーヂ 追加料金

check チェック / **bill** ビル 請求(書)
▶ Check, please.
勘定をお願いします。

tally タリ 勘定, 記録
▶ keep a tally of orders
注文記録をとる

slip スリップ ★ 伝票
▶ sales slip
売り上げ伝票

itemize アイテマイズ 明細を示す
▶ itemize an account
勘定の明細書を作る

breakdown ブレイクダウン 内訳, 明細
▶ Give me a breakdown of the bill.
請求の内訳を教えてください。

specifics スペシフィクス 明細書

連語 動詞 + bill

- charge the bill　　勘定を請求する
- make out a bill　　勘定書を作る
- render a bil　　勘定書を出す[送る]
- pay[foot/meet] the bill　　勘定を支払う
- split the bill　　割り勘にする

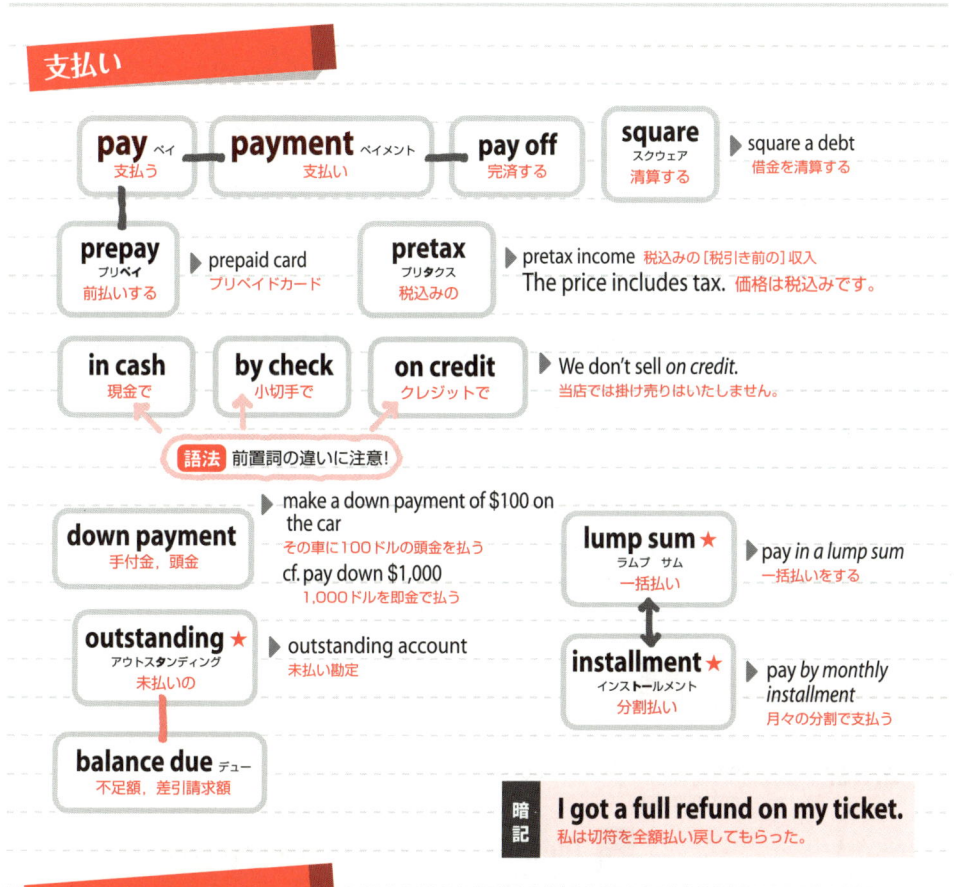

ここまでの見出し語数（のべ）**1,026**語

支払い

pay ベイ 支払う
payment ペイメント 支払い
pay off 完済する
square スクウェア 清算する ▶ square a debt 借金を清算する

prepay プリペイ 前払いする ▶ prepaid card プリペイドカード
pretax プリタクス 税込みの ▶ pretax income 税込みの[税引き前の]収入
The price includes tax. 価格は税込みです。

in cash 現金で
by check 小切手で
on credit クレジットで ▶ We don't sell on credit.
当店では掛け売りはいたしません。

語法 前置詞の違いに注意！

down payment 手付金，頭金 ▶ make a down payment of $100 on the car
その車に100ドルの頭金を払う
cf. pay down $1,000
1,000ドルを即金で払う

lump sum ★ ランプ サム 一括払い ▶ pay in a lump sum 一括払いをする

outstanding ★ アウトスタンディング 未払いの ▶ outstanding account 未払い勘定

installment ★ インストールメント 分割払い ▶ pay by monthly installment 月々の分割で支払う

balance due デュー 不足額，差引請求額

暗記 I got a full refund on my ticket.
私は切符を全額払い戻してもらった。

払い戻し

単語	意味	例・説明
repay リペイ	払い戻す	repay[pay off] one's debt 借金を返す[完済する]
payback ペイバック	払い戻し	pay back the loan to the bank 銀行にローンを返済する
refund リファンド	払い戻し，払い戻す	ask for a total refund 全額払い戻しを請求する
rebate リベイト	割戻し，キャッシュバック	get a rebate of 10% 10%のキャッシュバックを受ける
kickback キックバック	〈不正な〉リベート	「ピンはね」。rake-off とも言う。rebate は使わない。

25 注文

問い合わせ

buyer バイア
仕入れ係

inquiry ★ インクワイアリ
問い合わせ

▶ make inquiries about the product
その製品について問い合わせる

supplier サプライア ★
vendor ヴェンダ
納入業者

quote ★ クウォウト
見積もり額を言う

quotation ★ クウォウテイシャン
見積もり(書), 相場

▶ quote the lowest price
見積もりの最低価格を言う
This quotation is above the market price.
この見積もりは市価よりも高い。

estimate エスティメイト
見積もる, 見積もり

▶ estimate the expenses 経費を見積もる
draw up an estimate 見積もり書を作成する

portfolio ★ ポートフォウリオウ
品揃え

▶ product portfolio
製品ラインアップ

catalog(ue) キャタローグ
カタログ

※CAT/CTLG と略記する。

item アイテム
品目

▶ fast-selling item
売れ行きのよい品

sample サンプル
specimen スペシメン
見本

on demand ディマンド
on request リクウェスト
要求あり次第

▶ Our catalogue will be sent on demand.
ご請求があり次第カタログをお送りします。

注文

order オーダ
注文(する)

▶ order a book from a bookstore 本を本屋に注文する
rush of order 注文の殺到

place an order ★
発注する

【暗記】**The buyer placed an additional order with the supplier.**
仕入れ係は業者に追加注文した。

order sheet シート
注文伝票

▶ check the order sheet
注文伝票を照合する

in bulk バルク
大口で

▶ order the item in bulk
その品を大口で注文する

requisition リクウィジシャン
請求用紙, 注文書

▶ requisition for a new copier 新しいコピー機の注文書
【解説】備品の購入などのために社内の担当部署に提出する書類のこと。

lot ラット ★
〈商品の〉ひと口

▶ order another lot of the item
その品をもうひと口注文する

ここまでの見出し語数(のべ) **1,058**語

在庫・貯蔵

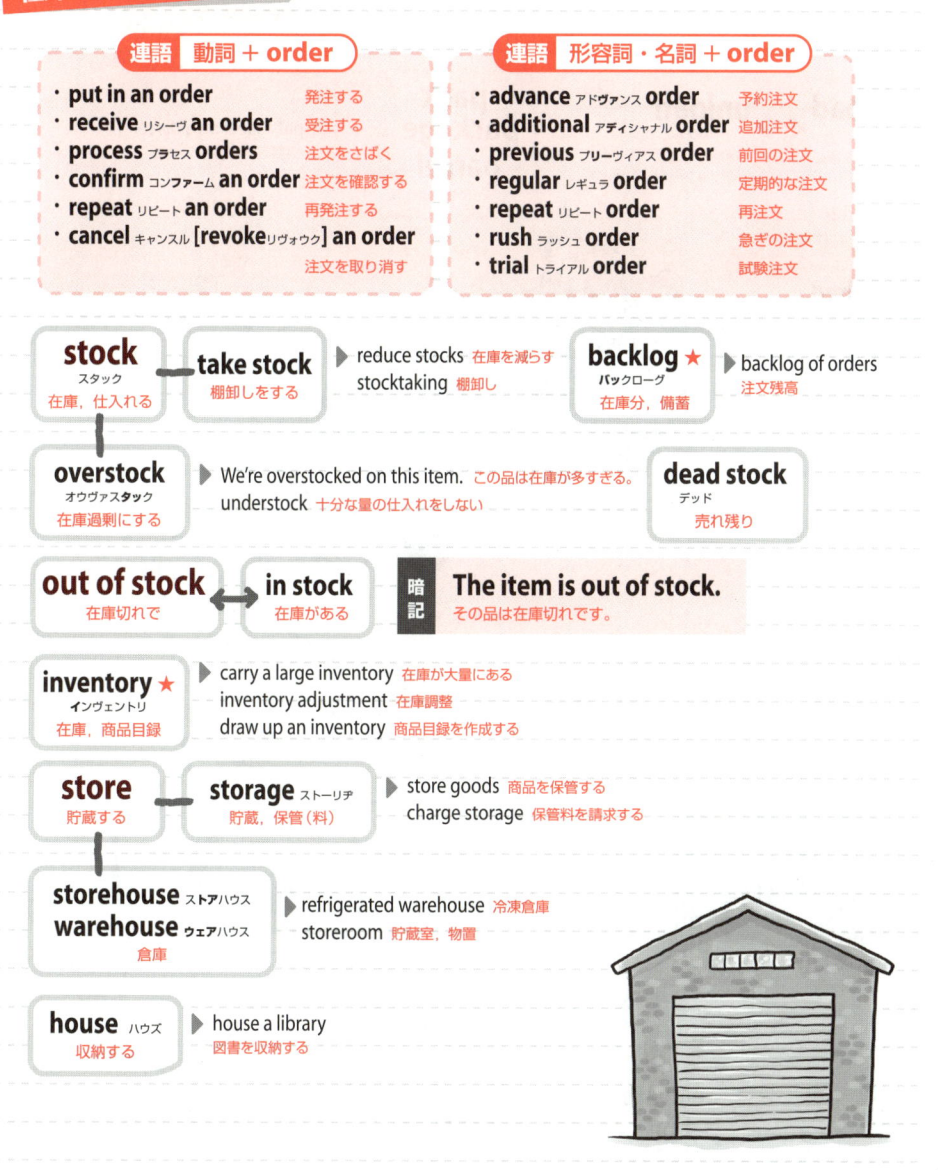

連語 動詞 + order
- put in an order　発注する
- receive リシーヴ an order　受注する
- process プラセス orders　注文をさばく
- confirm コンファーム an order　注文を確認する
- repeat リピート an order　再発注する
- cancel キャンセル [revoke リヴォウク] an order
  注文を取り消す

連語 形容詞・名詞 + order
- advance アドヴァンス order　予約注文
- additional アディショナル order　追加注文
- previous プリーヴィアス order　前回の注文
- regular レギュラ order　定期的な注文
- repeat リピート order　再注文
- rush ラッシュ order　急ぎの注文
- trial トライアル order　試験注文

stock スタック　在庫, 仕入れる
- **take stock** 棚卸しをする
  ▶ reduce stocks 在庫を減らす
  stocktaking 棚卸し
- **backlog ★** バックローグ 在庫分, 備蓄
  ▶ backlog of orders　注文残高

overstock オウヴァスタック　在庫過剰にする
▶ We're overstocked on this item. この品は在庫が多すぎる。
understock 十分な量の仕入れをしない

dead stock デッド　売れ残り

out of stock 在庫切れで　⇔　**in stock** 在庫がある
暗記 **The item is out of stock.** その品は在庫切れです。

inventory ★ インヴェントリ　在庫, 商品目録
▶ carry a large inventory 在庫が大量にある
inventory adjustment 在庫調整
draw up an inventory 商品目録を作成する

store 貯蔵する ─ **storage** ストーリヂ 貯蔵, 保管(料)
▶ store goods 商品を保管する
charge storage 保管料を請求する

storehouse ストアハウス
warehouse ウェアハウス　倉庫
▶ refrigerated warehouse 冷凍倉庫
storeroom 貯蔵室, 物置

house ハウズ　収納する
▶ house a library 図書を収納する

53

26 荷物

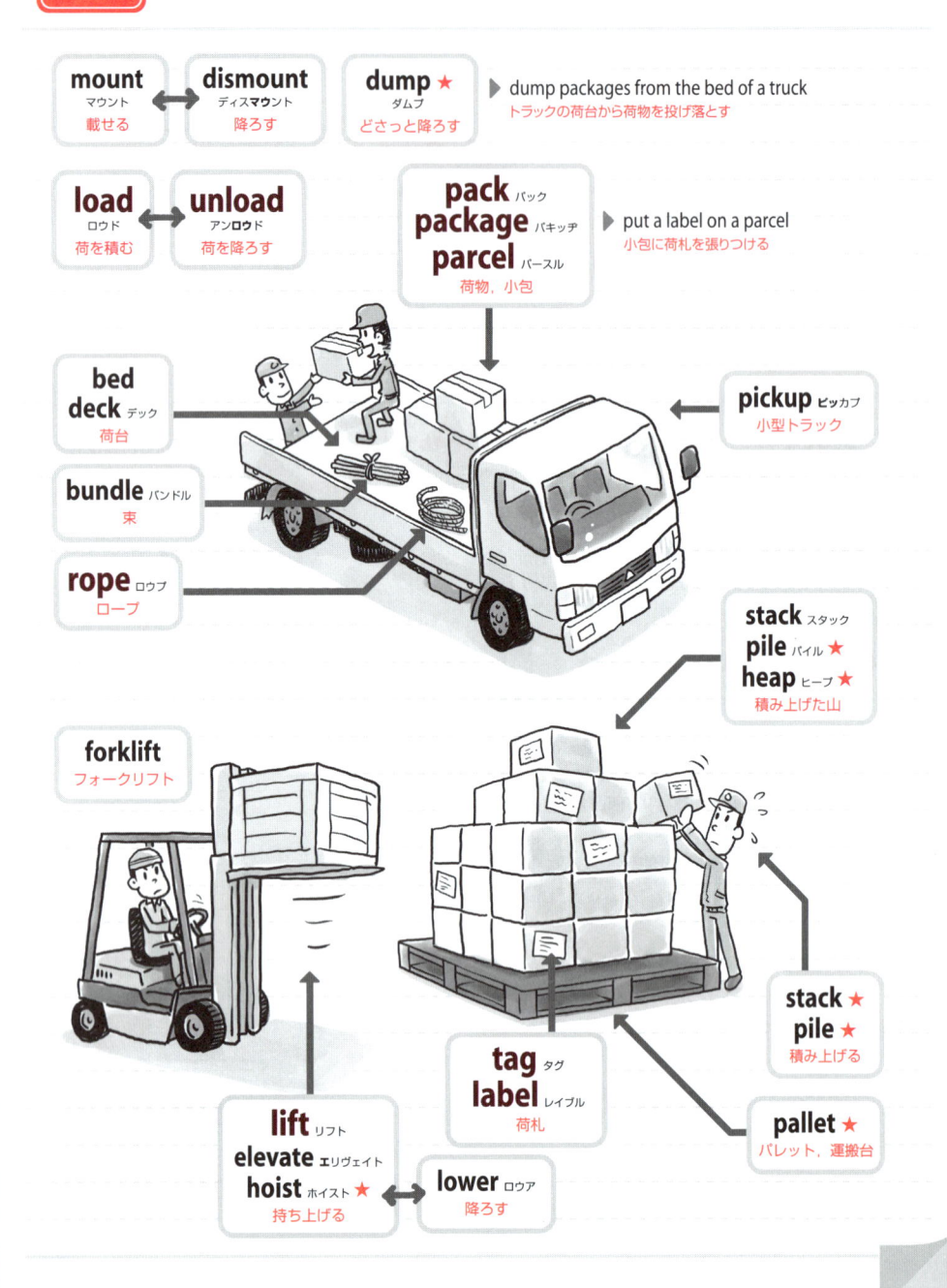

- **mount** マウント 載せる
- **dismount** ディスマウント 降ろす
- **dump** ★ ダンプ どさっと降ろす
  - ▶ dump packages from the bed of a truck
    トラックの荷台から荷物を投げ落とす
- **load** ロウド 荷を積む
- **unload** アンロウド 荷を降ろす
- **pack** パック / **package** パキッヂ / **parcel** パースル 荷物，小包
  - ▶ put a label on a parcel
    小包に荷札を張りつける
- **bed / deck** デック 荷台
- **bundle** バンドル 束
- **rope** ロウプ ロープ
- **pickup** ピッカプ 小型トラック
- **stack** スタック / **pile** パイル ★ / **heap** ヒープ ★ 積み上げた山
- **forklift** フォークリフト
- **stack** ★ / **pile** ★ 積み上げる
- **pallet** ★ パレット，運搬台
- **tag** タグ / **label** レイブル 荷札
- **lift** リフト / **elevate** エリヴェイト / **hoist** ホイスト ★ 持ち上げる
- **lower** ロウア 降ろす

54

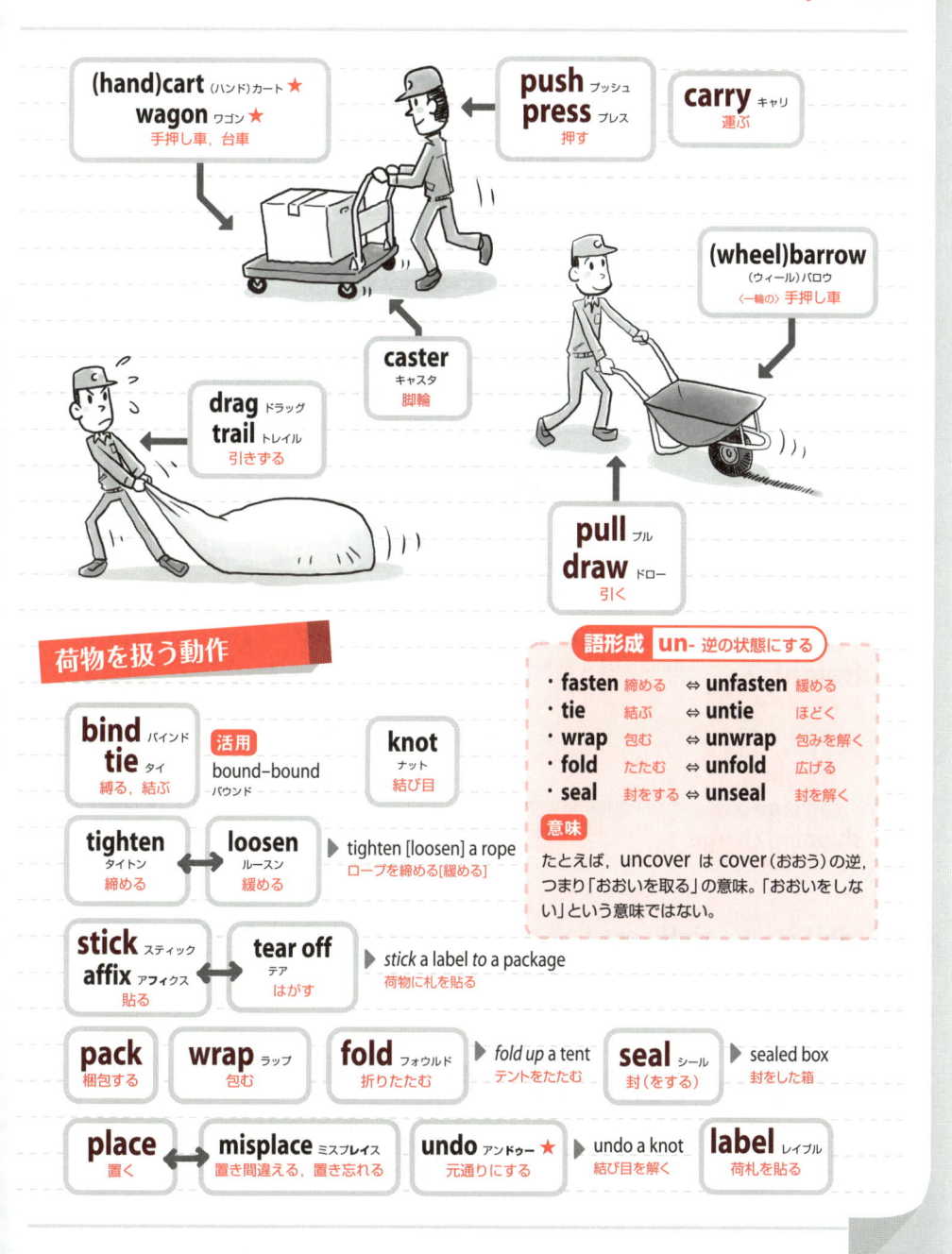

ここまでの見出し語数（のべ） **1,110** 語

- **(hand)cart** (ハンド)カート ★
- **wagon** ワゴン ★
  手押し車, 台車
- **push** プッシュ
- **press** プレス
  押す
- **carry** キャリ
  運ぶ
- **(wheel)barrow** (ウィール)バロウ
  〈一輪の〉手押し車
- **caster** キャスタ
  脚輪
- **drag** ドラッグ
- **trail** トレイル
  引きずる
- **pull** プル
- **draw** ドロー
  引く

荷物を扱う動作

語形成 **un-** 逆の状態にする
・**fasten** 締める ⇔ **unfasten** 緩める
・**tie** 結ぶ ⇔ **untie** ほどく
・**wrap** 包む ⇔ **unwrap** 包みを解く
・**fold** たたむ ⇔ **unfold** 広げる
・**seal** 封をする ⇔ **unseal** 封を解く
意味
たとえば, **uncover** は **cover**（おおう）の逆、つまり「おおいを取る」の意味。「おおいをしない」という意味ではない。

- **bind** バインド
- **tie** タイ
  縛る, 結ぶ
  【活用】bound-bound バウンド
- **knot** ナット
  結び目

- **tighten** タイトン 締める ⇔ **loosen** ルースン 緩める
  ▶ *tighten [loosen] a rope* ロープを締める[緩める]

- **stick** スティック
- **affix** アフィクス
  貼る
  ⇔ **tear off** テア はがす
  ▶ *stick a label to a package* 荷物に札を貼る

- **pack** 梱包する
- **wrap** ラップ 包む
- **fold** フォウルド 折りたたむ
  ▶ *fold up a tent* テントをたたむ
- **seal** シール 封(をする)
  ▶ *sealed box* 封をした箱

- **place** 置く
- **misplace** ミスプレイス 置き間違える, 置き忘れる
- **undo** アンドゥー ★ 元通りにする
  ▶ *undo a knot* 結び目を解く
- **label** レイブル 荷札を貼る

55

27 運送

運送

ship シップ ★ — 出荷する
shipping ★ — 出荷，運送業
shipment ★ — 出荷，荷物
▶ ship goods by express 急行便で商品を送る
　receive a shipment 積み荷を受け取る

send out 発送する
dispatch ディスパッチ — 発送［急送］（する）
▶ dispatch a job 仕事をさっさと片付ける
　※「迅速な処理（をする）」の意味もある。

carrier キャリア / **forwarder** フォーワダ — 運送業者
courier ★ カーリア — 宅配業者
convey コンヴェイ / **transmit** トランスミット — 運ぶ，伝える
▶ conveyance 輸送
　transmission 伝達

consign ★ コンサイン — 運送する，渡す
▶ consignor 荷主
transit トランジット — 運送
▶ be lost in transit 運送中に紛失する
haul ホール — 〈車で〉輸送する
▶ hauler 運送会社［トラック］

load ロウド / **cargo** カーゴ / **freight** フレイト — 貨物，積み荷
▶ load a ship with cargo 船に積み荷を積む
　freight train 貨物列車
pickup ★ ピッカプ — 集荷
※「軽トラ (pickup truck)」の意味もある。

freight フレイト / **carriage** キャリヂ / **shipping charge** — 運賃
▶ freight forward 運賃先払い
　free of carriage 運賃無料で
logistics ロヂスティクス — 物流
▶ logistics management 物流管理

deliver デリヴァ — 配達する
delivery デリヴァリ — 配達
▶ deliver a parcel 小包を配達する
　door-to-door delivery 宅配
cash on delivery / COD 着払い

invoice インヴォイス — 送り状，請求書
【解説】送付する品に添付する，明細や請求額を記した紙のこと。
(cargo) manifest （カーゴ）マニフェスト — 貨物目録，送り状
vessel ヴェスル — 船

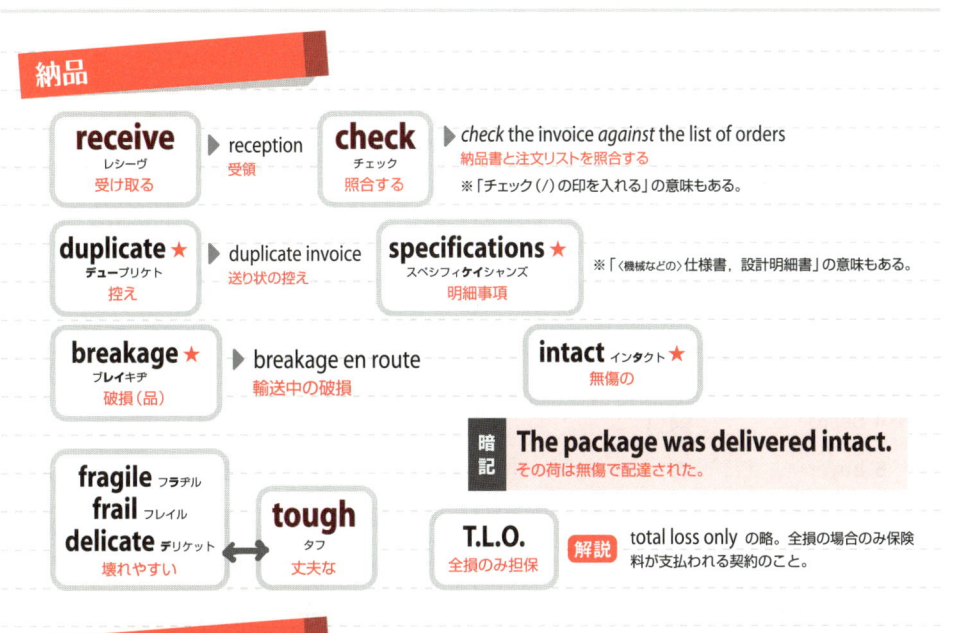

ここまでの見出し語数(のべ) **1,155**語

納品

見出し	訳	用例・補足
receive レシーヴ 受け取る	▶ reception 受領	
check チェック 照合する	▶ *check* the invoice *against* the list of orders 納品書と注文リストを照合する ※「チェック(/)の印を入れる」の意味もある。	
duplicate ★ デュープリケト 控え	▶ duplicate invoice 送り状の控え	
specifications ★ スペシフィケイシャンズ 明細事項	※「〈機械などの〉仕様書, 設計明細書」の意味もある。	
breakage ★ ブレイキヂ 破損(品)	▶ breakage en route 輸送中の破損	
intact インタクト ★ 無傷の	暗記 **The package was delivered intact.** その荷は無傷で配達された。	
fragile フラヂル **frail** フレイル **delicate** デリケット 壊れやすい ↔ **tough** タフ 丈夫な		
T.L.O. 全損のみ担保	解説 total loss only の略。全損の場合のみ保険料が支払われる契約のこと。	

容器など

単語	意味	具体例
container コンテイナ	容器	容器一般, コンテナ
case ケイス	箱	箱一般
crate クレイト ★	わく箱	仕切りのある運搬ケース(ビールケースなど)
carton カートン ★	紙箱	ボール紙製の容器(牛乳パックなど)
pack パック	箱, 包み	一定量の品の包み(タバコの箱など)
packet パケット	小さな包み	タバコの箱, 手紙の束など

a crate of beer
ビール1ケース

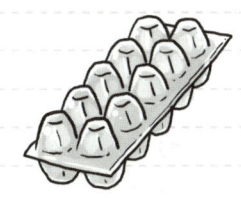

a carton of eggs
卵1パック

Stage 2 確認テスト

次のそれぞれの語句の意味を答えてください。

No	単語	品詞	
1	architect	名	( )
2	bare tree		( )
3	barrow	名	( )
4	beard	名	( )
5	buyer	名	( )
6	cashier	名	( )
7	ceiling	名	( )
8	customer	名	( )
9	delivery	名	( )
10	device	名	( )
11	dig	動	( )
12	dock	名	( )
13	electric appliance		( )
14	equipment	名	( )
15	faucet	名	( )
16	float	動	( )
17	fountain	名	( )
18	free of charge		( )
19	handrail	名	( )
20	hedge	名	( )

No	単語	品詞	
21	by installment		( )
22	intact	副	( )
23	ladder	名	( )
24	lean	動	( )
25	lid	名	( )
26	lucrative	形	( )
27	mortgage	名	( )
28	order sheet		( )
29	pour	動	( )
30	refund	名	( )
31	residence	名	( )
32	retail	名	( )
33	row	名	( )
34	saw	名	( )
35	ship	動	( )
36	studio	名	( )
37	surcharge	名	( )
38	take stock		( )
39	transaction	名	( )
40	wheelchair	名	( )

正解は281ページ

Stage 3

28	宣伝①
29	宣伝②
30	営業・接待
31	クレーム
32	損害賠償・保険
33	経済
34	会社の形
35	会社の経営
36	組織
37	社員募集
38	資格・保証

28 宣伝①

宣伝活動

- **public relations** ★ / **PR** パブリック リレイシャンズ　広報活動
- **promotion** プロモウシャン　販売促進
- **campaign** キャムペイン　キャンペーン
  - ▶ sales campaign　販売促進運動
- **advertise** アドヴァタイズ　広告する
- **ad** アド / **advertisement** アドヴァタイスメント　広告
  - ▶ advertising agency　広告代理店
- **sponsor** スパンサ　〈放送の〉広告主
  - ※紙媒体の広告主は advertiser。

暗記 We put [run] a full-page ad in several papers.
当社は新聞数紙に全面広告を出した。

- **billing** ビリング　宣伝(量)
  - ▶ advance billing　前宣伝
- **by word of mouth** 口コミで
  - ▶ word-of-mouth advertising　口コミ広告
- **plug** プラグ ★　宣伝(する)
  - ▶ plug a new product on TV　テレビで新製品を宣伝する
- **endorse** エンドース　保証宣伝する
  - ▶ endorse a new product　新製品を〈テレビのCMや新聞などで〉保証宣伝する
- **profile** プロファイル　横顔(紹介)
  - ▶ profile of a new car　新型車の紹介
- **novel** ナヴェル　新しい
- **novelty** ナヴェルティ　目新しいもの
  - ▶ novel idea　斬新な発想
  - novelty goods　珍しい品
- **unveil** アンヴェイル　初公開する　※「ベールを外す」の意味。
- **rollout** ロウラウト　初公開
- **brand** ブランド　商標
  - ▶ brand loyalty　ブランド信仰
- **generic** ヂェネリク　ノーブランドの
- **slogan** スロウガン / **spiel** スピール　宣伝文句
- **copy** カピ　広告文
  - ▶ copy writer　コピーライター
- **catchy** キャッチー　魅力的な
  - ▶ catchy copy　人目を引く広告文
- **commercial** コマーシャル　コマーシャル、広告放送
- **jingle** ヂングル　コマーシャルソング
- **解説** テレビ・ラジオで流す、短く調子のよい宣伝用の曲のこと。
- **TV spot** スパット　テレビのスポット広告
- **questionnaire** クウェスチャネア　アンケート
  - ▶ fill out[in] a questionnaire　アンケートに記入する
- **respondent** レスパンデント　回答者
- **feedback** ★ フィードバク　反応、意見

ここまでの見出し語数(のべ) **1,205**語

宣伝媒体

重要　印刷物

literature リテラチャ
印刷物

flier フライア ★
circular サーキュラ
handout ハンダウト
handbill ハンドビル
ビラ, チラシ

brochure ブロウシュア ★
pamphlet パムフレット
booklet ブックレット
パンフレット

leaflet リーフレット
リーフレット

logo(type) ロウゴウ(タイプ)
ロゴ, 意匠文字

解説 社名などを表すシンボルマーク[デザインされた文字]のこと。

acronym アクロニム
頭字語

解説 AIDS (=acquired immune deficiency syndrome)のように, 各語の頭文字(capital letter)をつなげて作った語のこと。

symbolize シムボライズ
象徴する

▶ What does this mark symbolize?
　このマークは何を象徴していますか。

重要　展示(会)・掲示

show(ing)
展示会

exhibition エクシビシャン
展示, 博覧会

expo エクスポ ★
博覧会, 見本市

trade fair フェア ★
(産業)見本市

billboard ビルボード
看板, 広告板

POP
店頭広告

※point of purchase の略。

exhibit エグジビット
display ディスプレイ
showcase ショウケイス
展示(する)

▶ Christmas display
　クリスマスの飾りつけ

demonstrate デモンストレイト
実演[実証]する

▶ demonstrate how to use a machine
　機械の使い方を実演する
　demonstration 実演, 実証

61

29 宣伝②

広告・宣伝に使われる形容詞

excellent エクセラント	見事な，優秀な		**unparalleled** アンパラレルド	比類のない
superb スパーブ	最高の，優秀な		**unmatchable** アンマッチャブル	比類のない
marvelous マーヴェラス	驚くべき，見事な		**prestigious** プレスティージャス	高級な，一流の
brilliant ブリリアント	輝かしい，優秀な		**classy** クラッシ	高級な
splendid スプレンディド	輝かしい，豪華な		**supreme** スープリーム	最高の
luxurious ラグジュリアス	ぜいたくな，豪華な		**paramount** パラマウント	最高の
gorgeous ゴージャス	豪華な		**high-end** ハイエンド	最高級の
deluxe デラックス	豪華な		**tip-top** ティップタプ	最高級の
pompous パンパス	豪華な		**top-of-the-line**	最高級の
plush プラッシュ	豪華な		**glamorous** グラマラス	華やかな
sumptuous サンプチュアス	豪華な，高価な		**vivid** ヴィヴィド	鮮やかな
spectacular スペクタキュラ	壮大な，壮観な		**cool** クール	格好いい
magnificent マグニフィセント	壮大な，壮観な		**hip** ヒップ	いかす (俗語)
grand グランド	壮大な，壮観な		**stylish** スタイリッシュ	流行の
refined リファインド	洗練された		**ideal** アイディール	理想的な
sophisticated ソフィスティケイティド	洗練された		**fancy** ファンシ	極上の
elegant エレガント	気品のある		**sleek** スリーク	優美な，均整美の
chic シーク /**nifty** ニフティ	粋な		**unique** ユーニーク	唯一の，独特な
graceful グレイスフル	優雅な		**original** アリヂナル	独創的な
neat ニート	上品な		**long-awaited** アウェイティド	待望の
decent ディーセント	上品な		**brand-new** ブラン(ド)ニュー	新品の
terrific テリフィク	すばらしい		**trend-setting** トレンドセティング	流行の先駆けとなる
fabulous ファビュラス	すばらしい		**antique** アンティーク	古風な
exquisite エクスクウィジト	すばらしい		**artistic** アーティスティク	芸術的な
exceptional エクセプショナル	並外れた		**aesthetic** エスセティク	美的な
impeccable イムペカブル	非の打ち所がない		**exotic** イグザティク	異国情緒のある

流行・普及

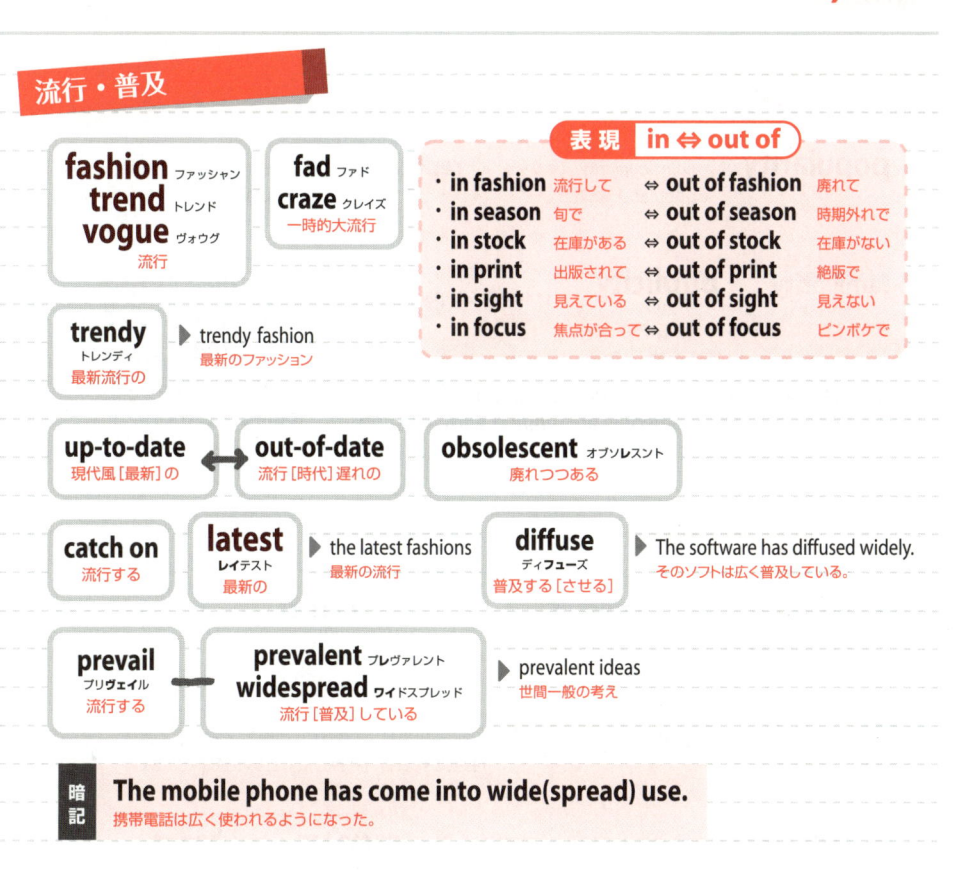

fashion ファッション
trend トレンド
vogue ヴォウグ
流行

fad ファド
craze クレイズ
一時的大流行

表現 in ⇔ out of

- **in fashion** 流行して ⇔ **out of fashion** 廃れて
- **in season** 旬で ⇔ **out of season** 時期外れで
- **in stock** 在庫がある ⇔ **out of stock** 在庫がない
- **in print** 出版されて ⇔ **out of print** 絶版で
- **in sight** 見えている ⇔ **out of sight** 見えない
- **in focus** 焦点が合って ⇔ **out of focus** ピンボケで

trendy トレンディ
最新流行の
▶ trendy fashion 最新のファッション

up-to-date 現代風[最新]の ⇔ **out-of-date** 流行[時代]遅れの

obsolescent オブソレスント
廃れつつある

catch on 流行する

latest レイテスト 最新の
▶ the latest fashions 最新の流行

diffuse ディフューズ 普及する[させる]
▶ The software has diffused widely.
そのソフトは広く普及している。

prevail プリヴェイル 流行する

prevalent プレヴァレント
widespread ワイドスプレッド
流行[普及]している
▶ prevalent ideas 世間一般の考え

暗記 The mobile phone has come into wide(spread) use.
携帯電話は広く使われるようになった。

30 営業・接待

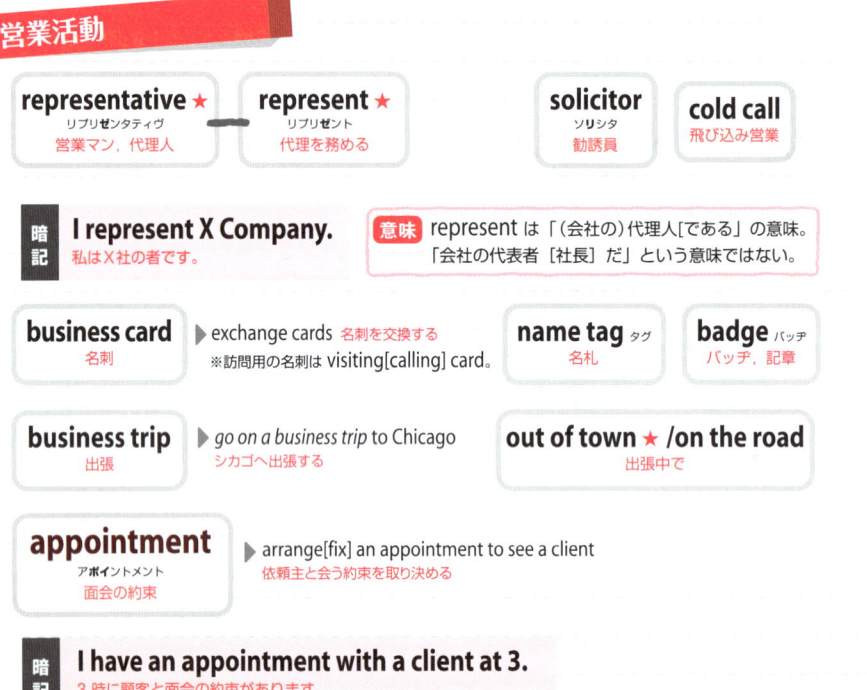

知名度

popularity ポピュラリティ 人気
▶ gain popularity 人気が出る
popular 人気がある

reputation レピュテイシャン 評判
▶ have a good reputation 評判がよい
reputable / reputed 評判のよい

familiarity ファミリアリティ 知られていること

publicity パブリシティ 宣伝, 評判
▶ publicity campaign 宣伝活動

distinguished ディスティングウィシュト
renowned リナウンド
noted ノウティド
eminent エミナント
celebrated セレブレイティド
有名な, 著名な

familiar ファミリア よく知っている
▶ The shop is **familiar to** young people.
＝Young people are **familiar with** the shop.
その店は若者によく知られている。

営業活動

representative ★ リプリゼンタティヴ 営業マン, 代理人

represent ★ リプリゼント 代理を務める

solicitor ソリシタ 勧誘員

cold call 飛び込み営業

暗記 I represent X Company.
私はX社の者です。

意味 represent は「（会社の）代理人［である］」の意味。「会社の代表者［社長］だ」という意味ではない。

business card 名刺
▶ exchange cards 名刺を交換する
※訪問用の名刺は visiting[calling] card。

name tag タグ 名札

badge バッヂ バッヂ, 記章

business trip 出張
▶ go on a business trip to Chicago
シカゴへ出張する

out of town ★ /**on the road** 出張中で

appointment アポイントメント 面会の約束
▶ arrange[fix] an appointment to see a client
依頼主と会う約束を取り決める

暗記 I have an appointment with a client at 3.
3時に顧客と面会の約束があります。

ここまでの見出し語数(のべ) **1,313** 語

接待

invite インヴァイト 招待する — **invitation** インヴィテイシャン 招待
▶ *invite* them *to* the party 彼らをパーティーに招待する

reception リセプシャン 接待, 歓迎会
▶ wedding reception 結婚披露宴

welcome ウェルカム 歓迎する
▶ welcome a guest 客を歓迎する
　Any question is welcome. どんな質問も歓迎します。

farewell フェアウェル 別れ
暗記 We're going to hold a farewell party for the outgoing director.
私たちは退任する重役の送別会を開く予定です。

accompany アカムパニ 同伴する
▶ He *was accompanied by* his wife. 彼は妻を同伴していた。

escort エスコート 付き添う
意味 escort は警護や儀式のために同行する場合に使う。

entertain エンタテイン / **treat** トリート もてなす
▶ entertain[treat] guests cordially 客を手厚くもてなす
　entertainment expenses 交際費
※ treat には「扱う」「おごる」「治療する」などの意味もある。

hospitable ハスピタブル もてなしのよい — **hospitality** ハスピタリティ 歓待
▶ hospitable smile 暖かい微笑み
　treat them hospitably 彼らを歓待する

sociable ソウシャブル / **outgoing** アウトゴウイング 社交性のある

formal フォーマル 正式な ⇔ **informal** インフォーマル / **casual** キャジュアル 略式の
▶ formal occasion 公式行事
　casual wear ふだん着

amiable エイミアブル 愛想のよい

convenient コンヴィーニエント 都合がよい
▶ What time *is it convenient for*[*to*] you? 何時ならご都合がよろしいですか。
語法 What time <u>are</u> you convenient? は誤り。

convenience コンヴィーニエンス 好都合な時
▶ *at* your earliest *convenience* ご都合がつき次第

65

31 クレーム

営業方法

- **door-to-door sales** 訪問販売
- **direct mail/DM** ダイレクトメール
- **mail order** 通信販売 ▶ buy a suit by mail order 通信販売でスーツを買う
- **telemarketing** テレマーケティング / 電話セールス
- **toll-free number** トウルフリー / フリーダイヤル ▶ telephone information service テレホンサービス / information package 一括資料
- **customer service** カスタマ サーヴィス / 顧客サービス（係）

暗記 For further information please call toll-free XXX.
詳細はフリーダイヤルＸＸＸへお電話ください。

- **business hours** ビジネス アウアズ / 営業時間 ▶ Our business hours are from 9 a.m. to 5 p.m. 当社の営業時間は午前9時から午後5時までです。
- **call center** 顧客電話窓口

クレーム

説明書

- **instructions** ★ インストラクシャンズ / 使用説明書
- **prospectus** ★ プロスペクタス / 内容説明書［見本］
- **description** デスクリプシャン / 説明書
- **precautions** プレコーシャンズ / 使用上の注意
- **manual** マニュアル / マニュアル
- **usage** ユーセヂ / 使用法
- **procedure** プロシーヂャ / 手順
- **specifications** ★ スペシフィケイシャンズ / 明細事項

- **complain** コムプレイン / **claim** クレイム / **grumble** グラムブル / 苦情を言う
- **complaint** コムプレイント / **claim** / **grievance** グリーヴァンス / 苦情，クレーム

意味 日本語の「クレーム」に相当する語は claim または complaint。
complaint は「告発，告訴」の意味でも使う。
・We lodged a complaint against him with the court [police].
我々は彼を法廷［警察］に訴えた。

ここまでの見出し語数（のべ） **1,350** 語

連語 動詞 + complaint

- make a complaint　　　　　苦情を言う
- **lodge** [**file**/bring/lay/register] a complaint
　　　　　　　　　　　　　　苦情を申し立てる
- handle [**process**] complaints
　　　　　　　　　　　　　　苦情を処理する
- receive a complaint　　　　苦情を受ける
- dismiss a complaint　　　　苦情を退ける
- respond to a complaint　　苦情に対処する
- disregard[ignore] a complaint
　　　　　　　　　　　　　　苦情を無視する
- withdraw a complaint　　　苦情を取り下げる

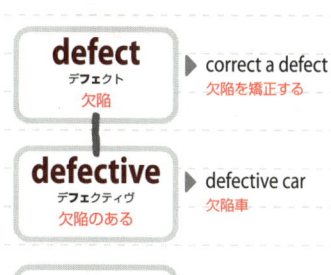

defect デフェクト 欠陥
▶ correct a defect 欠陥を矯正する

defective デフェクティヴ 欠陥のある
▶ defective car 欠陥車

return リターン 返品する
▶ You can return the goods if they are defective.
不良品の場合は返品することができます。

recall リコール / **retrieve** リトリーヴ 回収する
▶ recall the cars voluntarily その車を自主回収する

take back 引き取る
▶ The shop refused to *take* it *back*.
店はそれを引き取るのを拒んだ。

replace リプレイス 交換する
▶ replace a broken part 壊れた部品を交換する

※名詞の replacement には「交換部品」「交替要員」の意味がある。

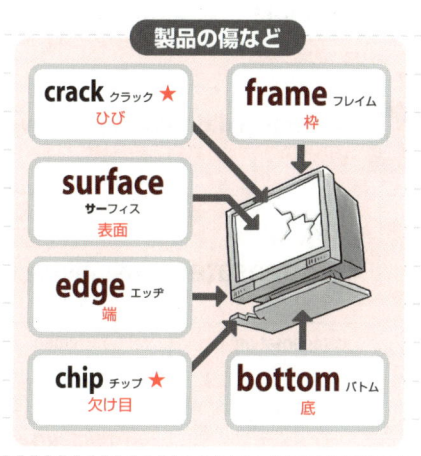

製品の傷など

- **crack** クラック ★ ひび
- **surface** サーフィス 表面
- **edge** エッヂ 端
- **chip** チップ ★ 欠け目
- **frame** フレイム 枠
- **bottom** バトム 底

暗記 We will replace defective products free of charge.
不良品は無料でお取り替えいたします。

cooling-off period クーリングオフ ピリアド クーリングオフ期間

product liability プラダクト ライアビリティ 製造物責任
▶ the Product Liability Act 製造物責任 [PL] 法
be liable for damages 損害に対する責任を負う

32 損害賠償・保険

賠償・弁償

damage ダミヂ 損害(賠償)
claim damages ★ 損害賠償を請求する

語法 damage は「損害」の意味では不可算名詞。
「損害賠償(金)」の意味では複数形 (damages) で使う。

redress ★ リドレス
reparation レパレイシャン 弁償, 賠償
▶ seek legal redress 法的な賠償を求める
 make reparation for the loss その損害を弁償する

irreparable イレパラブル 取り返しのつかない
▶ irreparable damage 取り返しのつかない損害

連語 動詞 + damage(s)
- **do** 〜 damage = **do** damage to 〜 　〜に損害を与える
 ※ この do は「与える」の意味。give は使えない。
- **inflict damage**　損害を与える
- **incur** [suffer] **damage** インカー　損害を受ける
- **estimate the damage**　損害を見積もる
- **forestall damage** フォアストール　損害を未然に防ぐ
- **pay** [cover] **damages**　損害を賠償する
- **win damages**　損害賠償を勝ち取る

暗記 **How much did they pay to cover damages?**
彼らは損害賠償のためにいくら支払いましたか。

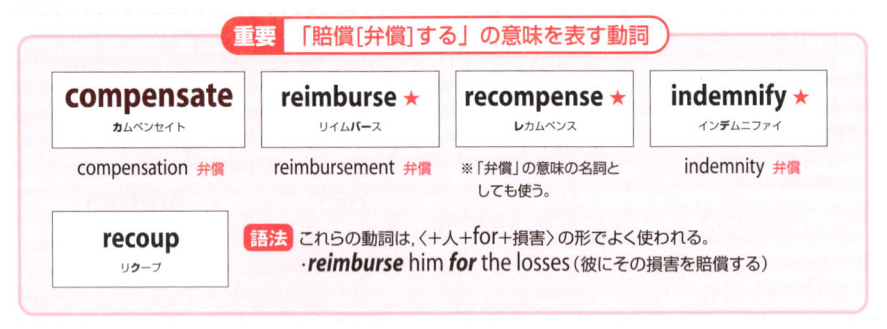

重要 「賠償[弁償]する」の意味を表す動詞

compensate カムペンセイト	**reimburse** ★ リイムバース	**recompense** ★ レカムペンス	**indemnify** ★ インデムニファイ
compensation 弁償	reimbursement 弁償	※「弁償」の意味の名詞としても使う。	indemnity 弁償

recoup リクープ

語法 これらの動詞は,〈+人+for+損害〉の形でよく使われる。
・*reimburse* him *for* the losses (彼にその損害を賠償する)

暗記 **They were fully compensated for the damage.**
彼らはその損害に対して全額の賠償を受けた。

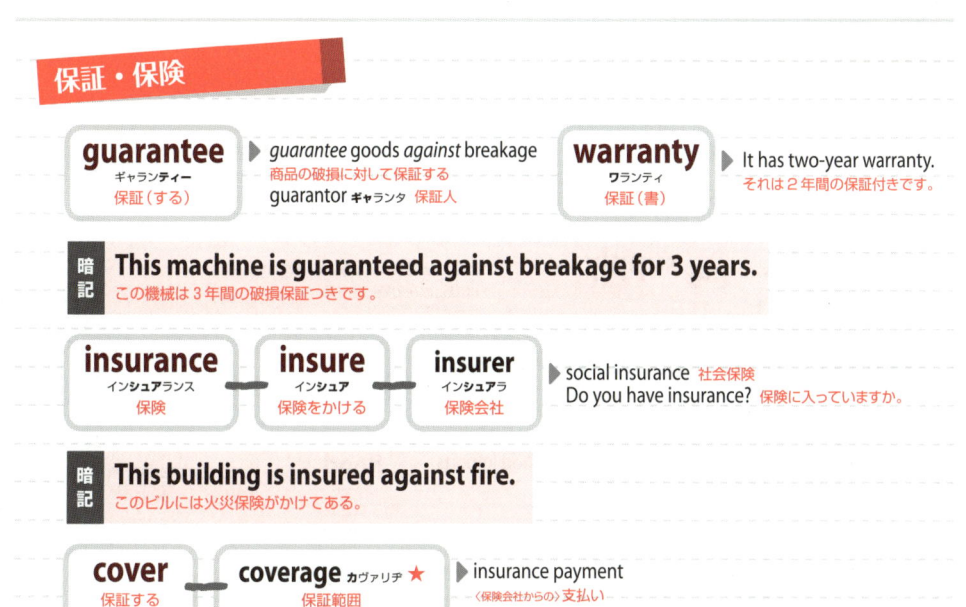

ここまでの見出し語数（のべ) **1,370** 語

保証・保険

guarantee ギャランティー 保証(する)
▶ *guarantee* goods *against* breakage 商品の破損に対して保証する
guarantor ギャランタ 保証人

warranty ワランティ 保証(書)
▶ It has two-year warranty. それは2年間の保証付きです。

暗記 This machine is guaranteed against breakage for 3 years.
この機械は3年間の破損保証つきです。

insurance インシュアランス 保険 — **insure** インシュア 保険をかける — **insurer** インシュアラ 保険会社
▶ social insurance 社会保険
Do you have insurance? 保険に入っていますか。

暗記 This building is insured against fire.
このビルには火災保険がかけてある。

cover 保証する — **coverage** カヴァリヂ ★ 保証範囲
▶ insurance payment 〈保険会社からの〉支払い

暗記 The coverage doesn't include earthquake damage.
= The insurance doesn't cover earthquake damage.
地震による損害は補償範囲に含まれない。

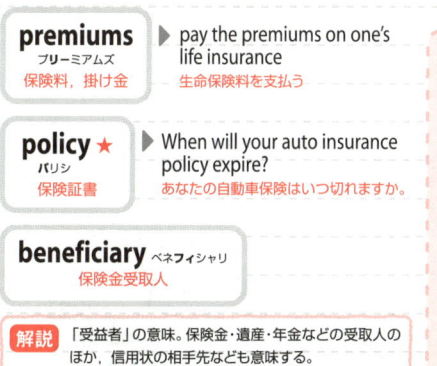

premiums プリーミアムズ 保険料, 掛け金
▶ pay the premiums on one's life insurance 生命保険料を支払う

policy ★ パリシ 保険証書
▶ When will your auto insurance policy expire? あなたの自動車保険はいつ切れますか。

beneficiary ベネフィシャリ 保険金受取人

解説 「受益者」の意味。保険金・遺産・年金などの受取人のほか、信用状の相手先なども意味する。たとえば輸入商が（支払い保証のために）取引先の輸出商に対して信用状を開設した場合、実益を受ける側である輸出商を beneficiary と言う。

語彙強化　保険の種類

- breakage ブレイキヂ insurance　破損保険
- cargo カーゴウ insurance　貨物保険
- casualty insurance キャジュアルティ　災害保険
- contingency insurance コンティンヂャンシ　偶発事故保険
- damage insurance　損害保険
- employment insurance　雇用保険
- life insurance　生命保険
- nursing(-care) insurance　介護保険
- theft セフト insurance　盗難保険
- unemployment insurance　失業保険

69

33 経済

経済一般

economy エカナミ 経済
economic エカナミク 経済の
▶ global economy 世界経済
　economic growth 経済成長

capital キャピタル 資本
▶ start-up capital 開業資金

demand デマンド 需要 ⇔ **supply** サプライ 供給
※「需要と供給」は supply and demand。日本語とは逆の順に並べる。

glut グラット ★ 過剰供給(する)
▶ There is a glut of grain on the market.
　市場には穀物が過剰に出回っている。

saturate サチュレイト 過剰供給する
▶ The market is saturated with food imports.
　市場には輸入食品があふれている。
※ saturate は「飽和させる」の意味。

flood フラッド あふれさせる
▶ flood the market with
　市場を〜で氾濫させる

consume コンスーム 消費する
consumer コンスーマ 消費者
consumption コンサムプシャン 消費
▶ consume oil 石油を消費する
　consumption tax 消費税
※日本の消費税に当る米国の税は sales tax。

prices プライスィズ 物価
※ prices of commodities とも言う。
▶ Prices have risen[lowered]. 物価が上がった[下がった]。

commerce カマース 商業
commercial コマーシャル 商業の
▶ hub of commerce 商業の中心地
　commercialism 営利主義

trade トレイド 貿易
▶ trade friction 貿易摩擦

tariff タリフ / **duties** デューティーズ 関税
▶ tarrif barriers 関税障壁
　impose [levy] a duty on imports 輸入品に関税をかける

import イムポート 輸入(する) ⇔ **export** イクスポート 輸出(する)
▶ imported goods 輸入品
▶ exportation 輸出

surveyor サーベイア 〈税関の〉検査官

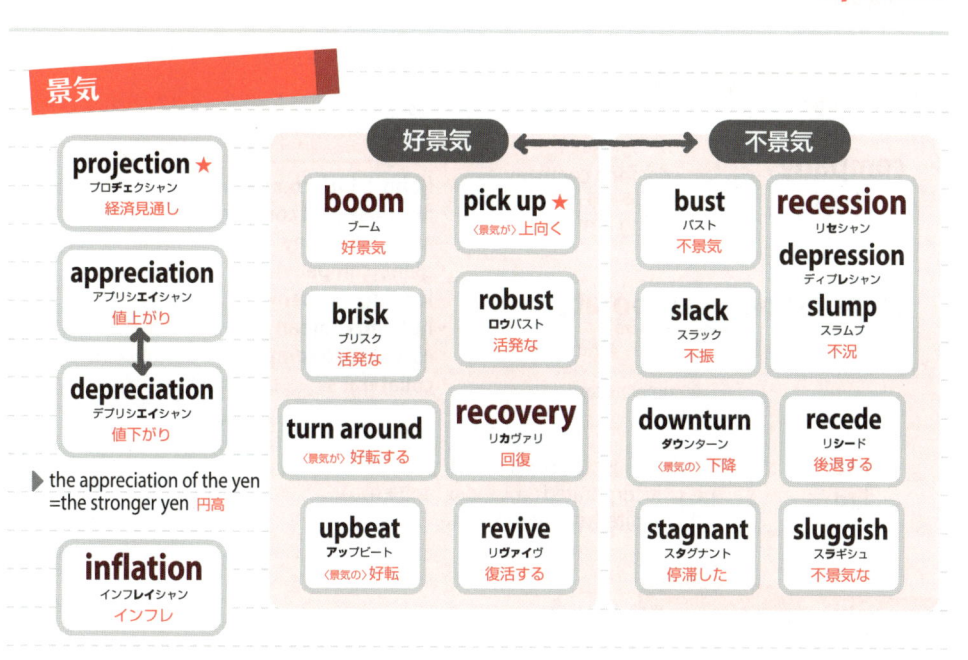

ここまでの見出し語数(のべ) **1,421** 語

景気

projection ★
プロ**ヂェ**クシャン
経済見通し

appreciation
アプリ**シエイ**シャン
値上がり

depreciation
デプリ**シエイ**シャン
値下がり

▶ the appreciation of the yen
= the stronger yen 円高

inflation
インフ**レイ**シャン
インフレ

好景気 ⇔ 不景気

boom
ブーム
好景気

pick up ★
〈景気が〉上向く

brisk
ブリスク
活発な

robust
ロ**バ**スト
活発な

turn around
〈景気が〉好転する

recovery
リ**カ**ヴァリ
回復

upbeat
アップビート
〈景気の〉好転

revive
リ**ヴァ**イヴ
復活する

bust
バスト
不景気

recession
リ**セ**シャン

depression
ディプ**レ**シャン

slack
スラック
不振

slump
スランプ
不況

downturn
ダウンターン
〈景気の〉下降

recede
リ**シー**ド
後退する

stagnant
ス**タ**グナント
停滞した

sluggish
ス**ラ**ギシュ
不景気な

市場

market — **marketing** — **marketable** — **upmarket**
市場　　宣伝/買い物　　商品価値がある　　高級品市場向けの

▶ upmarket merchandise 高級品市場向け商品
⇔ downmarket 大衆向けの

goods グッツ
merchandise マーチャンダイズ
commodity コマ**ディ**ティ
商品

▶ sporting goods スポーツ用品
general merchandise 雑貨
prices (of commodities) 物価

share シェア
市場占有率

▶ maintain market share 市場占有率を維持する

niche ニッチ
市場のすき間

▶ niche industry すき間産業

edge ★
エッヂ
優位

暗記 **We maintain a competitive edge in the market.**
当社は市場における競争優位を維持している。

34 会社の形

会社一般

company カンパニー
firm ファーム
会社

▶ *work for* a company
会社に勤める
trading firm 商社

corporation コーポレイシャン
法人, 会社

corporate コーポレット
法人の, 会社の

▶ corporate taxes 法人税

Inc. (米)
Ltd. (英)
～社

※ ○○ Inc. のように社名の後ろにつける。
Inc. は incorporated (法人組織の, 有限責任の),
Ltd. は limited (有限責任の) の略。

連語 形容詞・名詞 + company

- (joint-)stock company — 株式会社
- multinational company — 多国籍企業
- major company — 大企業
- giant (company) — 巨大企業
- leading company — 一流企業
- holding company — 持ち株会社
- established company — しにせの会社
- collateral コラテラル company — 傍系の会社

企業の形態

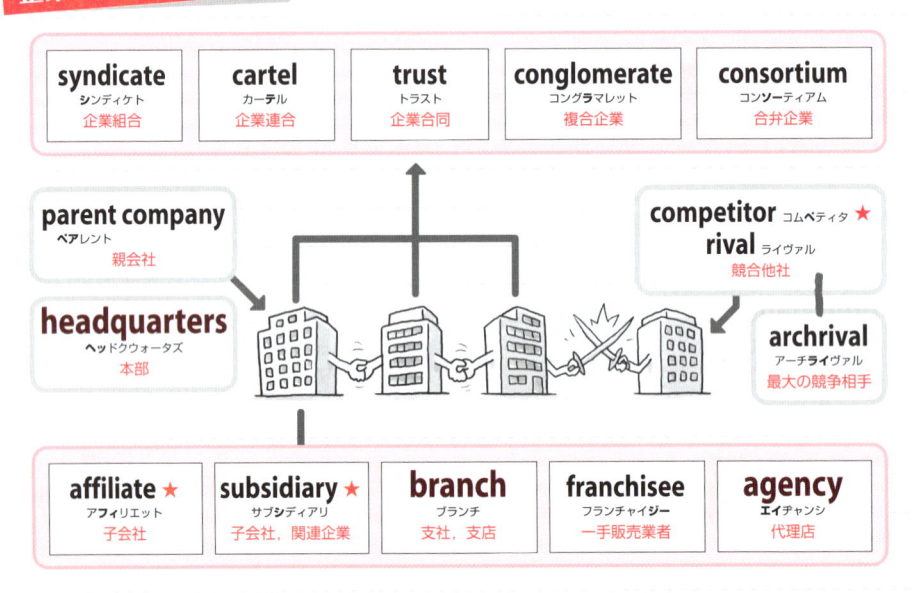

syndicate シンディケト
企業組合

cartel カーテル
企業連合

trust トラスト
企業合同

conglomerate コングラマレット
複合企業

consortium コンソーティアム
合弁企業

parent company ペアレント
親会社

headquarters ヘッドクウォーターズ
本部

competitor コムペティタ ★
rival ライヴァル
競合他社

archrival アーチライヴァル
最大の競争相手

affiliate ★ アフィリエット
子会社

subsidiary ★ サブシディアリ
子会社, 関連企業

branch ブランチ
支社, 支店

franchisee フランチャイジー
一手販売業者

agency エイヂャンシ
代理店

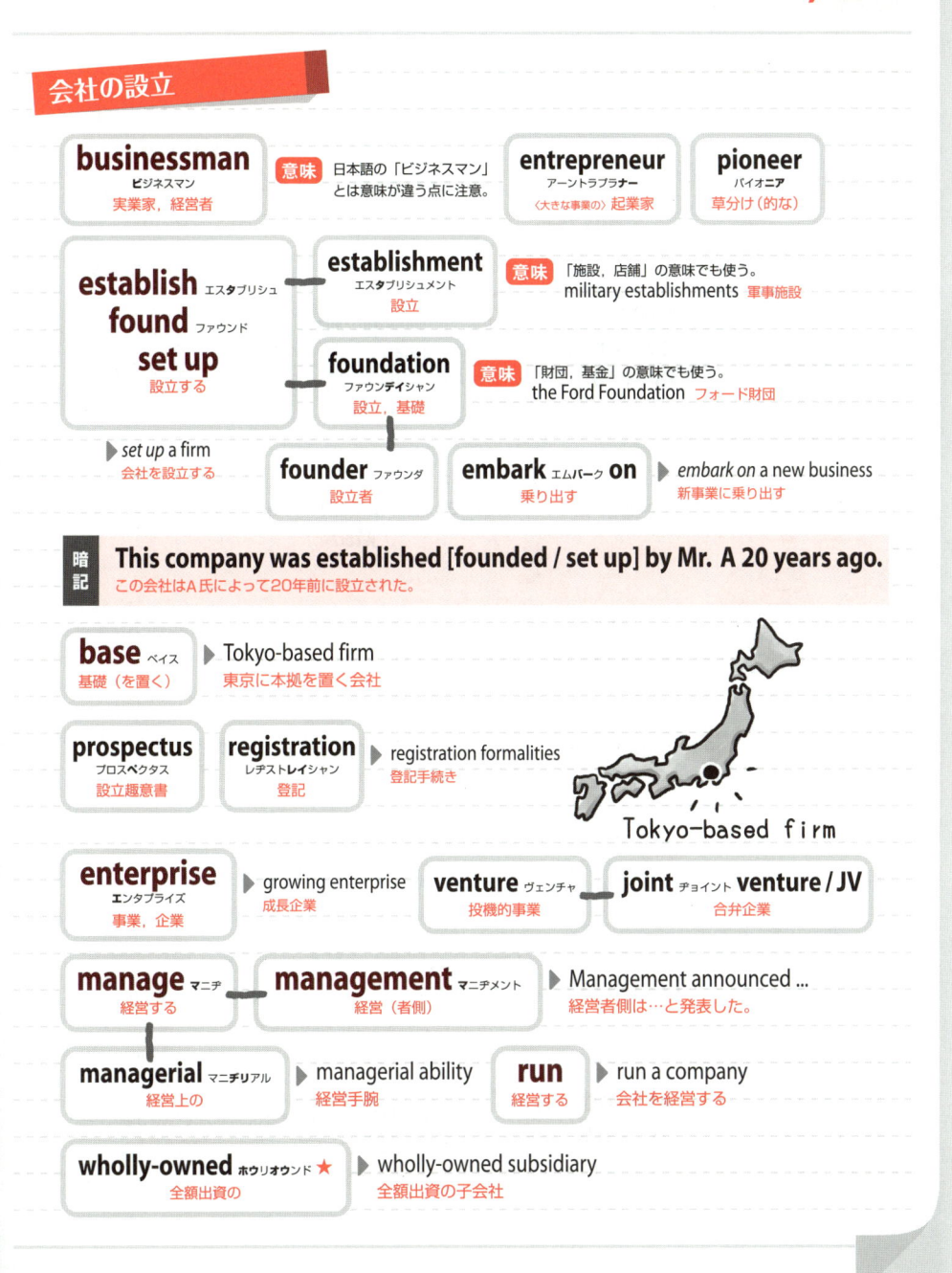

ここまでの見出し語数(のべ) **1,464** 語

会社の設立

businessman ビジネスマン
実業家, 経営者

意味 日本語の「ビジネスマン」とは意味が違う点に注意。

entrepreneur アーントラプラナー
〈大きな事業の〉起業家

pioneer パイオニア
草分け (的な)

establish エスタブリッシュ
found ファウンド
set up
設立する

establishment エスタブリシュメント
設立

意味 「施設, 店舗」の意味でも使う。
military establishments 軍事施設

foundation ファウンデイシャン
設立, 基礎

意味 「財団, 基金」の意味でも使う。
the Ford Foundation フォード財団

▶ *set up* a firm
会社を設立する

founder ファウンダ
設立者

embark エムバーク **on**
乗り出す

▶ *embark on* a new business
新事業に乗り出す

暗記 This company was established [founded / set up] by Mr. A 20 years ago.
この会社はA氏によって20年前に設立された。

base ベイス
基礎 (を置く)

▶ Tokyo-based firm
東京に本拠を置く会社

prospectus プロスペクタス
設立趣意書

registration レヂストレイシャン
登記

▶ registration formalities
登記手続き

enterprise エンタプライズ
事業, 企業

▶ growing enterprise
成長企業

venture ヴェンチャ
投機的事業

joint ヂョイント **venture / JV**
合弁企業

manage マニヂ
経営する

management マニヂメント
経営 (者側)

▶ Management announced …
経営者側は…と発表した。

managerial マニヂリアル
経営上の

▶ managerial ability
経営手腕

run
経営する

▶ run a company
会社を経営する

wholly-owned ホウリオウンド ★
全額出資の

▶ wholly-owned subsidiary
全額出資の子会社

35 会社の経営

事業の拡張

提携

joint 共同の
▶ joint effort 協力

affiliate アフィリエイト ★
associate アソウシエイト
ally アライ
提携する[させる]

▶ affiliated company 系列会社
alliance 提携, 連合

tie-up タイアップ
coalition コアリシャン
提携

partnership パートナシップ
協力関係

mutual ミューチュアル
reciprocal レシプロカル
bilateral バイラテラル
相互の

▶ mutual[reciprocal] aid 相互扶助
reciprocate 返礼する
bilateral agreement 双方の合意

synergy シナヂ
相乗効果

合併

merger マーヂャ ★
合併, 吸収

merger and acquisition アクウィジシャン
M&A
合併吸収

annex アネクス
amalgamate アマルガメイト
合併する

absorb アブソーブ
swallow スワロウ up
吸収する

franchise フランチャイズ
チェーン化する

takeover テイクオウヴァ
乗っ取り, 買収

▶ takeover bid/tender offer
株式公開買付, TOB

buyout バイアウト
〈会社の〉買い占め

解説 TOBとは、企業の支配権を獲得するなどの目的で、1株当たりの購入価格などを事前に公開して（その価格は通例市場での時価を上回る）、株式や転換社債を買い付けること。M&Aの手法の1つとして使われる。

拡張

branch out
拡張する

diversify ディヴァーシファイ
多角化する

▶ branch out[diversify] one's business
事業を拡張[多角化]する

extend イクステンド
expand イクスパンド
拡大する

consolidate コンサリデイト
統合する

▶ consolidate two branches
2つの支店を統合する

74

ここまでの見出し語数(のべ) **1,513**語

経営の強化・改善

streamline ★
ストリームライン
合理化する
▶ streamline the procedures
手続きを合理化する

outsourcing
アウトソーシング
外部調達

contract コントラクト **out**
subcontract サブコントラクト
外注する，下請けに出す

modernize
モダナイズ
近代化する
▶ modernize the office
オフィスを近代化する

restructure
リストラクチャ
再編する
▶ restructure the organization
組織を再編する

spin off
スピン
分離独立させる

centralize
セントラライズ
集中管理する
▶ centralize information
情報を集中管理する

turnaround
ターンナラウンド
〈黒字への〉業績改善
▶ turn a company around
会社を立て直す

corporate identity/CI
コーポレト アイデンティティ
企業イメージ統合戦略

compliance
コムプライアンス
法令の順守

accountability
アカウンタビリティ
説明責任

transparency
トランスペアレンシ
透明性

倒産・廃業

go bankrupt バンクラプト
go broke ブロウク
go under
破産する，倒産する

bankruptcy
バンクラプシ
破産，倒産

▶ The firm finally *went bankrupt*. その会社は結局倒産した。

insolvency
インサルヴェンシ
破算，支払い不能
▶ become insolvent
支払い不能になる，破産する

liquidate
リクウィデイト
清算する
▶ liquidate a company
会社を解散する

closure
クロウジャ
閉鎖，閉店

close down ★
go out of business
廃業する

▶ The shop *closed down*. その店は廃業した。
They *went out of business*. 彼らは廃業した。
⇔ They *went into business*. 彼らは事業を始めた。

36 組織

役職・部署

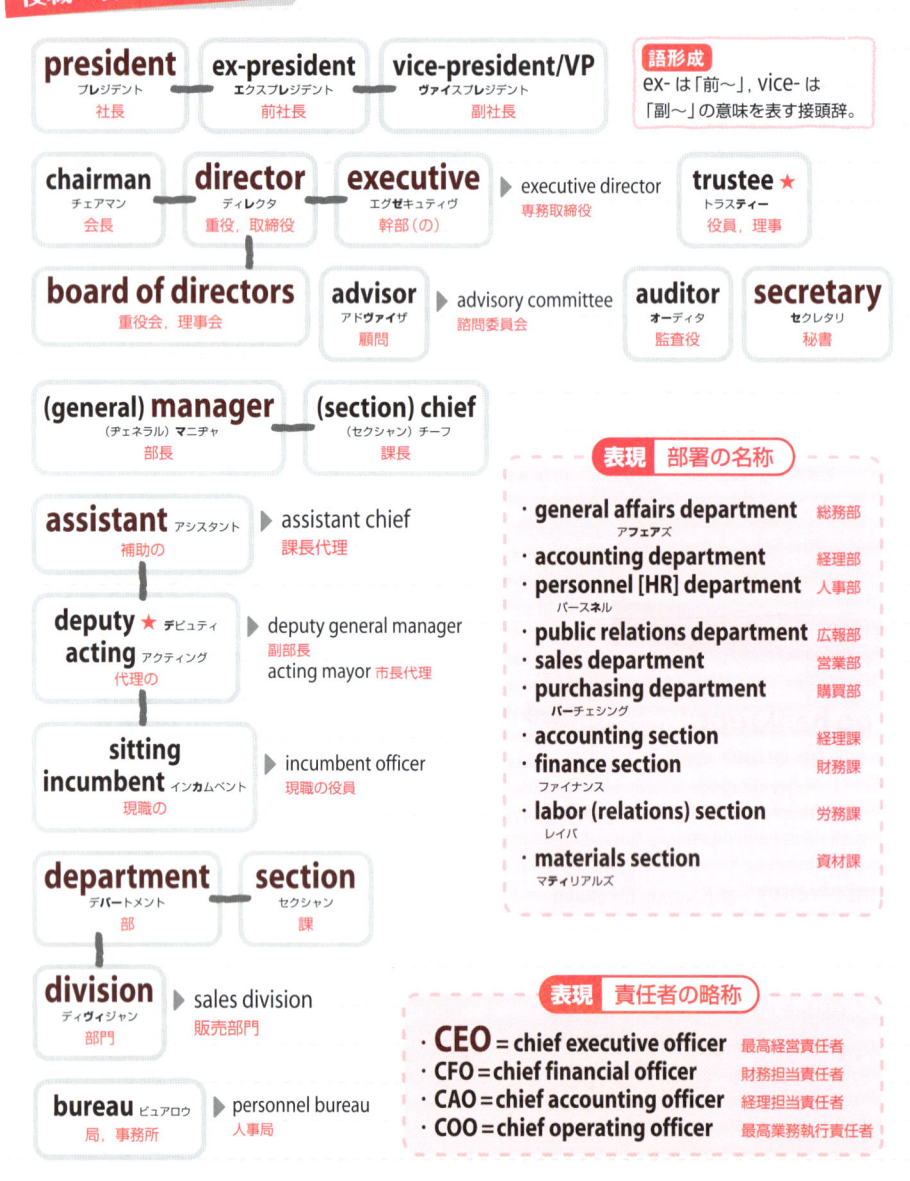

president プレジデント 社長
ex-president エクスプレジデント 前社長
vice-president/VP ヴァイスプレジデント 副社長

語形成: ex- は「前〜」, vice- は「副〜」の意味を表す接頭辞。

chairman チェアマン 会長
director ディレクタ 重役, 取締役
executive エグゼクティヴ 幹部(の)
▶ executive director 専務取締役
trustee ★ トラスティー 役員, 理事

board of directors 重役会, 理事会
advisor アドヴァイザ 顧問
▶ advisory committee 諮問委員会
auditor オーディタ 監査役
secretary セクレタリ 秘書

(general) manager (ヂェネラル) マニヂャ 部長
(section) chief (セクシャン) チーフ 課長

assistant アシスタント 補助の
▶ assistant chief 課長代理

deputy ★ デピュティ
acting アクティング 代理の
▶ deputy general manager 副部長
acting mayor 市長代理

sitting
incumbent インカムベント 現職の
▶ incumbent officer 現職の役員

department デパートメント 部
section セクシャン 課

division ディヴィジャン 部門
▶ sales division 販売部門

bureau ビュアロウ 局, 事務所
▶ personnel bureau 人事局

表現 部署の名称

- **general affairs department** アフェアズ 総務部
- **accounting department** 経理部
- **personnel [HR] department** パーソネル 人事部
- **public relations department** 広報部
- **sales department** 営業部
- **purchasing department** パーチェシング 購買部
- **accounting section** 経理課
- **finance section** ファイナンス 財務課
- **labor (relations) section** レイバ 労務課
- **materials section** マティリアルズ 資材課

表現 責任者の略称

- **CEO** = chief executive officer 最高経営責任者
- **CFO** = chief financial officer 財務担当責任者
- **CAO** = chief accounting officer 経理担当責任者
- **COO** = chief operating officer 最高業務執行責任者

組織

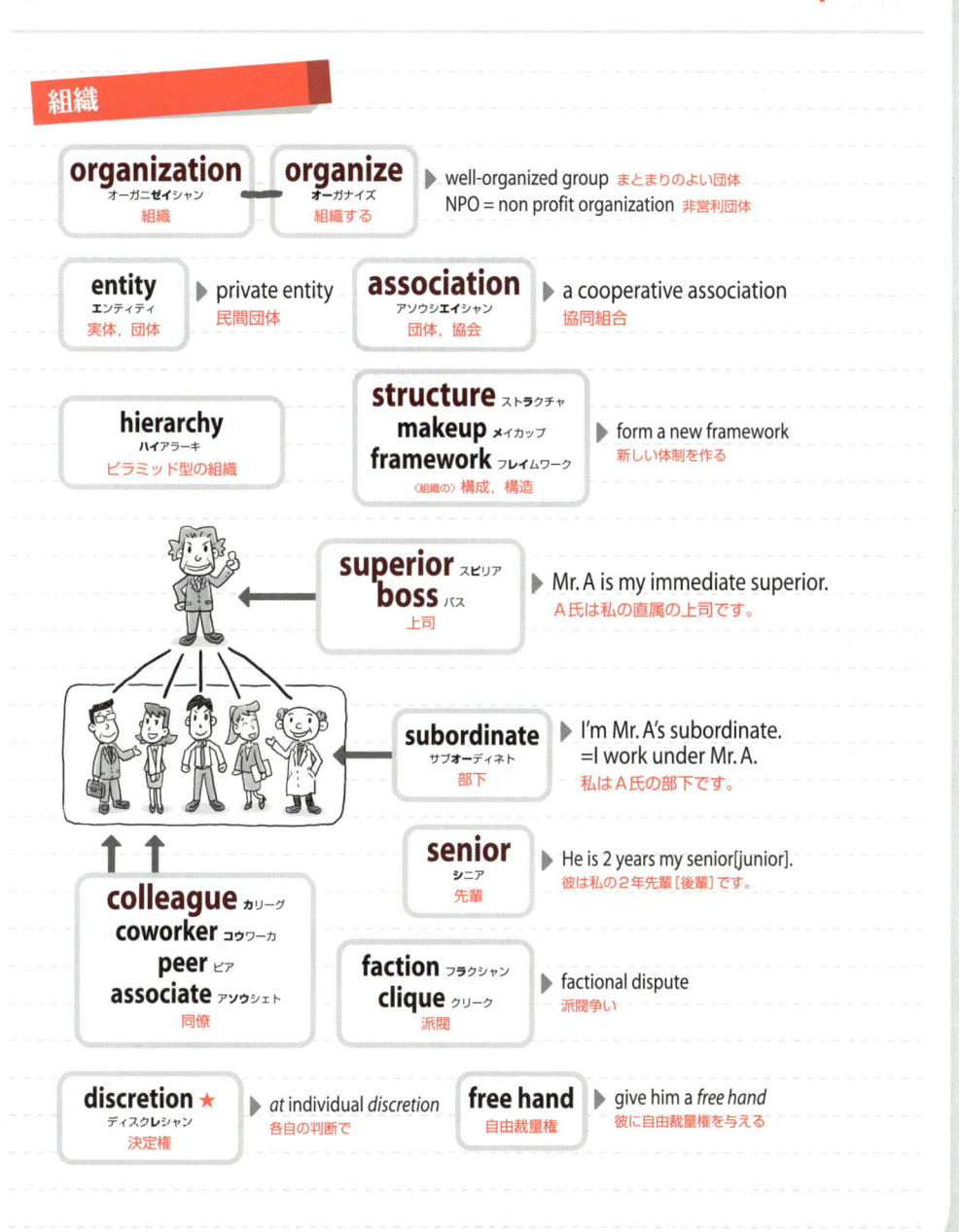

organization オーガニゼイシャン 組織
organize オーガナイズ 組織する
- well-organized group まとまりのよい団体
- NPO = non profit organization 非営利団体

entity エンティティ 実体, 団体
- private entity 民間団体

association アソウシエイシャン 団体, 協会
- a cooperative association 協同組合

hierarchy ハイアラーキ ピラミッド型の組織

structure ストラクチャ
makeup メイカップ
framework フレイムワーク
〈組織の〉構成, 構造
- form a new framework 新しい体制を作る

superior スピリア
boss バス
上司
- Mr. A is my immediate superior.
  A氏は私の直属の上司です。

subordinate サブオーディネト 部下
- I'm Mr. A's subordinate.
  =I work under Mr. A.
  私はA氏の部下です。

senior シニア 先輩
- He is 2 years my senior[junior].
  彼は私の2年先輩[後輩]です。

colleague カリーグ
coworker コウワーカ
peer ピア
associate アソウシェト
同僚

faction フラクシャン
clique クリーク
派閥
- factional dispute 派閥争い

discretion ★ ディスクレシャン 決定権
- at individual discretion 各自の判断で

free hand 自由裁量権
- give him a free hand 彼に自由裁量権を与える

37 社員募集

人員配置・募集

staff スタッフ 職員
語法 不可算名詞である点に注意。「1人のスタッフ」は a staff member, a member of the staff のように言う。

vacancy ヴェイカンシ ★ 欠員
▶ fill a vacancy 欠員を補充する

opening ★ 勤め口
▶ We have an opening for an accountant. 当社には経理担当者の空きがある。

man 人員を配置する
▶ The office is inadequately manned. その職場には人員が不足している。

shorthanded ショートハンディド / **understaffed** アンダスタッフト 人手不足の

turnover ★ ターンノウヴァ 離職率
▶ labor turnover 労働者の離職率
※「売上高」の意味もある。

recruit リクルート 新人を募集する
▶ recruit new employees 新入社員を募集する

want ad アド 求人広告
暗記 I'm calling about the want ad in the newspaper. 新聞の求人広告を見てお電話しています。

job offer オーファ 求人

job-hunting ハンティング 職探し
▶ hunt for a job 職を探す

placement プレイスメント ★ 職業紹介
▶ placement bureau 職業紹介所、職安
※ placement test は「〈学生の〉クラス分け試験」。

出願

apply アプライ **for/put in for** 申し込む、出願する
▶ apply for a job with the company その会社に就職希望の申し込みをする

form フォーム 用紙
▶ blank form 無記入の用紙

applicant アプリカント / **candidate** キャンディデイト 志願者
▶ applicant for the post その職への志願者
※ candidate には「立候補者」の意味もある。

application form アプリケイシャン 申込用紙

fill in[out] 記入する
▶ fill in an online form オンライン申込書に記入する
暗記 Fill in this application form, please. この申込用紙に記入してください。

ここまでの見出し語数(のべ) **1,595**語

履歴書など

career キャリア 職歴 → career path 昇進の道

background バックグラウンド 経歴 → academic background[records] 学歴

personal history パーソナル 履歴(書)

past record パスト レコード 履歴(書) → What's his past record? 彼はどんな履歴を持っていますか。

résumé ★ レジュメイ 履歴書 → send one's résumé 履歴書を送る
混同注意 resume リズーム 再開する

CV 履歴書 ※curriculum vitae ヴァイティーの略。vitae/vita (sheet) とも言う。

credentials クレデンシャルズ
reference レファレンス ★
testimonial テスティモウニアル
人物証明, 推薦状

解説 求職者が大学の教官や前の雇用主などに書いてもらい, 応募した会社に提出する書類のこと。

transcript ★ トランスクリプト 〈大学の〉成績証明書

cover letter ★ 〈送付書類への〉添え状

選考

reference レファレンス
referral リファーラル
照会
→ ask for a referral 照会文を依頼する

interview インタビュー 面接(する) → have a job interview 就職面接を受ける

暗記 I'll refer to his former employer for his achievements.
彼の業績を前の雇用主に照会します。

tryout トライアウト 適性試験

screen ★ スクリーン 選別する → screen job applicants 求職者をふるいにかける

criterion ★ クライティリアン 〈判断の〉基準 → satisfy[fulfill] the criteria for promotion 昇進の基準を満たす
複数形 criteria クライティリア

appoint アポイント 任命[任用]する → appoint a new secretary 新しい秘書を任用する

reject リヂェクト 不合格にする → reject a candidate 応募者を不合格にする

38 資格・保証

資格・証明

license ライセンス 免許
- driver's license 運転免許証
- licensed retailer 酒類販売許可店

連語 動詞 + license
- issue イシュー a license 免許証を発行する
- grant a license 免許を与える
- renew リニュー a license 免許を更新する
- suspend a license 免許を一時停止する
- cancel[revoke] a license 免許を取り消す
- take away a license 免許を取り上げる

certificate サティフィケト 証明書
- stock certificate 株券
- birth certificate 出生証明書

certified サーティファイド 公認の
- certified public accountant/CPA 公認会計士
- certify a product 製品の品質を証明する

qualification クワリフィケイシャン 資格, 免許状
qualified クワリファイド 資格[免許]を持つ
- *qualification for* teaching 教員資格
- He's a qualified architect. 彼は建築士の資格を持っている。

permit パーミット
authorization オーサライゼイシャン 許可(証)
- export permit 輸出許可証
- letter of authorization 認可書

charter チャータ
concession コンセシャン 〈公的機関が与える〉免許
- charter to set up a firm 会社設立の免許(状)
- concession to run a restaurant レストランの営業許可

letter of credit ★ 信用状

解説 自社の信用度を証明するために, 銀行から発行してもらう証書のこと。L/C と略記する。結びつく動詞は, open/establish (開設する), issue (発行する) など。

requirement リクワイアメント
precondition プレコンディシャン
requisite リクウィジット
prerequisite プレリクウィジット 必要条件
- minimum *requirements for* promotion 昇進の最低条件
- *requisites of* good health 健康の必要条件

eligible ★ エリヂブル 資格のある, 適格の
- She is *eligible for* the position. 彼女はその職に適任だ。
- They are *eligible to vote*. 彼らには投票する資格がある。

ここまでの見出し語数(のべ) **1,623** 語

認可・保証

単語	意味	例・説明
approve アプルーヴ	認可する	approve the drug for sale その薬の販売を認可する approval 認可，承認
sanction サンクシャン	認可(する)	legal sanction 法的な許可 ※「制裁」の意味もある。
authorize オーサライズ	権限を与える	authorize him to use the money 彼にその金を使う権限を与える
accredit アクレディト	認可する	accredited school 認可学校 ※「学校を認可する」の意味で用いる。
entitle エンタイトル	資格を与える	be **entitled to** a pension 年金受給資格がある
admit アドミット	入場[会]を認める	be admitted to college 大学に入学する admission 入場(料)，許可 / No admittance. 立入禁止
recommend リコメンド	推薦する	recommend her as a secretary 彼女を秘書として推薦する recommendation 推薦
commend コメンド	推薦する	commend an applicant for employment 就職希望者を推薦する
nominate ナミネイト	指名する	nominate one's successor 後継者を指名する nominate a film for the Oscar 映画をアカデミー賞に推薦する
sponsor スパンサ	保証人(になる)	sponsor a candidate 志願者の保証人になる
ensure エンシュア	保証する	ensure a post for you あなたに地位を保証する
assure アシュア	保証する，確信させる	assure her a job 彼女に仕事を保証する I'm *assured of* your success. 私は君の成功を確信している。
convince コンヴィンス	確信させる	I'm *convinced of* his innocence. 私は彼の無実を確信している。

Stage 3 確認テスト

次のそれぞれの語句の意味を答えてください。

No	単語	品詞	
1	affiliate	動	( )
2	applicant	名	( )
3	auditor	名	( )
4	brochure	名	( )
5	certificate	名	( )
6	chip	名	( )
7	claim damages		( )
8	colleague	名	( )
9	competitive edge		( )
10	competitor	名	( )
11	consumer	名	( )
12	defect	名	( )
13	diversify	動	( )
14	establish	動	( )
15	export	名	( )
16	farewell party		( )
17	go bankrupt		( )
18	guarantee	動	( )
19	headquarters	名	( )
20	insurance	名	( )
21	latest	形	( )
22	merchandise	名	( )
23	merger	名	( )
24	mutual	形	( )
25	name tag	名	( )
26	opening	名	( )
27	organization	名	( )
28	plug	名	( )
29	public relations		( )
30	questionnaire	名	( )
31	recall	動	( )
32	recession	名	( )
33	recommend	動	( )
34	recovery	名	( )
35	representative	名	( )
36	reputation	名	( )
37	subsidiary	名	( )
38	superior	名	( )
39	toll-free number		( )
40	want ad		( )

正解は281ページ

Stage 4

39	雇用・研修
40	人事異動
41	労務管理
42	給料・報酬・税金
43	オフィス
44	職業・任務
45	能率・時間管理
46	業務の遂行
47	事務用品・連絡①
48	連絡②
49	文書・電子メール
50	手紙①
51	手紙②
52	パソコン
53	情報整理・インターネット
54	電話

39 雇用・研修

雇用

employ エムプロイ / **hire** ハイア 雇う
▶ employ her as a typist 彼女をタイピストとして雇う

employment エムプロイメント 雇用
▶ find employment at a factory 工場での仕事につく

employee エムプロイイー 従業員
▶ public employee 公務員

unemployment アネムプロイメント 失業
▶ unemployment rate 失業率

workforce ワークフォース 全従業員
▶ discharge one third of the workforce 全従業員の3分の1を解雇する

dismiss ディスミス / **discharge** ディスチャーヂ 解雇する
▶ dismissal 解雇

fire / **sack** サック / **ax(e)** アクス くびにする
▶ He was summarily fired. 彼は即刻くびになった。

lay off レイ 一時解雇する
▶ They were *laid off*. 彼らは一時解雇された。
announce large-scale layoffs 大規模な一時解雇を発表する

pay off 給料を払って解雇する

severance (pay) セヴェランス 解雇手当

outplacement アウトプレイスメント 再雇用のあっせん
意味 解雇する従業員に就職口のあっせんをする［就職口をあっせんして解雇する］こと。動詞は outplace。place（仕事の口を世話する）/ placement（職業紹介）にも注意。

resign リザイン 辞職する — **resignation** レジグネイシャン 辞職, 辞表
▶ send in one's resignation 辞表を提出する

quit クウィット 〈仕事を〉やめる
活用 quit-quit

retire リタイア 退職する — **retirement** リタイアメント （定年）退職
▶ *retire from* a firm 退職する
retirement age 定年
retiree リタイアリー 定年退職者

step down 辞任する
意味 高い地位から降りて後任者に席を譲ること。

研修・指導

(new) recruit リクルート ★
newcomer ニューカマー
新入社員

語形成 -er[or] 〜する人 ⇔ -ee 〜される人
・ **employer** エムプロイア 雇用主 ⇔ **employee** エムプロイイー 従業員
・ **trainer** トレイナ 教官 ⇔ **trainee** トレイニー 研修生
・ **examiner** エグザミナ 試験官 ⇔ **examinee** エグザミニー 受験者
・ **donor** ドウナ 寄贈者 ⇔ **donee** ドウニー 受贈者
※ -ee で終わる語は，その部分を強く読む。

trainee トレイニー ★
intern インタン
apprentice アプレンティス
研修生，実習生

workshop ★
ワークシャプ
研修会，セミナー

probation
プロベイシャン
研修（期間）

▶ She's *on probation*. 彼女は研修期間中です。
She passed her probation. 彼女は本採用になった。

暗記 All the trainees are required to attend the IT workshop.
研修生は全員IT研修会への出席が必須である。

discipline ディシプリン
規律，訓練（する）

▶ harsh discipline
厳しい訓練

trainer 訓練する人
↕
trainee 訓練される人

hands-on ハンヅオン ★
実地の

▶ hands-on experience with a machine
機械を直接手で触れる経験

instruct インストラクト
指導する

instructor インストラクタ
教官

mentor メンタ
助言者

OJT
職場内訓練

※ on-the-job training の略。
⇔ off-the-job training = 職場外訓練

consult コンサルト
相談する

consultant コンサルタント
相談役，顧問

▶ consult a lawyer 弁護士に相談する
consult a dictionary 辞書をひく

self-development
セルフデヴェラブメント
自己啓発

40 人事異動

人事配置・異動

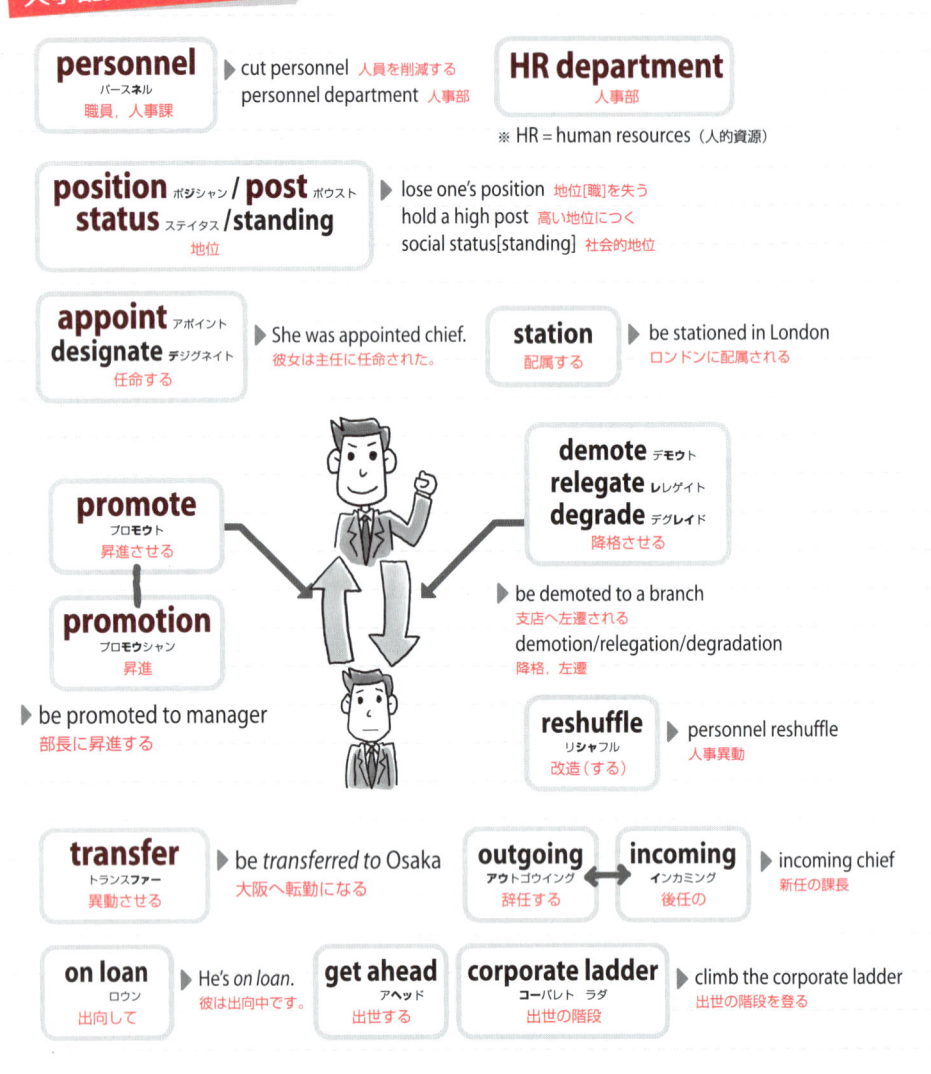

personnel パーソネル
職員，人事課
- cut personnel 人員を削減する
- personnel department 人事部

HR department 人事部
※ HR = human resources（人的資源）

position ポジション / **post** ポウスト
status ステイタス / **standing**
地位
- lose one's position 地位[職]を失う
- hold a high post 高い地位につく
- social status[standing] 社会的地位

appoint アポイント
designate デジグネイト
任命する
- She was appointed chief.
  彼女は主任に任命された。

station 配属する
- be stationed in London
  ロンドンに配属される

promote プロモウト
昇進させる

promotion プロモウシャン
昇進

- be promoted to manager
  部長に昇進する

demote デモウト
relegate レレゲイト
degrade デグレイド
降格させる

- be demoted to a branch
  支店へ左遷される
- demotion/relegation/degradation
  降格，左遷

reshuffle リシャフル
改造（する）
- personnel reshuffle 人事異動

transfer トランスファー
異動させる
- be *transferred* to Osaka
  大阪へ転勤になる

outgoing アウトゴウイング
辞任する

incoming インカミング
後任の
- incoming chief 新任の課長

on loan ロウン
出向して
- He's on loan. 彼は出向中です。

get ahead アヘッド
出世する

corporate ladder コーパレト ラダ
出世の階段
- climb the corporate ladder
  出世の階段を登る

交代要員

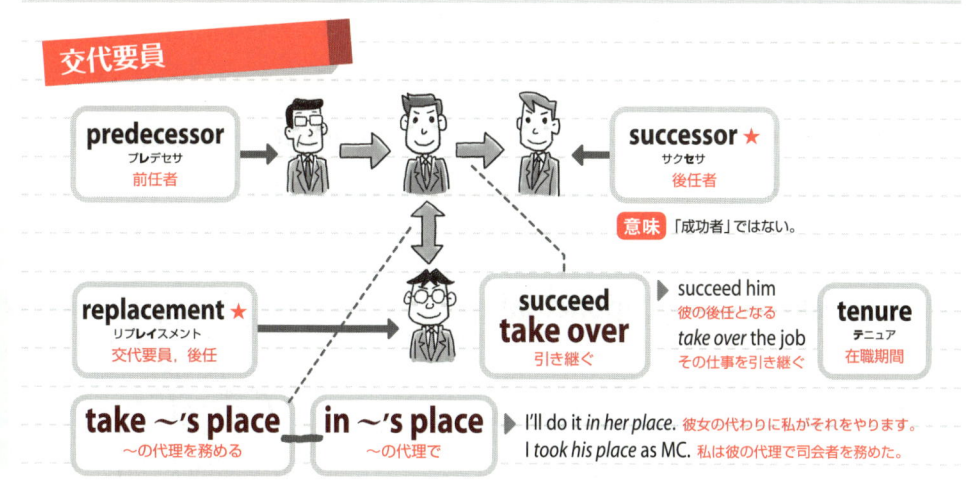

predecessor プレデセサ 前任者

successor ★ サクセサ 後任者
意味 「成功者」ではない。

replacement ★ リプレイスメント 交代要員, 後任

succeed / take over 引き継ぐ

succeed him 彼の後任となる
take over the job その仕事を引き継ぐ

tenure テニュア 在職期間

take ～'s place ～の代理を務める

in ～'s place ～の代理で

I'll do it *in her place.* 彼女の代わりに私がそれをやります。
I *took his place* as MC. 私は彼の代理で司会者を務めた。

人事評価

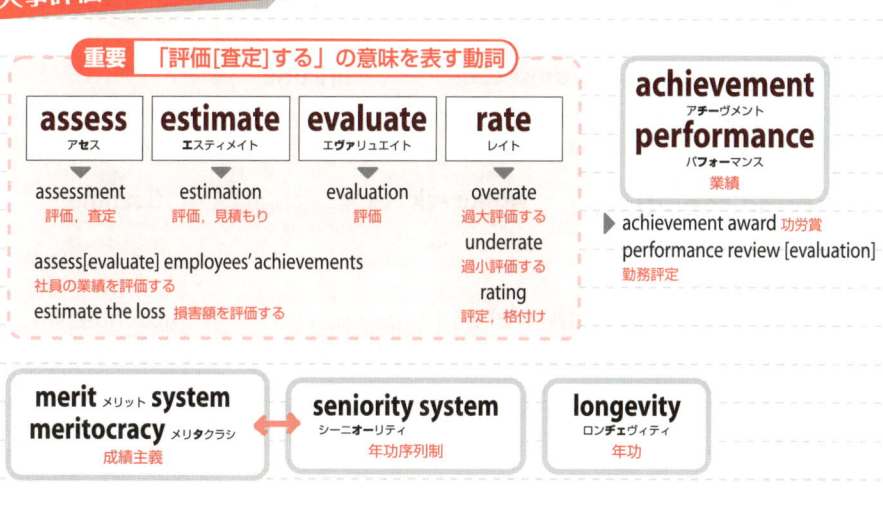

重要 「評価[査定]する」の意味を表す動詞

assess アセス
▼
assessment 評価, 査定
assess[evaluate] employees' achievements 社員の業績を評価する
estimate the loss 損害額を評価する

estimate エスティメイト
▼
estimation 評価, 見積もり

evaluate エヴァリュエイト
▼
evaluation 評価

rate レイト
▼
overrate 過大評価する
underrate 過小評価する
rating 評定, 格付け

achievement アチーヴメント
performance パフォーマンス 業績

achievement award 功労賞
performance review [evaluation] 勤務評定

merit system / meritocracy メリット / メリタクラシ 成績主義

⇔

seniority system シーニオーリティ 年功序列制

longevity ロンチェヴィティ 年功

41 労務管理

労務管理一般

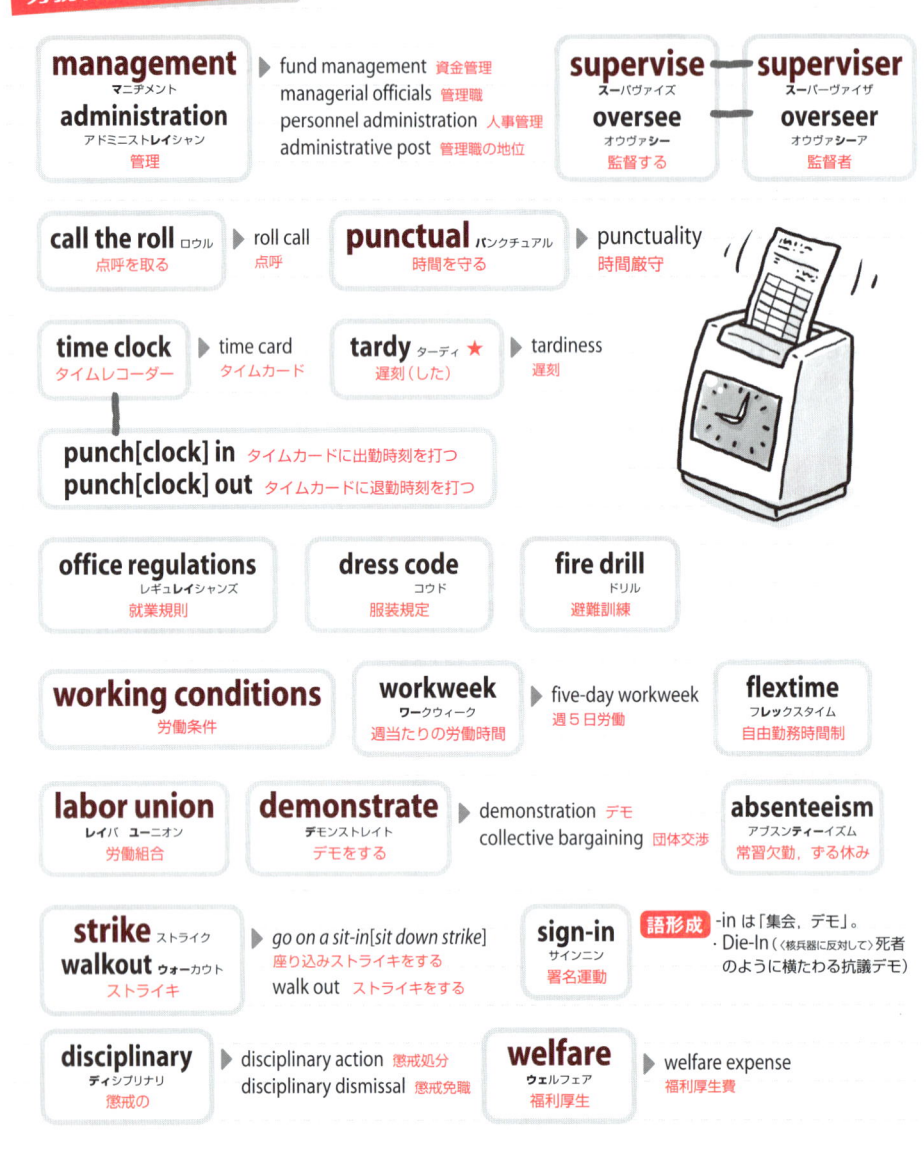

management マネジメント
administration アドミニストレイション
管理
- fund management 資金管理
- managerial officials 管理職
- personnel administration 人事管理
- administrative post 管理職の地位

supervise スーパヴァイズ — **superviser** スーパーヴァイザ
oversee オウヴァシー — **overseer** オウヴァシーア
監督する / 監督者

call the roll ロウル 点呼を取る ▶ roll call 点呼

punctual パンクチュアル 時間を守る ▶ punctuality 時間厳守

time clock タイムレコーダー ▶ time card タイムカード

tardy ターディ ★ 遅刻(した) ▶ tardiness 遅刻

punch[clock] in タイムカードに出勤時刻を打つ
punch[clock] out タイムカードに退勤時刻を打つ

office regulations レギュレイシャンズ 就業規則

dress code コウド 服装規定

fire drill ドリル 避難訓練

working conditions 労働条件

workweek ワークウィーク 週当たりの労働時間 ▶ five-day workweek 週5日労働

flextime フレックスタイム 自由勤務時間制

labor union レイバ ユーニオン 労働組合

demonstrate デモンストレイト デモをする
- demonstration デモ
- collective bargaining 団体交渉

absenteeism アブスンティーイズム 常習欠勤、ずる休み

strike ストライク / **walkout** ウォーカウト ストライキ
- go on a sit-in[sit down strike] 座り込みストライキをする
- walk out ストライキをする

sign-in サインイン 署名運動

語形成: -in は「集会、デモ」。Die-In (〈核兵器に反対して〉死者のように横たわる抗議デモ)

disciplinary ディシプリナリ 懲戒の
- disciplinary action 懲戒処分
- disciplinary dismissal 懲戒免職

welfare ウェルフェア 福利厚生 ▶ welfare expense 福利厚生費

ここまでの見出し語数（のべ） **1,752** 語

現場の士気

morale モラール 士気
▶ boost the morale 士気を高める
混同注意 moral 道徳

motivate モウティヴェイト やる気にさせる
→ **motivation** モウティヴェイシャン 動機付け，刺激
▶ motivate them to work 彼らを働く気にさせる

challenge チャレンヂ やりがい
▶ challenging job やりがいのある仕事

impetus イムピタス 起動力，刺激
▶ His success gave an *impetus* to us. 彼の成功が我々の刺激となった。

incentive ★ インセンティヴ 報奨金，動機
▶ early-retirement incentives 早期退職奨励金

premium プリーミアム 割増金，奨励金
▶ extra premium 特別賞与
※「〈保険の〉掛け金」の意味もある。

loyalty ロイアルティ 忠誠心
▶ encourage company loyalty 愛社精神をかき立てる
混同注意 royalty 印税

連語 **work** の前に置く形容詞

tough タフ 困難な	**boring** ボーリング / **tedious** ティーディアス 退屈な
demanding ディマンディング ★ / **exacting** イグザクティング きつい	
laborious ラボーリアス 骨が折れる	**time-consuming** コンスーミング 時間のかかる
exhausting エグゾースティング へとへとに疲れる	**sedentary** セダンテリ 座ってする

仕事量

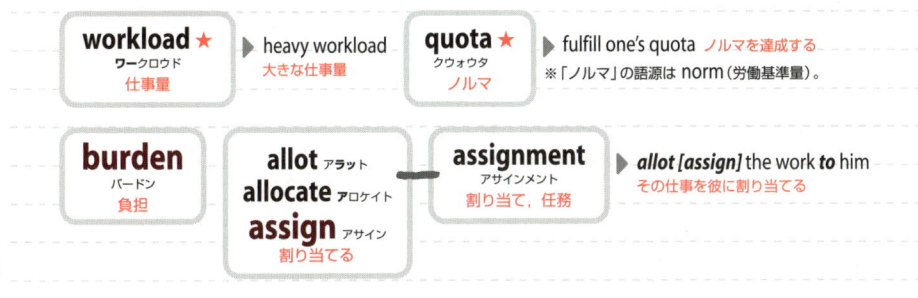

workload ★ ワークロウド 仕事量
▶ heavy workload 大きな仕事量

quota ★ クウォウタ ノルマ
▶ fulfill one's quota ノルマを達成する
※「ノルマ」の語源は norm（労働基準量）。

burden バードン 負担

allot アラット / **allocate** アロケイト / **assign** アサイン 割り当てる
→ **assignment** アサインメント 割り当て，任務
▶ *allot* [*assign*] the work *to* him その仕事を彼に割り当てる

42 給料・報酬・税金

給料

単語	意味	例・説明
pay ペイ	給料	「給料」を意味する最も一般的な語。（payment は「支払い」）
paycheck ペイチェク ★	給料	「給料支払い小切手」の意味から転じて，「給料」の意味でも用いる。
payroll ペイロウル ★	右を参照	「給与支払い名簿」の意味から転じて，「支払い給与総額，従業員総数」の意味でも使う（例：slash one's payroll＝人員を削減する）。
salary サラリ	給料	月給など，定期的に固定給として支払われる給料。「サラリーマン」に当たる英語は salaried[office / white-collar] worker。
wage ウェイヂ	給料	単純労働などに対する時間給・日給・週給。
bonus ボウナス	ボーナス	特別手当。

payday ペイデイ 給料日
(pay) raise (ペイ) レイズ 昇給
well-paid ウェルペイド 給料のよい

▶ I want to get a better-paid job.
もっと給料のよい仕事につきたい。

underpay アンダペイ 不当に安い給料を払う
▶ I'm underpaid. 私の給料は安すぎる。

暗記 **I got a 5 percent raise in salary.**
給料が5％上がった。

overtime オウヴァタイム 超過勤務時間 (手当)
▶ pay overtime 残業手当を支払う
work overtime 残業する

暗記 **I did 60 hours of overtime last month.**
先月は60時間残業した。

earnings アーニングズ 収入
▶ earn[make] money 金を稼ぐ
wage earner 賃金労働者

earn one's living アーン 生計を立てる
※ *earn[make] a living / make one's living* とも言う。
He makes his living by writing. 彼は文筆業で生計を立てている。

live on ～に頼って暮らす
▶ *live on* welfare 生活保護に頼って暮らす
I can't *live on* such a low salary. こんな安月給では暮らしていけない。

ここまでの見出し語数(のべ) **1,781**語

報酬・手当

単語	意味	例・説明
reward リウォード	報酬	reward for labor 労働への報酬 「報酬(金)を与える」の意味もある。
remuneration レミュネレイシャン	報酬	no remuneration 無報酬 動詞は remunerate (報酬を与える)。
compensation コムペンセイシャン	補償 報酬	compensate (埋め合わせる)の名詞形。accident compensation (事故の補償)などのほか「〈役務への〉報酬，給料」の意味でも使われる。
emolument エマリュメント	報酬 給与	the emoluments of authors 著作者の収入 労働の報酬を指し、会社員の場合は給与以外の物を含む場合もある。
allowance アラウアンス	手当	housing allowance 住宅手当 / travel allowance 旅費 日本語の「手当」に当たる語。
benefit ベネフィット	給付 手当	medical benefit 医療給付 / retirement benefits 退職手当 公的機関や保険会社などから支払われる給付金のこと。有給休暇・健康保険・年金など賃金外の「付加給付」を、fringe benefits と言う。
perk パーク	給付 特典	給料以外の付加給付を指す(perquisite の略)。 役職者だけに与えられる特権[役得]を意味する場合もある。
pension ペンシャン	年金	live on one's pension 年金で生活する pensioner 年金受給[生活]者
annuity アニューイティ	年(賦)金	life annuity (終身年金)。annual (年に一度の)の関連語。

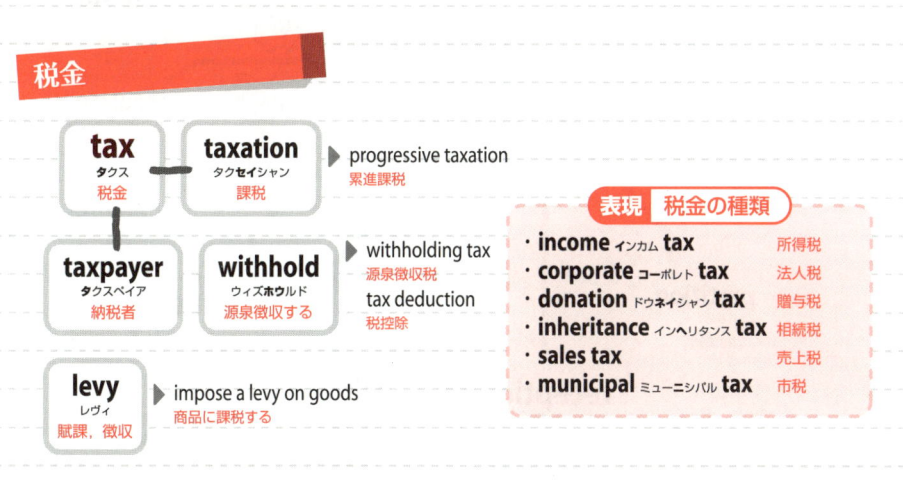

税金

tax タクス 税金 → **taxation** タクセイシャン 課税 ▶ progressive taxation 累進課税

taxpayer タクスペイア 納税者 — **withhold** ウィズホウルド 源泉徴収する ▶ withholding tax 源泉徴収税
tax deduction 税控除

levy レヴィ 賦課，徴収 ▶ impose a levy on goods 商品に課税する

表現 | 税金の種類

- **income** インカム **tax** 所得税
- **corporate** コーポレト **tax** 法人税
- **donation** ドウネイシャン **tax** 贈与税
- **inheritance** インヘリタンス **tax** 相続税
- **sales tax** 売上税
- **municipal** ミューニシパル **tax** 市税

43 オフィス

オフィス

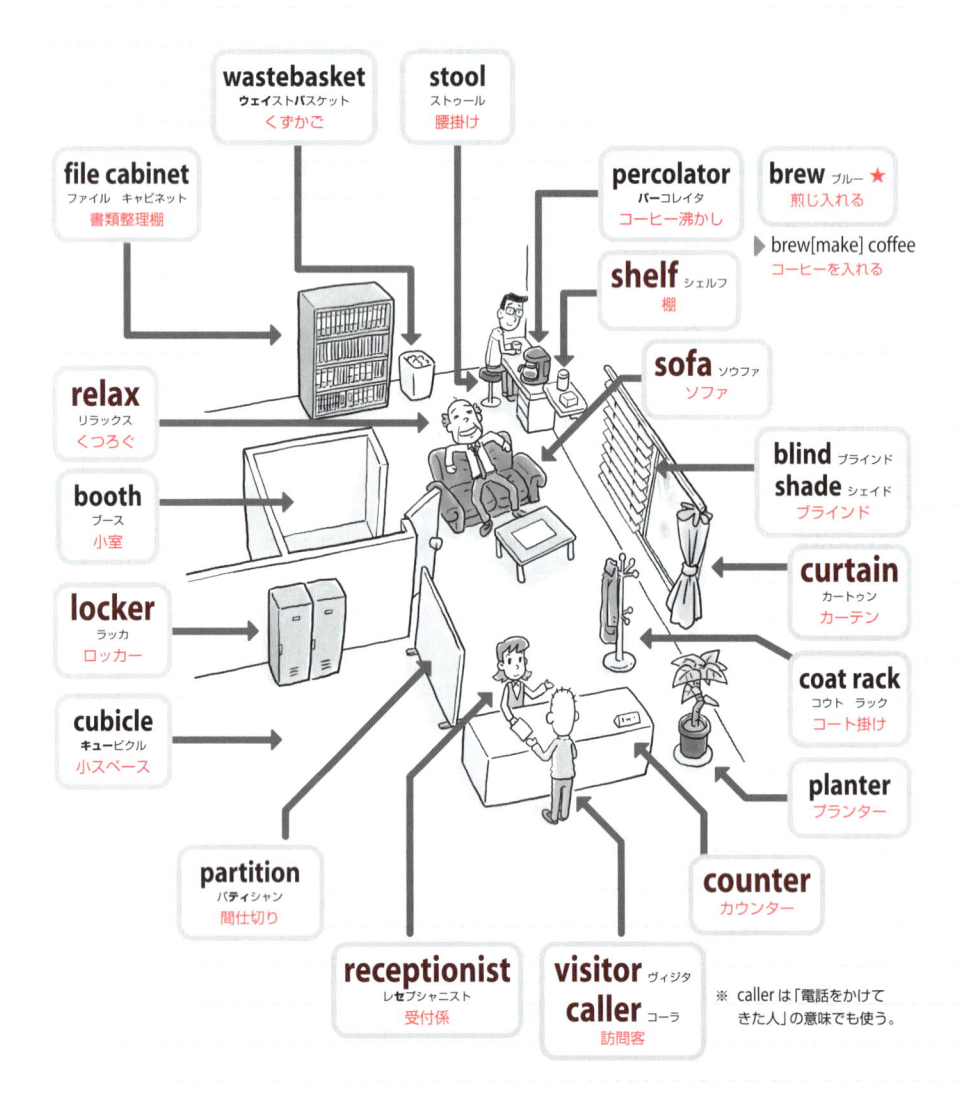

wastebasket ウェイストバスケット
くずかご

stool ストゥール
腰掛け

file cabinet ファイル キャビネット
書類整理棚

percolator パーコレイタ
コーヒー沸かし

brew ブルー ★
煎じ入れる
▶ brew[make] coffee
コーヒーを入れる

shelf シェルフ
棚

relax リラックス
くつろぐ

sofa ソウファ
ソファ

booth ブース
小室

blind ブラインド
shade シェイド
ブラインド

locker ラッカ
ロッカー

curtain カートゥン
カーテン

cubicle キュービクル
小スペース

coat rack コウト ラック
コート掛け

planter プランター

partition パティシャン
間仕切り

counter カウンター

receptionist レセプシャニスト
受付係

visitor ヴィジタ
caller コーラ
訪問客

※ caller は「電話をかけてきた人」の意味でも使う。

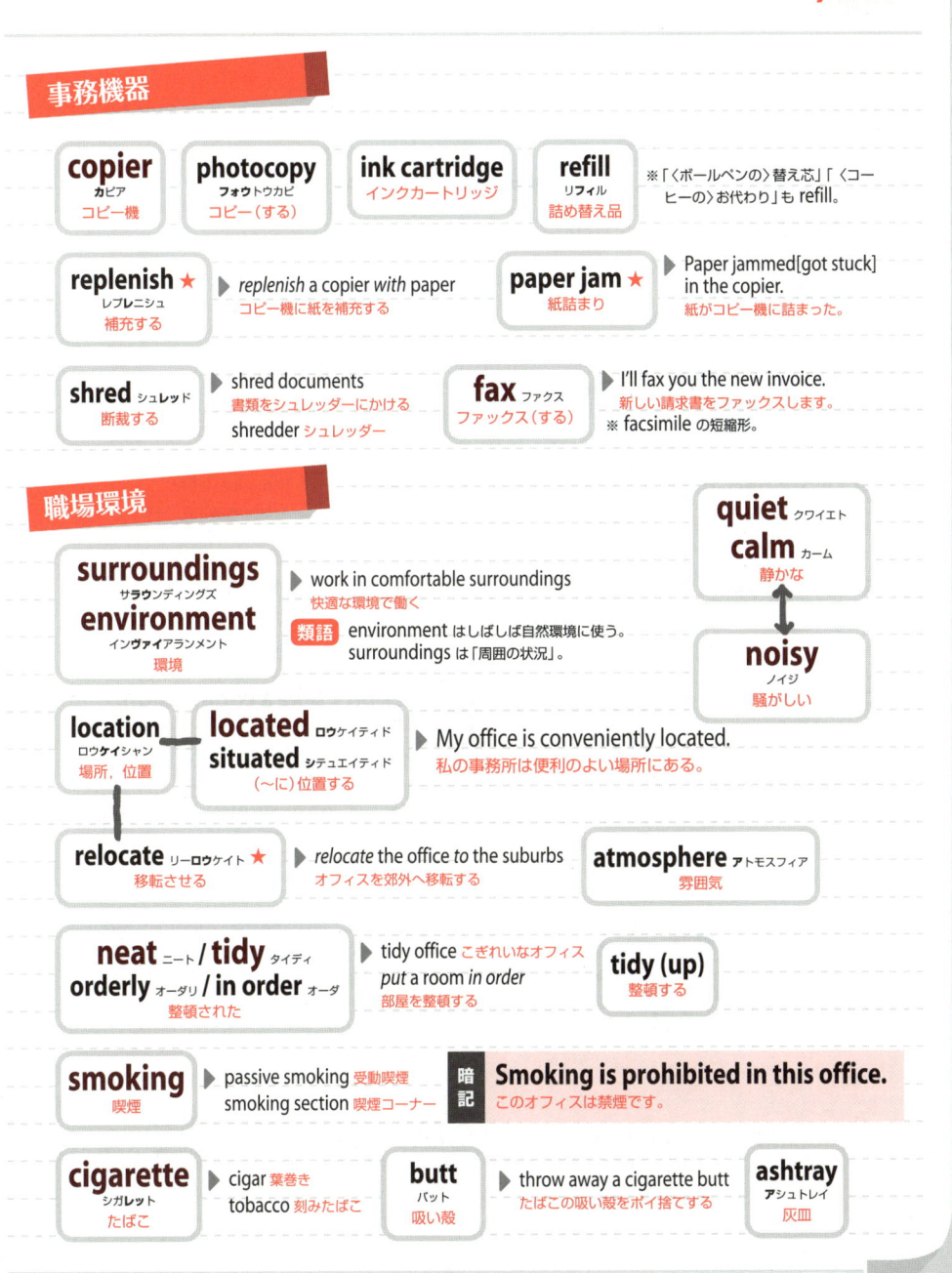

ここまでの見出し語数(のべ) **1,829** 語

事務機器

copier カピア
コピー機

photocopy フォウトウカピ
コピー(する)

ink cartridge インクカートリッジ

refill リフィル
詰め替え品

※「〈ボールペンの〉替え芯」「〈コーヒーの〉お代わり」も refill。

replenish ★ レプレニシュ
補充する
▶ *replenish* a copier *with* paper
コピー機に紙を補充する

paper jam ★ 紙詰まり
▶ Paper jammed[got stuck] in the copier.
紙がコピー機に詰まった。

shred シュレッド
断裁する
▶ shred documents 書類をシュレッダーにかける
shredder シュレッダー

fax ファクス
ファックス(する)
▶ I'll fax you the new invoice.
新しい請求書をファックスします。
※ facsimile の短縮形。

職場環境

quiet クワイエト
calm カーム
静かな
↕
noisy ノイジ
騒がしい

surroundings サラウンディングズ
environment インヴァイアランメント
環境
▶ work in comfortable surroundings
快適な環境で働く
類語 environment はしばしば自然環境に使う。
surroundings は「周囲の状況」。

location ロウケイシャン
場所, 位置

located ロウケイティド
situated シチュエイティド
(〜に)位置する
▶ My office is conveniently located.
私の事務所は便利のよい場所にある。

relocate ★ リーロウケイト
移転させる
▶ *relocate* the office *to* the suburbs
オフィスを郊外へ移転する

atmosphere アトモスフィア
雰囲気

neat ニート / **tidy** タイディ
orderly オーダリ / **in order** オーダ
整頓された
▶ tidy office こぎれいなオフィス
put a room in order 部屋を整頓する

tidy (up)
整頓する

smoking 喫煙
▶ passive smoking 受動喫煙
smoking section 喫煙コーナー

暗記 **Smoking is prohibited in this office.**
このオフィスは禁煙です。

cigarette シガレット
たばこ
▶ cigar 葉巻き
tobacco 刻みたばこ

butt バット
吸い殻
▶ throw away a cigarette butt
たばこの吸い殻をポイ捨てする

ashtray アシュトレイ
灰皿

93

44 職業・任務

職業

job ヂャブ
career キャリア
occupation オキュペイシャン
profession プロフェシャン
vocation ヴォウケイシャン
職業

▶ What's his job[occupation]? = What does he do?
彼の職業は何ですか。
I'm looking for a job as a secretary.
秘書の仕事を探しています。
He changed careers from a journalist to a writer.
彼はジャーナリストから作家に転職した。

full-time 常勤の[で] ⇔ **part-time** 非常勤の[で]
▶ full-time employee 正社員
part-timer [パート]アルバイト社員

暗記 I work part-time at the city office.
私は市役所でパート[アルバイト]をしています。

labor レイバ 労働
▶ manual labor 力仕事
laborsaving 省力化の

self-employed エムプロイド 自営の
freelance フリーランス フリーの(人)
▶ freelance writer フリーライター
piecework ピースワーク 出来高払いの仕事

commission ★ コミシャン 手数料, 歩合
▶ work on commission 歩合制で働く
暗記 We don't take a commission.
手数料はいただきません。

practice ★ プラクティス 開業する
▶ practice law [medicine] 弁護士[医師]を開業する
practitioner プラクティシャナ 弁護士, 開業医
paperwork ペイパワーク デスクワーク
※「デスクワーク」は和製英語。

white-collar カラ 事務職[頭脳労働者](の) ⇔ **blue-collar** 肉体労働者(の)
意味 collar は「えり」。秘書や看護師など伝統的に女性が多い職は pink-collar と言う。

clerk クラーク 事務員 ― **clerical** クレリカル 事務の
▶ bank clerk 銀行員
clerical job 事務職

on the side 副業で
▶ work on the side 副業をする
side[on-the-side] job 副業
moonlight ムーンライト 〈夜間の〉アルバイトをする
▶ moonlighting 〈夜間の〉アルバイト

役割分担

task タスク 仕事, 任務 ▶ task force 対策本部

mission ミシャン 任務 ▶ fulfill one's mission 任務を果たす

errand エランド お使い, 任務 ▶ run[go on] errands 使い走りをする

chore チョー 雑用 ▶ household chores 家事

rotate ロウテイト 交替勤務する ▶ by rotation 輪番で

shift ★ シフト 交替勤務 ▶ I'm *on the night shift* today. 今日は夜勤だ。

in charge 担当して ▶ the person *in charge* 担当者 I'm *in charge of* public relations. 私は渉外を担当しています。

role / part ロウル 役割 ▶ *play an* important *role[part] in* the project その企画で重要な役割を果たす

responsibility レスポンシビリティ 責任 ▶ I'll *take the responsibility for* it. 私がその責任を取ります。 Who is *responsible for* it? その責任は誰にあるのか。

duty デューティ 任務, 当番 — **on duty** 勤務中で ⇔ **off duty** 非番で ▶ It's your turn to be *on duty* today. 今日は君の当番だ。

crew クルー 班

in turn 交替で — **take turns ~ing** 交替で~する ▶ make tea *in turn* =take turns making tea 交替でお茶を入れる

fill in for ~の代理を務める

alternate オルタネイト 交替する ▶ *alternate (in) driving* a car 交替で車を運転する

stand by 待機する ※日本語の「スタンバイする」に当たる。

on behalf of ★ ビハーフ ~の代理で, ~を代表して

暗記 **I'd like to apologize on behalf of our management.** 当社の経営陣を代表してお詫び申し上げます。

share シェア 分担[共有]する/割り当て ▶ *share in* the responsibility 責任を分担する *share* a room *with* her 彼女と部屋を共有する fair *share* of the profits 利益の正当な取り分

routine ルーティーン 日課(の) ▶ daily routine 日常業務

mobilize モウビライズ 動員する ▶ mobilize employees for an event イベントに社員を動員する

in-house ★ 社内の[で] ▶ This poster was made in-house. このポスターは社内で作られた。

45 能率・時間管理

能率・多忙

efficiency エフィシャンシ 能率
▶ raise efficiency 能率を上げる
　inefficient 非能率な

speed up ペースを上げる ⇔ **slow down** ペースを落とす
※ pace up[down] とは言わない。

pushover プッシュオウヴァ 朝飯前の仕事
※「朝飯前だ」は、口語で It's a cinch[a breeze/ a piece of cake/as easy as pie]. などとも言う。

backlog ★ バックログ 残務
▶ growing backlog 増えつつある残務

hectic ヘクティク 大忙しの

tied up タイド 身動きが取れない
▶ The boss is *tied up* in the meeting.
　上司は会議で身動きが取れない。

時間管理

deadline デッドライン 締め切り，納期
▶ make[meet] a deadline 締め切りに間に合う

time limit 時間制限

draw near ドロー 近づく
▶ The deadline is *drawing near.*
　納期が近づいている。

(just) around the corner 間近に迫って
▶ The deadline is *just around the corner.*
　納期が目前に迫っている。

imminent イミネント
impending インペンディング 切迫した

urgent アージェント
pressing プレシング ★ 緊急の
▶ urgent call 緊急電話
　pressing need 緊急の必要性

instant インスタント 即時の，緊急の
▶ instant action とっさの行動
　instantly すぐに

advance アドヴァンス 繰り上げる
▶ advance the date 日程を繰り上げる

prompt プランプト 迅速な
▶ prompt reply 即答
　promptly 迅速に

hasten ヘイスン 急ぐ，早める
▶ hasten back 急いで戻る

expedite ★ エクスパダイト 早める
暗記 I would be grateful if you expedite your remittance to us.
当社へのご送金を早めていただけると幸いです。

belated ビレイティド 手遅れの

fall behind 遅れを取る
▶ *fall behind* in one's work 仕事が遅れる

catch up on 〜の遅れを取り戻す
▶ *catch up on* one's study 勉強の遅れを取り戻す

ここまでの見出し語数(のべ) **1,913** 語

休暇・休憩

take ~ off ～の休暇を取る ▶ I'm off today. 私は今日は休みです。

holiday ハリデイ / **vacation** ヴェイケイシャン 休日，休暇 ▶ on vacation 休暇中で

暗記 **I'm going to take two weeks off this summer.**
今年の夏は2週間の休暇をとる予定です。

leave 休暇 ▶ take a leave 休暇を取る

break 休憩 ▶ take a break 休憩する

連語 名詞・形容詞 + leave
- **paid** ペイド **leave** 有給休暇
- **sick leave** 病気休暇
- **maternity leave** 出産休暇 マターニティ
- **child-care leave** 育児休暇
- **paternity leave** 父親の育児休暇 パターニティ
- **sabbatical leave** サバティカル休暇
※大学教授に与えられる長期の研究休暇のこと。

暗記 **Let's take a coffee break.**
休憩してコーヒーを飲もう。

rest レスト / **repose** リポウズ 休憩(する) ▶ take a short rest 少し休憩する
※ rest には「残り」の意味もある。

pause ポーズ 中断(する) ▶ take a pause ちょっと休む
混同注意 **pose** ポウズ 姿勢

休憩や休暇を「取る」に当たる動詞は take。

luncheon ランチャン 昼食

power lunch パワーランチ 解説 重要な打ち合わせをしながら取る昼食。

doze ドウズ **(off)** / **take a nap** ナップ うたた寝する ▶ **yawn** ヨーン あくび(をする)

暗記 **I dozed off during the meeting.**
私は会議中に居眠りをした。

fatigue ファティーグ 疲労 ▶ relieve fatigue 疲れを取る

exhausted エグゾースティド / **worn** ウォーン **out** 疲れ切った ▶ **exhaustion** 消耗，疲労

workaholic ワーカホーリク 仕事中毒の(人) ※ 語源は work + alcoholic (アルコール中毒の)。

97

46 業務の遂行

準備

単語	意味	例・説明
prepare プリペア	準備する	***prepare for*** a conference 会議の準備をする preparation 準備 / preparatory 予備の
arrange アレインヂ	手配する	*arrange for* a meeting 会議の準備をする / arrangement 手配
fix フィクス	決める	*fix (up)* the date of the meeting 会議の日を決める ※日時・価格・場所などを決める場合に用いる。
rehearse リハース	練習する	rehearse a speech 演説のリハーサルをする / rehearsal リハーサル
anticipate アンティシペイト	先手を打つ	anticipate questions by having answers ready 質問に備えてあらかじめ答えを用意しておく anticipation 事前処理

処理・対応

単語	意味	例・説明
treat トリート **deal** ディール **with**	取り扱う	treat[*deal with*] a complaint seriously 苦情を真剣に取り扱う ※ treat には「もてなす」「おごる」「治療(する)」などの意味もある。
cope コウプ **with**	対処する	*cope with* difficulties 苦しい状況に(うまく)対処する
handle ハンドル **process** プロセス ★	処理する	handle a problem 問題を処理する / process mail 郵便物を処理する **意味** process は多くの書類・注文などを体系的に処理する場合に使う。
assume アスーム **undertake** アンダテイク **take on**	引き受ける	assume[undertake] the job その仕事を引き受ける *take on* the responsibility for it それに対する責任を引き受ける
tackle タックル **attack** アタック	取り組む	tackle a difficult problem 難問に取り組む
engage エンゲイヂ **in** **go in for**	従事する	I *engage in* government service. 私は公務員です。 I'm *going in for* an interview today. 私は今日面接を受けます。

遂行・達成

語句	意味	例・説明
perform パフォーム **execute** エクシキュート **implement** イムプリメント ★ **fulfill** フルフィル **carry out**	実行[遂行]する	perform one's duty 義務を果たす performance 遂行, 実績 execute an order 命令を遂行する fulfill a task 任務を果たす implement[carry out] a plan 計画を実行する put ～ into action[practice/execution] ～を実行する
achieve アチーヴ **accomplish** アカムプリシュ **attain** アテイン	達成する	achieve one's goal 目標を達成する achievement 達成, 業績 accomplish a project 計画を達成する accomplishment 達成, 業績 attain one's desire 望みを達成する attainment 達成, 到達
complete コムプリート	完成する	complete one's mission 使命を完遂する completion 完成
wrap ラップ **up** ★	仕上げる	wrap up a meeting 会議を終える
pursue パスー	遂行する	pursue one's business 業務に従事する pursuit 実行, 追求
realize リーアライズ	実現する	realize a project 計画を実現する realization 現実化
concentrate カンセントレイト **focus** フォウカス	集中する	*concentrate[focus]* on one's work 仕事に集中する *concentrate[focus]* one's energies **on** the work その仕事に精力を集中する concentration 集中(力)
devote ディヴォウト **dedicate** デディケイト	捧げる	*devote[dedicate]* oneself **to** the work =be *devoted[dedicated]* **to** the work 仕事に専念する devotion/dedication 献身
contribute to コントリビュート	貢献する	*contribute to* a project プロジェクトに貢献する contribution 貢献 ※「寄付する」「～の一因となる」の意味もある。
exercise エクササイズ **exert** エグザート	行使する	exercise[exert] leadership 指導力を発揮する ※ *exert oneself* は「努力する」の意味。
make efforts エファツ	努力する	*make efforts* to get a promotion 昇進のために努力する
endeavor エンデバ	努力(する)	*endeavor to get* a job 職を得ようと努力する
struggle ストラグル	奮闘(する)	*struggle with* adversity 逆境と戦う

47 事務用品・連絡①

事務用品

office supplies サプライズ 事務用品
▶ office furniture オフィス用家具

stationery ステイシャナリ 文房具
▶ stationer 文房具商[店]
writing material 筆記具

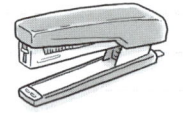

ruler ルーラ 定規
▶ triangle 三角定規

scissors シザズ はさみ
▶ a pair of scissors 1本のはさみ

eraser イレイサ
rubber ラバ
消しゴム

stapler ステイプラ ホッチキス
▶ staple ホッチキスの針

clip クリップ

paste ペイスト
glue グルー
のり（で貼る）

(thumb)tack （サム）タック
画びょう（でとめる）

rubber band 輪ゴム

whiteout （ホ）ワイトアウト 修正液
▶ white it out それを修正液で消す

notebook ノウトブック ノート
※ note は「メモ」。

cardboard box カードボード 段ボール箱
▶ cardboard ボール紙，厚紙

memo pad パッド
scratch paper スクラッチ
メモ帳，メモ用紙

解説 pad は「はぎ取り式の帳面」のこと。便箋は letter pad。

ここまでの見出し語数(のべ) **1,974** 語

語彙強化	**筆記用具など**		
・fountain pen	万年筆	・drawing paper	画用紙
・ball-point pen	ボールペン	・copying paper	コピー用紙
・mechanical pencil	シャープペン	・adhesive アドヒーシヴ	接着剤
・felt-tip pen	サインペン	・quick-drying glue	瞬間接着剤
・highlighter	マーカー(ペン)	・packaging tape	ガムテープ
・lead	鉛筆の芯	・folder	書類ばさみ
・refill	ボールペンの替え芯	・portfolio	書類かばん

社内連絡

memo メモ ★
社内連絡

HR 人事部
※ human resources (department) の略。

```
MEMO

To: All Employees
From: Ann Miles, HR
RE: Performance Evaluations
Date: May 10, 2009

enclosures
```

RE 件名

enclosure ★
エンク**ロウ**ジャ
同封物あり

※ reference の略。Subject: とも言う。
Reference:315-02のように，文書番号を示すこともある。
元の文書に返信する場合は，In reply to: などとする。

※この文書は，人事部のアン・マイルズから全社員に送られた，業績評価(各人の査定)に関する案内の例。

48 連絡②

contact カンタクト / **touch** タッチ 連絡
▶ *get in touch[contact] with* him
彼と連絡を取る

暗記 Let's keep in touch [contact] by mobile.
携帯電話で連絡を取り合いましょう。

contact カンタクト / **reach** リーチ / **communicate** コミュニケイト / **get on to** 連絡を取る
▶ reach him by e-mail
彼にメールで連絡する

liaise リエイズ ★ 連絡を取る

liaison リエイザン ★ 連絡
▶ liaison section
渉外部門

暗記 Please feel free to contact us if we can be of any help.
お役に立てることがあれば，お気軽に当方へご連絡ください。

※ contact のアクセント：cóntact (名詞)，cóntact/contáct (動詞)

let ～ know ～に知らせる
▶ *Let* me *know* your e-mail address.
あなたのメールアドレスを知らせてください。

inform インフォーム 知らせる

notify ★ ノウティファイ 通知する

notice ノウティス 掲示(板)，看板
▶ *inform[notify]* them *about[of]* the conference
会議について彼らに知らせる[通知する]

information インフォメイシャン 情報
▶ information center
情報センター

poster ポウスタ ポスター

placard プラカード 掲示，看板

post ★ ポウスト / **put up** 〈掲示を〉貼る
▶ *post (up)* a notice
掲示を張り出す

bulletin board ブラタン 掲示板
▶ BBS = bulletin board system[service]
〈インターネットの〉電子掲示板システム

ここまでの見出し語数(のべ) **1,996** 語

語法 〈人＋that 節〉の形をとる動詞

後ろに〈＋人＋that節〉の形をとる動詞のグループがある。
My boss **told** me **that** I would be transferred to a branch.
上司は私が支店に転勤になるだろうと私に言った。
このタイプの動詞には，次のようなものがある。

inform *	**remind** *	**convince** */**assure** *	**promise**
インフォーム	リマインド	カンヴィンス　アシュア	プラミス
知らせる	思い出させる	確信させる	約束する

※上記のうち*の語は，〈＋人＋of＋事柄〉の形でも使う。
I **informed** him that the guests had arrived.＝I **informed** him of the guests' arrival.
客たちが到着したと私は彼に知らせた。

語法 名詞＋同格の that 節 (〜という○○)

事実・情報・思考・可能性などを表す次のような名詞の後ろにthat (接続詞)で始まる節(同格節)を続けると，「〜という○○」の意味になる。

- **fact** ファクト 事実
- **news** ニューズ 知らせ
- **information** インフォメイシャン 情報
- **rumor** ルーマ うわさ
- **evidence** エヴィダンス 証拠
- **sign** サイン 徴候
- **thought** ソート / **idea** アイディア 考え
- **belief** ビリーフ 信念
- **doubt** ダウト 疑い
- **opinion** オピニアン 意見
- **conclusion** コンクルージャン 結論
- **impression** イムプレシャン 印象
- **hope** / **chance** 見込み
- **possibility** パシビリティ 可能性
- **danger** デインヂャ 危険

I heard *a rumor that* the president is going to resign.
社長が辞職するといううわさを聞いた。

There is *no chance that* we'll meet the deadline.
我々が納期に間に合う(という)見込みはない。

49 文書・電子メール

さまざまな文書

単語	意味	例・説明
document ダキュメント	文書	public document 公文書 / submit a document 書類を提出する documentation 文書化，証拠書類提出
papers ペイパズ	書類	paper（紙）は不可算名詞だが，「新聞」の意味では a paper のように可算名詞となる。また，「書類」は papers と複数形で表す。
note ノウト	覚え書き，メモ	「メモを取る」は make[take] a note。note には「注目する」の意味もある。
memo メモウ ★	社内連絡	memorandum の略。元来は「メモ，覚え書き」の意味だが，「回報」「社内連絡（メール）」の意味でよく使われる。
notice ノウティス	通知，掲示	post a notice on a board 掲示板に掲示を貼る get notice 解雇通知を受ける ※notice ＝ 解約などの通知
circular サーキュラ	回覧状	send out circulars 配布文[ちらし]を発送する
newsletter ニューズレタ	社報，回報	stock-market newsletter 株式市場通信
dossier ダシエイ	関係書類一式	dossier of information 情報書類一式
directory ディレクタリ	住所氏名録	company directory 社員名簿 telephone directory 電話帳

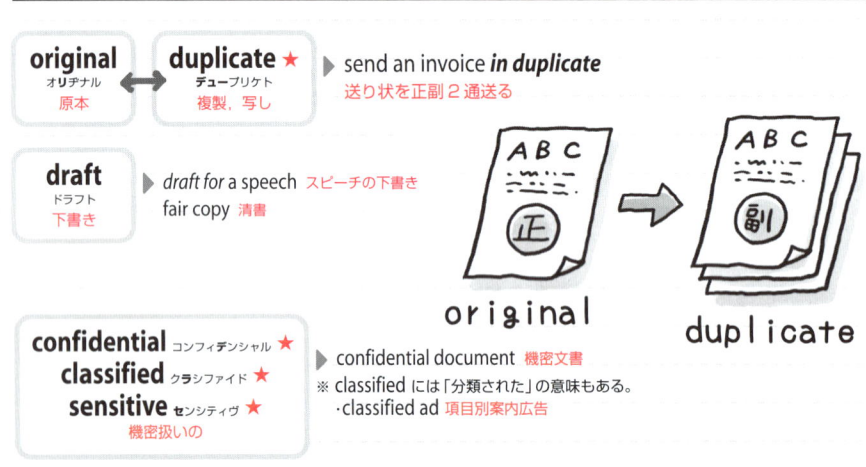

original オリヂナル 原本 ⇔ **duplicate** ★ デュープリケト 複製，写し
▶ send an invoice *in duplicate*　送り状を正副 2 通送る

draft ドラフト 下書き
▶ *draft for* a speech　スピーチの下書き
　fair copy　清書

original → duplicate

confidential コンフィデンシャル ★
classified クラシファイド ★
sensitive センシティヴ ★
機密扱いの

▶ confidential document　機密文書
※ classified には「分類された」の意味もある。
・classified ad　項目別案内広告

ここまでの見出し語数（のべ）**2,029**語

文書作成

draw up 作成する
意味　「〈公的な〉文書・計画などを作成する」の意味でよく使われる。

暗記　**I'm drawing up a customer list.**
顧客リストを作成しているところです。

make out 作成する
意味　「〈小切手・領収書などを〉（正式に）書く」の意味。

record リコード　記録する
▶ record a speech
演説を記録する

dictate ディクテイト　口述する
▶ *dictate* a letter *to* a secretary
手紙を秘書に口述する［書き取らせる］
dictation　口述筆記

excerpt エクサープト
extract エクストラクト
抜粋する
▶ *excerpt* a passage *from* the book
その本から一節を抜粋する

compile コンパイル　編集する
▶ compile a dossier
関係書類一式をまとめる

scratch スクラッチ　抹消する
▶ *scratch* a name *off[out of]* a list
リストから名前を〈線を引くなどして〉抹消する

scrawl スクロール
scribble スクリブル
scrabble スクラブル
走り書きする，落書きする

write down
put down
jot チャット **down**
書き留める

語法　*Write it down*[×down it].
それを書き留めなさい。
《→14を参照》

表現　メールなどで使う略語
- **ASAP=as soon as possible**
　　　　　　　　　できるだけ早く
　※「エイ・エス・エイ・ピー」または「アサップ」と読む。
- **Attn=attention**　〜宛て
- **FAO=for the attention of**
　　　　　　　　　〜宛て
- **CC=carbon copy**　同送者
- **Enc./Encl.=enclosure**
　　　　　　　　　同封物あり
- **FAQ=frequently asked questions**
　　　　　　　　　よくある質問
- **FW=forward**　転送（先）
- **NRN=no reply necessary**
　　　　　　　　　返信不要
- **R.S.V.P.=répondez s'il vous plaît**
　　　　　　　　　お返事ください
　　　　　　　　　《フランス語》

電子メール

e-mail イーメイル　電子メール
語法　e は electronic（電子の）の頭文字。
「1通のメール」は an e-mail[×a mail]。
I'll e-mail you later.（後でメールします）
のように動詞としても使う。

attach アタッチ　取り付ける
▶ *attach* a graphic *to* an e-mail
メールに画像を添付する

detach ディタッチ　取り外す
▶ *detach* a poster *from* a wall
壁からポスターをはがす

forward フォーワード　転送する
▶ *forward* the e-mail *to* her
彼女にそのメールを転送する

50 手紙①

通信・郵便

correspondence コレスパンデンス　通信(文)
▶ *correspond with* him　彼と文通[通信]する
　correspondent　通信員

※ 動詞の correspond は「通信する」のほか「一致[相当]する」の意味でも使う。
The result *corresponded with* our expectations.
結果はわれわれの期待に一致した。

mail メイル　郵便(物)
▶ by mail　郵便で
　mailbox　ポスト、郵便受け

語法 mail は不可算名詞である点に注意。
「1通の郵便」は a piece of mail [×a mail]。
一方「1通の電子メール」は an e-mail と言う。

意味 「郵便」は《英》では post。
post には「ポスト」の意味はない。

mailbox

post office ポウスト　郵便局
▶ post card　はがき
※「ポスト《米》」は mailbox。

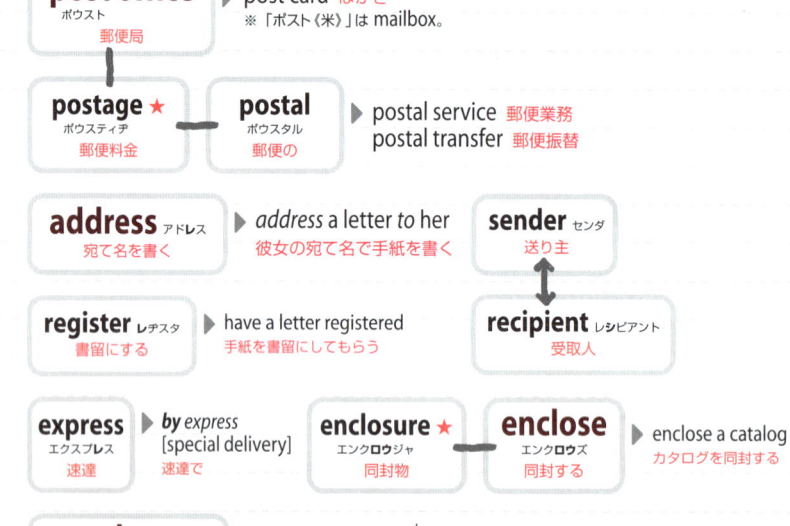

postage ★ ポウスティヂ　郵便料金
postal ポウスタル　郵便の
▶ postal service　郵便業務
　postal transfer　郵便振替

address アドレス　宛て名を書く
▶ *address* a letter *to* her　彼女の宛て名で手紙を書く

sender センダ　送り主
↕
recipient レシピアント　受取人

register レヂスタ　書留にする
▶ have a letter registered　手紙を書留にしてもらう

express エクスプレス　速達
▶ *by express* [special delivery]　速達で

enclosure ★ エンクロウジャ　同封物
—
enclose エンクロウズ　同封する
▶ enclose a catalog　カタログを同封する

reply リプライ
respond レスパンド　応答(する)

暗記 Looking forward to your prompt reply[response].
迅速なご回答をお待ちしております。《手紙の結び》

ここまでの見出し語数(のべ) **2,059**語

封筒

return address
差出人住所

envelope エンヴェロウプ
封筒

postmark ポウストマーク
date-stamp デイトスタンプ
消印

stamp スタンプ
切手

addressee アドレシー
宛て名(人名)

address アドレス
宛て先(住所)

※address and addressee
宛て名《住所氏名》

Drive 〜通り

※「地名+Drive」の形で「〜通り」の意味。Dr. とも略記する。

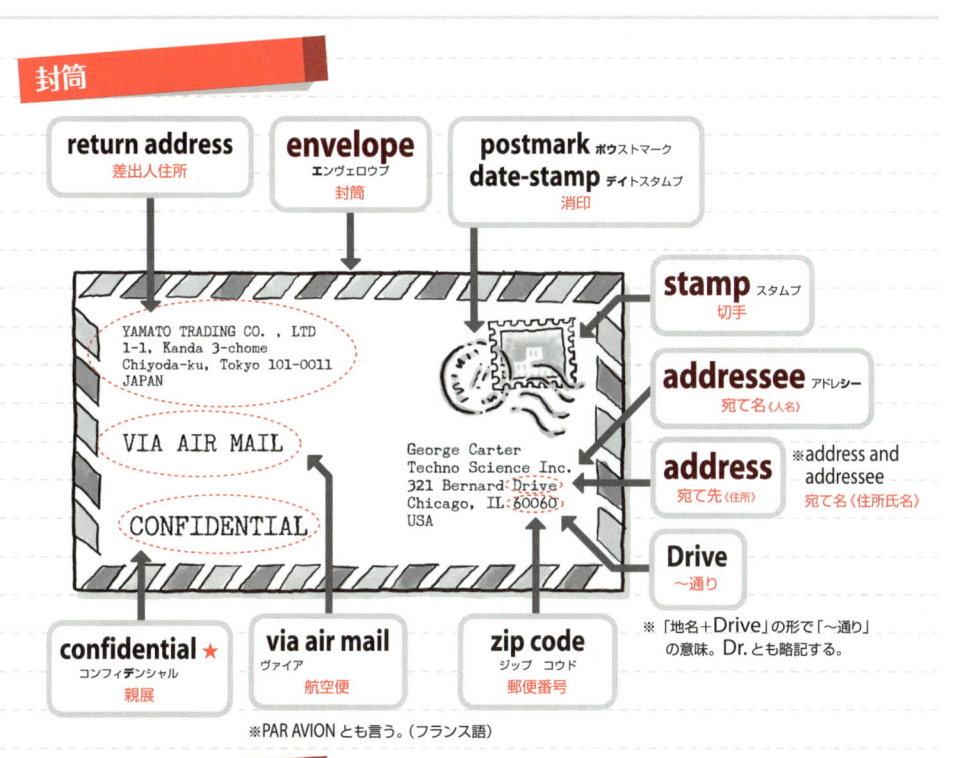

```
YAMATO TRADING CO., LTD
1-1, Kanda 3-chome
Chiyoda-ku, Tokyo 101-0011
JAPAN

VIA AIR MAIL

CONFIDENTIAL

            George Carter
            Techno Science Inc.
            321 Bernard Drive
            Chicago, IL 60060
            USA
```

confidential ★ コンフィデンシャル
親展

via air mail ヴァイア
航空便

※PAR AVION とも言う。(フランス語)

zip code ジップ コウド
郵便番号

手紙

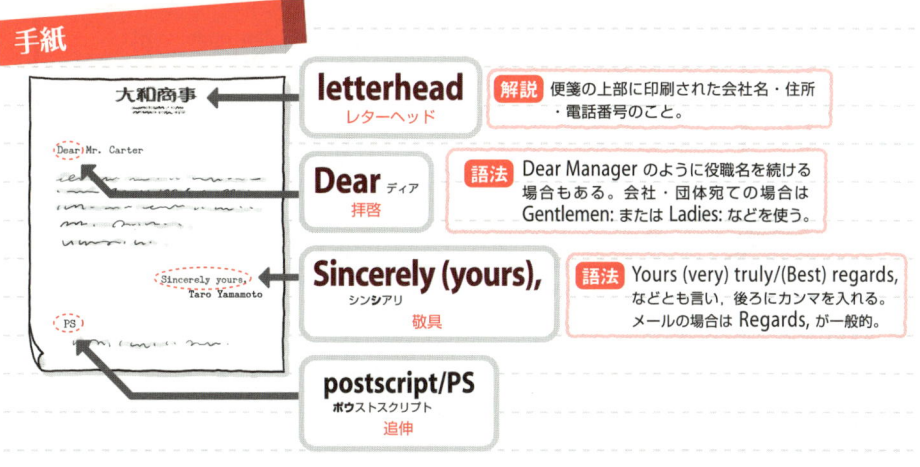

letterhead レターヘッド

解説 便箋の上部に印刷された会社名・住所・電話番号のこと。

Dear ディア
拝啓

語法 Dear Manager のように役職名を続ける場合もある。会社・団体宛ての場合は Gentlemen: または Ladies: などを使う。

Sincerely (yours), シンシアリ
敬具

語法 Yours (very) truly/(Best) regards, などとも言い, 後ろにカンマを入れる。メールの場合は Regards, が一般的。

postscript/PS ポウストスクリプト
追伸

51 手紙②

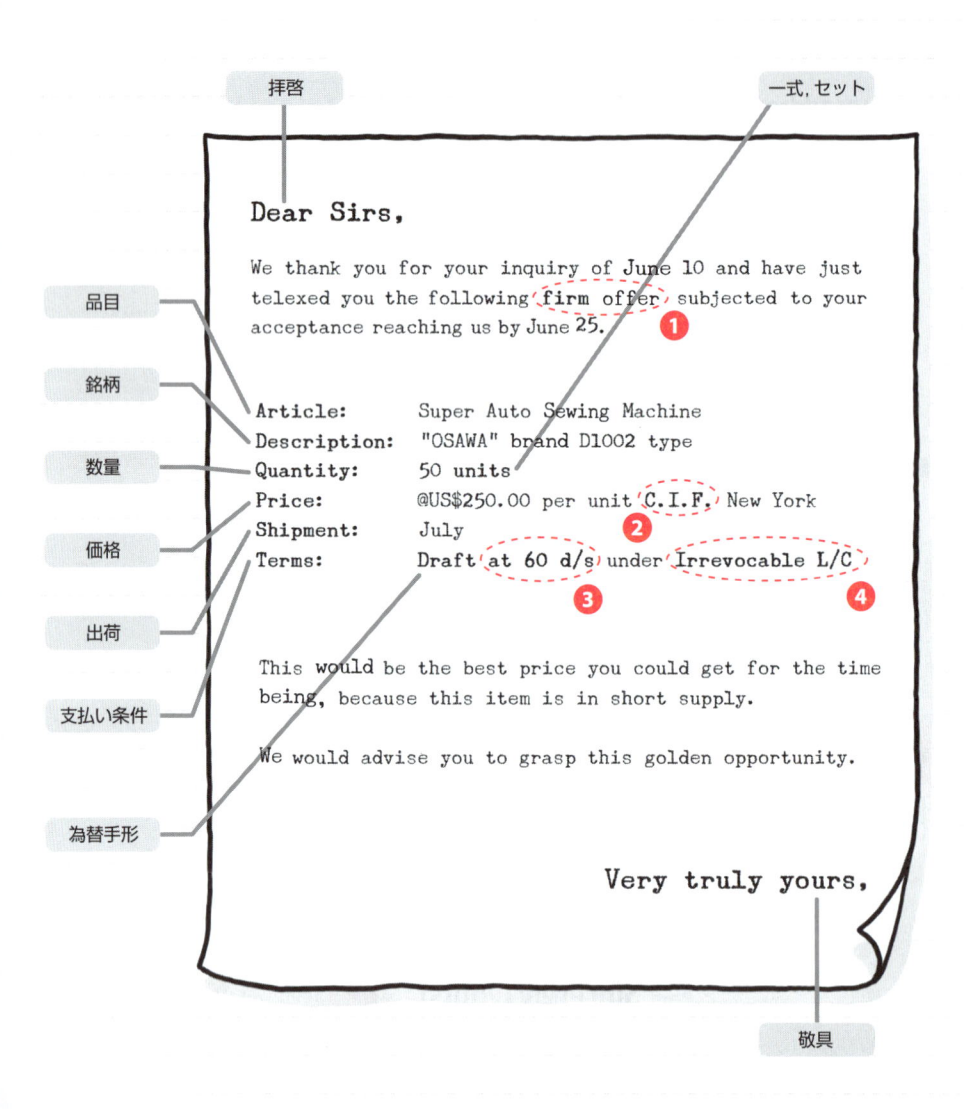

拝啓 — Dear Sirs,
一式, セット — (firm offer)

Dear Sirs,

We thank you for your inquiry of June 10 and have just telexed you the following **firm offer** ❶ subjected to your acceptance reaching us by June 25.

```
Article:       Super Auto Sewing Machine
Description:   "OSAWA" brand D1002 type
Quantity:      50 units
Price:         @US$250.00 per unit C.I.F. ❷ New York
Shipment:      July
Terms:         Draft at 60 d/s ❸ under Irrevocable L/C ❹
```

This would be the best price you could get for the time being, because this item is in short supply.

We would advise you to grasp this golden opportunity.

Very truly yours,

品目 — Article
銘柄 — Description
数量 — Quantity
価格 — Price
出荷 — Shipment
支払い条件 — Terms
為替手形 — Draft

敬具 — Very truly yours,

ここまでの見出し語数(のべ) **2,063** 語

① firm offer
ファーム
確定オファー

解説 有効期限を設定し，その期限内に相手が承諾すれば自動的に契約が成立する形式のオファー。買い手の承諾を最終的に売り手が確認して初めて契約が成立する形式のオファーは，offer subject to confirmation（確認条件付きオファー）と言う。

② C.I.F. シフ
運賃保険料込み値段

解説 cost, insurance and freight の略。C.I.F. New York とは，「ニューヨーク港までの運賃[船賃]・保険料込みの価格」の意味。C.&F. は「運賃込み」，C.I.F.&I./C.I.F.&C. は，それぞれ C.I.F. に加えて利子（interest）／手数料（commission）が含まれることを意味する。

③ at 60 d/s
一覧後60日払いで

解説 60 d/s＝60 days after sight。at sight は「一覧で[提示した日に即日払いする条件で]」ということ。ここでは支払い期限を60日後に設定している。

④ irrevocable L/C
イリヴォカブル
取り消し不能信用状

解説 L/C（信用状＝letter of credit）《→38を参照》には，revocable（取り消し可能）・irrevocable（取り消し不能）の2種類がある。後者の場合，信用状の当事者の同意がなければ，いったん発行した信用状を取り消したり条件を変更したりすることはできない。「当事者」とは，信用状の開設依頼人（opener），開設銀行（opening bank），受益者[信用状の受取人]（beneficiary）の三者を指す。

＜本文の全訳＞
6月10日付けの貴社からのお問い合わせありがとうございます。6月25日までに当社にご承諾の回答が到着することを条件に，ただ今テレックスで下記のとおりオファーを差し上げました。

品目：スーパーオートミシン
銘柄：オーサワ印 D1002型
数量：50台
価格：ニューヨーク港渡しCIF値段米ドル建て1台250ドル
出荷：7月中
支払い条件：取り消し不能信用状に基づき一覧後60日払い為替手形

本品は目下品薄となっており，当分の間これ以上の安値は得られないと思われます。
この絶好の機会をおつかみになるようお勧め申し上げます。

52 パソコン

機器

peripheral ペリファラル ★ 周辺（装置）の
▶ peripheral equipment[device] 周辺機器

display ディスプレイ 表示装置
screen スクリーン 画面

laptop ラップタップ ノートパソコン
▶ I bought a new laptop. 新しいパソコンを買った。
desktop デスクトップの
palmtop 手のひらに乗る

mouse マウス
▶ mouse pad マウスパッド

keyboard キーボード
printer プリンター

operating system アパレイティング システム OS〈基本動作を行うソフト〉
▶ input [output] unit 入力[出力]装置
central processing unit / CPU 中央処理装置

liquid crystal リクウィド クリスタル 液晶

drive 駆動装置
▶ DVD drive DVDドライブ

capacity キャパシティ 容量
▶ This disk has a (storage) capacity of 2 gigabytes. このディスクは2ギガバイトの容量がある。

software ソフトウェア ソフト

application アプリケーション（ソフト）
▶ run an application アプリケーションを走らせる

spreadsheet スプレッドシート 表計算[財務会計]ソフト
▶ function 関数

compatible コムパティブル 互換性がある
▶ The printer is *compatible* with Mac. このプリンターはマックと互換性がある。
compatibility 互換性

interactive インタラクティヴ 双方向の
▶ interactive communication 双方向のコミュニケーション

interface インターフェイス
【解説】各装置間の接触装置（USBポート・モデムなど）や、人との接触部分（ディスプレイ・キーボードなど）のこと。

audio オーディオ 音響機器
▶ audiovisual 視聴覚の

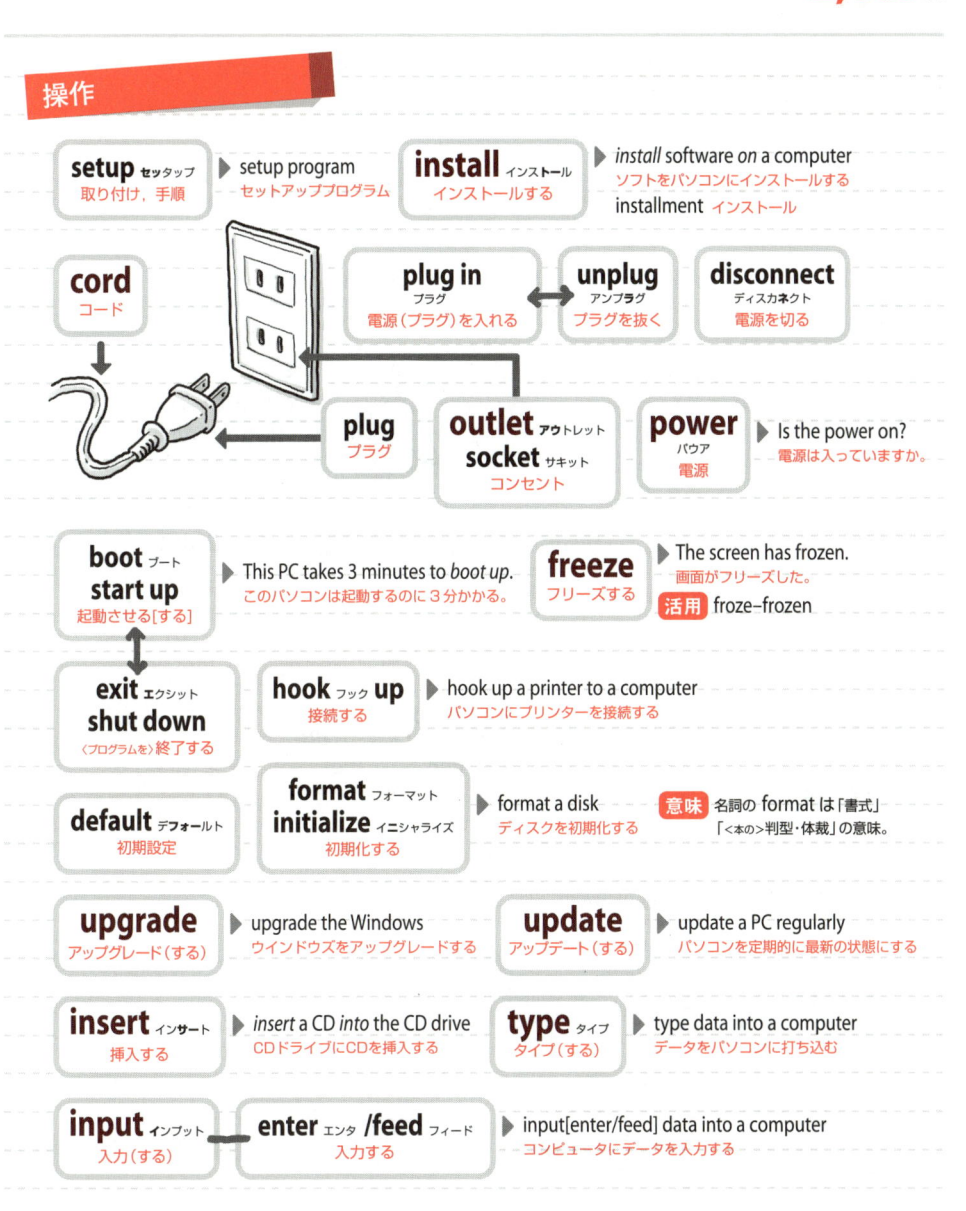

ここまでの見出し語数(のべ) **2,107** 語

操作

setup セッタップ
取り付け、手順
▶ setup program
セットアッププログラム

install インストール
インストールする
▶ install software on a computer
ソフトをパソコンにインストールする
installment インストール

cord コード

plug in プラグ
電源(プラグ)を入れる

unplug アンプラグ
プラグを抜く

disconnect ディスカネクト
電源を切る

plug プラグ

outlet アウトレット
socket サキット
コンセント

power パウア
電源
▶ Is the power on?
電源は入っていますか。

boot ブート
start up
起動させる[する]
▶ This PC takes 3 minutes to boot up.
このパソコンは起動するのに3分かかる。

freeze
フリーズする
▶ The screen has frozen.
画面がフリーズした。
活用 froze–frozen

exit エクシット
shut down
〈プログラムを〉終了する

hook フック **up**
接続する
▶ hook up a printer to a computer
パソコンにプリンターを接続する

default デフォールト
初期設定

format フォーマット
initialize イニシャライズ
初期化する
▶ format a disk
ディスクを初期化する
意味 名詞の format は「書式」「<本の>判型・体裁」の意味。

upgrade
アップグレード(する)
▶ upgrade the Windows
ウインドウズをアップグレードする

update
アップデート(する)
▶ update a PC regularly
パソコンを定期的に最新の状態にする

insert インサート
挿入する
▶ insert a CD into the CD drive
CDドライブにCDを挿入する

type タイプ
タイプ(する)
▶ type data into a computer
データをパソコンに打ち込む

input インプット
入力(する)

enter エンタ **/feed** フィード
入力する
▶ input[enter/feed] data into a computer
コンピュータにデータを入力する

111

53 情報処理・インターネット

情報整理

data データ/ダータ データ
語法 もともとは datum の複数形だが, this data (このデータ) のようにも言う。

list リスト(にする)
▶ make[draw] up a list リストを作成する

暗記 The customers' names are listed in alphabetical order.
顧客の氏名はアルファベット順に並べられている。

disk ディスク
▶ compact disk/CD コンパクトディスク
解説 外部記憶装置用の薄い円盤のこと。

diskette ディスケット
floppy (disk) フロッピーディスク

retrieve ★ リトリーヴ 検索する
▶ retrieve necessary information from a database 必要な情報をデータベースから検索する
information retrieval 情報検索

file ファイル
save セイヴ 保存する

delete デリート
erase イレイズ
消去する, 削除する
▶ delete a file ファイルを削除する

連語 形容詞/動詞 + file
- temporary テムポラリ file 一時ファイル
- permanent パーマネント file 永久保存ファイル
- attached アタッチト file 添付ファイル
- edit エディト a file ファイルを編集する
- overwrite a file ファイルを上書きする
- save a file ファイルを保存する
- back up a file ファイルのバックアップを取る

access アクセス(する)
▶ access the database データベースにアクセスする

password パスワード
▶ I forgot my password. パスワードを忘れた。

encode エンコウド 暗号化する ⇔ **decode** デコウド 暗号を解読する
▶ decoder 復号器
※「暗号化する」は encrypt インクリフト / cipher サイファァ,「暗号を解く」は decrypt/decipher とも言う。

intranet ★ イントラネット 企業内ネットワーク
解説 社員同士がパソコン上で情報を共有する仕組みのこと。

server サーバー
意味 ネットワーク上の他のコンピューターに情報を送るコンピューターのこと。

ここまでの見出し語数（のべ）**2,142**語

インターネット

Internet インターネット〈the-〉
▶ on the Internet ネット上で

on-line オンラインの[で]
▶ on-line shopping オンラインショッピング
buy a book on-line オンラインで本を買う
※ online ともつづる。反意語は off-line。

暗記 The application form is available on-line[on the Web].
申込書はインターネットで入手できる。

dot-com ダットカム
ネット関連企業

home page ホームページ
▶ link to a home page ホームページにリンクを貼る

site サイト ― **website** ウェブサイト
※ World Wide Web 上の情報サイト（ホームページ）のこと。
▶ blog ブログ
posting 投稿
message board 掲示板
network administrator ネットワーク管理者

provider プロバイダー
解説 インターネットへの接続サービスを提供する業者のこと。

protocol プロトコル 通信規約
意味 「〈国家間の〉協定」の意味もある。
・Kyoto Protocol（京都議定書）

browse ブラウズ 閲覧する
▶ browse a website ウェブサイトを閲覧する
cf. browse in a bookstore 本屋で立ち読みする

surf サーフ ネットサーフィンをする
▶ surf the Internet for information インターネットで情報を探し回る

browser ブラウザ
解説 ホームページ閲覧用ソフトのこと。

scroll スクロールする

cursor カーサ カーソル

download ダウンロード（する）
▶ download software on-line オンラインでソフトをダウンロードする
⇔ upload アップロードする

technical support テクニカル サポート 技術サポート

scan スキャン 走査する
▶ virus scanner ウイルススキャナ

virus ヴァイラス ウイルス
▶ run a virus scan ウイルススキャンする

spam (mail) スパム 迷惑メール

hack ハック 不正侵入する
▶ hacker ハッカー

unauthorized アノーサライズド 無許可の
▶ unauthorized access 不正アクセス
authentication オーセンティ**ケイ**シャン 認証

54 電話

電話器など

pay phone ペイ フォウン 公衆電話

phone booth フォウン ブース 電話ボックス

mobile (phone) モウビル
cell(ular) phone セル(ラ) 携帯電話

answering machine 留守番電話

beep ビープ 発信音

▶ Please leave a message after the beep.
発信音の後にメッセージをどうぞ。

intercom インタカム インターホン

phone book / telephone directory ディレクトリ 電話帳

▶ directory assistance 電話番号案内

area code エリア コウド 市外局番

ring 鳴る

▶ The phone is ringing. 電話が鳴っている。
I'll get it. 私が出ます。

receiver レシーヴァ 受話器

▶ pick up a receiver 受話器を取る

call signal 呼び出し信号

caller コーラ 電話のかけ手

call 通話

▶ make a (phone) call 電話をかける
answer a call 電話に出る
Who's the call for? 誰に電話ですか。

telephone rate レイト 電話料金

交換台

dial ダイアル ダイヤル(する)

▶ Dial me at home. 自宅に電話をください。

switchboard スウィッチボード 交換台

operator アペレイタ 電話交換手

line 回線

▶ His line is busy.
=He's on another line.
彼は話し中です。

extension ★ エクステンシャン 内線

▶ Extension 15, please.
内線の15番をお願いします。

get through 電話が通じる

▶ I can't get through to him.
彼に電話が通じない。

put A through to B / connect コネクト **A to B**
AをBにつなぐ

▶ Would you connect me to the accounting section, please?
会計課につないでいただけますか。

電話での会話

speak to 〜と話す
▶ May I *speak to* Mr. Jones?
ジョーンズさんをお願いします。

hold on / hold the line 電話を切らずに待つ
▶ *Hold on*, please.
切らずにお待ちください。

available ★ アヴェイラブル 在席して
▶ cf. I'm *available* today.
今日は予定が空いています。

暗記 He isn't *available* now.
彼はただ今在席におりません。

call back かけ直す
▶ I'll *call back* later.
あとでかけ直します。

hang up 電話を切る
▶ I must *hang up* now.
もう切らなくちゃ。

message メセヂ 伝言
▶ May I leave a *message*?
伝言をお願いできますか。
May I take a *message*?
伝言を承りましょうか。

wrong ロング **number** 間違った番号

▶ You've dialed [You have / You've got] the *wrong number*.
番号をお間違えです。

連語　形容詞 + call

- **internal call** インターナル　内線電話
- **external call** エクスターナル　外線通話
- **incoming call** インカミング　外からかかってきた電話
- **outgoing call** アウトゴウイング　こちらからかけた電話
- **local call** 市内通話
- **long-distance call** 長距離通話
- **collect call** 料金受信人払い電話
- **prank call** いたずら電話

表現　電話でよく使う表現

- **She isn't in [She's out] right now.**
彼女はただ今外出中です。
- **He's in a meeting at the moment.**
彼はただ今会議中です。
- **He's on a business trip to Osaka.**
彼は大阪へ出張中です。
- **Just a moment [minute], please.**
少しお待ちください。
- **She'll be back in a minute.**
彼女はすぐに戻ってまいります。
- **You're wanted on the phone.**
君に電話だ。

call in sick 電話で病欠を伝える

語法 wrong は次のようにも使う。
- I took a *wrong* bus. 乗るバスを間違えた。
- This change is *wrong*. このおつりは間違っている。
- I spelled his name *wrong(ly)*. 彼の名前のつづりを間違えた。

Stage 4 確認テスト

次のそれぞれの語句の意味を答えてください。

No	単語	品詞	
1	answering machine		( )
2	assign	動	( )
3	bulletin board		( )
4	carry out 〜		( )
5	commission	名	( )
6	concentrate	動	( )
7	corporate tax		( )
8	deadline	名	( )
9	delete	動	( )
10	document	名	( )
11	efficiency	名	( )
12	enclosure	名	( )
13	extension	名	( )
14	full-time worker		( )
15	HR department		( )
16	liaison	名	( )
17	memo	名	( )
18	mission	名	( )
19	morale	名	( )
20	new recruit		( )

No	単語	品詞	
21	office supplies		( )
22	paid leave		( )
23	paper jam		( )
24	paycheck	名	( )
25	performance review		( )
26	postage	名	( )
27	promote	動	( )
28	prompt	形	( )
29	punctual	形	( )
30	resign	動	( )
31	responsibility	名	( )
32	retirement age		( )
33	stationery	名	( )
34	supervisor	名	( )
35	take over 〜		( )
36	trainee	名	( )
37	transfer	動	( )
38	travel allowance		( )
39	unemployment	名	( )
40	workshop	名	( )

正解は281ページ

Stage 5

55	財務・会計
56	収支・計算
57	銀行・お金①
58	お金②
59	株・投資
60	契約①
61	契約②
62	交渉①
63	交渉②
64	裁判・法律

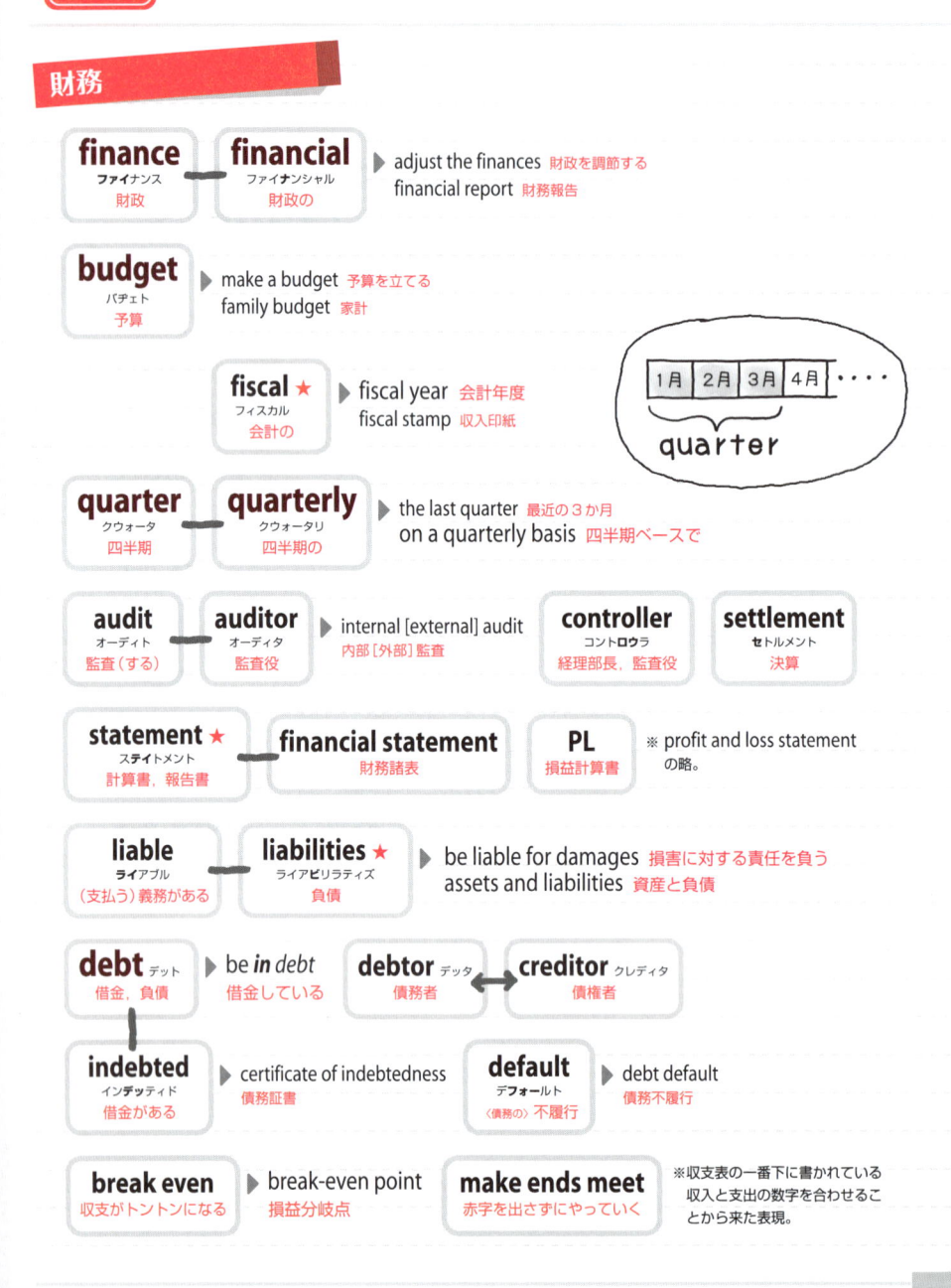

55 財務・会計

財務

finance ファイナンス 財政
financial ファイナンシャル 財政の
▶ adjust the finances 財政を調節する
financial report 財務報告

budget バヂェト 予算
▶ make a budget 予算を立てる
family budget 家計

fiscal ★ フィスカル 会計の
▶ fiscal year 会計年度
fiscal stamp 収入印紙

1月 2月 3月 4月 ‥‥ quarter

quarter クウォータ 四半期
quarterly クウォータリ 四半期の
▶ the last quarter 最近の3か月
on a quarterly basis 四半期ベースで

audit オーディット 監査(する)
auditor オーディタ 監査役
▶ internal [external] audit 内部[外部]監査
controller コントロゥラ 経理部長, 監査役
settlement セトルメント 決算

statement ★ ステイトメント 計算書, 報告書
financial statement 財務諸表
PL 損益計算書
※ profit and loss statement の略。

liable ライアブル (支払う)義務がある
liabilities ★ ライアビリティズ 負債
▶ be liable for damages 損害に対する責任を負う
assets and liabilities 資産と負債

debt デット 借金, 負債
▶ be in debt 借金している
debtor デッタ 債務者 ⇔ **creditor** クレディタ 債権者

indebted インデッティド 借金がある
▶ certificate of indebtedness 債務証書
default デフォールト 〈債務の〉不履行
▶ debt default 債務不履行

break even 収支がトントンになる
▶ break-even point 損益分岐点
make ends meet 赤字を出さずにやっていく
※収支表の一番下に書かれている収入と支出の数字を合わせることから来た表現。

118

ここまでの見出し語数（のべ）**2,225**語

会計実務

accountant アカウンタント
treasurer トレジャラ
会計士，経理係
▶ certified public accountant = CPA 公認会計士
the Treasury 財務省（米）

bookkeeping ブックキーピング
簿記，経理
▶ keep the books 帳簿をつける

ledger ★ レッヂャ
台帳，元帳
▶ sales ledger 販売元帳

entry ★ エントリ
記入，記帳
▶ make a false entry 虚偽の記帳をする

balance sheet バランス シート
貸借対照表
※ b.s. と略記する。

cash flow キャッシュフロー
解説 企業内の現金の流出入。CFと略記する。

carry over 繰り延べる
▶ carry over a balance to the next quarter 残高を次の四半期に繰り越す

offset オフセット
counterbalance カウンタバランス
相殺する
▶ The gains offset the losses. 利益が損失を相殺した。

window dressing 粉飾決算

depreciation デプリシエイシャン
減価償却
解説 設備投資費を複数年度に分割計上すること。

write off 費用に計上する
▶ write off 10 million yen in depreciation 1,000万円を減価償却分に回す

経費の削減

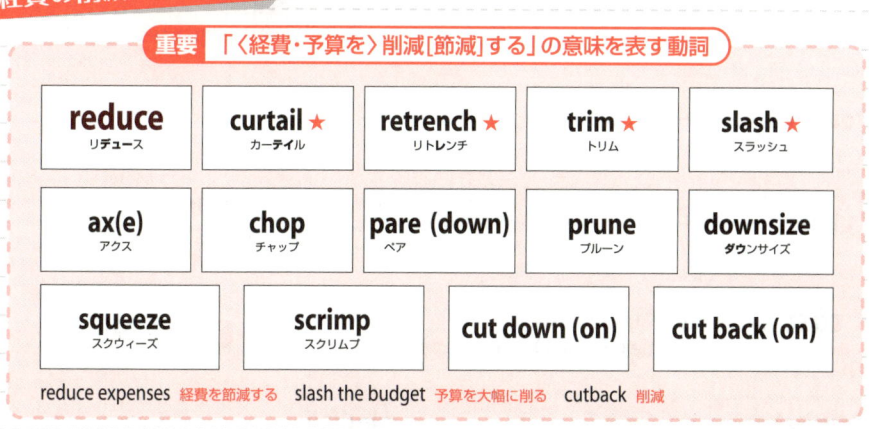

重要 「〈経費・予算を〉削減[節減]する」の意味を表す動詞

reduce リデュース	**curtail** ★ カーテイル	**retrench** ★ リトレンチ	**trim** ★ トリム	**slash** ★ スラッシュ
ax(e) アクス	**chop** チャップ	**pare (down)** ペア	**prune** プルーン	**downsize** ダウンサイズ
squeeze スクウィーズ	**scrimp** スクリンプ	**cut down (on)**	**cut back (on)**	

reduce expenses 経費を節減する　　slash the budget 予算を大幅に削る　　cutback 削減

56 収支・計算

収支

profit プラフィト 利益 ⇔ **loss** ラス 損失
- make big profits 大もうけをする
- profitable もうかる

income インカム 収入 ⇔ **expense** イクスペンス 出費, 経費
- tax income 税収

revenue レヴェニュー 歳入 ⇔ **expenditure** エクスペンディチュア 歳出
- revenue stamp 収入印紙

surplus サープラス 黒字 ⇔ **deficit** デフィシット 赤字
- cover the deficit 赤字を埋める

in the black 黒字で ⇔ **in the red** 赤字で
- We're *in the red*. 当社は赤字だ。

turnover ★ ターンノウヴァ / **proceeds** プロシーツ 売上高
- annual turnover 年間売上高
- ※turnover には「〈商品の〉回転率」「〈社員の〉離職率」の意味もある。

outlay アウトレイ 支出(額)
- reimburse the outlay 支出を弁済する

upkeep アップキープ 維持費
- 【解説】光熱費・通信費・賃貸料・保険料など、会社全般にまたがる必要経費のこと。

overhead オウヴァヘッド ★ / **oncost** オンコスト〈英〉 間接費, 諸経費

cost コスト 費用(がかかる)
- cut costs 経費を切り詰める
- This tie cost 1,000 yen. このネクタイは1,000円だった。
- 【活用】cost-cost

capital gain キャピタル ゲイン 資産売却所得
- 【解説】不動産などの売却によって得た利益のこと。

windfall ウィンドフォール 棚ぼたの利益
- windfall profit 不労所得

連語 動詞 + loss
- cause[entail / inflict] a loss エンテイル インフリクト 損害を引き起こす
- incur[suffer] a loss インカー 損害を被る
- bear a loss ベア 損害を負担する
- cover[make up] a loss 損害を埋める
- indemnify a loss インデムニファイ 損害を弁償する

連語 形容詞・名詞 + expenses
- labor レイバ expenses 人件費
- operating expenses アペレイティング 運営費
- equipment expenses イクウィップメント 設備費
- maintenance expenses メインテナンス 維持費
- advertising expenses アドヴァタイジング 広告費
- social expenses 交際費
- entertainment expenses 接待費
- travel expenses 交通費, 旅費
- miscellaneous expenses ミセレイニアス 雑費

計算・合計

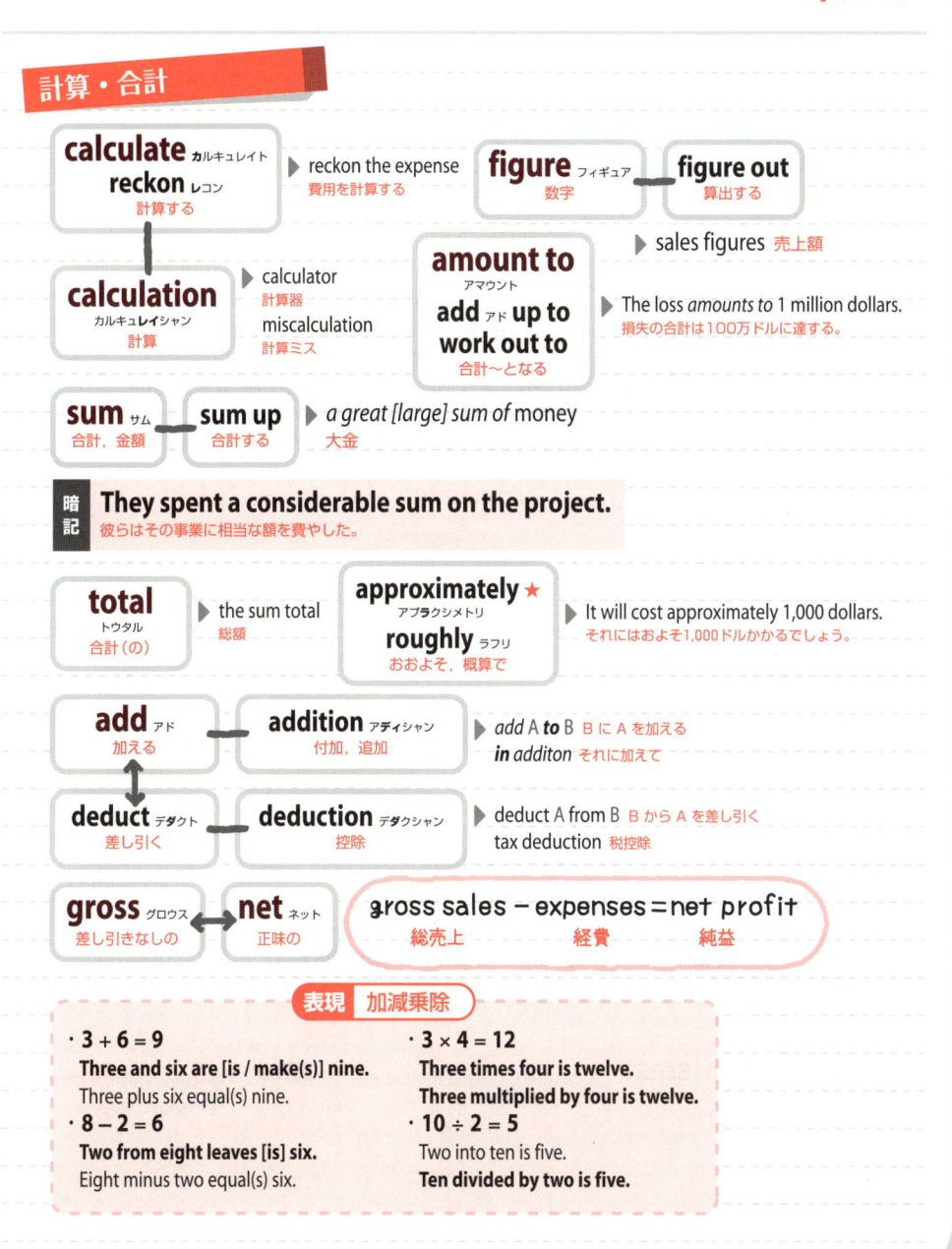

calculate カルキュレイト
reckon レコン
計算する

▶ reckon the expense 費用を計算する

figure フィギュア
数字
— **figure out** 算出する

calculation カルキュレイション
計算

▶ calculator 計算器
　miscalculation 計算ミス

amount to アマウント
add アド **up to**
work out to
合計〜となる

▶ sales figures 売上額
▶ The loss *amounts to* 1 million dollars.
　損失の合計は100万ドルに達する。

sum サム
合計, 金額
— **sum up** 合計する

▶ *a great [large] sum of* money 大金

暗記 They spent a considerable sum on the project.
彼らはその事業に相当な額を費やした。

total トウタル
合計(の)

▶ the sum total 総額

approximately ★ アプラクシメトリ
roughly ラフリ
おおよそ, 概算で

▶ It will cost approximately 1,000 dollars.
　それにはおよそ1,000ドルかかるでしょう。

add アド
加える
⇅
deduct デダクト
差し引く

addition アディション
付加, 追加

deduction デダクション
控除

▶ add A *to* B　B に A を加える
　in additon それに加えて
▶ deduct A *from* B　B から A を差し引く
　tax deduction 税控除

gross グロウス
差し引きなしの
⇄
net ネット
正味の

gross sales − expenses = net profit
　総売上　　　経費　　　　純益

表現　加減乗除

- 3 + 6 = 9
  Three and six are [is / make(s)] nine.
  Three plus six equal(s) nine.
- 8 − 2 = 6
  Two from eight leaves [is] six.
  Eight minus two equal(s) six.
- 3 × 4 = 12
  Three times four is twelve.
  Three multiplied by four is twelve.
- 10 ÷ 2 = 5
  Two into ten is five.
  Ten divided by two is five.

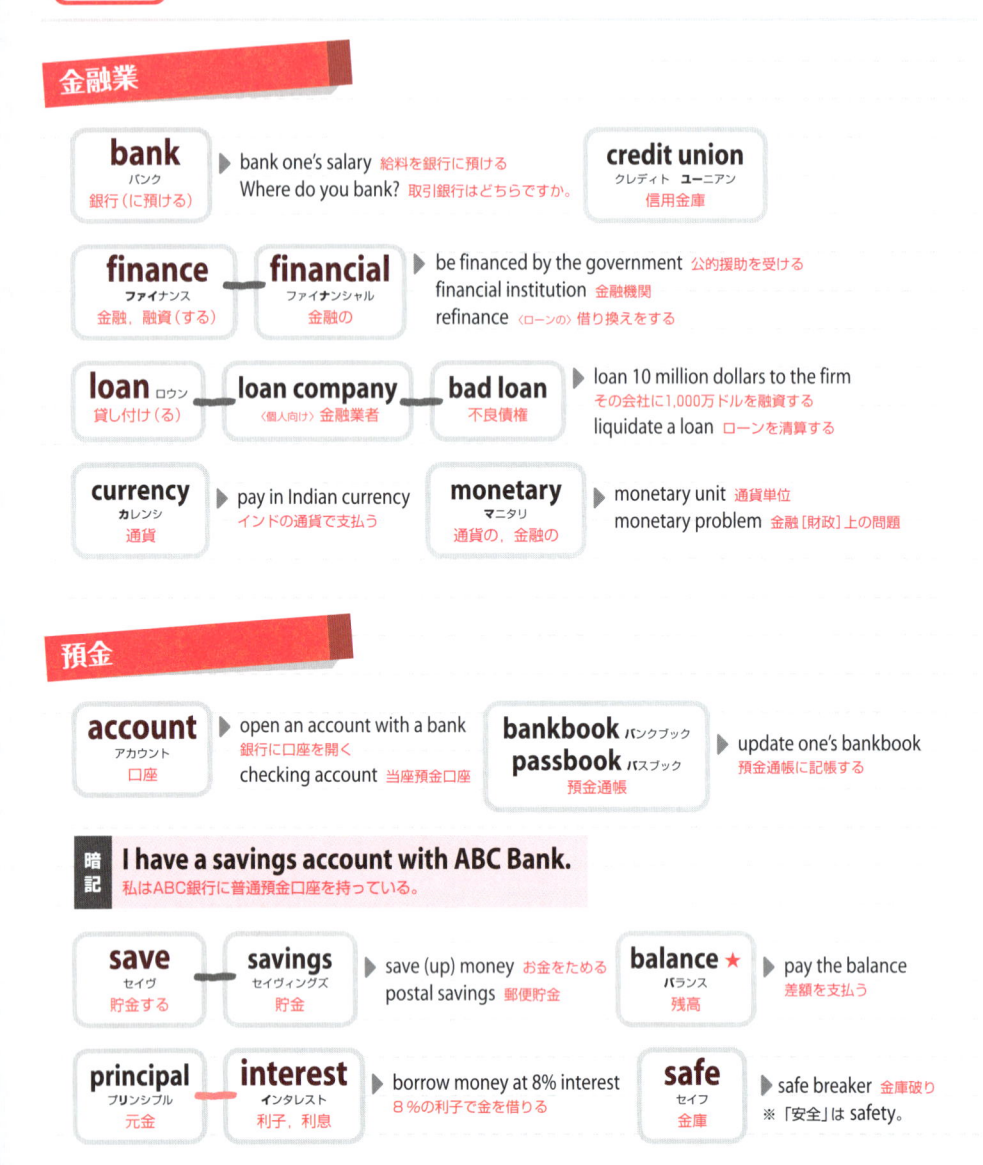

57 銀行・お金①

金融業

bank バンク 銀行（に預ける）
- bank one's salary 給料を銀行に預ける
- Where do you bank? 取引銀行はどちらですか。

credit union クレディト ユーニアン 信用金庫

finance ファイナンス 金融，融資（する） — **financial** ファイナンシャル 金融の
- be financed by the government 公的援助を受ける
- financial institution 金融機関
- refinance 〈ローンの〉借り換えをする

loan ロウン 貸し付け（る）
loan company 〈個人向け〉金融業者
bad loan 不良債権
- loan 10 million dollars to the firm その会社に1,000万ドルを融資する
- liquidate a loan ローンを清算する

currency カレンシ 通貨
- pay in Indian currency インドの通貨で支払う

monetary マニタリ 通貨の，金融の
- monetary unit 通貨単位
- monetary problem 金融［財政］上の問題

預金

account アカウント 口座
- open an account with a bank 銀行に口座を開く
- checking account 当座預金口座

bankbook バンクブック / **passbook** パスブック 預金通帳
- update one's bankbook 預金通帳に記帳する

暗記 I have a savings account with ABC Bank.
私はABC銀行に普通預金口座を持っている。

save セイヴ 貯金する — **savings** セイヴィングズ 貯金
- save (up) money お金をためる
- postal savings 郵便貯金

balance ★ バランス 残高
- pay the balance 差額を支払う

principal プリンシプル 元金
interest インタレスト 利子，利息
- borrow money at 8% interest 8％の利子で金を借りる

safe セイフ 金庫
- safe breaker 金庫破り
- ※「安全」は safety。

ここまでの見出し語数(のべ) **2,303**語

窓口業務

teller テラ 窓口係

ATM 現金自動預け払い機 ※ automatic teller machine の略。cash machine とも言う。

cash dispenser キャッシュ ディスペンサ 現金自動支払機

PIN ★ 暗証番号 ※ personal identification number の略。PIN code / ID number とも言う。

deposit デパジット 預金(する)
▶ *time deposit* 定期預金
deposit [put] money in a bank 銀行に金を預ける

(with)draw (ウィズ) ドロー 引き出す
▶ *draw [withdraw] money from a bank* 銀行から金を引き出す

送金・手形

remit ★ リミット 送金する
▶ remit the balance 残金を送金する
remittance 送金

transfer トランスファー 振り替え(る)
▶ *cable transfer* 電信為替 / *wire transfer* 電信送金
transfer money to the account その口座に金を振り替える

money order (送金)為替

exchange エクスチェインヂ 為替
▶ *foreign exchange* 外国為替 / *exchange rate* 為替レート
sender 為替振出人 / payee ペイイー 為替受取人

check チェック
cheque チェック 小切手
▶ checkbook 小切手帳

bill ビル
draft ドラフト (為替)手形
▶ bill of exchange 為替手形

issue イシュー 振り出す
▶ issue a check 小切手を振り出す

endorse エンドース 裏書きする
▶ endorse a bill 手形に裏書きする

bounce バウンス
dishonor ディスアナ 不渡りにする
▶ bounced [dishonored] check 不渡り手形
honor a draft 手形を引き受ける

mature マチュア 満期になる
▶ The time deposit has matured. 定期預金が満期になった。

due デュー 支払い期日が来て

overdue オウヴァデュー 支払い期日が過ぎて
▶ This bill is due next week. この手形は来週が満期だ。

58 お金②

抵当・担保

mortgage モーギヂ
抵当(に入れる)
- take out a mortgage on a building 建物を抵当に入れる
- mortgage one's house for a loan 家を抵当に入れてローンを組む

security シキュリティ
guarantee ギャランティー
collateral カラテラル
担保
- offer a security 担保を提供する
- put up collateral for a loan ローンに担保を出す

pledge プレッヂ
surety シュアラティ
pawn ポーン
担保品、質草
- hold jewels in pledge 宝石を担保に取っておく
- pawn jewels 宝石を質に入れる
- pawnshop 質屋

redeem リディーム ★
買い戻す、償還する
- redeem a suit from the pawnshop 質入れしたスーツを買い戻す
- redeem a mortgage 抵当を取り戻す

お金の動き

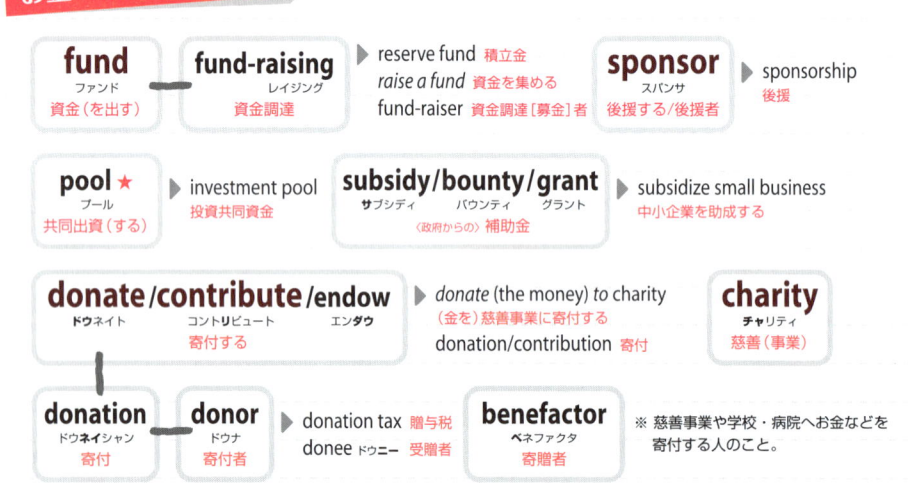

fund ファンド
資金(を出す)

fund-raising レイジング
資金調達
- reserve fund 積立金
- raise a fund 資金を集める
- fund-raiser 資金調達[募金]者

sponsor スパンサ
後援する/後援者
- sponsorship 後援

pool ★ プール
共同出資(する)
- investment pool 投資共同資金

subsidy/bounty/grant サブシディ バウンティ グラント
〈政府からの〉補助金
- subsidize small business 中小企業を助成する

donate/contribute/endow ドウネイト コントリビュート エンダウ
寄付する
- donate (the money) to charity (金を)慈善事業に寄付する
- donation/contribution 寄付

charity チャリティ
慈善(事業)

donation ドウネイシャン
寄付

donor ドウナ
寄付者
- donation tax 贈与税
- donee ドウニー 受贈者

benefactor ベネファクタ
寄贈者

※ 慈善事業や学校・病院へお金などを寄付する人のこと。

ここまでの見出し語数(のべ) **2,348**語

貸借

単語	意味
lend レンド	貸す
borrow バロウ	借りる
owe オウ	借りがある
rent レント	賃貸[借]する
hire ハイア	

▶ lend him some money = **lend** some money **to** him 彼に金を貸す
▶ **borrow** some money **from** him 彼から金を借りる
▶ owe him some money = **owe** some money **to** him 彼に金を借りている
▶ rent a car 車を賃借りする / hire a hall ホールを借りる

IOU 借用証書
lease リース リース(する)
▶ on [by] lease リースで
charter チャータ 借り上げる
▶ charter a bus バスを借り上げる

※ I owe you の意味。

節約・浪費

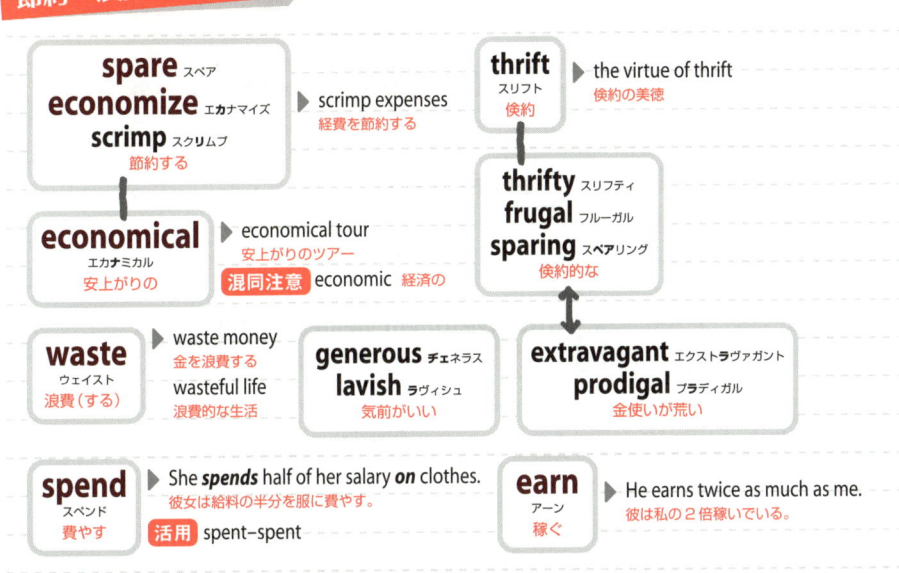

spare スペア
economize エカナマイズ
scrimp スクリンプ
節約する
▶ scrimp expenses 経費を節約する

thrift スリフト 倹約
▶ the virtue of thrift 倹約の美徳

economical エカナミカル 安上がりの
▶ economical tour 安上がりのツアー
混同注意 economic 経済の

thrifty スリフティ
frugal フルーガル
sparing スペアリング
倹約的な

waste ウェイスト 浪費(する)
▶ waste money 金を浪費する
▶ wasteful life 浪費的な生活

generous ヂェネラス
lavish ラヴィシュ
気前がいい

extravagant エクストラヴァガント
prodigal プラディガル
金使いが荒い

spend スペンド 費やす
▶ She **spends** half of her salary **on** clothes. 彼女は給料の半分を服に費やす。
活用 spent-spent

earn アーン 稼ぐ
▶ He earns twice as much as me. 彼は私の2倍稼いでいる。

59 株・投資

有価証券・投資

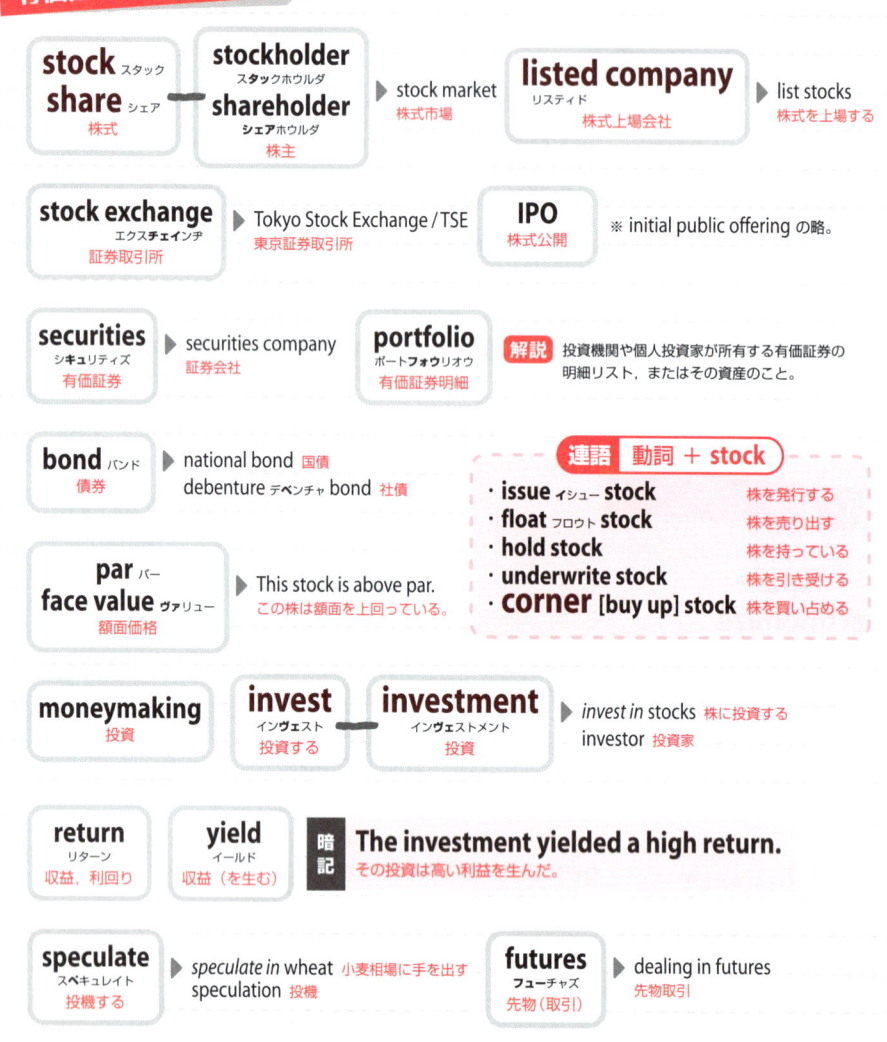

stock スタック / **share** シェア 株式
→ **stockholder** スタックホウルダ / **shareholder** シェアホウルダ 株主
→ stock market 株式市場
listed company リスティド 株式上場会社 ▶ list stocks 株式を上場する

stock exchange エクスチェインヂ 証券取引所 ▶ Tokyo Stock Exchange / TSE 東京証券取引所
IPO 株式公開 ※ initial public offering の略。

securities シキュリティズ 有価証券 ▶ securities company 証券会社
portfolio ポートフォウリオウ 有価証券明細
【解説】投資機関や個人投資家が所有する有価証券の明細リスト，またはその資産のこと。

bond バンド 債券 ▶ national bond 国債 / debenture デベンチャ bond 社債

【連語 動詞 + stock】
・issue イシュー stock 株を発行する
・float フロウト stock 株を売り出す
・hold stock 株を持っている
・underwrite stock 株を引き受ける
・corner [buy up] stock 株を買い占める

par パー / **face value** ヴァリュー 額面価格 ▶ This stock is above par. この株は額面を上回っている。

moneymaking 投資
invest インヴェスト 投資する
investment インヴェストメント 投資
▶ invest in stocks 株に投資する / investor 投資家

return リターン 収益，利回り
yield イールド 収益（を生む）
【暗記】The investment yielded a high return. その投資は高い利益を生んだ。

speculate スペキュレイト 投機する ▶ speculate in wheat 小麦相場に手を出す / speculation 投機
futures フューチャズ 先物（取引） ▶ dealing in futures 先物取引

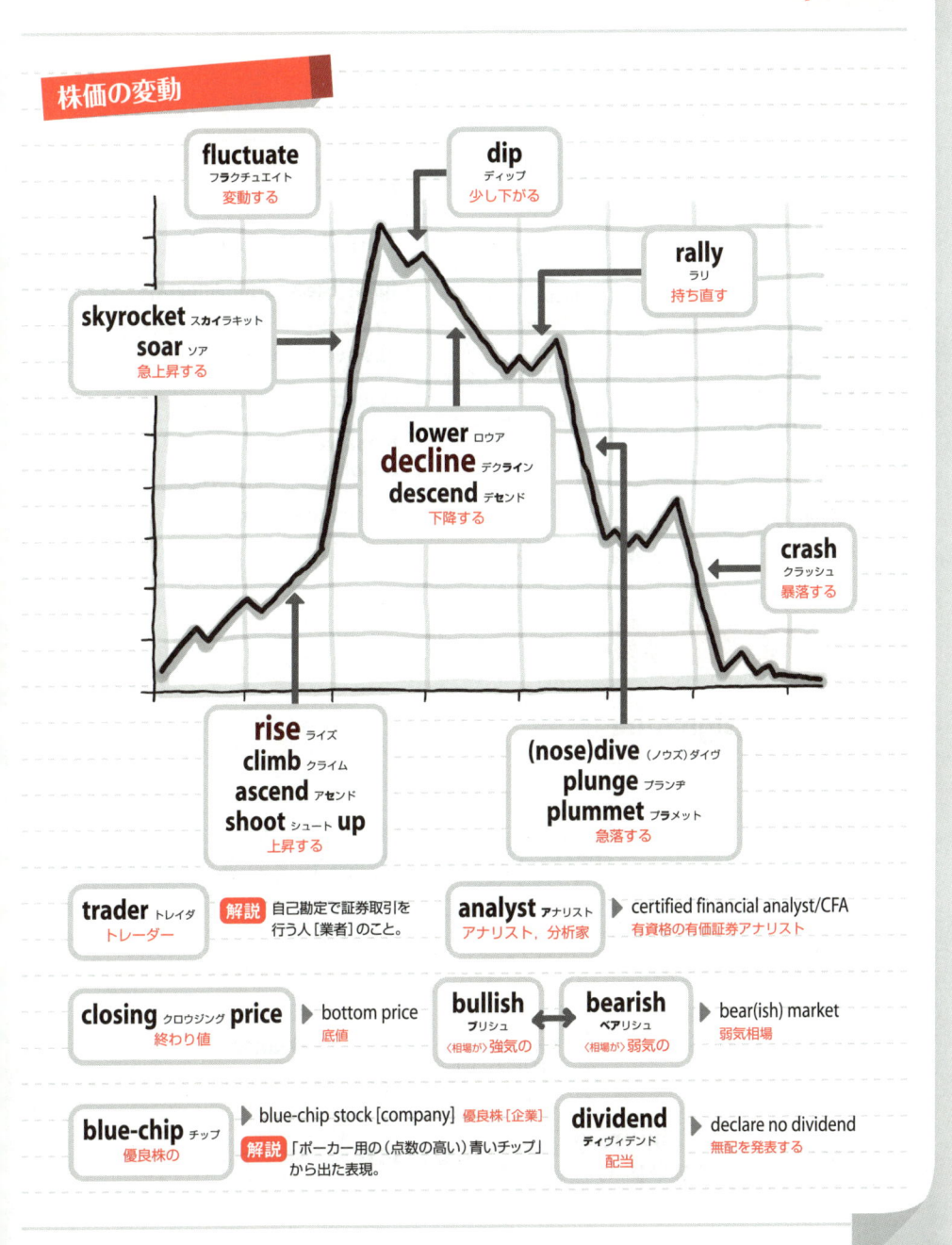

ここまでの見出し語数(のべ) **2,391** 語

株価の変動

fluctuate フラクチュエイト
変動する

dip ディップ
少し下がる

rally ラリ
持ち直す

skyrocket スカイラキット
soar ソア
急上昇する

lower ロウア
decline デクライン
descend デセンド
下降する

crash クラッシュ
暴落する

rise ライズ
climb クライム
ascend アセンド
shoot シュート **up**
上昇する

(nose)dive (ノウズ)ダイヴ
plunge プランヂ
plummet プラメット
急落する

trader トレイダ トレーダー	解説 自己勘定で証券取引を行う人[業者]のこと。	**analyst** アナリスト アナリスト, 分析家 ▶ certified financial analyst/CFA 有資格の有価証券アナリスト
closing クロウジング **price** 終わり値	▶ bottom price 底値	**bullish** ブリシュ ⇄ **bearish** ベアリシュ 〈相場が〉強気の 〈相場が〉弱気の ▶ bear(ish) market 弱気相場
blue-chip チップ 優良株の	▶ blue-chip stock [company] 優良株[企業] 解説 「ポーカー用の(点数の高い)青いチップ」から出た表現。	**dividend** ディヴィデンド 配当 ▶ declare no dividend 無配を発表する

127

60 契約①

契約

contract カントラクト 契約（する）
▶ make a contract with the firm その会社と契約する

pact パクト ★ 契約
deal ディール 取引，協定
▶ package deal 一括契約
property deal 不動産取引

agreement アグリーメント
arrangement アレインヂメント
treaty トリーティ
協定，契約
▶ reach an agreement 合意に達する
sales agreement 販売契約

renew リニュー
update アップデイト
更新する
▶ renew a lease リース契約を更新する
renewal リニューアル 更新

連語 動詞 + contract
- **close** a contract クロウズ 契約をまとめる
- **conclude** a contract コンクルード 契約を締結する
- **fulfill [execute / implement]** フルフィル エクセキュート インプリメント a contract 契約を履行する
- **observe** a contract オブザーブ 契約を守る
- **extend** a contract エクステンド 契約を延長する
- **break** a contract 契約を破る
- **dissolve** a contract ディザルヴ 契約を解除する
- **terminate** a contract ターミネイト 契約を終わらせる

契約手続き

sign サイン 署名する
signature シグナチャ 署名
▶ sign a contract 契約書に署名する
authentic signature 本人の署名

seal シール 印鑑（を押す）
▶ pad 印肉

witness ウィットネス
cosign コウサイン
連署する
countersign カウンタサイン 副署する

類語 witness は証人として，cosign は連帯保証人として本人以外の人が連署すること。countersign は確認のために本人が同じ書面に重ねて署名すること。

date デイト 日付（を入れる）
▶ a contract dated May 1 5月1日の日付が入った契約書
backdate 実際より前の日付を入れる
postdate 実際より後の日付を入れる

deed ディード 証書，権利証明
▶ title deed 土地の権利書

letter of intent インテント 同意書，仮契約書
解説 契約の意志を確認するための文書のこと。LOI と略記する。

advance アドヴァンス 前渡し金

proxy プラクシ 委任状，代理
by proxy
by deputy デピュティ
代理で
⇔ **in person** 本人が，自ら
▶ sign by proxy [in person] 代理で[本人が]署名する

登録

register レヂスタ
登録する / 登録簿
▶ register at a hotel ホテルの宿泊簿に登録する
hotel register 宿泊者名簿

registration レヂストレイシャン
登録
▶ registration fee 登録料

enroll エンロウル
登録する
▶ *enroll* her *as* a member 彼女を会員として登録する

enrollment エンロウルマント
登録（者数）
▶ the total enrollment 総登録者数

entry エントリ
登録，加入
▶ entry clerk 記帳係

admission アドミシャン
入会
▶ applicants for admission 入会希望者
be admitted to a club クラブへの入会を許可される

sign up for ★
～に申し込む
▶ *sign up for* an audition オーディションに申し込む
語法 参加者の多い組織的なイベント（パック旅行，研修会など）に申し込む場合に使う。

membership メムバシップ
会員の地位，会員数
▶ This club has a large membership. このクラブは会員数が多い。

dues デューズ
membership fee フィー
会費

procedure プロシーヂャ
formalities フォーマリティズ
手続き
▶ go through the official procedures[formalities] 公の手続きをふむ

違反・解約

breach ブリーチ
違反
▶ breach of a contract 契約違反

renege リニッグ
違約する
▶ *renege on* one's promise 約束を破る

violate ヴァイオレイト
invade インヴェイド
infringe インフリンヂ ★
違反する，侵害する
▶ violate a law 法を犯す
invade their privacy 彼らのプライバシーを侵害する
infringe a patent 特許権を侵害する

terminate ターミネイト
終了させる
▶ terminate a contract 契約を終了させる

61 契約②

規約・条件

単語	意味	例・説明
article アーティクル	条項	Article 9 第9条
clause クローズ	条項	escape clause 免責条項
term ターム	条件，期間	**terms and conditions** 〈契約の〉条件 the term[period] of a contract 契約期間
condition コンディシャン	条件	conditional offer 条件付きの申し出 unconditional acceptance 無条件の受諾
code コウド	規約，おきて	code of ethics 倫理規定
stipulation スティピュレイシャン	規定	the stipulations of a contract 契約上の諸規定
provision プロヴィジャン	規定	supplementary provisions 付則
proviso プロヴァイゾウ	但し書き	attach a proviso to ～ ～に但し書きを添える
rider ライダ	付記，追加条項	add a rider to ～ ～に追加条項を加える
reservation リザヴェイシャン	条件，制限	agreement with reservations 条件付きの合意

stipulate ★ スティピュレイト 規定する ▶ stipulate the details in the contract 詳細を契約書に規定する

specify スペシファイ 明記する ▶ The contract specifies that ... 契約書に…と明記されている。

exempt ★ エグゼムプト 免除されて ▶ be *exempt(ed)* *from* taxes 税を免除されている
exemption 免除

moratorium モラトーリアム 支払い猶予（期間）

tenure テニュア 保有（期間） ▶ land tenure 土地保有

130

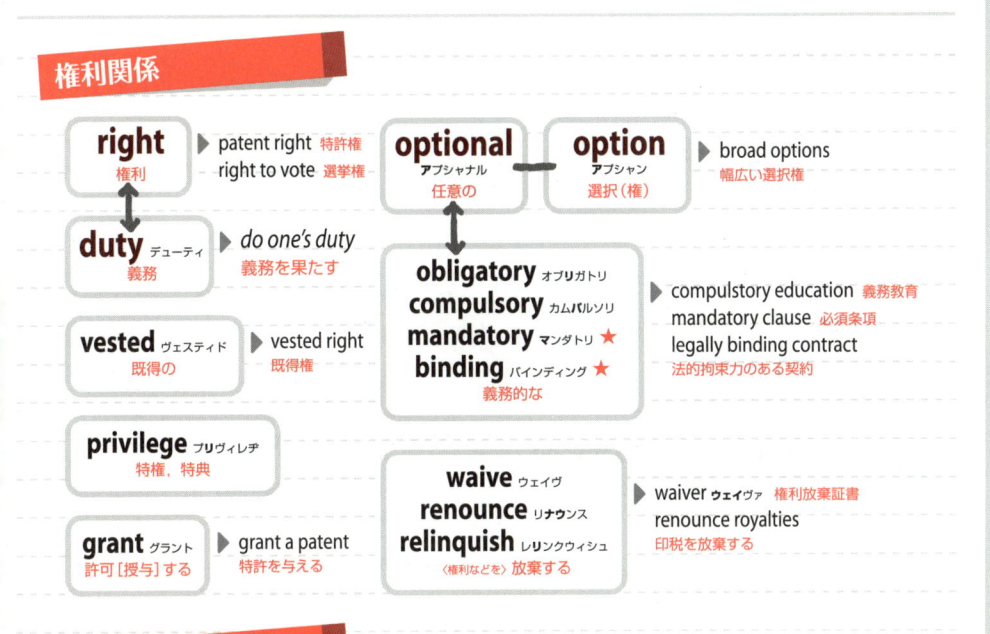

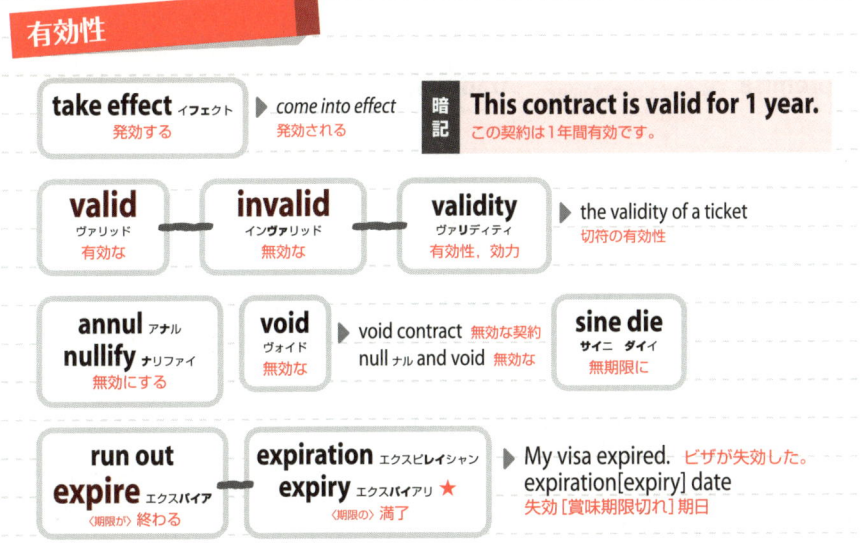

ここまでの見出し語数(のべ) **2,473**語

権利関係

right 権利
- patent right 特許権
- right to vote 選挙権

duty デューティ 義務
- do one's duty 義務を果たす

vested ヴェスティド 既得の
- vested right 既得権

privilege プリヴィレヂ 特権，特典

grant グラント 許可[授与]する
- grant a patent 特許を与える

optional アプシャナル 任意の ⇔ **option** アプシャン 選択(権)
- broad options 幅広い選択権

obligatory オブリガトリ
compulsory カムパルソリ
mandatory マンダトリ ★
binding バインディング ★
義務的な
- compulsory education 義務教育
- mandatory clause 必須条項
- legally binding contract 法的拘束力のある契約

waive ウェイヴ
renounce リナウンス
relinquish レリンクウィシュ
〈権利などを〉放棄する
- waiver ウェイヴァ 権利放棄証書
- renounce royalties 印税を放棄する

有効性

take effect イフェクト 発効する
- come into effect 発効される

暗記 **This contract is valid for 1 year.**
この契約は1年間有効です。

valid ヴァリッド 有効な ⇔ **invalid** インヴァリッド 無効な ― **validity** ヴァリディティ 有効性，効力
- the validity of a ticket 切符の有効性

annul アナル
nullify ナリファイ 無効にする

void ヴォイド 無効な
- void contract 無効な契約
- null ナル and void 無効な

sine die サイニ ダイイ 無期限に

run out
expire エクスパイア 〈期限が〉終わる

expiration エクスピレイシャン
expiry エクスパイアリ ★
〈期限の〉満了
- My visa expired. ビザが失効した。
- expiration[expiry] date 失効[賞味期限切れ]期日

62 交渉①

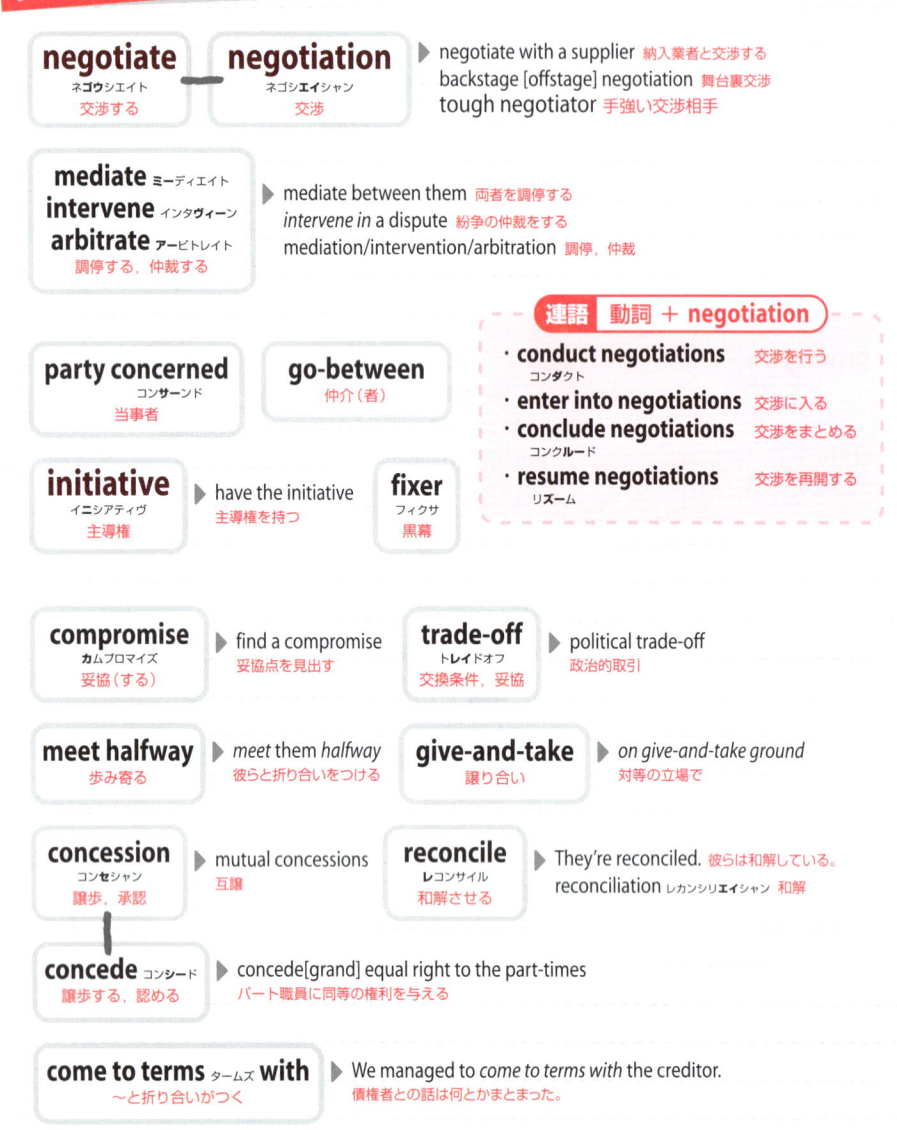

交渉・譲歩

negotiate ネゴウシエイト 交渉する — **negotiation** ネゴシエイシャン 交渉
▶ negotiate with a supplier 納入業者と交渉する
　backstage [offstage] negotiation 舞台裏交渉
　tough negotiator 手強い交渉相手

mediate ミーディエイト
intervene インタヴィーン
arbitrate アービトレイト
調停する，仲裁する
▶ mediate between them 両者を調停する
　intervene in a dispute 紛争の仲裁をする
　mediation/intervention/arbitration 調停，仲裁

party concerned コンサーンド 当事者
go-between 仲介（者）

連語　動詞 + negotiation
・**conduct negotiations** コンダクト 交渉を行う
・**enter into negotiations** 交渉に入る
・**conclude negotiations** コンクルード 交渉をまとめる
・**resume negotiations** リズーム 交渉を再開する

initiative イニシアティヴ 主導権
▶ have the initiative 主導権を持つ
fixer フィクサ 黒幕

compromise カンプロマイズ 妥協（する）
▶ find a compromise 妥協点を見出す
trade-off トレイドオフ 交換条件，妥協
▶ political trade-off 政治的取引

meet halfway 歩み寄る
▶ *meet* them *halfway* 彼らと折り合いをつける
give-and-take 譲り合い
▶ on give-and-take ground 対等の立場で

concession コンセシャン 譲歩，承認
▶ mutual concessions 互譲
reconcile レコンサイル 和解させる
▶ They're reconciled. 彼らは和解している。
　reconciliation レカンシリエイシャン 和解

concede コンシード 譲歩する，認める
▶ concede[grand] equal right to the part-times
　パート職員に同等の権利を与える

come to terms タームズ **with** 〜と折り合いがつく
▶ We managed to *come to terms with* the creditor.
　債権者との話は何とかまとまった。

協調・委託

cooperate コウアペレイト
collaborate コラボレイト
協力する
- *cooperate with* each other 互いに協力する
- cooperation 協力
- cooperative research 共同研究
- *collaborate with* the firm その会社と提携する
- *in collaboration with* them 彼らと協力して

rapport ラポー(ト)
協調関係

unite ユーナイト
団結する
- united effort 共同の努力
- unity 統合(性) / unify ユーニファイ 統一する
- 混同注意 unit ユーニット 単位

comply with コムプライ
～に応じる
- *comply with* a demand 要求に応じる
- compliance 服従，法令順守

commit コミット
delegate デリゲイト
委任する，委託する
- *commit* the sale *to* an agent 販売を代理店に委託する
- *delegate* authority *to* the employees 社員に権限を委譲する

consign ★ コンサイン
委託する
consignment ★ コンサインメント
委託(販売品)
- consignment sales 委託販売
- ship a consignment of goods 託送品を発送する

不和

deadlock デッドラック
dead end
行き詰まり
- reach a deadlock [dead end] 行き詰まる

discord ディスコード
意見の不一致
- ⇔ concord 意見の一致

on the shelf シェルフ
棚上げになって
- *put* the matter *on the shelf* その件を棚上げにする

ultimatum アルティメイタム
最後通告
- deliver an ultimatum 最後通告を出す

break down
決裂する
- The negotiation *broke down*. 交渉は決裂した。

rupture ラプチャ
決裂
- *come to a rupture* 決裂する
- 混同注意 rapture 大喜び

ここまでの見出し語数(のべ) **2,506**語

63 交渉②

単語	意味	例・説明
require* リクワイア	要求する	require that he apologize = require him to apologize 彼に謝罪することを求める requirement 必要条件 / requisition 請求（用紙）
request* リクウェスト	要求(する)	*as requested* ご要望のとおり ※動詞の場合は require と同様に使える。
demand* デマンド	要求(する)	demand payment 支払いを要求する ※名詞の demand には「需要」の意味もある。
claim クレイム	要求する	claim a share of the profits 利益の取り分を要求する ※「権利として要求する」の意味。〈claim that …〉は「…ということを（事実として）主張する」。
suggest* サチェスト **propose*** プロポウズ	提案する	*suggest[propose] to* him that ~ 彼に~ということを提案する suggestion/proposal 提案
offer オーファ	申し出（る）	offer to help her 彼女を手伝おうと申し出る conditional offer 条件付きの申し出
insist* インシスト	主張する	*insist on* ~を主張する *if you insist* どうしてもとおっしゃるなら
maintain メインテイン	主張する	maintain that … …と主張[断言]する ※「維持する」の意味もある。
protest プロテスト	抗議(する)	*protest against* a decision 決定に抗議する
appeal アピール	訴える	*appeal to* them *for* support 彼らに支援を訴える
press プレス **for** ★	強く求める	*press for* an apology 謝罪を強く求める
beg ベグ **implore** イムプロア **plead** プリード **petition** ペティシャン	懇願[請願]する	beg[implore/plead for] forgiveness 許しを請う plea プリー 嘆願 petition for bankruptcy 破産申し立て（書）
accept アクセプト	受け入れる	accept an offer 申し出を受け入れる / acceptance 受け入れ
refuse リフューズ	拒否する	She refused to see me. 彼女は私に会うのを拒んだ。 give a flat refusal to the proposal その提案をにべもなく拒否する
reject リヂェクト	拒絶する	reject an offer 申し出をはねつける / rejection 拒絶 ※refuse よりも意味が強い。refuse と違って、〈reject+to不定詞〉とは言えない点に注意。
decline デクライン	断る	decline an invitation 招待を辞退する ※refuse・reject がきっぱりとした拒否を表すのに対して、decline は「丁寧に断る」場合に使われる。
turn down	拒絶する	*turn down* a proposal 提案を却下する

ここまでの見出し語数(のべ) **2,527** 語

> **語法** 〈that + S + 動詞の原形〉をとる動詞・形容詞
>
> 左の表のうち*印の語(require/request/demand/suggest/propose/insist)は，後続するthat節中で〈主語+(should+)動詞の原形〉の形を使う(《米》ではふつう should が省略される)。
>
> ・**He *insisted* that the plan *be* reconsidered.**
>   その計画は再検討すべきだと彼は主張した。
>
> この語法は「要求・提案・主張」などを表す動詞に共通しており，order/command (命令する)・recommend (推薦する)・urge (強く促す)・advise (忠告する)・decide (決定する)・desire (望む)・move (動議を出す) なども同様の形をとる。また，essential (不可欠の)・imperative (絶対に必要な) などの形容詞も，〈It is 形容詞 that S 動詞の原形〉の形でしばしば使われる。
>
> ・***It is imperative*** **that the firm *meet* the deficit.**
>   その会社は赤字を埋めることが絶対に必要だ。

They demanded that he ~~paid~~ the money.
(彼らは彼がその金を支払うように要求した)
↓
◎ pay (動詞の原形)

> **語法** 〈+ that 節〉と〈+ O + to 不定詞〉
>
> 次の2つの形を両方とることのできる動詞は少ない。
> (A) + that 節:say/think/hope/remember など
> (B) + O + to 不定詞:want/allow/force/help など
>
> admit/deny/demand/suggest/propose/insist/assert などは，(A) の形のみをとる。require/request は，(A) (B) 両方の形をとることができる。このタイプの動詞には，他に expect (期待する)/ask (頼む) などがある。

He proposed ~~them to put off~~ the meeting.
↓
◎ that they put off
(彼は彼らが会議を延期するよう提案した)

64 裁判・法律

裁判・法律一般

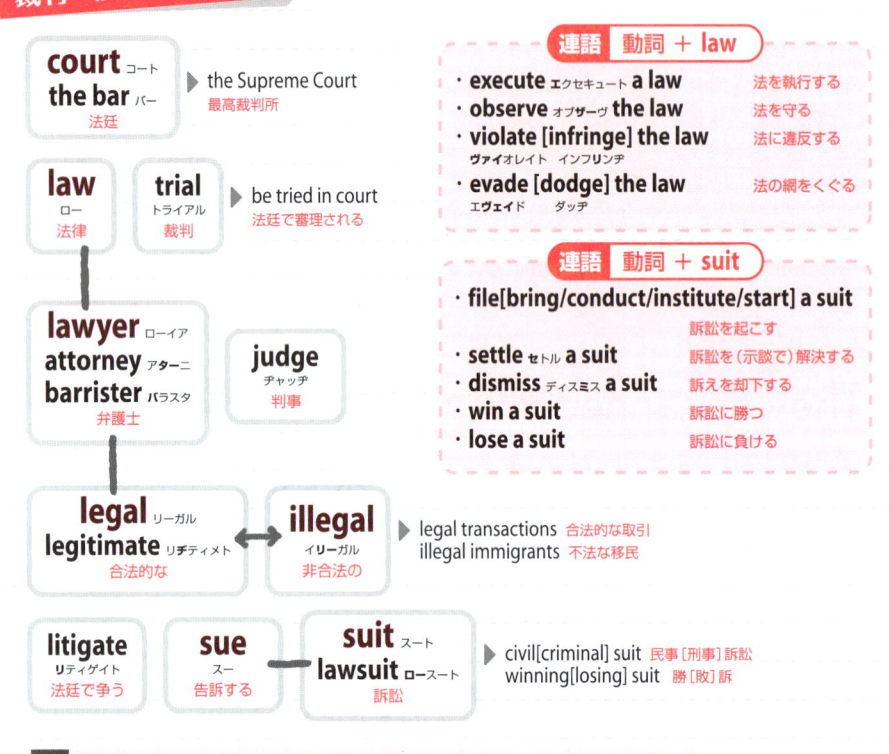

court コート / **the bar** バー
法廷
▶ the Supreme Court 最高裁判所

law ロー
法律

trial トライアル
裁判
▶ be tried in court 法廷で審理される

lawyer ローイア / **attorney** アターニ / **barrister** バリスタ
弁護士

judge ヂャッヂ
判事

連語　動詞 + law
- execute エクセキュート a law　法を執行する
- observe オブザーヴ the law　法を守る
- violate [infringe] the law　法に違反する
  ヴァイオレイト　インフリンヂ
- evade [dodge] the law　法の網をくぐる
  エヴェイド　　ダッヂ

連語　動詞 + suit
- file[bring/conduct/institute/start] a suit　訴訟を起こす
- settle セトル a suit　訴訟を(示談で)解決する
- dismiss ディスミス a suit　訴えを却下する
- win a suit　訴訟に勝つ
- lose a suit　訴訟に負ける

legal リーガル / **legitimate** リヂティメト
合法的な
⇔ **illegal** イリーガル
非合法の
▶ legal transactions 合法的な取引
illegal immigrants 不法な移民

litigate リティゲイト
法廷で争う

sue スー
告訴する

suit スート / **lawsuit** ロースート
訴訟
▶ civil[criminal] suit 民事[刑事]訴訟
winning[losing] suit 勝[敗]訴

暗記 She sued the publisher for infringement of copyright.
彼女はその出版社を著作権侵害で告訴した。

case ケイス
訴訟
▶ The case was dismissed. 訴訟は却下された。

accuse アキューズ
告発する
▶ *accuse* him *of* fraud 彼を詐欺で告発する

ordinance オーディナンス
法令

regulate レギュレイト
規制する

regulation レギュレイシャン
規制
▶ regulate guns 銃を規制する
deregulation 規制解除

enforce エンフォース
施行する
▶ enforce a law 法律を施行する

ここまでの見出し語数(のべ) **2,572** 語

犯罪

- **theft** セフト 窃盗
- **steal** スティール / **swipe** スワイプ 盗む
- **pocket** 着服する
- **run away with / make off with** 〜を持ち逃げする
- **embezzle** エムベズル 横領する
- **fraud** フロード 詐欺
- **swindle** スウィンドル / **defraud** デフロード 詐取する
- **pirate** パイレイト 盗用する
  - piracy パイラシ 盗用、著作権侵害
  - pirated edition 海賊版
- **counterfeit** カウンタフィト 偽造する、偽造品
- **forge** フォーヂ 〈品を〉偽造する
  - forgery 偽造
- **falsify** フォールシファイ 〈文書を〉偽造する

判決・刑罰

- **sentence** センテンス 判決(を下す)
  - jail sentence 懲役の判決
- **penalty** ペナルティ 刑罰
  - monetary penalty 罰金刑
- **fine** ファイン 罰金(を課す)
  - I was *fined for* speeding. スピード違反で罰金を取られた。
- **offense** オフェンス 違反
  - traffic offense 交通違反
- **forfeit** フォーフィト 罰金/没収される
  - I forfeited my driver's license. 免許証を取り上げられた。
- **suspend** サスペンド 一時停止する
  - The company has been ordered to suspend business. その会社は営業停止命令を受けている。
- **confiscate** カンフィスケイト 没収する
  - confiscate a land 土地を没収する
  - confiscation 没収
- **expel** エクスペル 追放する
  - *expel* him *from* the club 彼をクラブから退会させる
- **injunction** インチャンクシャン 差し止め命令
  - injunction against a strike ストの差し止め命令
- **extenuate** エクステニュエイト 情状を酌量する
  - extenuate a crime 罪を軽く見る

語彙強化 裁判

- **prosecute** プラセキュート 起訴する
- **prosecutor** 検察官
- **indict** インダイト 起訴する
- **jury** ヂュアリ 陪審員団
- **testify** テスティファイ 証言する
- **innocent** イナセント 無実の
- **guilty** ギルティ 有罪の
- **prison/jail** プリズン ヂェイル 刑務所
- **detain** デテイン 拘留する
- **detention** デテンシャン 拘留
- **bail** ベイル 保釈金

Stage 5 確認テスト

次のそれぞれの語句の意味を答えてください。

No	単語	品詞	
1	approximately	副	( )
2	balance	名	( )
3	collaborate	動	( )
4	consignment sales		( )
5	contract	名	( )
6	deficit	名	( )
7	deposit	動	( )
8	donate	動	( )
9	enroll	動	( )
10	fiscal year		( )
11	fund-raising	名	( )
12	investment	名	( )
13	lawsuit	名	( )
14	ledger	名	( )
15	legal	形	( )
16	liabilities	名	( )
17	listed company		( )
18	mandatory	形	( )
19	negotiate	動	( )
20	net profit		( )

No	単語	品詞	
21	overhead	名	( )
22	patent right		( )
23	pirate	動	( )
24	press for ~		( )
25	procedure	名	( )
26	quarterly	形	( )
27	reduce	動	( )
28	register	動	( )
29	regulation	名	( )
30	reject	動	( )
31	remit	動	( )
32	renew	動	( )
33	safe	名	( )
34	signature	名	( )
35	stipulate	動	( )
36	stockholder	名	( )
37	surplus	名	( )
38	turnover	名	( )
39	valid	形	( )
40	waste	動	( )

正解は281ページ

Stage 6

65		会議①
66		会議②
67		議論
68		計画・方針
69		発言・発表
70		説明・提示①
71		説明・提示②
72		思考・判断
73		論理・正誤
74		調査・検討

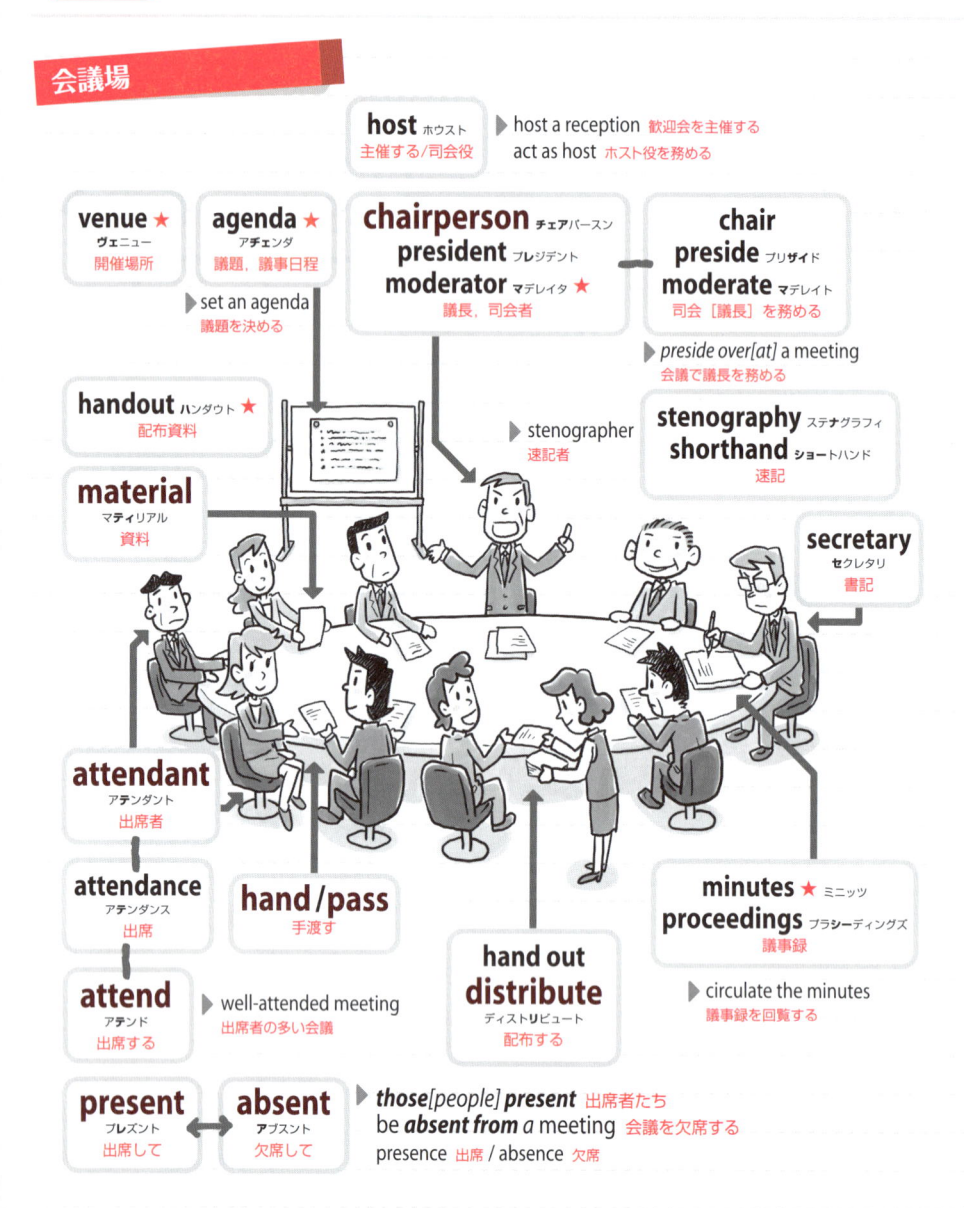

65 会議①

会議場

host ホウスト 主催する/司会役
▶ host a reception 歓迎会を主催する
　act as host ホスト役を務める

venue ★ ヴェニュー 開催場所

agenda ★ アジェンダ 議題, 議事日程
▶ set an agenda 議題を決める

chairperson チェアパースン
president プレジデント
moderator マデレイタ ★
議長, 司会者

chair
preside プリザイド
moderate マデレイト
司会［議長］を務める
▶ *preside over[at]* a meeting 会議で議長を務める

handout ハンダウト ★ 配布資料

material マティリアル 資料

stenographer 速記者

stenography ステナグラフィ
shorthand ショートハンド
速記

secretary セクレタリ 書記

attendant アテンダント 出席者

attendance アテンダンス 出席

attend アテンド 出席する
▶ well-attended meeting 出席者の多い会議

hand / pass 手渡す

hand out
distribute ディストリビュート
配布する

minutes ★ ミニッツ
proceedings プラシーディングズ
議事録
▶ circulate the minutes 議事録を回覧する

present プレズント 出席して ⇔ **absent** アブセント 欠席して
▶ *those[people] present* 出席者たち
　be *absent from* a meeting 会議を欠席する
　presence 出席 / absence 欠席

140

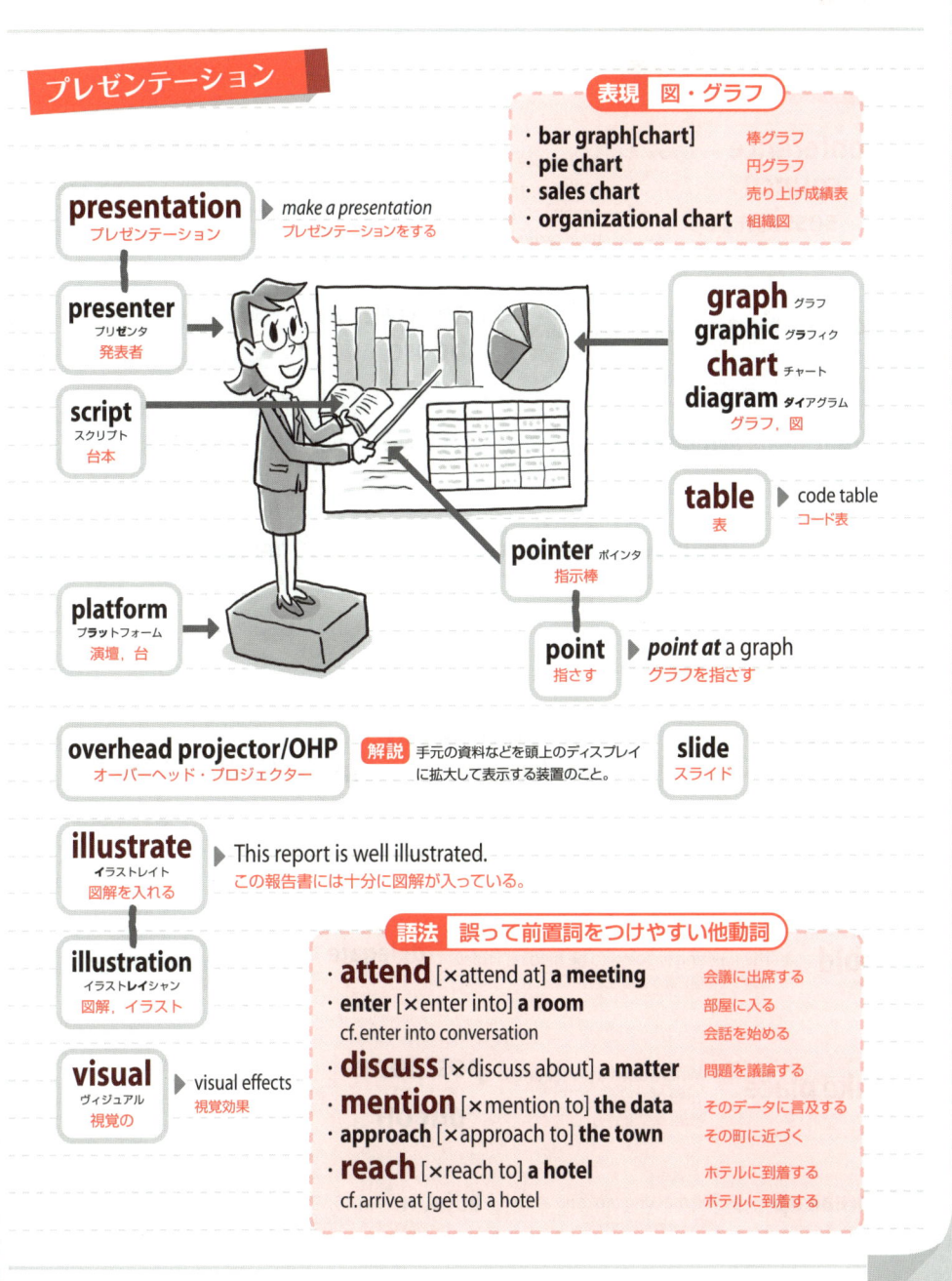

ここまでの見出し語数（のべ） **2,614** 語

プレゼンテーション

表現	図・グラフ
・bar graph[chart]	棒グラフ
・pie chart	円グラフ
・sales chart	売り上げ成績表
・organizational chart	組織図

presentation プレゼンテーション
▶ *make a presentation* プレゼンテーションをする

presenter プリゼンタ 発表者

script スクリプト 台本

graph グラフ
graphic グラフィク
chart チャート
diagram ダイアグラム
グラフ，図

table 表 ▶ *code table* コード表

pointer ポインタ 指示棒

point 指さす ▶ *point at* a graph グラフを指さす

platform プラットフォーム 演壇，台

overhead projector/OHP オーバーヘッド・プロジェクター

解説 手元の資料などを頭上のディスプレイに拡大して表示する装置のこと。

slide スライド

illustrate イラストレイト 図解を入れる
▶ This report is well illustrated. この報告書には十分に図解が入っている。

illustration イラストレイシャン 図解，イラスト

visual ヴィジュアル 視覚の
▶ *visual effects* 視覚効果

語法	誤って前置詞をつけやすい他動詞
・**attend** [×attend at] **a meeting**	会議に出席する
・**enter** [×enter into] **a room**	部屋に入る
cf. enter into conversation	会話を始める
・**discuss** [×discuss about] **a matter**	問題を議論する
・**mention** [×mention to] **the data**	そのデータに言及する
・**approach** [×approach to] **the town**	その町に近づく
・**reach** [×reach to] **a hotel**	ホテルに到着する
cf. arrive at [get to] a hotel	ホテルに到着する

66 会議②

会議に関する名詞

conference カンファレンス / **council** カウンスル / **session** セシャン
会議

- conference room 会議室
- confer カンファー 相談する
- general council 総会
- be *in session* 開会中で

類語 「会議」の意味の一般的な語は meeting。会社の会議には conference もよく使う。council は「協議会，諮問委員会」などに使う。session は「集会，会合，議会」。convention は定例の大きな会合を意味する。

convention コンヴェンシャン
<定期的な>大会
- annual convention 年次総会

committee コミティー / **board** ボード
委員会
- sit on a committee 委員会のメンバーである
- board of education 教育委員会

forum フォウラム / **symposium** シムポウジアム
（公開）討論会
- hold a forum 公開討論会を催す

panel パネル
委員団
- panel discussion パネルディスカッション

chamber チェインバ
会議室，会館

chamber of commerce カマース
商工会議所
※ C of C と略記する。

representative レプリゼンタティヴ
代表者

会議に関する動詞

convene コンヴィーン / **rally** ラリ / **congregate** カングリゲイト
集まる，召集する
- *participate* in a convention 大会に参加する
- participant 参加者

take part in / **participate** パティシペイト **in** / **partake** パテイク **in**
〜に参加する

- convene a council 会議を召集する

hold
催す
- The meeting is going to be held on Friday. 会議は金曜日に開かれる予定だ。

delegate デレゲイト
派遣する
- delegate a representative 代表者を派遣する

take place
行われる
- Where does the meeting *take place*? 会議はどこで行われますか。

postpone ポウストポウン / **put off**
延期する
- postpone[put off] a meeting 会議を延期する

break up
散会する
- The meeting *broke up* at 5. 会議は5時に終わった。

adjourn アチャーン
休会［延期］する
- adjourn a committee 委員会を休会する

会議に関する形容詞

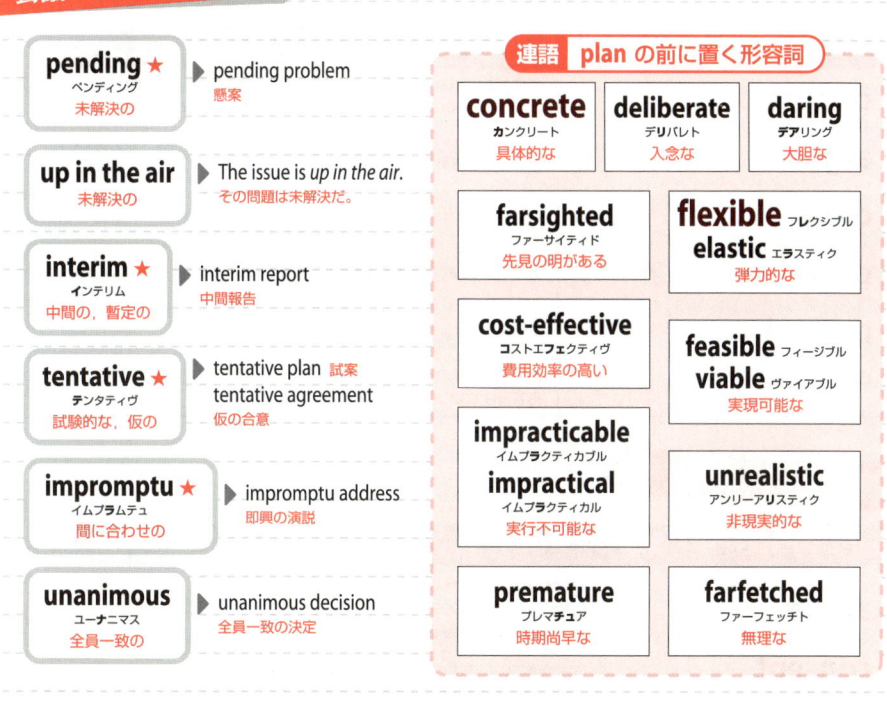

pending ★
ペンディング
未解決の
▶ pending problem
懸案

up in the air
未解決の
▶ The issue is *up in the air*.
その問題は未解決だ。

interim ★
インテリム
中間の, 暫定の
▶ interim report
中間報告

tentative ★
テンタティヴ
試験的な, 仮の
▶ tentative plan 試案
tentative agreement
仮の合意

impromptu ★
イムプラムプテュ
間に合わせの
▶ impromptu address
即興の演説

unanimous
ユーナニマス
全員一致の
▶ unanimous decision
全員一致の決定

連語 plan の前に置く形容詞

concrete カンクリート 具体的な	**deliberate** デリバレト 入念な	**daring** デアリング 大胆な
farsighted ファーサイティド 先見の明がある	**flexible** フレクシブル / **elastic** エラスティク 弾力的な	
cost-effective コストエフェクティヴ 費用効率の高い	**feasible** フィージブル / **viable** ヴァイアブル 実現可能な	
impracticable イムプラクティカブル / **impractical** イムプラクティカル 実行不可能な	**unrealistic** アンリーアリスティク 非現実的な	
premature プレマチュア 時期尚早な	**farfetched** ファーフェッチト 無理な	

暗記 **The motion was adopted by a unanimous vote.**
その動議は満場一致の投票で採択された。

67 議論

議論

単語	意味	例・説明・派生語
discuss ディスカス	議論する	節度ある議論を行う場合に使う。「その件について議論する」は discuss [×discuss about] the matter。名詞形は discussion（議論）。
argue アーギュー	議論する	お互いが主張をぶつけ合う議論に使う。argue that ～ は「～を主張する」。discuss や debate は that節をとらない。名詞形は argument（議論）。
debate デベイト	討論（する）	対立する意見を（冷静に）述べ合う場合に使う。
dispute ディスピュート	論争（する）	激しく[感情的に]言い争う場合に使う。quarrel に近い。
quarrel クワラル	口論（する）	感情的に言い争う[口げんかをする]場合に使う。
controversy カントラヴァーシ	論争	political controversy（政治論争）など，主に公的で長期に渡る論議に使う。形容詞は controversial（議論の的になる）。

賛否

単語	意味	例・説明	派生語
agree アグリー	同意する 賛成する	**agree with** him [his opinion] 彼[彼の意見]に賛成する **agree to** the proposal その提案に同意する ※ agree to は「（計画・提案などに）同意する」。	agreement 同意，協定 disagree 意見が異なる
consent コンセント **assent** アセント	同意（する）	give one's consent[assent] **to** a proposal 提案に同意する	dissent 不同意
approve アプルーヴ	同意する 賛成する	**approve (of)** a decision 決定に同意する ※「〈公に〉承認する」の意味では他動詞扱い。	approval 是認，賛成 disapprove 承認しない
concur コンカー	同意する	concur with him 彼と意見が一致する	concurrence 意見の一致
consensus コンセンサス	同意	build a consensus 合意を取りつける	
pros and cons プロウズ コンズ	賛否両論	weigh the pros and cons 賛否両論を天秤にかける	
object オブジェクト	反対する	**object to** a plan 案に反対する	objection 反対
oppose オポウズ	反対する	oppose [×oppose to] a plan 案に反対する be **opposed to** a plan 案に反対である	opposition 反対 opponent 敵対者
challenge チャレンヂ **remonstrate** レマンストレイト	異議を申し立てる	challenge one's boss 上司に異議を唱える remonstrate with [to] him 彼に抗議する	remonstration 抗議

決定

単語	意味	例・説明	派生語
decide ディサイド **determine** ディターミン **resolve** レザルヴ	決定する	decide[determine/resolve] to go there そこへ行くことに決める ***decide on*** a course 方針を決める ※選択肢の中から選んで決める場合は decide on。 Demand determines price. 需要が価格を決める。	decision ディシジャン 決定 decision-making[maker] 意志決定[決定者] decisive 決然とした determination 決定 resolution 決定
conclude コンクルード	結論を出す	We concluded that the plan was the best. 我々はその案が最善だとの結論に達した。	conclusion 結論
finalize ファイナライズ	決済する	finalize a plan 計画を最終決定する	finalization 決着
adopt アダプト	採用する	adopt a suggestion 提案を採用する	adoption 採用
solve サルヴ **settle** セトル	解決する	solve a problem 問題を解決する settle a dispute 論争を収拾する	settlement 解決 solution 解決
vote ヴォウト	投票(する)	*vote for [against]* a plan 案に賛成[反対]の投票をする casting vote 決定票	voter 投票者
withhold ウィズホウルド **reserve** リザーヴ	保留する	withhold one's consent 同意を保留する reserve judgment 判断を保留する	reservation 留保, 制限
defer デファー **hold up on**	遅らせる	defer[*hold up on*] the decision 決定を延期[保留]する	deferment 延期

68 計画・方針

視点・主義

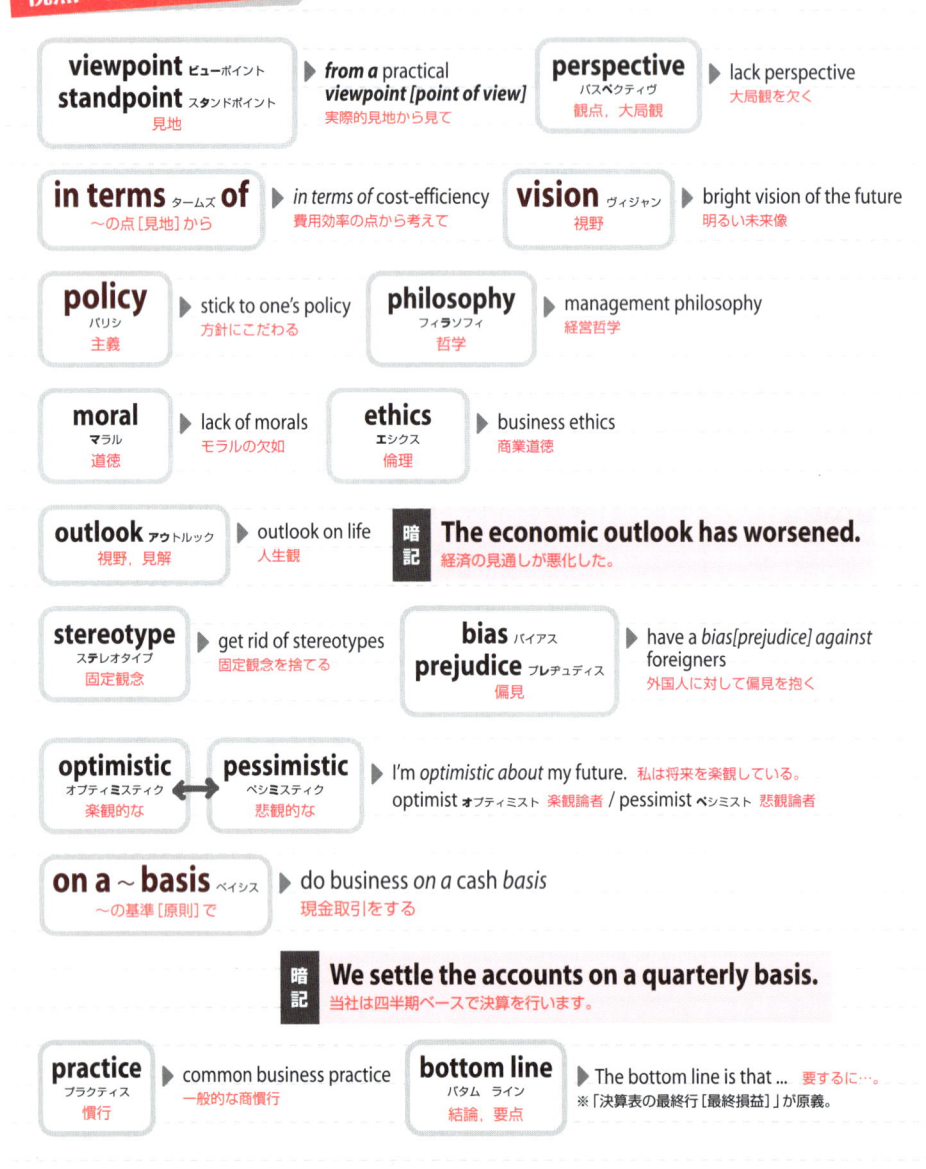

viewpoint ビューポイント / **standpoint** スタンドポイント 見地	*from a* practical **viewpoint [point of view]** 実際的見地から見て
perspective パスペクティヴ 観点, 大局観	lack **perspective** 大局観を欠く
in terms of タームズ オブ ～の点 [見地] から	*in terms of* cost-efficiency 費用効率の点から考えて
vision ヴィジャン 視野	bright **vision** of the future 明るい未来像
policy パリシ 主義	stick to one's **policy** 方針にこだわる
philosophy フィラソフィ 哲学	management **philosophy** 経営哲学
moral マラル 道徳	lack of **morals** モラルの欠如
ethics エシクス 倫理	business **ethics** 商業道徳
outlook アウトルック 視野, 見解	**outlook** on life 人生観

暗記 **The economic outlook has worsened.**
経済の見通しが悪化した。

stereotype ステレオタイプ 固定観念	get rid of **stereotypes** 固定観念を捨てる
bias バイアス / **prejudice** プレヂュディス 偏見	have a *bias[prejudice] against* foreigners 外国人に対して偏見を抱く
optimistic オプティミスティク 楽観的な ⇔ **pessimistic** ペシミスティク 悲観的な	I'm *optimistic about* my future. 私は将来を楽観している。 **optimist** オプティミスト 楽観論者 / **pessimist** ペシミスト 悲観論者
on a ~ basis ベイシス ～の基準 [原則] で	do business *on a* cash *basis* 現金取引をする

暗記 **We settle the accounts on a quarterly basis.**
当社は四半期ベースで決算を行います。

practice プラクティス 慣行	common business **practice** 一般的な商慣行
bottom line バタム ライン 結論, 要点	The **bottom line** is that ... 要するに…。 ※「決算表の最終行 [最終損益]」が原義。

ここまでの見出し語数（のべ）**2,733**語

計画・方策

project プラヂェクト
企画，事業
▶ carry out a pilot project 試験的事業を実行する

scheme スキーム
計画
▶ draw up a financial scheme 財政計画を立てる

purpose パーパス
object アブヂェクト
目的

goal ゴウル / **aim** エイム
target ターゲット
objective オブヂェクティヴ
目標
▶ set a goal[target] 目標を立てる
　 achieve one's aim 目標を達成する

strategy ストラテヂ
戦略
▶ marketing strategy マーケティング戦略

tactics タクティクス
戦術
▶ advertising tactics 広告戦術

trial トライアル
試み

attempt アテムプト
試み(る)
▶ make an attempt at 〜を試みる

course コース
方針
▶ course of action 行動方針

measures メジャズ
steps ステップス
方策
▶ take drastic measures 抜本的な方策を取る

countermeasure カウンタメジャ
対抗策，対案

means ミーンズ
手段
▶ take legal means 法的手段を取る

hedge ヘッヂ
防衛手段

method メソッド
方法
▶ business methods 商売のやり方

approach アプロウチ
取り組み方
▶ take a fresh approach to the problem その問題に新しい取り組み方をする

put A before B
BよりAを優先する
▶ put profits before safety 安全より利益を優先する

連語　動詞 + plan
- make (out) a plan　計画を立てる
- work out a plan　計画を立てる
- reconsider a plan　計画を再考する
  リカンシダ
- approve a plan　計画を承認する
  アプルーヴ
- revise a plan　計画を修正する
  リヴァイズ
- implement a plan　計画を実行する
  イムプラマント
- abandon a plan　計画を断念する
  アバンダン

choice チョイス / **option** アプシャン
alternative オールターナティヴ
選択
▶ We have no choice[alternative] but to accept the offer. 我々はその提案を受け入れるしか（選ぶ道が）ない。

priority プライオーリティ
precedence プレセデンス
優先(権)
▶ Safety is the first priority. 安全が最優先だ。
　 Cost cutting takes precedence over everything else. 経費節減が他の何よりも優先する。

147

69 発言・発表

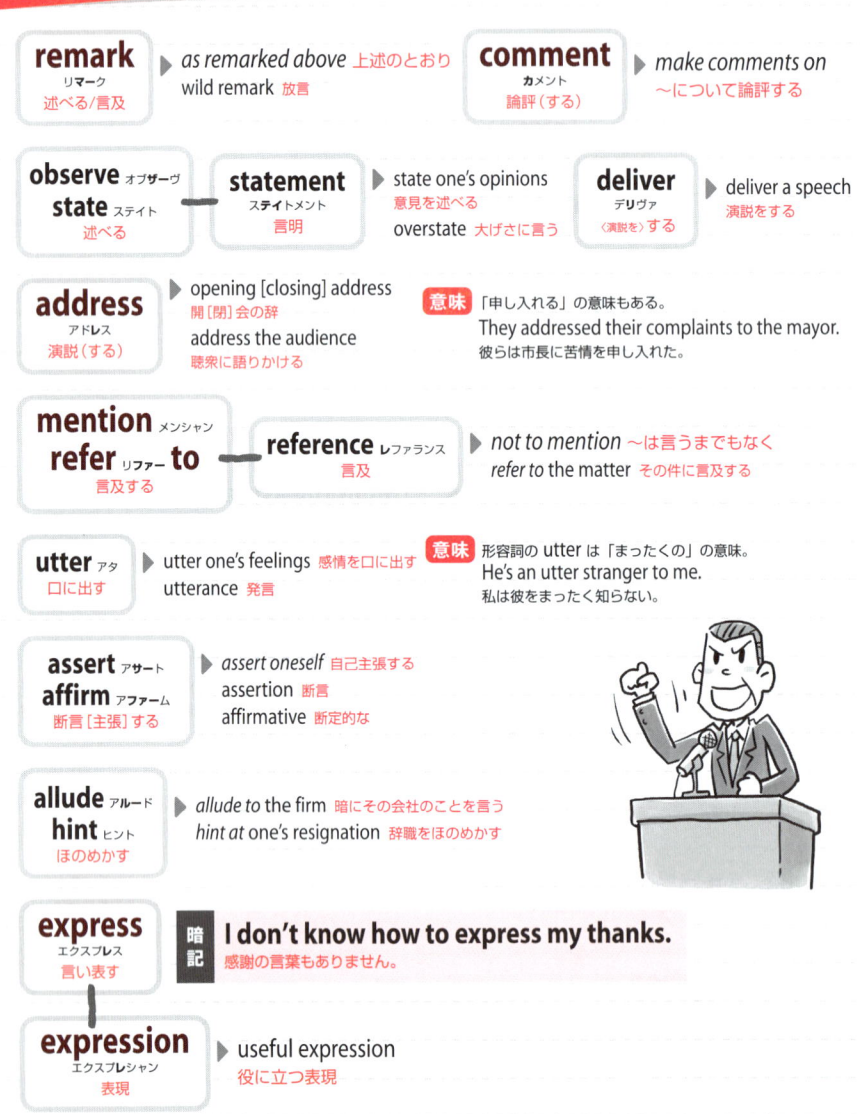

述べる

remark リマーク 述べる/言及
- as remarked above 上述のとおり
- wild remark 放言

comment カメント 論評(する)
- make comments on ～について論評する

observe オブザーヴ / **state** ステイト 述べる
statement ステイトメント 言明
- state one's opinions 意見を述べる
- overstate 大げさに言う

deliver デリヴァ 〈演説を〉する
- deliver a speech 演説をする

address アドレス 演説(する)
- opening [closing] address 開[閉]会の辞
- address the audience 聴衆に語りかける

意味 「申し入れる」の意味もある。
They addressed their complaints to the mayor.
彼らは市長に苦情を申し入れた。

mention メンシャン / **refer** リファー to 言及する
reference レファランス 言及
- not to mention ～は言うまでもなく
- refer to the matter その件に言及する

utter アタ 口に出す
- utter one's feelings 感情を口に出す
- utterance 発言

意味 形容詞の utter は「まったくの」の意味。
He's an utter stranger to me.
私は彼をまったく知らない。

assert アサート / **affirm** アファーム 断言[主張]する
- assert oneself 自己主張する
- assertion 断言
- affirmative 断定的な

allude アルード / **hint** ヒント ほのめかす
- allude to the firm 暗にその会社のことを言う
- hint at one's resignation 辞職をほのめかす

express エクスプレス 言い表す
暗記 I don't know how to express my thanks.
感謝の言葉もありません。

expression エクスプレシャン 表現
- useful expression 役に立つ表現

ここまでの見出し語数（のべ）**2,769**語

発表する

- **announce** アナウンス 発表する — **announcement** 発表
  - announce a schedule スケジュールを発表する
  - official announcement 公式発表

- **profess** プロフェス / **proclaim** プロクレイム 公言する
  - proclaim one's opinions 自分の意見を公言する

- **declare** デクレア 宣言する
  - declare bankruptcy 破産を宣告する

- **disclose** ディスクロウズ 公表する
  - disclose secret information 秘密情報を公表する
  - disclosure 発表, 情報開示

- **confess** コンフェス 告白する
  - confess (to) one's guilt 自分の罪を告白する

- **reveal** リヴィール 明かす
  - reveal a secret 秘密を明かす

- **expose** エクスポウズ 暴露する, さらす
  - expose a plot 陰謀を暴露する
  - expose one's skin *to* the sun 肌を日光にさらす
  - exposure 暴露, さらすこと

- **hide** ハイド / **conceal** コンシール / **cover up** 隠す
  - hide [conceal] one's true intentions 真の意図を隠す

- **swear** スウェア / **vow** ヴァウ 誓う/誓い
  - swear to God 神に誓う
  - 活用 swore–sworn
  - make a vow 誓いを立てる

意見

- **opinion** オピニオン / **view** ビュー 意見
  - in my opinion 私の意見では
  - contrary view 反対の意見

- **input** インプット ★ 情報提供, 意見
  - I need your input. 君の意見が聞きたい。

- **motion** モウシャン 動議, 提案
  - bring forward a motion 動議を出す
  - second a motion 動議に賛成する

- **point out** 指摘する
  - He *pointed out* that ... 彼は…ということを指摘した。

連語 動詞 + idea
- **come up with** an idea 案を思いつく
- **hit on** an idea 案を思いつく
- cf. An idea **occurred to** me. 案が私の頭に思い浮かんだ。
- **present an idea** プリゼント 案を提示する
- **outline an idea** アウトライン 案の大要を述べる
- **adopt an idea** アダプト 案を採用する
- **embody an idea** エムバディ 案を具体化する

149

70 説明・提示①

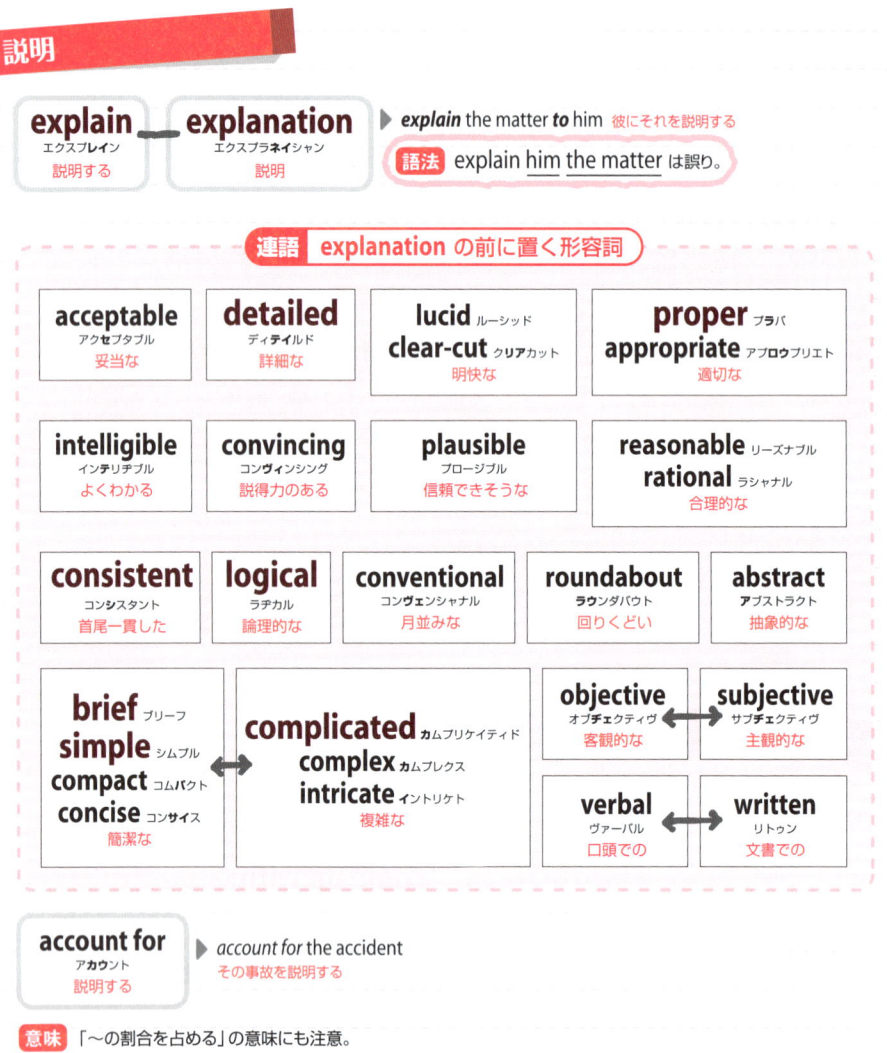

説明

explain エクスプレイン 説明する — **explanation** エクスプレネイシャン 説明

▶ *explain* the matter *to* him 彼にそれを説明する

語法 explain him the matter は誤り。

連語 explanation の前に置く形容詞

acceptable アクセプタブル 妥当な	**detailed** ディテイルド 詳細な	**lucid** ルーシッド / **clear-cut** クリアカット 明快な	**proper** プロパ / **appropriate** アプロウプリエト 適切な
intelligible インテリヂブル よくわかる	**convincing** コンヴィンシング 説得力のある	**plausible** プロージブル 信頼できそうな	**reasonable** リーズナブル / **rational** ラシャナル 合理的な
consistent コンシスタント 首尾一貫した	**logical** ラヂカル 論理的な	**conventional** コンヴェンシャナル 月並みな	**roundabout** ラウンダバウト 回りくどい	**abstract** アブストラクト 抽象的な

brief ブリーフ / **simple** シンプル / **compact** コムパクト / **concise** コンサイス 簡潔な ↔ **complicated** カムプリケイティド / **complex** カムプレクス / **intricate** イントリケト 複雑な

objective オブヂェクティヴ 客観的な ↔ **subjective** サブヂェクティヴ 主観的な

verbal ヴァーバル 口頭での ↔ **written** リトゥン 文書での

---

account for アカウント 説明する

▶ *account for* the accident その事故を説明する

意味 「〜の割合を占める」の意味にも注意。

The manufacturer *accounts for* 60 percent of detergent sales in Japan.
そのメーカーは日本の洗剤販売の60%を占めている。

ここまでの見出し語数（のべ）**2,823**語

- **describe** ディスク**ライブ** / **depict** デ**ピ**クト　描写する
  - decribe an accident　事故の様子を説明する
  - description　描写　ディスク**リ**プシャン
- **sketch** スケッチ　概略を述べる
  - sktech (out) the plan　その計画を概説する
- **enumerate** エ**ニュー**メレイト　列挙する
  - enumerate examples　例を列挙する
- **cite** サイト / **quote** ク**ウォ**ウト　引用する
  - cite an example　例を引用する
  - citation / quotation　引用
- **refer** リ**ファー** **to**　参照する
  - refer to a dictionary　辞書を参照する
- **formulate** フォー**ミュ**レイト　系統立てて述べる
  - formulate one's ideas　自分の考えを系統立てて述べる
- **reference** **レ**ファレンス　参考（文献）
  - reference book　参考図書
- **spell out**　詳しく説明する
- **specify** ス**ペ**シファイ　明細に述べる
  - specify the conditions　条件を明示する
- **clarify** ク**ラ**リファイ　明確にする
  - clarify an issue　論点を明らかにする
- **manifest** **マ**ニフェスト　明示する
  - manifest a policy　方針を明示する
  - manifestation　明示，徴候
- **provide** プロ**ヴァ**イド / **supply** サ**プ**ライ　提供する
  - *provide* the committee *with* data ＝*provide* data *for* the committee　委員会にデータを提供する
- **report** リ**ポ**ート　報告（する）
  - annual report　年次報告書
  - report progress　経過報告をする
- **present** プリ**ゼ**ント　提示する，差し出す
  - present one's business card　名刺を差し出す
  - presentation　提出，発表
- **indicate** **イ**ンディケイト　示す
  - indicate the location on the map　地図上で場所を示す
  - indication　しるし，徴候
- **imply** イム**プ**ライ / **suggest** サ**ヂェ**スト　暗に示す
  - This report implies a serious problem.　この報告は深刻な問題を暗示している。
  - implication　インプリ**ケ**イシャン　暗示
- **pinpoint** **ピ**ンポイント　正確に示す
  - pinpoint the problem　問題を特定する
- **make out** / **figure out** **フィ**ギュア　理解する
  - figure out the answer　答えを見つける
- **get across**　理解させる
  - *get across* to her that ...　…ということを彼女にわからせる

151

71 説明・提示②

要約

detail ディテイル 詳細/詳述する
- *in detail* 詳細に

brief ブリーフ 概要(を説明する)
- I was briefed about the proposal. 私は提案の要点を説明してもらった。
- briefing 概況説明, 最終打ち合わせ

outline アウトライン 概略/略述する
- outline a proposal 提案の大要を述べる

overview オウヴァビュー / **survey** サーヴェイ 概論

fact sheet ファクト シート 概況報告書

summary サマリ / **digest** ダイチェスト 要約
- *make a summary [digest] of* a report 報告書を要約する
- ※ 動詞の digest ダイチェスト は「消化[要約]する」。

summarize サマライズ / **sum up** サム アップ 要約する
- summarize [sum up] an article 記事を要約する
- ※ sum up には「合計する」の意味もある。

summary

強調

emphasize エムファサイズ / **stress** ストレス / **accentuate** アクセンチュエイト 強調する
- emphasize [stress] the point
- = *put [lay] emphasis [stress] on* the matter その点を強調する

highlight ハイライト 目立たせる
- highlight the merits of a product 製品の長所を強調する

exaggerate エグザチェレイト 誇張する
- There is a little exaggeration in this ad. この広告には少し誇張がある。
- *It is no exaggeration to say that* ... …と言っても過言ではない。

underline アンダーライン / **underscore** アンダスコア 下線を引く
- Translate the underlined sentence. 下線を引いた文を訳しなさい。
- cf. overscore 線を引いて消す

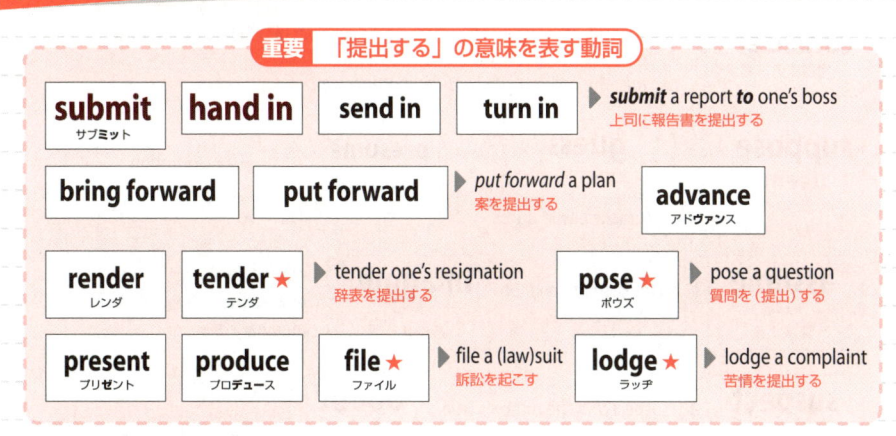

ここまでの見出し語数(のべ) **2,862** 語

提出

重要 「提出する」の意味を表す動詞

submit サブミット	hand in	send in	turn in	▶ *submit* a report *to* one's boss 上司に報告書を提出する
bring forward	put forward	▶ *put forward* a plan 案を提出する		advance アドヴァンス
render レンダ	tender ★ テンダ	▶ *tender* one's resignation 辞表を提出する	pose ★ ポウズ	▶ *pose* a question 質問を(提出)する
present プリゼント	produce プロデュース	file ★ ファイル	▶ *file* a (law)suit 訴訟を起こす	lodge ★ ラッヂ	▶ *lodge* a complaint 苦情を提出する

言葉

- **term** ターム 用語 ▶ technical *term* 専門用語
- **terminology** ターミナロヂ / **jargon** ヂャーガン 専門用語 ▶ medical *jargon* 医学用語
- **phrase** フレイズ 句, 表現 ▶ pet *phrase* 得意の言い回し

- **tip ★** ティップ 秘訣, 助言 ▶ travel *tips* 旅行の秘訣 / *tip*-off 内密の情報
- **as remarked[mentioned] above** リマークト メンシャンド アバヴ 上に述べたとおり ▶ cf. *as follows* 以下のとおり

暗記 Here are a few tips for losing weight.
ここに減量するための2, 3の秘訣があります。

- **excuse** エクスキューズ 言い訳 ▶ make a poor *excuse* 下手な言い訳をする
- **silent** サイレント 沈黙して ▶ remain *silent* 黙ったままである / *silence* 沈黙 / hold one's *tongue* 口をつぐむ

72 思考・判断

語法 このページは〈+that節〉の形をとる動詞，次ページはその形をとらない動詞。

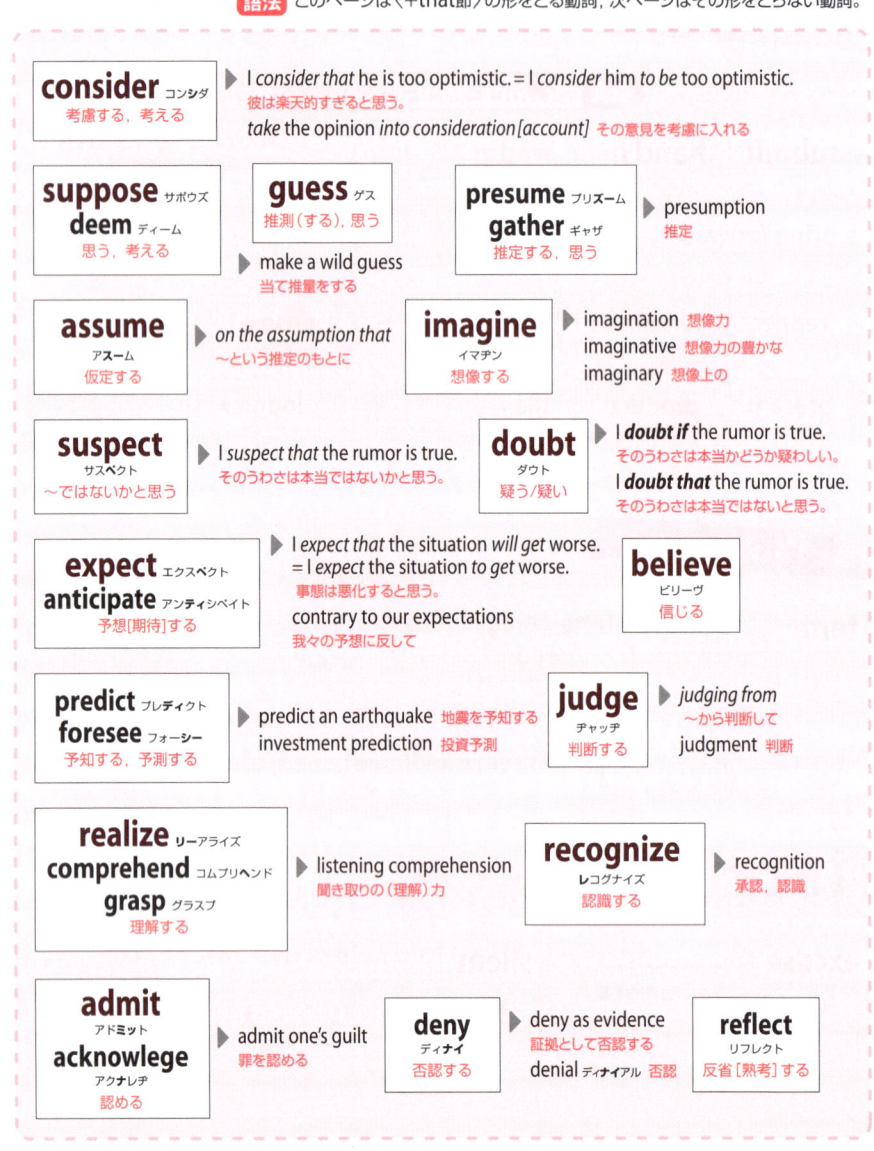

consider コンシダ
考慮する，考える
▶ I *consider that* he is too optimistic. = I *consider* him *to be* too optimistic.
彼は楽天的すぎると思う。
take the opinion *into consideration[account]* その意見を考慮に入れる

suppose サポウズ
deem ディーム
思う，考える

guess ゲス
推測(する)，思う
▶ make a wild guess
当て推量をする

presume プリズーム
gather ギャザ
推定する，思う
▶ presumption 推定

assume アスーム
仮定する
▶ *on the assumption that*
～という推定のもとに

imagine イマヂン
想像する
▶ imagination 想像力
imaginative 想像力の豊かな
imaginary 想像上の

suspect サスペクト
～ではないかと思う
▶ I *suspect that* the rumor is true.
そのうわさは本当ではないかと思う。

doubt ダウト
疑う/疑い
▶ I *doubt if* the rumor is true.
そのうわさは本当かどうか疑わしい。
I *doubt that* the rumor is true.
そのうわさは本当ではないと思う。

expect エクスペクト
anticipate アンティシペイト
予想[期待]する
▶ I *expect that* the situation *will get* worse.
= I *expect* the situation *to get* worse.
事態は悪化すると思う。
contrary to our *expectations*
我々の予想に反して

believe ビリーヴ
信じる

predict プレディクト
foresee フォーシー
予知する，予測する
▶ predict an earthquake 地震を予知する
investment prediction 投資予測

judge ヂャッヂ
判断する
▶ *judging from*
～から判断して
judgment 判断

realize リーアライズ
comprehend コムプリヘンド
grasp グラスプ
理解する
▶ listening comprehension
聞き取りの(理解)力

recognize レコグナイズ
認識する
▶ recognition
承認，認識

admit アドミット
acknowlege アクナレヂ
認める
▶ admit one's guilt
罪を認める

deny ディナイ
否認する
▶ deny as evidence
証拠として否認する
denial ディナイアル 否認

reflect リフレクト
反省[熟考]する

ここまでの見出し語数(のべ) **2,892**語

misunderstand ミスアンダス**タ**ンド 誤解する ▶ Don't misunderstand me. 誤解しないでください。

mislead ミス**リ**ード 誤解させる ▶ misleading remark 誤解を招く発言

mistake ミス**テ**イク 思い違いをする ▶ I *mistook[took]* her *for* a secretary. 私は彼女を秘書と間違えた。

confuse コン**フュ**ーズ 混同する ▶ confuse her *with* her sister 彼女を妹と混同する

regard リ**ガ**ード みなす ▶ *regard* him *as* our leader 彼を我々の指導者とみなす

interpret イン**タ**ープリト 解釈する ▶ *interpret* his words *as* a joke 彼の言葉を冗談だと解釈する
interpretation 解釈

語法 〈+to不定詞〉と〈+〜ing〉

不定詞・動名詞の一方しか後ろに置けない動詞がある。
・I want **to see** [✗ seeing] the video. 私はそのビデオを見たい。
・I enjoyed **seeing** [✗ to see] the video. 私はそのビデオを見るのを楽しんだ。

■〈+**to**不定詞〉の形だけが可能な動詞
・**agree** ア**グ**リー 同意する
・**decide** ディ**サ**イド 決心する
・**fail** フェイル しそこねる
・**hope/desire** デ**ザ**イア 望む
・**offer** **オ**ーファ 申し出る
・**pretend** プリ**テ**ンド ふりをする
・**promise** プ**ラ**ミス 約束する
・**refuse** リ**フュ**ーズ 拒否する

■〈+〜**ing**〉の形だけが可能な動詞
・**admit** ア**ド**ミット 認める
・**avoid** ア**ヴォ**イド 避ける
・**consider** コン**シ**ダ 考慮する
・**deny** ディ**ナ**イ 否認する
・**dislike** ディス**ラ**イク 嫌う
・**enjoy** エン**ヂョ**イ 楽しむ
・**escape** エス**ケ**イプ 免れる
・**finish** **フィ**ニッシュ 終える
・**give up** あきらめる
・**mind** **マ**インド いやがる
・**practice** プ**ラ**クティス 練習する
・**put off** 延期する
・**stop/quit** ク**ウィ**ット やめる
・**suggest** サ**ヂェ**スト 提案する

They escaped ~~to be~~ fined.
　　　　　　　○ being
（彼らは罰金を取られるのを免れた）

73 論理・正誤

論理

- **theory** シーアリ 理論 ▶ theory and practice 理論と実践
- **define** デファイン 定義する ▶ definition デフィニシャン 定義
- **generalize** ヂェネラライズ 一般化する ▶ generalization ヂェネラリゼイシャン 一般化

- **category** キャテゴリ 部門，分野 — **categorize** キャテゴライズ / **classify** クラシファイ / **sort** ソート 分類する ▶ classify[sort] the materials 資料を分類する / classification 分類 / classified 分類された，機密の

- **premise** プレミス 前提 ▶ on the premise that ... …という前提で

語法 動詞＋A＋as＋B
- regard [think of / look on] A as B AをBとみなす
- see [view ビュー] A as B AをBとして見る
- refer to [describe] A as B AをBと呼ぶ
  リファー　　デスクライブ
- define デファイン A as B AをBと定義する
- classify クラシファイ A as B AをBに分類する
- use A as B AをBとして使う
- treat トリート A as B AをBとして扱う

- **infer** インファー 推論する ▶ infer A from B BからAを推論する / inference インファランス 推論

- **clue** クルー 手がかり
- **hypothesis** ハイパセシス 仮説

- **prove** プルーヴ 証明する — **proof** プルーフ 証拠 ▶ prove one's identity 身元を証明する / dicisive proof 決定的な証拠

- **evidence** エヴィデンス 証拠 ▶ conclusive evidence 決定的な証拠
- **verify** ヴェリファイ 確かめる ▶ verify the data そのデータを確かめる

- **ground** グラウンド 理由，根拠 ▶ on the ground that ... …という理由で / groundless rumor 根拠のないうわさ
- **condition** コンディシャン 条件（づける） ▶ on (the) condition that ... …という条件で，もし…なら

- **justice** ヂャスティス 正当さ，正義 — **justify** ヂャスティファイ 正当化する ▶ The end doesn't always justify the means. 目的が常に手段を正当化するとは限らない。

- **attribute** アトリビュート / **ascribe** アスクライブ （〜に）帰する ▶ *attribute* the success *to* good luck その成功を幸運のおかげと考える
  ※名詞の attribute アトリビュートは「特性，属性」の意味。

156

正誤

正確な

correct コレクト
accurate アキュレト
precise プリサイス

▶ correct answer
正解
accurate calculation
正確な計算
precise measurement
正確な寸法

誤った

mistaken ミステイクン
wrong ロング
false フォールス
erroneous エロウニアス

▶ mistaken[wrong/erroneous] answer
誤答

contradict コントラディクト
矛盾する

▶ Your explanation *contradicts itself*.
君の説明は自己矛盾している。

明白な・明確な

plain プレイン
apparent アパレント
evident エヴィデント
obvious アブヴィアス
distinct ディスティンクト
explicit エクスプリシト
tangible タンヂブル
definite デフィニト
specific スペシフィク

▶ plain fact
明白な事実
It is apparent [evident, obvious] that ...
…ということは明らかだ。
distinct difference
明白な違い
tangible grounds
明確な根拠
definite[specific] directions
明確な指示

あいまいな

vague ヴェイグ
obscure オブスキュア
ambiguous アムビギュアス

▶ vague[obscure] statement
あいまいな陳述
ambiguous answer
どっちつかずの返答

ここまでの見出し語数(のべ) **2,933**語

157

74 調査・検討

単語	意味	例	派生語など
inspect インスペクト	検査する	inspect a car for defects 欠陥がないかどうか車を検査する	inspection 検査, 視察
test テスト	検査する	test a new drug 新薬を検査する	the test of time 時の試練
check チェック	検査する	check the original 原本を調べる	「抑える」「一時預かる」などの意味もある。
scrutinize スクルーティナイズ	精査する	scrutinize a contract 契約書を精査する	scrutiny スクルーティニ 精査
scan スキャン	精査する	scan data データを走査する	scanner スキャナー
probe プロウブ	精査(する)	probe the causes 原因を徹底的に調べる	probation 審査, 試験期間
examine エグザミン	調査する	examine a proposal 提案を検討する	examination 調査
survey サーヴェイ	調査(する)	survey the figures 数字を調べる	surveyor 測量技師
investigate インヴェスティゲイト	調査する	investigate the causes 原因を調査する	investigation 調査
explore エクスプロア	調査する	explore a problem 問題を検討する	exploration 調査
review リビュー	見直す	review a report 報告書を見直す	「論評(する)」の意味もある。
skim スキム / **scan** スキャン	ざっと読む	skim the materials 資料をざっと読む / scan a newspaper 新聞をざっと読む	skim には「〈上澄みを〉すくい取る」の意味もある。
overlook オウヴァルック	見落とす	overlook a spelling error つづりの間違いを見落とす	「大目に見る」「見渡す」の意味もある。
search サーチ	探す	*search* a room *for* a missing key なくしたカギがないかと部屋を探す	*search for* a key (カギを探す) との形の違いに注意。
seek シーク	探す	seek a solution 解決策を求める	活用：sought ソート -sought
quest クウェスト	探求(する)	quest for security 安全の追求	in quest of ～を求めて
censor センサ	検閲する	censor a book 本を検閲する	censorship 検閲(制度)
pursue パスー	追求する	pursue one's studies 研究を進める	pursuit パスート 追求
reconsider リコンシダ	再考する	reconsider a plan 案を再検討する	reconsideration 再検討

ここまでの見出し語数（のべ）**2,966**語

単語	意味	例	派生語など
weigh ウェイ	検討する	weigh the two plans　2つの案を比較検討する	
deliberate デリバレイト	熟考する	*deliberate over[on]* a matter　問題を熟考する	deliberation　検討
observe オブザーヴ	観察する	observe the situation　状況を注視する	observation　観察
detect デテクト	発見する	detect an error　誤りを発見する	detector　探知機
identify アイデンティファイ	認定する	identify the cause of an accident　事故の原因を認定する	identification　確認

look into 調査する
look over 目を通す
look through 詳しく調べる
look up 〈辞書などで〉調べる
▶ *look into* a record　記録を調べる
look over a report　報告にざっと目を通す
look through the data　データを点検する
look up a word online　単語をオンラインで引く

go into 詳しく調べる
▶ *go into* the cause of an accident
事故の原因を調査する

go over 見直す
▶ *go over* a plan
計画を見直す

follow up 追跡する
▶ follow-up research
追跡調査

think twice トワイス
考え直す

second thought ソート
再考
▶ have a second thought　考え直す
on second thought　再考した結果

look（見る）

into（〜の中を）

Stage 6 確認テスト

次のそれぞれの語句の意味を答えてください。

No	単語	品詞	
1	admit	動	( )
2	adopt	動	( )
3	agenda	名	( )
4	announcement	名	( )
5	appropriate	形	( )
6	attendance	名	( )
7	complicated	形	( )
8	conference room		( )
9	consent to ~		( )
10	correct	形	( )
11	disclose	動	( )
12	emphasize	動	( )
13	ethics	名	( )
14	evident	形	( )
15	expression	名	( )
16	file a suit		( )
17	hand in ~		( )
18	handout	名	( )
19	indicate	動	( )
20	infer	動	( )

No	単語	品詞	
21	inspect	動	( )
22	interpret	動	( )
23	investigate	動	( )
24	lodge a complaint		( )
25	moderator	名	( )
26	object to ~		( )
27	objective	形	( )
28	optimistic	形	( )
29	participate in ~		( )
30	pending	形	( )
31	point out		( )
32	priority	名	( )
33	scheme	名	( )
34	strategy	名	( )
35	summarize	動	( )
36	take place		( )
37	technical term		( )
38	travel tips		( )
39	venue	名	( )
40	vote	動	( )

正解は282ページ

Stage 7

75	新聞
76	放送・テレビ
77	本・出版
78	大学
79	農林漁業①
80	農林漁業②
81	資源・工業
82	製造・生産
83	機械
84	品質
85	研究開発

75 新聞

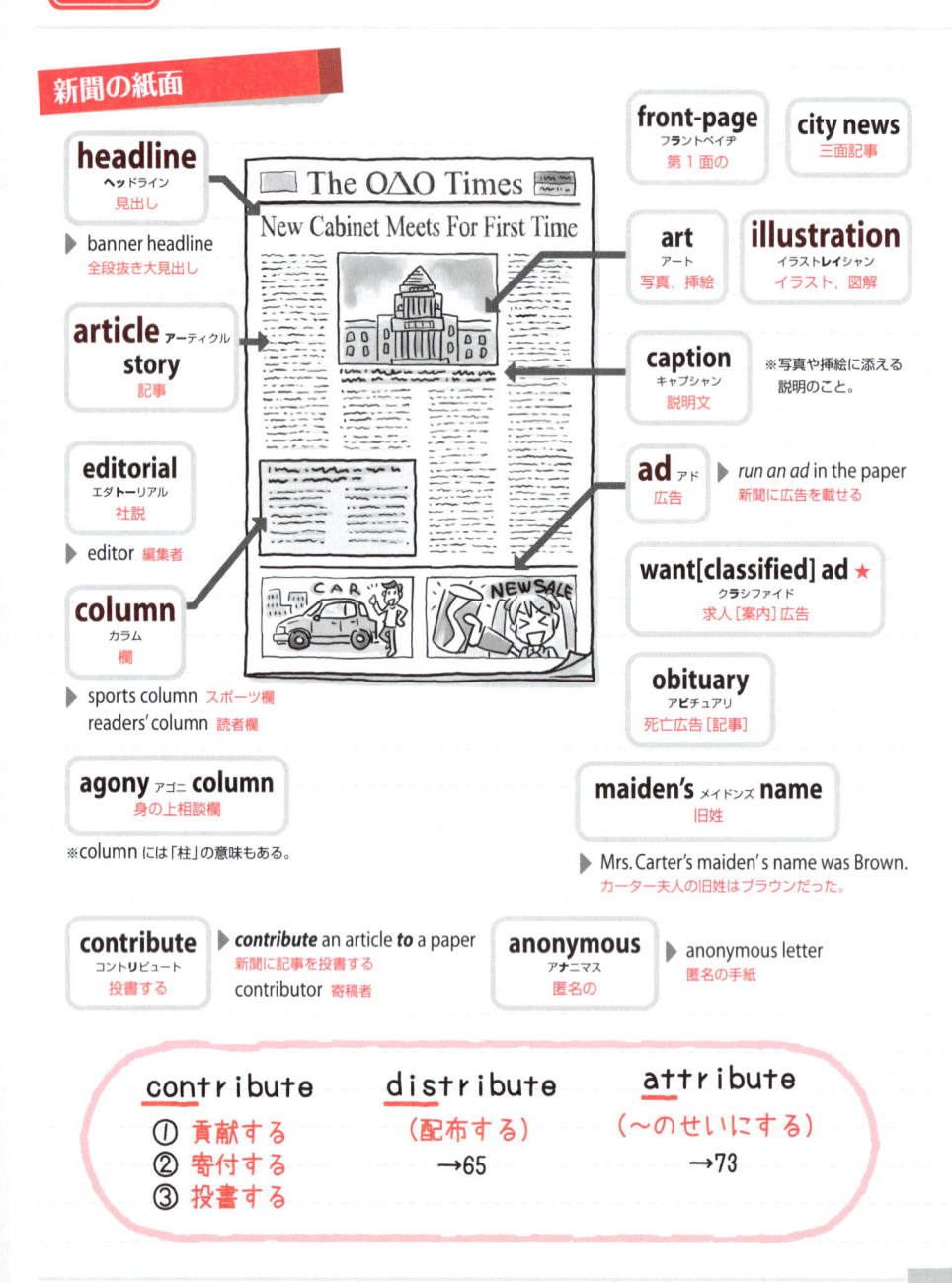

新聞の紙面

headline ヘッドライン 見出し
▶ banner headline 全段抜き大見出し

article アーティクル / **story** 記事

editorial エディトーリアル 社説
▶ editor 編集者

column カラム 欄
▶ sports column スポーツ欄
　readers' column 読者欄
agony アゴニ **column** 身の上相談欄
※column には「柱」の意味もある。

The ○△○ Times
New Cabinet Meets For First Time

front-page フロントペイヂ 第1面の
city news 三面記事
art アート 写真, 挿絵
illustration イラストレイシャン イラスト, 図解
caption キャプシャン 説明文
※写真や挿絵に添える説明のこと。

ad アド 広告
▶ run an ad in the paper 新聞に広告を載せる

want[classified] ad ★ クラシファイド 求人[案内]広告

obituary アビチュアリ 死亡広告[記事]

maiden's メイドンズ **name** 旧姓
▶ Mrs. Carter's maiden's name was Brown.
カーター夫人の旧姓はブラウンだった。

contribute コントリビュート 投書する
▶ contribute an article to a paper 新聞に記事を投書する
　contributor 寄稿者

anonymous アナニマス 匿名の
▶ anonymous letter 匿名の手紙

---

contribute
① 貢献する
② 寄付する
③ 投書する

distribute
（配布する）
→65

attribute
（～のせいにする）
→73

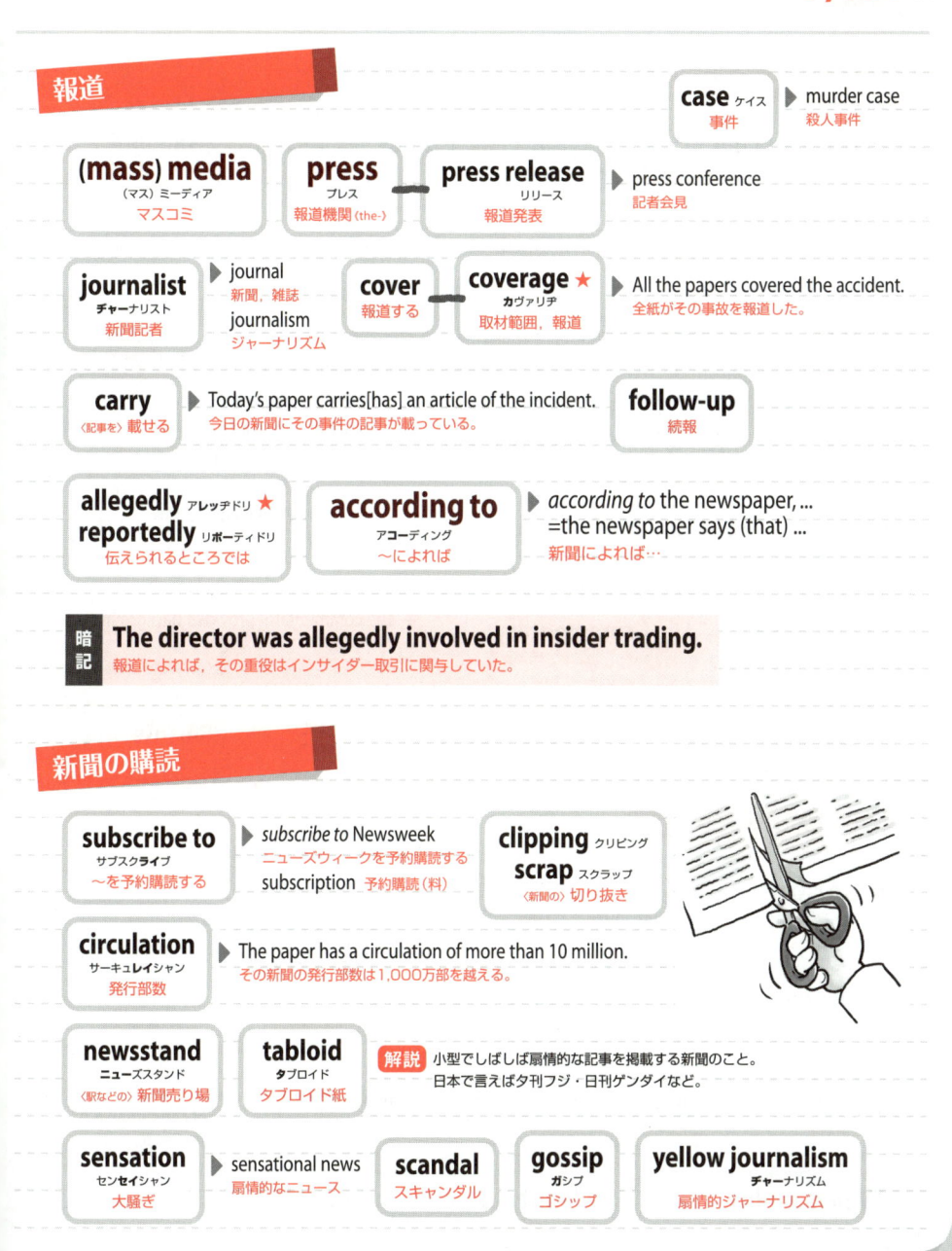

ここまでの見出し語数(のべ) **3,007**語

報道

case ケイス	▶ murder case
事件	殺人事件

(mass) media (マス)ミーディア
マスコミ

press プレス
報道機関〈the-〉

press release リリース
報道発表

▶ press conference
記者会見

journalist ヂャーナリスト
新聞記者

journal 新聞, 雑誌
journalism ジャーナリズム

cover カヴァ
報道する

coverage ★ カヴァリヂ
取材範囲, 報道

▶ All the papers covered the accident.
全紙がその事故を報道した。

carry 〈記事を〉載せる

▶ Today's paper carries[has] an article of the incident.
今日の新聞にその事件の記事が載っている。

follow-up
続報

allegedly アレッヂドリ ★
reportedly リポーティドリ
伝えられるところでは

according to アコーディング
〜によれば

▶ *according to* the newspaper, ...
= the newspaper says (that) ...
新聞によれば…

暗記 **The director was allegedly involved in insider trading.**
報道によれば，その重役はインサイダー取引に関与していた。

新聞の購読

subscribe to サブスクライブ
〜を予約購読する

▶ *subscribe to* Newsweek
ニューズウィークを予約購読する
subscription 予約購読(料)

clipping クリピング
scrap スクラップ
〈新聞の〉切り抜き

circulation サーキュレイシャン
発行部数

▶ The paper has a circulation of more than 10 million.
その新聞の発行部数は1,000万部を越える。

newsstand ニューズスタンド
〈駅などの〉新聞売り場

tabloid タブロイド
タブロイド紙

解説 小型でしばしば扇情的な記事を掲載する新聞のこと。
日本で言えば夕刊フジ・日刊ゲンダイなど。

sensation センセイシャン
大騒ぎ

▶ sensational news
扇情的なニュース

scandal
スキャンダル

gossip ガシプ
ゴシップ

yellow journalism ヂャーナリズム
扇情的ジャーナリズム

76 放送・テレビ

放送

broadcast / air ブロードキャスト 放送(する)
▶ broadcasting station 放送局
on the air 放送されている

relay リレイ 中継する
▶ relay a game 試合を中継する

satellite サテライト 衛星

televise テレヴァイズ テレビ放送する
▶ The game was televised. その試合はテレビで放送された。

cable / CATV ケーブルテレビ
▶ watch a program *on cable* ケーブルテレビで番組を見る

live ライヴ 生(放送)の[で]
▶ The concert was broadcast live. そのコンサートは生放送された。

連語　形容詞 + broadcast
・live broadcast　生放送
・satellite broadcast　衛星放送
・bilingual broadcast　2か国語放送
・nationwide broadcast　全国放送

rerun リーラン 再放送(する)

network ネットワーク 放送網

subscriber サブスクライバ 受信契約者

newscast ニューズキャスト ニュース放送

news bulletin ブレタン ニュース速報

anchor ★ アンカ ニュースキャスター

commentator カメンテイタ 時事解説者

commentary カメンタリ 注釈, 時事解説
▶ The commentator provided background information on the issue. 解説者はその問題の背景となる情報を提供した。

transcription トランスクリプシャン 録音の書き起こし
意味 TOEICのリスニングテストの書き起こしも transcription。「謄本」の意味もある。

narrate ナレイト 語り手を務める
▶ narrator 語り手

番組

program / show プロウグラム 番組
▶ produce a program 番組を作る
quiz show クイズ番組
special 特集番組

documentary ドキュメンタリ 実録(の)
※「文書の」の意味もある。

feature フィーチャ 特集する
▶ The event was featured on TV. その行事はテレビで特集された。

prime time プライム ゴールデンアワー

viewer ビューア 視聴者

rating レイティング 視聴率
▶ The program has a high rating. その番組は視聴率が高い。

emcee エムシー 司会者/司会する
※ MC(司会者=master of ceremony)から派生した語。

TV personality パースナリティ テレビタレント

celebrity セレブリティ 有名人

autograph オートグラフ 〈有名人の〉サイン

ここまでの見出し語数（のべ） **3,051** 語

テレビ・ビデオの操作

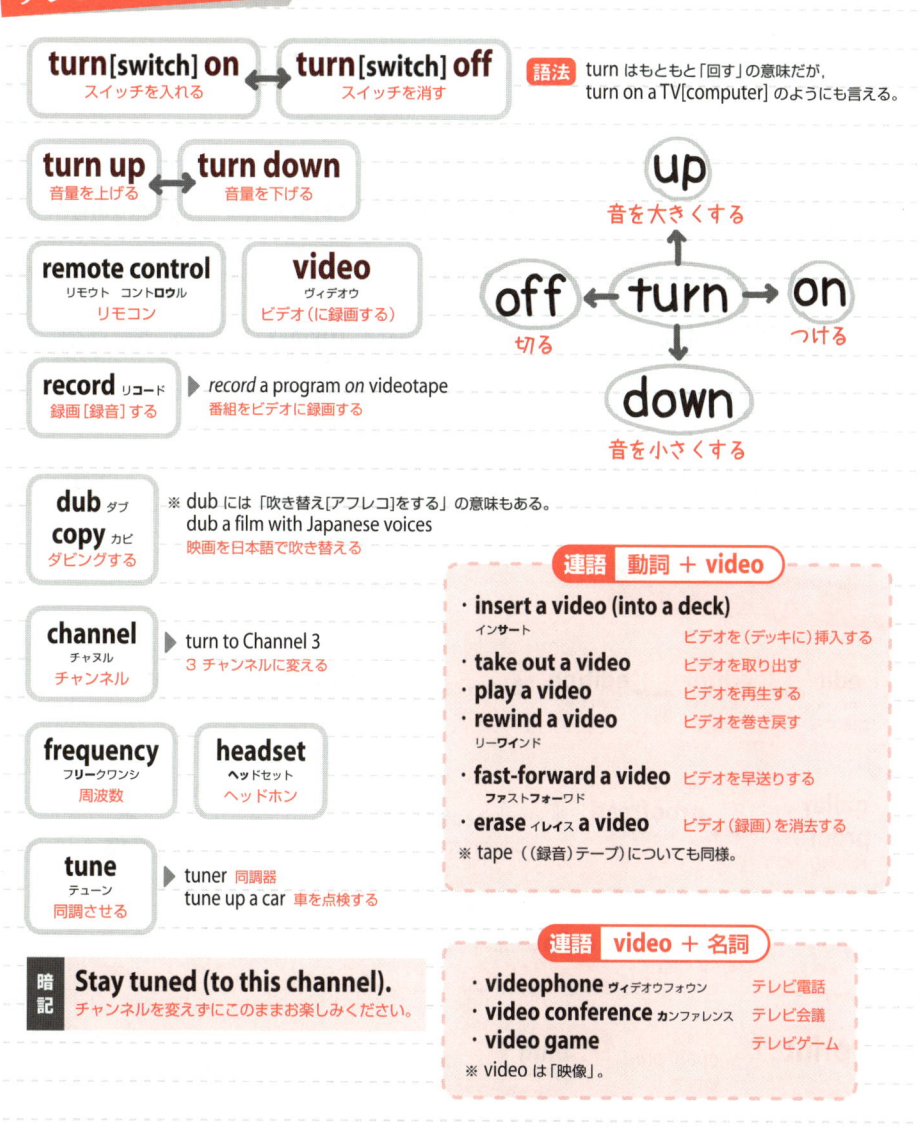

turn[switch] on スイッチを入れる ⇔ **turn[switch] off** スイッチを消す

語法 turn はもともと「回す」の意味だが、turn on a TV[computer] のようにも言える。

turn up 音量を上げる ⇔ **turn down** 音量を下げる

remote control リモウト コントロウル リモコン

video ヴィデオウ ビデオ（に録画する）

turn → up 音を大きくする / off 切る / on つける / down 音を小さくする

record リコード 録画[録音]する
▶ record a program on videotape 番組をビデオに録画する

dub ダブ / **copy** カピ ダビングする
※ dub には「吹き替え[アフレコ]をする」の意味もある。
dub a film with Japanese voices 映画を日本語で吹き替える

channel チャヌル チャンネル
▶ turn to Channel 3 3 チャンネルに変える

frequency フリークワンシ 周波数

headset ヘッドセット ヘッドホン

tune テューン 同調させる
▶ tuner 同調器
tune up a car 車を点検する

暗記 Stay tuned (to this channel). チャンネルを変えずにこのままお楽しみください。

連語 動詞 + video
- **insert a video (into a deck)** インサート ビデオを（デッキに）挿入する
- **take out a video** ビデオを取り出す
- **play a video** ビデオを再生する
- **rewind a video** リーワインド ビデオを巻き戻す
- **fast-forward a video** ファストフォーワド ビデオを早送りする
- **erase** イレイス **a video** ビデオ（録画）を消去する
※ tape （(録音)テープ）についても同様。

連語 video + 名詞
- **videophone** ヴィデオウフォウン テレビ電話
- **video conference** カンファレンス テレビ会議
- **video game** テレビゲーム
※ video は「映像」。

77 本・出版

執筆

- **author** オーサ / **writer** ライタ 著者
- **novelist** ナヴェリスト 小説家
- detective story 探偵 [推理] 小説
- **essayist** エセイスト 随筆家
- **fiction** フィクシャン 作り話
- science fiction SF ⇔ nonfiction 実話

- **work** 作品
- the author's latest work その著者の最新作
- **masterpiece** マスタピース 最高傑作
- **manuscript** マニュスクリプト 原稿
- **pseudonym** スードニム ペンネーム

- **translate** トランスレイト 翻訳する
- *translate* an English novel *into* Japanese 英語の小説を日本語に翻訳する
- **royalty** ロイアルティ 印税
- royalties from a book 本の印税

- **copyright** ★ カピライト 著作権
- infringe copyright 著作権を侵害する
- copyright clearance 著作権の許可
- **piracy** ★ パイラシ 著作権侵害
- ※ pirate は「海賊(行為をする)」。pirated edition は「海賊版」。

編集・製本

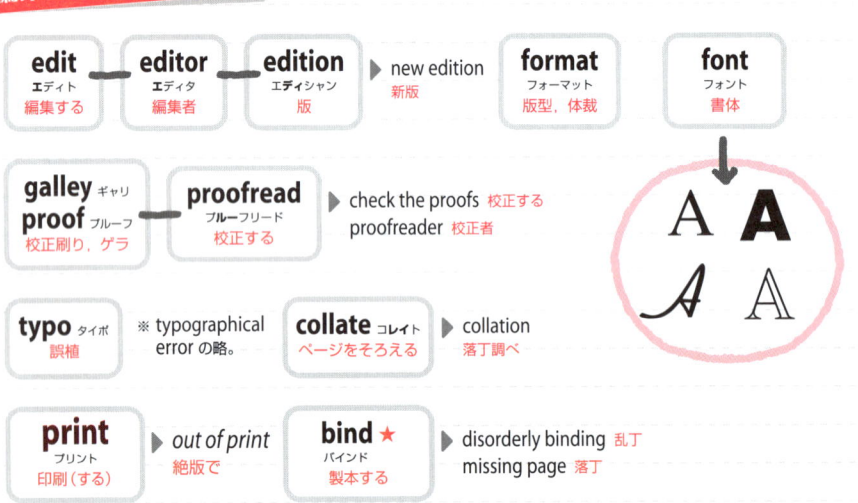

- **edit** エディト 編集する
- **editor** エディタ 編集者
- **edition** エディシャン 版
- new edition 新版
- **format** フォーマット 版型, 体裁
- **font** フォント 書体

- **galley proof** ギャリ プルーフ 校正刷り, ゲラ
- **proofread** プルーフリード 校正する
- check the proofs 校正する
- proofreader 校正者

- **typo** タイポ 誤植
- ※ typographical error の略。
- **collate** コレイト ページをそろえる
- collation 落丁調べ

- **print** プリント 印刷(する)
- out of print 絶版で
- **bind** ★ バインド 製本する
- disorderly binding 乱丁
- missing page 落丁

ここまでの見出し語数(のべ) **3,109** 語

出版

publish パブリシュ 出版する ― **publisher** パブリシャ 出版社 ― **publication** パブリケイシャン 出版
▶ The magazine is published quarterly.
その雑誌は年に4回出版される。

come out 出版される
The book will *come out* soon.
その本はまもなく発売される。

copy カピ / **volume** ヴァリューム 冊
▶ order two copies of the book
その本を2部注文する

revise リヴァイズ 改訂する ▶ revision 改訂
version ヴァージャン 版 ▶ revised version 改訂版
sequel シークワル 続編、後日談
serial シリアル 連載の ▶ serial novel 連載小説

magazine マガジーン 雑誌
periodical ピリアディカル 定期刊行物
issue ★ イシュー 〈刊行物の〉号
▶ the latest[current] issue 最新号
※ 動詞の issue には「出版する」の意味がある。
readership リーダシップ 読者層

本・図書館

bookmark ブックマーク しおり
cover 表紙
spine スパイン 〈本の〉背
leaf リーフ / **page** ペイヂ ページ

pictorial ピクトーリアル 挿し絵入りの
▶ pictorial magazine 絵[写真]入り雑誌

preface プレフィス 序文
contents カンテンツ 目次 ▶ table of contents 目次
index インデクス 索引
supplement サプリマント / **appendix** アペンディクス 付録

chapter チャプタ 章
passage パセヂ 一節
paragraph パラグラフ 段落
sentence センテンス 文
note ノウト 注釈

librarian ライブレアリアン 図書館司書
check out ★ 借り出し手続きを取る ⇔ **check in** ★ 返却手続きを取る
▶ I *checked* a book *out of* the library.
本を1冊図書館から借りた。

78 大学

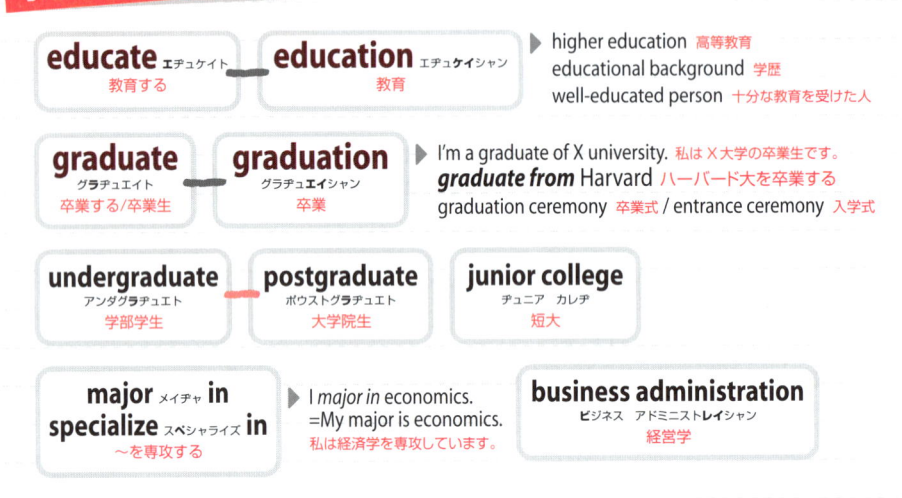

学歴

- **educate** エヂュケイト 教育する
- **education** エヂュケイシャン 教育
  - ▶ higher education 高等教育
  - educational background 学歴
  - well-educated person 十分な教育を受けた人

- **graduate** グラヂュエイト 卒業する/卒業生
- **graduation** グラヂュエイシャン 卒業
  - ▶ I'm a graduate of X university. 私はX大学の卒業生です。
  - **graduate from** Harvard ハーバード大を卒業する
  - graduation ceremony 卒業式 / entrance ceremony 入学式

- **undergraduate** アンダグラヂュエト 学部学生
- **postgraduate** ポウストグラヂュエト 大学院生
- **junior college** ヂュニア カレヂ 短大

- **major** メイヂャ **in** / **specialize** スペシャライズ **in** 〜を専攻する
  - ▶ I *major in* economics. = My major is economics. 私は経済学を専攻しています。
- **business administration** ビジネス アドミニストレイシャン 経営学

学位

- **bachelor** バチェラ 学士
- **master** マスタ 修士
- **doctor** ダクタ 博士

- **degree** ディグリー 学位
- **baccalaureate** バカローリエト 学士号
  - ※ bachelor's degree とも言う。

- **B.A.** 学士号
- **MBA** ★ 経営学修士号
- **Ph.D.** 博士号

※ B.A.＝Bachelor of Art
※ MBA＝Master of Business Administration
※ Ph.D.＝Doctor of Philosophy

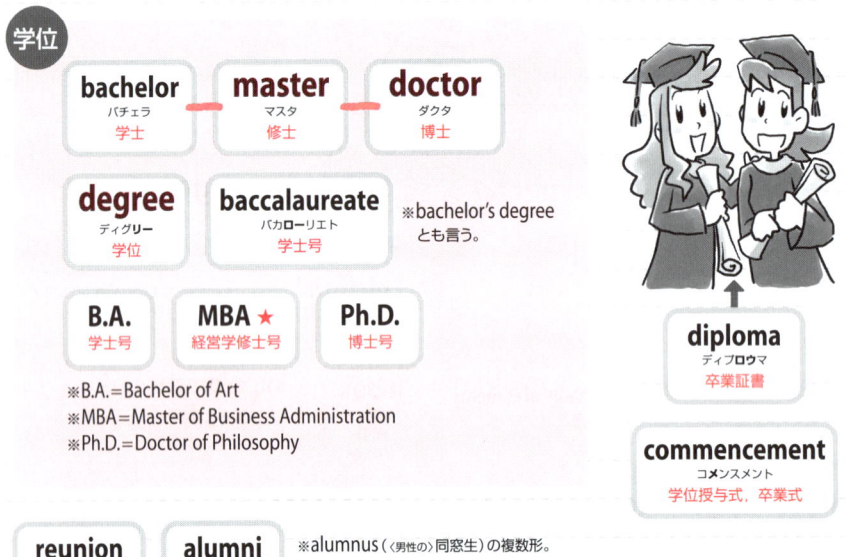

- **diploma** ディプロウマ 卒業証書
- **commencement** コメンスメント 学位授与式, 卒業式

- **reunion** リユーニオン 同窓会
- **alumni** アラムナイ 同窓生
  - ※ alumnus（〈男性の〉同窓生）の複数形。女性の同窓生はalumna。「以前の同僚」の意味でも用いる。

ここまでの見出し語数(のべ) **3,158**語

大学組織・大学生

- **president** プレジデント 学長 ※「大統領」「社長」「議長」などの意味もある。
- **dean** ディーン 学部長
- **department** デパートメント 学部, 学科 ▶ department of literature 文学部[科]
- **faculty** ファカルティ 教授会, 学部 ▶ a member of the faculty 教職員の一人
- **semester** セメスタ 学期 【意味】大学の(前・後期制の)学期のこと。3学期制の学期は term。
- **tuition** テューイシャン / **fee** フィー 授業料
- **scholarship** スカラシップ 奨学金 ▶ win a scholarship 奨学金を得る ※ scholar は「学者」。
- **liberal arts** リベラル アーツ 教養課程
- **course** コース 講座, 課程 ▶ correspondence course 通信講座
- **extension** ★ エクステンシャン 公開講座 【解説】夜間講座・通信教育など, 一般人向けの講座のこと。
- **freshman** フレッシュマン 1年生
- **sophomore** サフォモ 2年生
- **junior** ヂュニア 3年生
- **senior** シニア 4年生
- **campus** キャンパス 大学構内
- **professor** プロフェサ 教授 ▶ assistant professor 准教授
- **lecture** レクチャ 講義(する) ▶ give a lecture 講義をする lecturer レクチャラ 講師
- **seminar** セミナ ゼミ

成績

- **grade** グレイド 成績 ▶ passing grade 及第点 / failing grade 落第点 ※「学年」の意味もある。「〈小学校の〉1年生」は first grader。
- **tutor** テュータ 個人教授(する) ▶ tutorial テュートーリアル 個別指導
- **credit** クレディト 履修単位 ▶ required credit 必修単位 grant a credit 単位を与える
- **prerequisite** プレレクワジト 必修の(科目) ▶ elective subject 選択科目
- **score** スコア 得点(を取る)
- **thesis** シーシス 論文 ▶ doctoral thesis 博士論文 複数形:theses シーシーズ
- **dissertation** ディサテイシャン (博士)論文
- **transcript** ★ トランスクリプト 成績証明書

169

79 農林漁業①

耕作・栽培

- **cultivate** カルティヴェイト 耕す
  - cultivation 耕作
  - cultivator 耕耘機
  - tractor トラクター
- **plow** プラウ / **till** ティル （すきで）耕す
  - plow / fork / spade すき
  - hoe ホウ くわ
- **wheat** ウィート 小麦
  - barley 大麦
  - flour 小麦粉
- **scarecrow** スケアクロウ かかし
- **rake** レイク 熊手/かき集める
- **glean** グリーン 落ち穂拾いをする
- **field** フィールド 畑
- **hay** ヘイ 干し草
- **straw** ストロー わら
- **seed** シード 種
- **sow** ソウ 種(をまく)　混同注意 sew ソウ 縫う / saw ソー のこぎり(でひく)
- **greenhouse** 温室
  - plastic greenhouse ビニールハウス
- **fertilizer** ファーティライザ 肥料
- **compost** カムポウスト 堆肥
- **pesticide** ペスティサイド 殺虫剤
  - ※ -cide= ～殺し
  - ・herbicide 除草剤 ハービサイド
- **weed-killer** ウィードキラ 除草剤
- **grow** グロウ / **raise** レイズ 栽培[飼育]する
  - grow[raise] vegetables 野菜を栽培する
  - grow[raise] cattle 牛を飼育する
- **force** フォース 促成栽培する
  - force tomatoes トマトを促成栽培する
- **harvest** ハーヴェスト / **reap** リープ 収穫(する)
  - harvest a crop 作物を収穫する
- **pick** 摘む、収穫する
  - pick strawberries イチゴを摘む
- **grind** グラインド 〈うすで〉ひく
  - *grind* barley *into* flour 大麦をひいて粉にする
  - ※過去形・過去分詞は ground グラウンド。たとえば ground meat（ひき肉）の ground を「地面」と誤解しないように。
- **brew** ブルー 醸造(する)
  - brewery ブルーアリ 〈ビールなどの〉醸造所

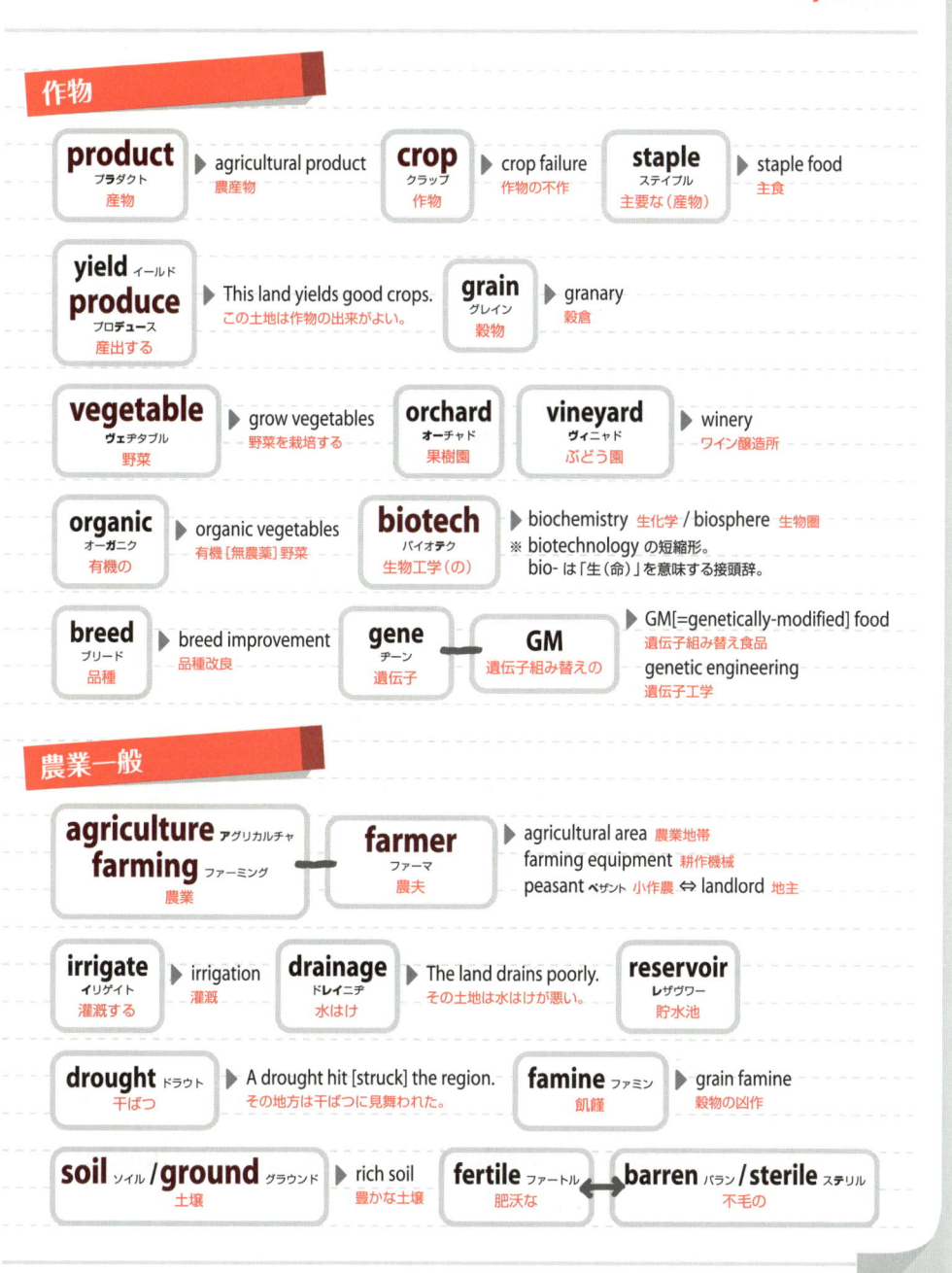

ここまでの見出し語数(のべ) **3,210** 語

作物

- **product** プ**ラ**ダクト 産物 ▶ agricultural product 農産物
- **crop** ク**ラ**ップ 作物 ▶ crop failure 作物の不作
- **staple** ス**テ**イブル 主要な(産物) ▶ staple food 主食
- **yield** イールド / **produce** プロ**デュ**ース 産出する ▶ This land yields good crops. この土地は作物の出来がよい。
- **grain** グ**レ**イン 穀物 ▶ granary 穀倉
- **vegetable** ヴェ**ヂ**タブル 野菜 ▶ grow vegetables 野菜を栽培する
- **orchard** オ**ー**チャド 果樹園
- **vineyard** ヴィニャド ぶどう園 ▶ winery ワイン醸造所
- **organic** オー**ガ**ニク 有機の ▶ organic vegetables 有機[無農薬]野菜
- **biotech** バイオテク 生物工学(の) ▶ biochemistry 生化学 / biosphere 生物圏
  ※ biotechnology の短縮形。bio- は「生(命)」を意味する接頭辞。
- **breed** ブ**リ**ード 品種 ▶ breed improvement 品種改良
- **gene** ヂ**ー**ン 遺伝子 ― **GM** 遺伝子組み換えの ▶ GM[=genetically-modified] food 遺伝子組み替え食品
  genetic engineering 遺伝子工学

農業一般

- **agriculture** ア**グ**リカルチャ / **farming** ファーミング 農業 ― **farmer** ファーマ 農夫 ▶ agricultural area 農業地帯
  farming equipment 耕作機械
  peasant ペザント 小作農 ⇔ landlord 地主
- **irrigate** イリゲイト 灌漑する ▶ irrigation 灌漑
- **drainage** ド**レ**イニヂ 水はけ ▶ The land drains poorly. その土地は水はけが悪い。
- **reservoir** レザヴワー 貯水池
- **drought** ド**ラ**ウト 干ばつ ▶ A drought hit [struck] the region. その地方は干ばつに見舞われた。
- **famine** ファミン 飢饉 ▶ grain famine 穀物の凶作
- **soil** ソイル / **ground** グ**ラ**ウンド 土壌 ▶ rich soil 豊かな土壌
- **fertile** ファートル 肥沃な ⇔ **barren** バラン / **sterile** ステリル 不毛の

80 農林漁業②

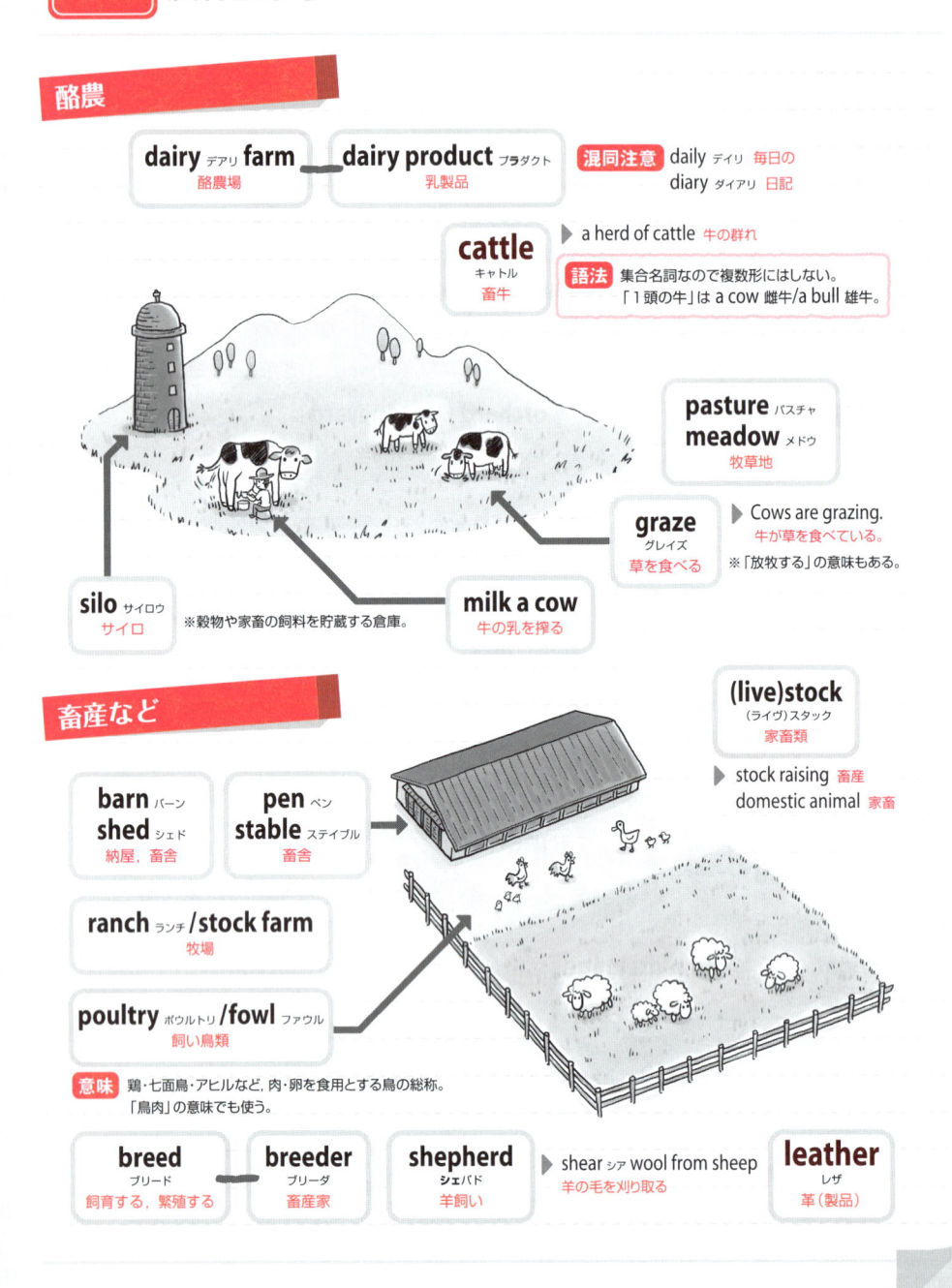

酪農

- **dairy** デアリ **farm** 酪農場
- **dairy product** プロダクト 乳製品
- 混同注意: daily デイリ 毎日の / diary ダイアリ 日記
- **cattle** キャトル 畜牛
  - ▶ a herd of cattle 牛の群れ
  - 語法: 集合名詞なので複数形にはしない。「1頭の牛」は a cow 雌牛/a bull 雄牛。
- **pasture** パスチャ / **meadow** メドウ 牧草地
- **graze** グレイズ 草を食べる
  - ▶ Cows are grazing. 牛が草を食べている。
  - ※「放牧する」の意味もある。
- **silo** サイロウ サイロ ※穀物や家畜の飼料を貯蔵する倉庫。
- **milk a cow** 牛の乳を搾る

畜産など

- **(live)stock** (ライヴ)スタック 家畜類
  - ▶ stock raising 畜産
  - domestic animal 家畜
- **barn** バーン / **shed** シェド 納屋, 畜舎
- **pen** ペン / **stable** ステイブル 畜舎
- **ranch** ランチ / **stock farm** 牧場
- **poultry** ポウルトリ / **fowl** ファウル 飼い鳥類
  - 意味: 鶏・七面鳥・アヒルなど, 肉・卵を食用とする鳥の総称。「鳥肉」の意味でも使う。
- **breed** ブリード 飼育する, 繁殖する
- **breeder** ブリーダ 畜産家
- **shepherd** シェパド 羊飼い
- ▶ shear シア wool from sheep 羊の毛を刈り取る
- **leather** レザ 革(製品)

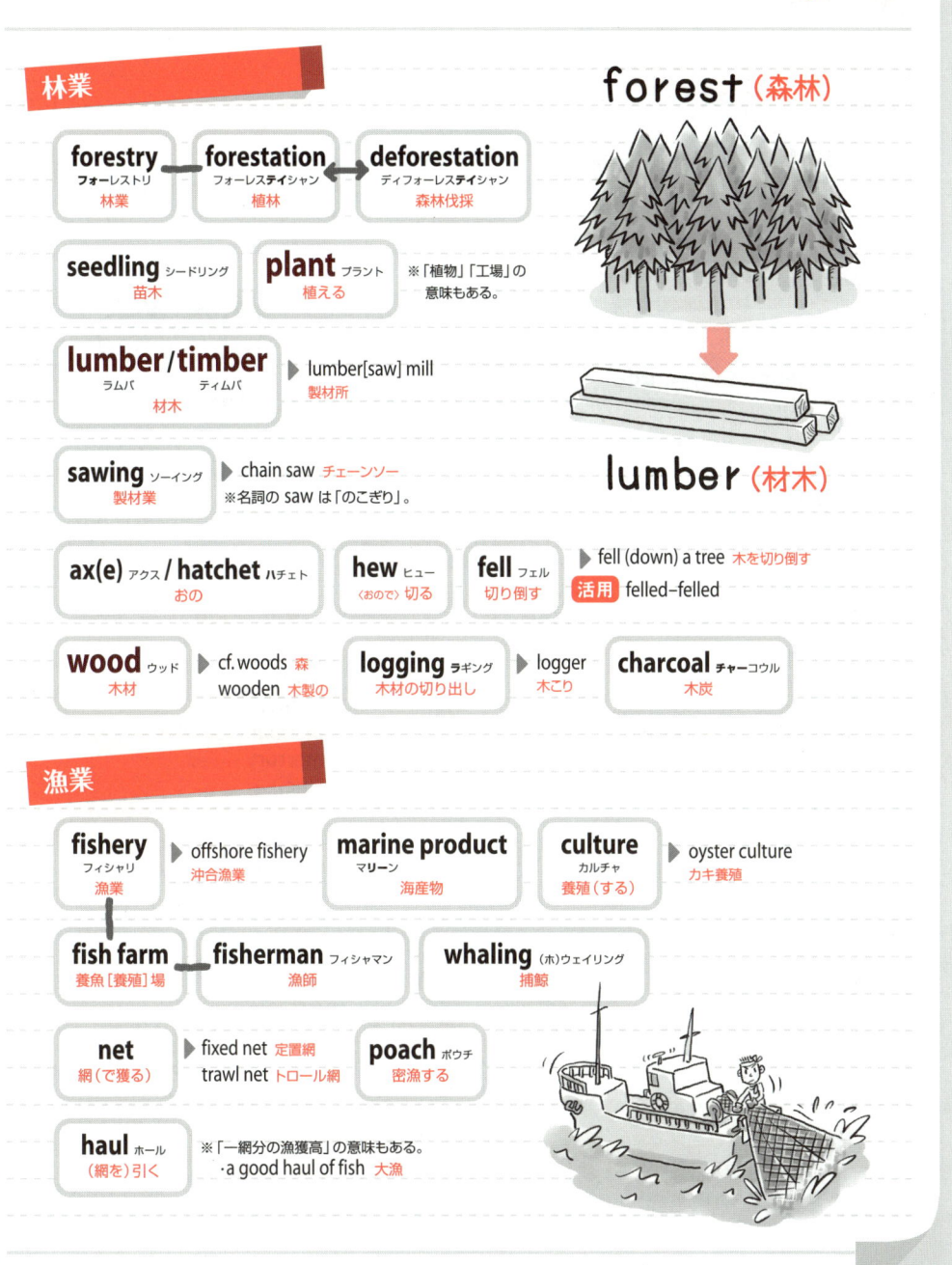

ここまでの見出し語数(のべ) **3,256**語

林業

forest（森林）

- **forestry** フォーレストリ 林業 ⟷ **forestation** フォーレステイシャン 植林 ⟷ **deforestation** ディフォーレステイシャン 森林伐採
- **seedling** シードリング 苗木
- **plant** プラント 植える　※「植物」「工場」の意味もある。
- **lumber / timber** ラムバ ／ ティンバ 材木 ▶ lumber[saw] mill 製材所
- **sawing** ソーイング 製材業 ▶ chain saw チェーンソー　※名詞の saw は「のこぎり」。
- **ax(e)** アクス ／ **hatchet** ハチェト おの
- **hew** ヒュー 〈おので〉切る
- **fell** フェル 切り倒す ▶ fell (down) a tree 木を切り倒す　活用 felled–felled
- **wood** ウッド 木材 ▶ cf. woods 森　wooden 木製の
- **logging** ラギング 木材の切り出し ▶ **logger** 木こり
- **charcoal** チャーコウル 木炭

lumber（材木）

漁業

- **fishery** フィシャリ 漁業 ▶ offshore fishery 沖合漁業
- **marine product** マリーン 海産物
- **culture** カルチャ 養殖（する） ▶ oyster culture カキ養殖
- **fish farm** 養魚[養殖]場
- **fisherman** フィシャマン 漁師
- **whaling** (ホ)ウェイリング 捕鯨
- **net** 網（で獲る） ▶ fixed net 定置網　trawl net トロール網
- **poach** ポウチ 密漁する
- **haul** ホール （網を）引く　※「一網分の漁獲高」の意味もある。・a good haul of fish 大漁

173

81 資源・工業

資源・金属

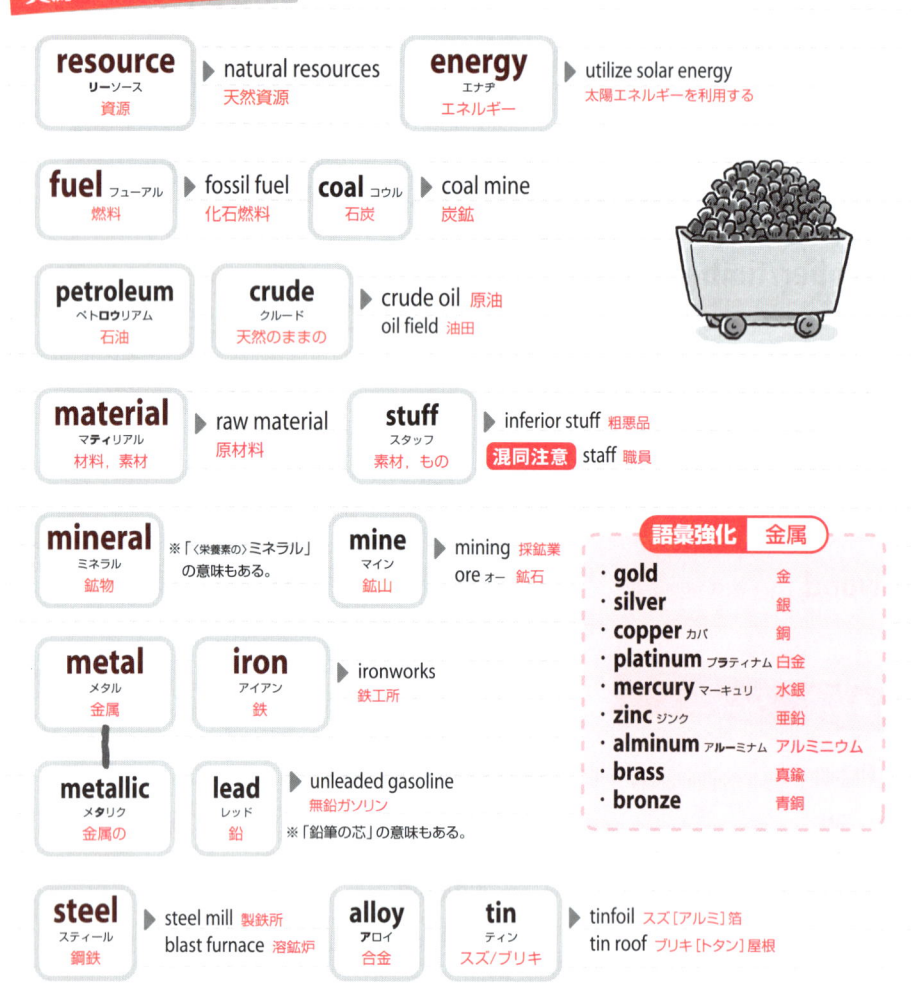

- **resource** リソース 資源 ▶ natural resources 天然資源
- **energy** エナヂ エネルギー ▶ utilize solar energy 太陽エネルギーを利用する
- **fuel** フューアル 燃料 ▶ fossil fuel 化石燃料
- **coal** コウル 石炭 ▶ coal mine 炭鉱
- **petroleum** ペトロウリアム 石油
- **crude** クルード 天然のままの ▶ crude oil 原油 / oil field 油田
- **material** マティリアル 材料, 素材 ▶ raw material 原材料
- **stuff** スタッフ 素材, もの ▶ inferior stuff 粗悪品 〔混同注意〕staff 職員
- **mineral** ミネラル 鉱物 ※「〈栄養素の〉ミネラル」の意味もある。
- **mine** マイン 鉱山 ▶ mining 採鉱業 / ore オー 鉱石
- **metal** メタル 金属
- **iron** アイアン 鉄 ▶ ironworks 鉄工所
- **metallic** メタリク 金属の
- **lead** レッド 鉛 ▶ unleaded gasoline 無鉛ガソリン ※「鉛筆の芯」の意味もある。
- **steel** スティール 鋼鉄 ▶ steel mill 製鉄所 / blast furnace 溶鉱炉
- **alloy** アロイ 合金
- **tin** ティン スズ/ブリキ ▶ tinfoil スズ[アルミ]箔 / tin roof ブリキ[トタン]屋根

語彙強化 金属
- gold 金
- silver 銀
- copper カパ 銅
- platinum プラティナム 白金
- mercury マーキュリ 水銀
- zinc ジンク 亜鉛
- alminum アルーミナム アルミニウム
- brass 真鍮
- bronze 青銅

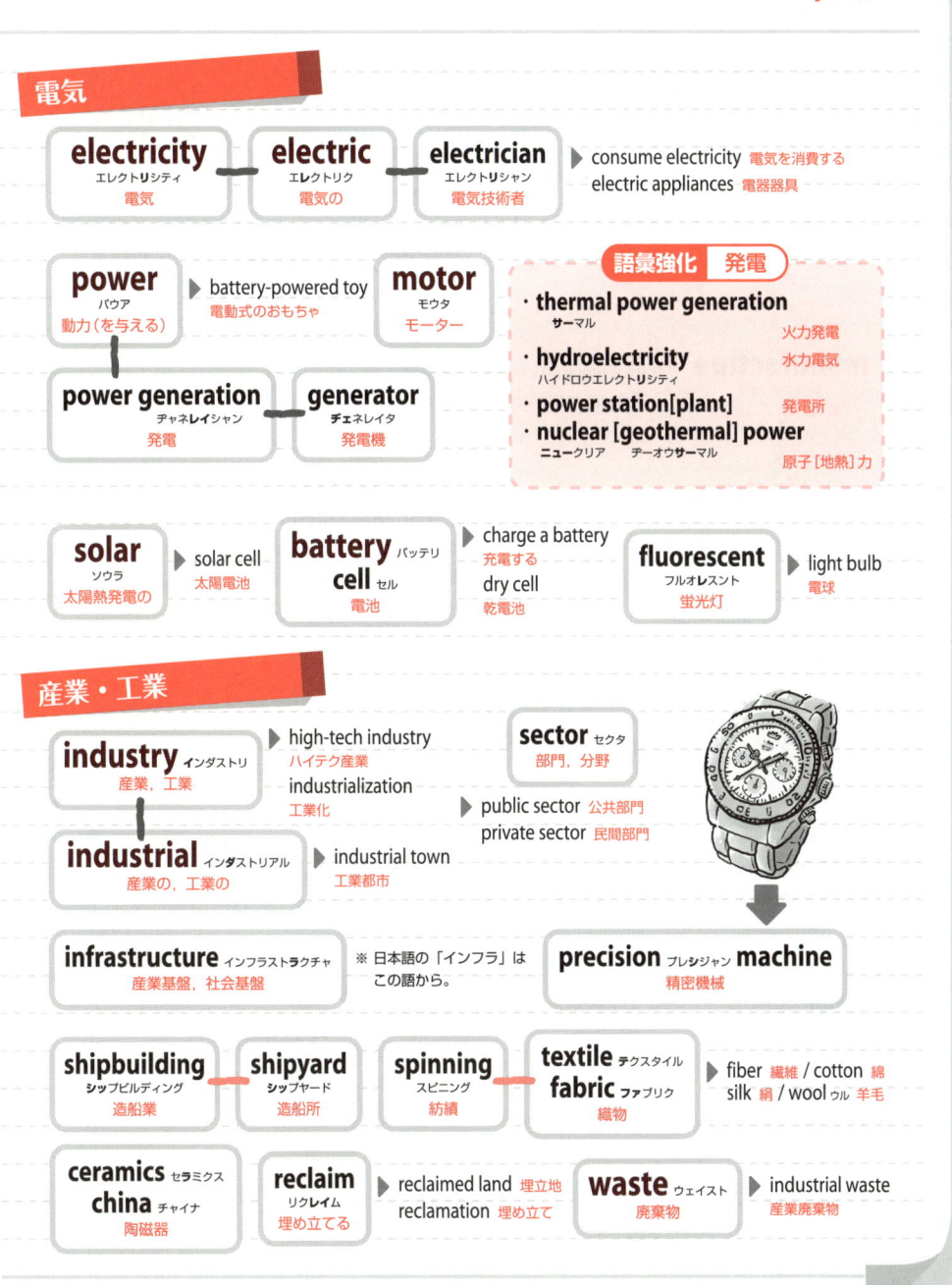

ここまでの見出し語数(のべ) **3,298**語

電気

electricity エレクトリシティ 電気 — **electric** エレクトリク 電気の — **electrician** エレクトリシャン 電気技術者
▶ consume electricity 電気を消費する
electric appliances 電器器具

power パウア 動力(を与える) ▶ battery-powered toy 電動式のおもちゃ　**motor** モウタ モーター

power generation ヂェネレイシャン 発電 — **generator** ヂェネレイタ 発電機

語彙強化　発電
・**thermal power generation** サーマル　火力発電
・**hydroelectricity** ハイドロウエレクトリシティ　水力電気
・**power station[plant]**　発電所
・**nuclear [geothermal] power** ニュークリア　ヂーオウサーマル　原子[地熱]力

solar ソウラ 太陽熱発電の ▶ solar cell 太陽電池　**battery** バッテリ **cell** セル 電池 ▶ charge a battery 充電する / dry cell 乾電池　**fluorescent** フルオレスント 蛍光灯 ▶ light bulb 電球

産業・工業

industry インダストリ 産業，工業 ▶ high-tech industry ハイテク産業 / industrialization 工業化
sector セクタ 部門，分野 ▶ public sector 公共部門 / private sector 民間部門

industrial インダストリアル 産業の，工業の ▶ industrial town 工業都市

infrastructure インフラストラクチャ 産業基盤，社会基盤　※日本語の「インフラ」はこの語から。

precision プレシジャン **machine** 精密機械

shipbuilding シップビルディング 造船業 — **shipyard** シップヤード 造船所　**spinning** スピニング 紡績 — **textile** テクスタイル **fabric** ファブリク 織物 ▶ fiber 繊維 / cotton 綿 / silk 絹 / wool ウル 羊毛

ceramics セラミクス **china** チャイナ 陶磁器　**reclaim** リクレイム 埋め立てる ▶ reclaimed land 埋立地 / reclamation 埋め立て　**waste** ウェイスト 廃棄物 ▶ industrial waste 産業廃棄物

82 製造・生産

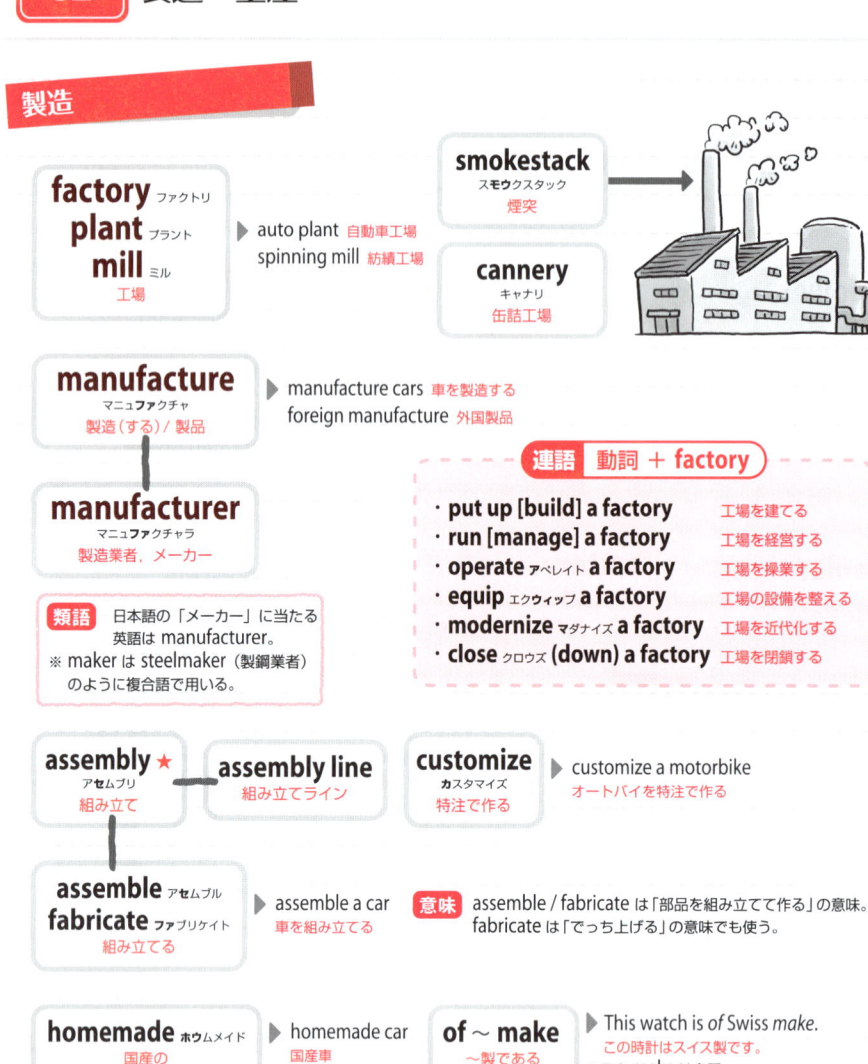

製造

factory ファクトリ
plant プラント
mill ミル
工場

▶ auto plant 自動車工場
spinning mill 紡績工場

smokestack ス**モ**ウクスタック
煙突

cannery キャナリ
缶詰工場

manufacture マニュ**ファ**クチャ
製造(する)/製品

▶ manufacture cars 車を製造する
foreign manufacture 外国製品

manufacturer マニュ**ファ**クチャラ
製造業者, メーカー

【連語】動詞 + factory
- put up [build] a factory　工場を建てる
- run [manage] a factory　工場を経営する
- operate ア**ペ**レイト a factory　工場を操業する
- equip エ**クウィ**ップ a factory　工場の設備を整える
- modernize **マ**ダナイズ a factory　工場を近代化する
- close ク**ロ**ウズ (down) a factory　工場を閉鎖する

【類語】日本語の「メーカー」に当たる英語は manufacturer。
※ maker は steelmaker (製鋼業者) のように複合語で用いる。

assembly ★ ア**セ**ンブリ
組み立て

assembly line
組み立てライン

customize **カ**スタマイズ
特注で作る

▶ customize a motorbike
オートバイを特注で作る

assemble ア**セ**ンブル
fabricate **ファ**ブリケイト
組み立てる

▶ assemble a car
車を組み立てる

【意味】assemble / fabricate は「部品を組み立てて作る」の意味。fabricate は「でっち上げる」の意味でも使う。

homemade **ホ**ウムメイド
国産の

▶ homemade car
国産車

of ~ make
~製である

▶ This watch is *of* Swiss *make*.
この時計はスイス製です。
※この make は名詞。

foreign-made
外国製の

ここまでの見出し語数(のべ) **3,332**語

加工

- **process** プロセス 加工する → metal processing 金属加工
- **artificial** アーティフィシャル 人工の → artificial turf 人工芝
- **synthetic** シンセティック 合成の → synthetic fiber 合成繊維
- **manual** マニュアル 手(細工)の → manual control 手動制御
- **artifact** アーティファクト 人工品
- **glassware** グラスウェア ガラス製品

語形成 - ware ～製品
- china**ware** 磁器, 陶器
- hard**ware** 金物類
- table**ware** 卓上食器類
- kitchen**ware** 台所用品

- **grind** グラインド 研ぐ, 磨く → grind a lens レンズを研磨する　活用 ground-ground
- **polish** パリシュ 磨く/磨き剤 → polish a jewel 宝石を磨く
- **coat** コウト 表面に塗る → coating 塗装 / lacquer ラッカー
- **plate** プレイト めっきする → gold-plated statue 金めっきの像
- **rust** ラスト さび → remove rust さびを落とす / rusty drainpipe さびた排水管
- **luster** ラスタ / **gloss** グラス 光沢 → lustrous cloth 光沢のある布

生産

- **produce** プロデュース 生産する
- **product** プロダクト 製品
- **production** プロダクション 生産
- **productivity** プロダクティヴィティ 生産性

- produce cars 自動車を生産する
- industrial products 工業製品
- mass production 大量生産
- improve productivity 生産性を向上させる

連語 動詞 + product
- **develop** デヴェラプ a new product 新製品を開発する
- **diversify** ディヴァーシファイ one's products 製品を多様化する
- **improve** インプルーヴ one's product 製品を改良する
- **promote** プロモウト a new product 新製品を売り込む
- **test-market** a new product 新製品を試験販売する
- **unveil** アンヴェイル a new product 新製品を初公開する

- **turn out** 生産する
- **output** ★ アウトプット 生産高
  → The factory *turns out* 1,000 cars a day.
  = The factory has an *output* of 1,000 cars a day.
  その工場では1日に1,000台の車を生産する。

177

83 機械

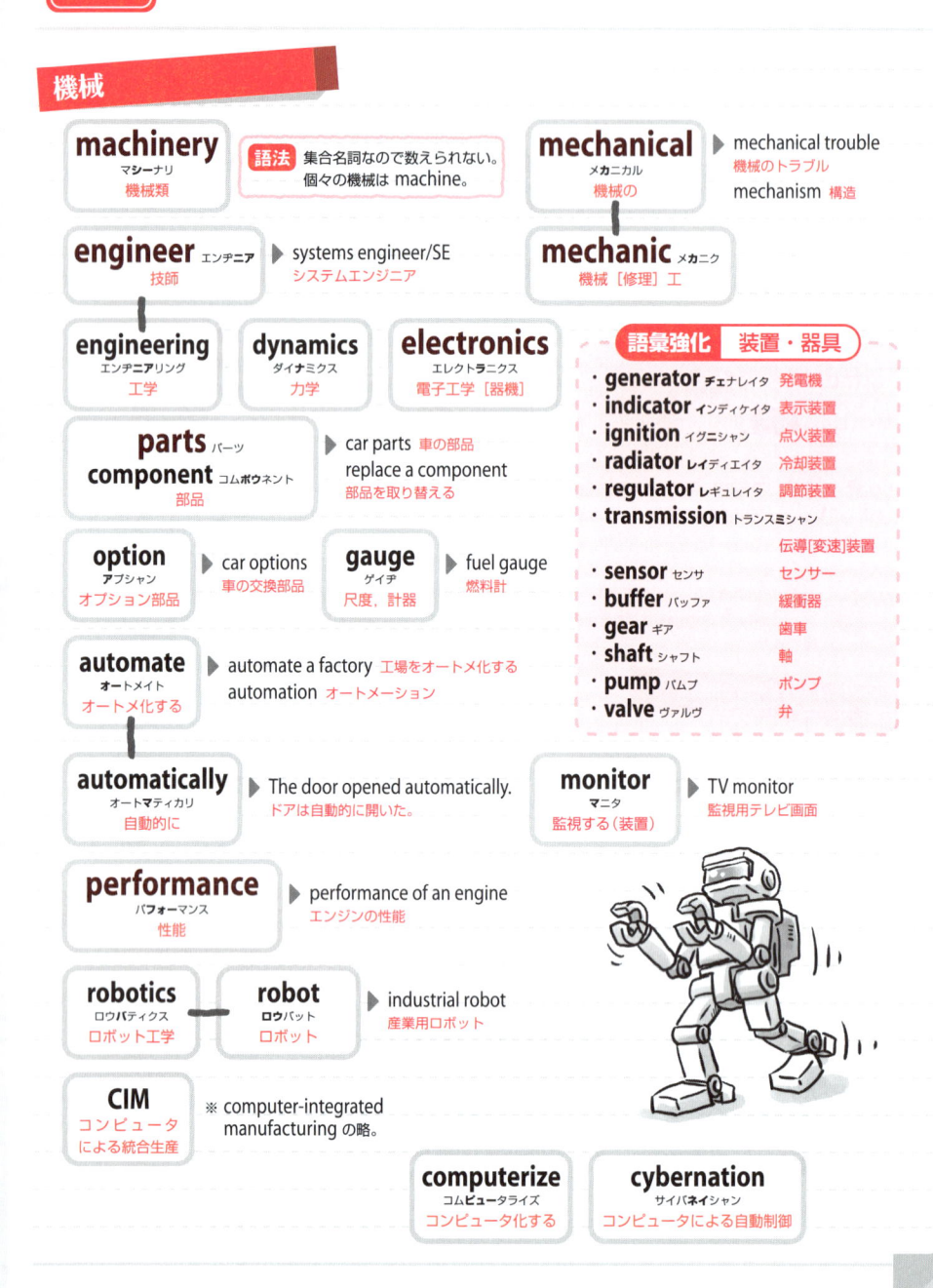

機械

machinery マシーナリ 機械類
語法 集合名詞なので数えられない。個々の機械は machine。

mechanical メカニカル 機械の
▶ mechanical trouble 機械のトラブル
mechanism 構造

engineer エンヂニア 技師
▶ systems engineer/SE システムエンジニア

mechanic メカニク 機械[修理]工

engineering エンヂニアリング 工学

dynamics ダイナミクス 力学

electronics エレクトラニクス 電子工学[器機]

parts パーツ / **component** コムポウネント 部品
▶ car parts 車の部品
replace a component 部品を取り替える

option アプシャン オプション部品
▶ car options 車の交換部品

gauge ゲイヂ 尺度, 計器
▶ fuel gauge 燃料計

automate オートメイト オートメ化する
▶ automate a factory 工場をオートメ化する
automation オートメーション

automatically オートマティカリ 自動的に
▶ The door opened automatically. ドアは自動的に開いた。

monitor マニタ 監視する(装置)
▶ TV monitor 監視用テレビ画面

performance パフォーマンス 性能
▶ performance of an engine エンジンの性能

robotics ロウバティクス ロボット工学

robot ロウバット ロボット
▶ industrial robot 産業用ロボット

CIM コンピュータによる統合生産
※ computer-integrated manufacturing の略。

computerize コムピュータライズ コンピュータ化する

cybernation サイバネイシャン コンピュータによる自動制御

語彙強化 装置・器具

- **generator** ヂェナレイタ 発電機
- **indicator** インディケイタ 表示装置
- **ignition** イグニシャン 点火装置
- **radiator** レイディエイタ 冷却装置
- **regulator** レギュレイタ 調節装置
- **transmission** トランスミシャン 伝導[変速]装置
- **sensor** センサ センサー
- **buffer** バッファ 緩衝器
- **gear** ギア 歯車
- **shaft** シャフト 軸
- **pump** パンプ ポンプ
- **valve** ヴァルヴ 弁

ここまでの見出し語数(のべ) **3,371** 語

故障

work 作動する
▶ The copier doesn't work.
コピー機が動かない。

break down 故障する
▶ My computer *broke down [crashed]*.
私のパソコンは故障した。

out of order 〈機械が〉故障して
▶ My computer is *out of order*.
=*Something is wrong with* my computer.
私のパソコンは故障している。

語法 ※パソコンのマウスのような小さな装置の故障には broken を使う。

failure フェイリュア 故障
▶ failure investigation 故障調査
  power failure 停電

malfunction ★ マルファンクション 機能不全, 故障
▶ computer malfunction
  コンピュータの誤作動

stoppage スタッピヂ 中止, 故障
▶ the stoppage of work 作業の中止

worn ウォーン 摩耗した
▶ worn cord すり切れたコード

idle アイドル 稼動していない
▶ idle machinery 遊んでいる機械
  idle money 遊休資金

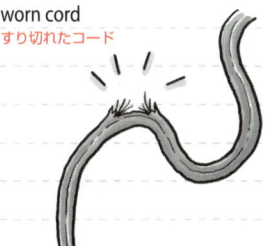

downtime ダウンタイム 作業休止時間

解説 機械の故障などにより作業が中断した時間のこと。

修理

repair リペア
mend メンド
fix フィクス
修理する

類語 《米》では機械類の修理には repair / fix を使い, mend は「〈服などを〉繕う」の意味で使う。《英》では mend が幅広く使われる。

overhaul オウヴァホール 整備[点検]する

troubleshoot トラブルシュート 故障を検査[修理]する

adjust アヂャスト
tune up テューン アップ
調整する
▶ adjust a timer タイマーを調節する
  adjustment 調節
  tune up a car 車を点検する

maintenance メインテナンス メンテナンス
▶ maintenance man 保守担当者

dismantle ディスマントル
take down 解体する
▶ dismantle a machine 機械を解体する
  cf. dismantle a conference room
  会議室の備品を片付ける

specs スペクス 仕様(書)
※ *specifications* の略。

84 品質

品質管理

- **quality** クワリティ (品)質
- **quality control** コントロウル /QC 品質管理

※quality には「高品質の」の意味もある。
- quality goods 高級品
- quality paper 高級紙[新聞]

- **standard** スタンダド 標準, 規格
- **standardize** スタンダダイズ 規格化する
  - ▶ minimum standards 最低基準
  - standardize computer parts コンピューター部品を規格化する
- **benchmark** ベンチマーク 基準点, 尺度

- **proof** プルーフ 品質検査 ▶ stand the proof 検査に合格する
- **endurance** エンデュアランス 耐久性 ▶ endurance test 耐久試験
- **guidelines** ガイドラインズ 指針 ▶ follow a guideline 指針に従う

- **hallmark** ホールマーク 品質証明 ▶ bear the hallmark of 〜の折り紙つきである
- **caliber** カリバ 優秀性, 品質 ▶ computer of high caliber 高品質のコンピューター

- **differentiate** ディファレンシエイト 差別化する
  - 暗記 **How can we differentiate our products?** 当社の製品をどうしたら差別化できますか。

- **genuine** チェニュイン / **authentic** オーセンティク 本物の
  - ▶ genuine diamond 本物のダイヤモンド
  - authentic signature 本人の署名

genuine (本物の)

- **false** フォールス / **fake** フェイク / **phony** フォウニ / **bogus** ボウガス にせの
  - ▶ disseminate false information 偽りの情報を流す
  - fake[phony] jewel にせの宝石
  - bogus bill にせ札

語形成 -proof/-resistant 〜に耐える
- quake*proof* 耐震性の
- sound*proof* 防音の
- crush*proof* 〈箱が〉つぶれない
- child*proof* 子供には使えない / 子供にとって安全な
- fire-*resistant* 耐火性の
- heat-*resistant* 耐熱性の

語形成 -friendly 〜に優しい / -oriented 〜志向の
- earth-friendly 地球に優しい
- user-friendly 使い勝手のよい
- reader-friendly 読者本位の
- consumer-oriented 消費者本位の
- job-oriented 仕事志向の
- family-oriented 家族向けの

製品の性質を表す形容詞

単語	意味	例・説明
portable ポータブル	携帯用の	portable television 携帯用テレビ
hand-held ハンドヘルド ★	手で持てる大きさの	hand-held game 携帯ゲーム
handy ハンディ	使いやすい，便利な	handy dictionary 使いやすい辞書 / come in handy 役立つ
mobile モウバル	移動式の	mobile home 移動式住宅 / mobility 機動性
disposable ディスポウザブル	使い捨ての	disposable lighter 使い捨てライター
versatile バーサトゥル ★	万能の，多用途の	versatile knife 万能ナイフ / cf. versatile player 万能選手
adjustable アヂャスタブル	調節できる	adjustable seat belt 調節可能なシートベルト
reversible リヴァーシブル	両面が使える	reversible jacket 裏返しても着られるジャケット
retractable リトラクタブル	格納式の	retractable knife カッターナイフ
durable デュアラブル	耐久性のある	durable shoes 長持ちする靴 / durability 耐久性
thermal サーマル	保温性の高い	thermal underwear 防寒用下着
energy-saving エナヂセイヴィング	省エネの	energy-saving car 省エネ車
decomposable デカムポウザブル	分解可能な	decomposable plastic 分解性プラスチック ※動詞は decompose 〈化学変化によって〉分解する［土に返る］。
shape-memory シェイプメモリ	形状記憶の	shape-memory alloy 形状記憶合金
digital ディヂタル	デジタル式の	digital camera デジカメ / ⇔analog アナログ式の
waterproof ワタプルーフ	防水の	waterproof camera 防水カメラ
ecofriendly エコウフレンドリ	環境に優しい	ecofriendly detergent 環境に優しい洗剤
user-oriented ユーザオーリエンティド	ユーザー本位の	user-oriented service ユーザー本位のサービス

ここまでの見出し語数(のべ) **3,407** 語

85 研究開発

研究一般

R&D ★ 研究開発 — ※ research and development の略。

research リサーチ 調査，研究 ▶ carry on marketing research 市場調査を行う

field フィールド 分野 ▶ field of study 研究分野

institute インスティテュート 機関，研究所
- 意味：研究のための機関・学会・協会などを意味する（例：marine institute＝海洋研究所）。形が似ている institution は，社会的な機関・施設などを指す（例：charity institution＝慈善団体）。

experiment エクスペリメント 実験（する） ▶ experiment on animals 動物実験（をする）
- 混同注意 experience 経験（する）

lab(oratory) ラブ［ラボラトリ］ 実験室，研究所 ▶ chemical laboratory 化学実験室 / laboratory data 検査値

physics フィジクス 物理学 — **biology** バイアラヂ 生物学 — **chemistry** ケミストリ 化学
▶ physicist 物理学者 / biologist 生物学者 / chemist 化学者

prototype プロウトタイプ 原型，試作品 ▶ design a prototype of a car 試作車を設計する

mock-up マッカブ 実物大模型 — ※ life-sized[full-scale] model とも言う。scale model は「縮尺模型」。

technology テクナロヂ 科学技術 — **high-tech** ハイテク ハイテクの ▶ high-tech industry ハイテク産業

breakthrough ブレイクスルー 大躍進 ▶ technological breakthrough 技術上の一大進歩

pilot ★ パイラット 試験的な/試行する — **pilot plant** パイロットプラント
- 解説 本格的な生産の前に試験生産を行うための工場のこと。新商品への消費者の反応を見るために試験的に出す店は pilot[antenna] shop。

aerospace エアロウスペイス 航空宇宙（産業）
telecommunication テレコミュニケイシャン 電気［遠隔］通信
optical アプティカル 光学の ▶ optical fiber 光ファイバー
semiconductor セミコンダクタ 半導体

R&D
research（研究）↑ ↑development（開発）

ここまでの見出し語数(のべ) **3,440** 語

研究開発に関する動詞

単語	意味	例・説明	派生語など
develop デヴェロプ	開発する	develop a new drug 新薬を開発する	development 開発
exploit エクスプロイト	開発する	exploit natural resources 天然資源を開発する	exploitation 開発
invent インヴェント	発明する	invent a new machine 新しい機械を発明する cf. invent an excuse 言い訳をでっち上げる	invention 発明
devise デヴァイズ **work out**	考案する	devise a new method 新しい方法を考案する *work out* a new system 新システムを考案する	device デヴァイス 装置
improve インプルーヴ	改善する	improve a machine 機械を改良する	improvement 改良
upgrade アップグレイド	性能を高める	upgrade productivity 生産性を高める	⇔degrade 等級を落とす
innovate イノヴェイト	革新する	innovate an old system 旧システムを刷新する	innovation 革新
downsize ダウンサイズ	小型化する	downsize a company 会社を縮小する	downsized car 小型自動車
introduce イントロデュース	導入する	introduce a new system 新システムを導入する	introduction 導入
simulate シミュレイト	模擬実験する	simulate an accident 事故をシミュレーションする	simulation シミュレーション
analyze アナライズ	分析する	analyze the data closely データを詳しく分析する	analysis アナリシス 分析

特許

patent パテント 特許

▶ He has *a patent for* this product.
彼はこの製品の特許を持っている。

連語 動詞 + patent

- **apply for** a patent アプライ 特許を出願する
- **file[lodge]** a patent ファイル ラッヂ 特許を申請する
- **award[grant]** a patent アウォード 特許を与える
- **hold[own]** a patent 特許を持っている
- **infringe[violate]** a patent インフリンヂ ヴァイオレイト 特許を侵害する

Stage 7 確認テスト

次のそれぞれの語句の意味を答えてください。

No	単語	品詞	
1	agriculture	名	( )
2	allegedly	副	( )
3	anchor	名	( )
4	artificial	形	( )
5	broadcast	動	( )
6	chemistry	名	( )
7	copyright	名	( )
8	dairy product		( )
9	disposable	形	( )
10	durable	形	( )
11	electricity	名	( )
12	emcee	動	( )
13	engineering	名	( )
14	experiment	名	( )
15	fertilizer	名	( )
16	genuine	形	( )
17	headline	名	( )
18	improve	動	( )
19	lab	名	( )
20	lecture	名	( )

No	単語	品詞	
21	librarian	名	( )
22	lumber	名	( )
23	malfunction	名	( )
24	manufacturer	名	( )
25	marine product		( )
26	MBA	名	( )
27	output	名	( )
28	postgraduate	名	( )
29	press release		( )
30	productivity	名	( )
31	publish	動	( )
32	quality control		( )
33	R&D		( )
34	reclaim	動	( )
35	resource	名	( )
36	revise	動	( )
37	specs	名	( )
38	transcript	名	( )
39	tuition	名	( )
40	waterproof	形	( )

正解は282ページ

Stage 8

86	競争・優劣
87	対立・害
88	可能性・成功・失敗
89	制約・妨害
90	作成・使用
91	能力・技術
92	程度・範囲①
93	程度・範囲②
94	量・種類
95	数字・尺度・比率
96	部分・変更
97	関連・適合
98	因果関係
99	存在・生起
100	所有・保持

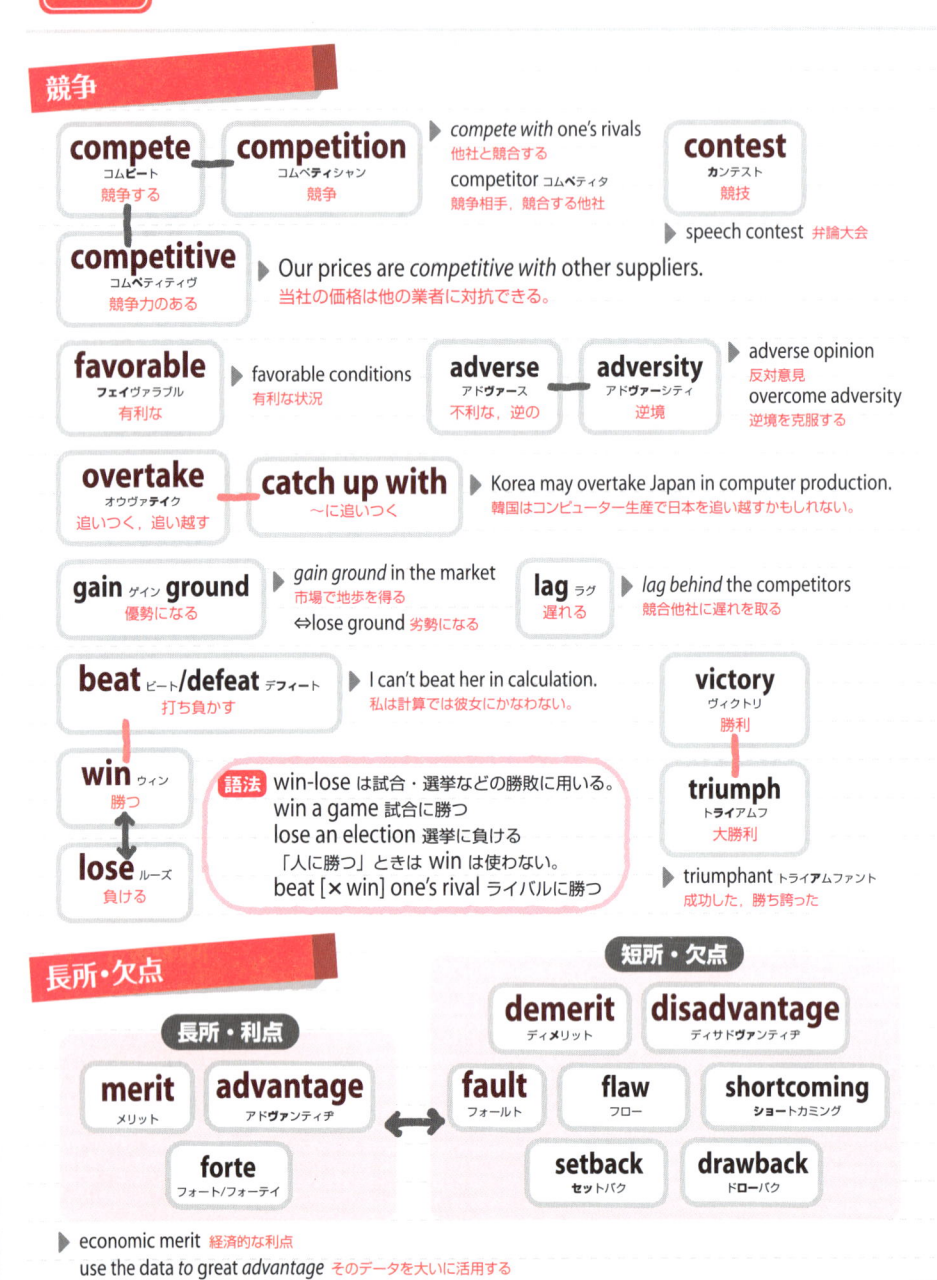

86 競争・優劣

競争

compete コムピート 競争する
competition コムペティシャン 競争
▶ *compete* with one's rivals 他社と競合する
competitor コムペティタ 競争相手，競合する他社
contest カンテスト 競技
▶ speech contest 弁論大会

competitive コムペティティヴ 競争力のある
▶ Our prices are *competitive* with other suppliers. 当社の価格は他の業者に対抗できる。

favorable フェイヴァラブル 有利な
▶ favorable conditions 有利な状況
adverse アドヴァース 不利な，逆の
adversity アドヴァーシティ 逆境
▶ adverse opinion 反対意見
overcome adversity 逆境を克服する

overtake オウヴァテイク 追いつく，追い越す
catch up with 〜に追いつく
▶ Korea may *overtake* Japan in computer production. 韓国はコンピューター生産で日本を追い越すかもしれない。

gain ground ゲイン 優勢になる
▶ *gain ground* in the market 市場で地歩を得る
⇔ lose ground 劣勢になる
lag ラグ 遅れる
▶ *lag behind* the competitors 競合他社に遅れを取る

beat ビート / **defeat** ディフィート 打ち負かす
▶ I can't *beat* her in calculation. 私は計算では彼女にかなわない。

win ウィン 勝つ
↕
lose ルーズ 負ける

【語法】win-lose は試合・選挙などの勝敗に用いる。
win a game 試合に勝つ
lose an election 選挙に負ける
「人に勝つ」ときは win は使わない。
beat [× win] one's rival ライバルに勝つ

victory ヴィクトリ 勝利
triumph トライアムフ 大勝利
▶ triumphant トライアムファント 成功した，勝ち誇った

長所・欠点

長所・利点
merit メリット
advantage アドヴァンティヂ
forte フォート／フォーテイ

↔

短所・欠点
demerit ディメリット
disadvantage ディサドヴァンティヂ
fault フォールト
flaw フロー
shortcoming ショートカミング
setback セットバク
drawback ドローバク

▶ economic merit 経済的な利点
use the data *to* great *advantage* そのデータを大いに活用する

優劣

top タップ ★
excel エクセル
surpass サーパス
上回る, しのぐ

▶ A tops[excels] B. AはBを上回る [しのぐ]
She excels me in business ability.
彼女のほうが私よりも商才がある。

A tops B.

exceed エクシード
超える

▶ The expenses exceed the profit.
経費が利益を上回っている。

outnumber アウトナンバ
数で勝る

▶ Women outnumber men in this club.
このクラブでは女性のほうが男性より多い。

outdo アウトドゥー
しのぐ

▶ I'm outdone by him.
彼にはかなわない。

overdo オウヴァドゥー
やりすぎる

▶ overdo dieting
ダイエットしすぎる

overwhelm オウヴァ(ホ)ウェルム
圧倒する

▶ overwhelming majority
圧倒的多数

語形成　out- 上回る
- **outbid** アウトビッド　〜より高い値をつける
- **outweigh** アウトウェイ　〜より価値が勝る
- **outlive** アウトリヴ　〜より長生きする
- **outgrow** アウトグロウ　〜より大きくなる
- **outrun** アウトラン　〜を上回る

語形成　over- 越えて, 過度に
- **overdo** オウヴァドゥー/**overact** オウヴァラクト　やりすぎる
- **overwork** オウヴァワーク　働きすぎる
- **overeat** オウヴァリート　食べすぎる
- **overrate** オウヴァレイト　過大評価する
- **overweight** オウヴァウェイト　重すぎる

superior スピリア
より優れた
⇔ **inferior** インフィリア
より劣った

▶ A is *superior [inferior]* to B in quality.
Aは品質の点でBに勝る [劣る]。

superiority スピリオーリティ
優越(性)

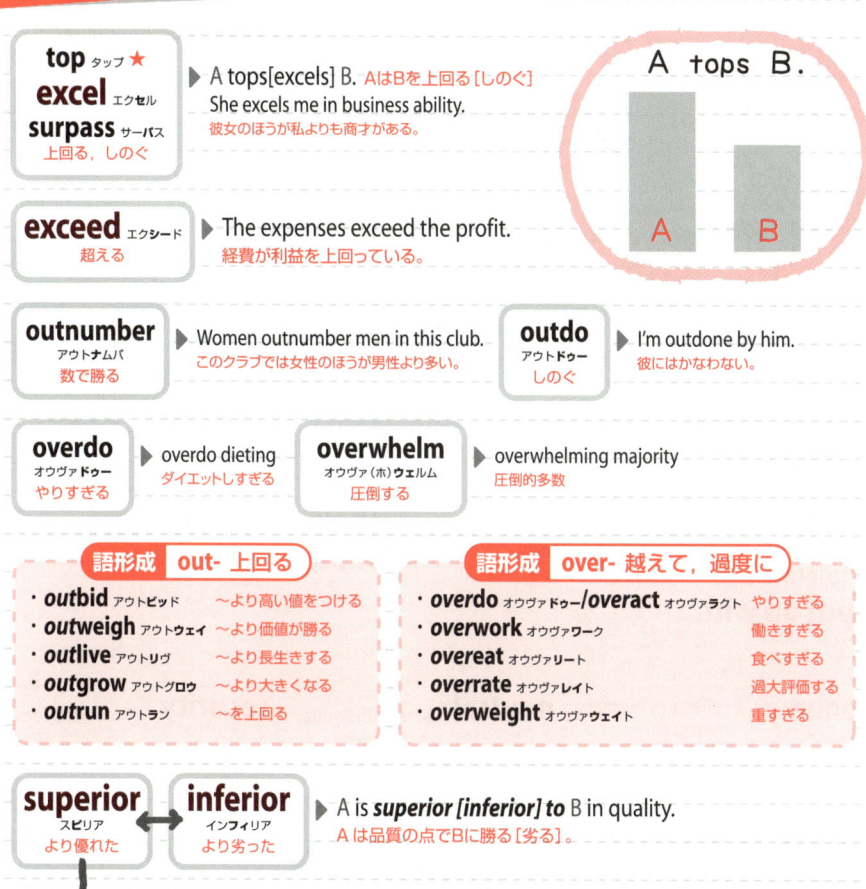

▶ superiority over one's competitors
競合他社に対する優越性

dominate ダミネイト
支配する
dominant ダミナント
predominant プレダミナント
支配的な, 優勢な

▶ dominate a market 市場を支配する
predominant feature 支配的な特徴

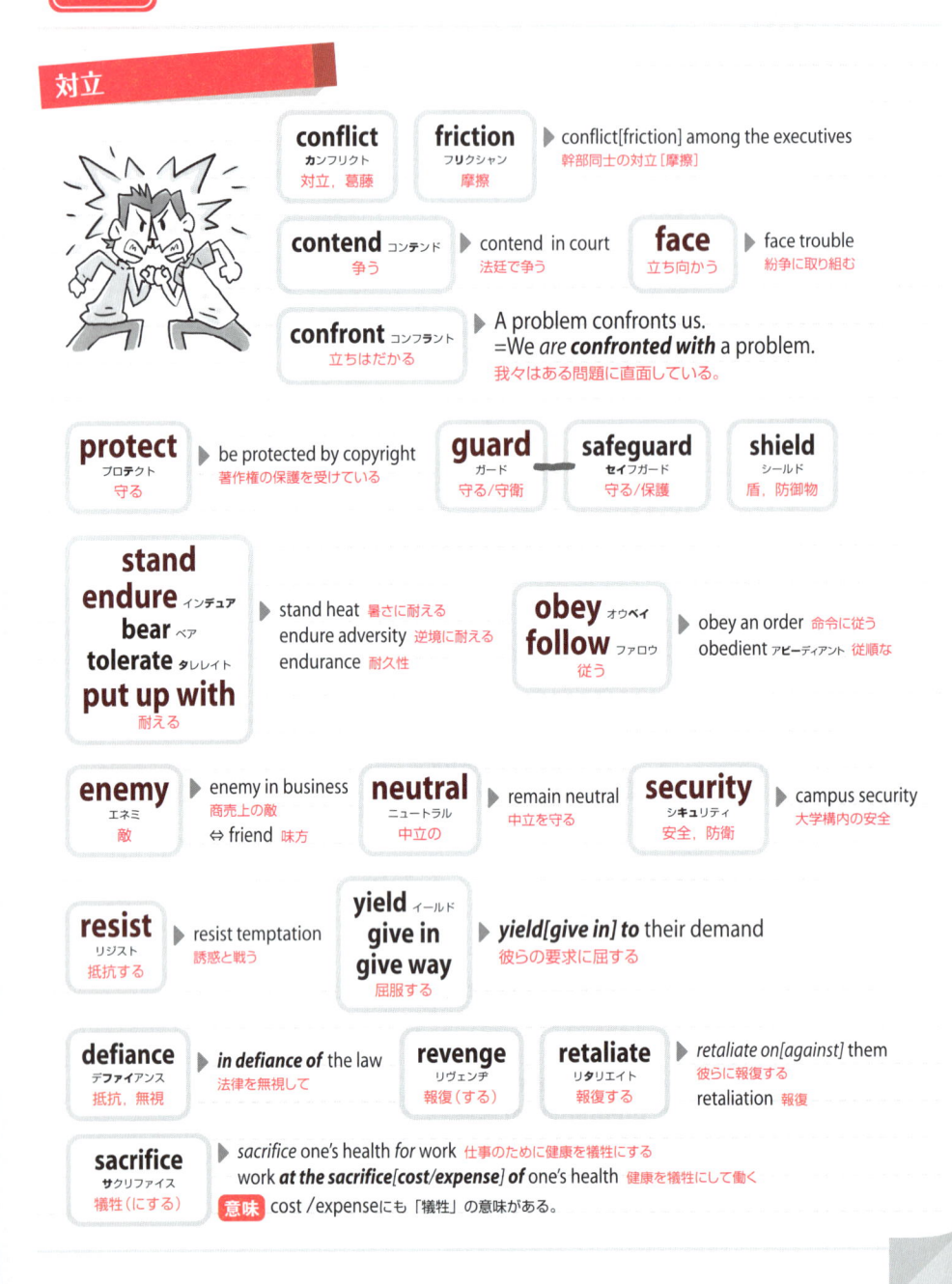

87 対立・害

対立

conflict カンフリクト 対立, 葛藤
friction フリクシャン 摩擦
▶ conflict[friction] among the executives 幹部同士の対立[摩擦]

contend コンテンド 争う
▶ contend in court 法廷で争う

face 立ち向かう
▶ face trouble 紛争に取り組む

confront コンフラント 立ちはだかる
▶ A problem confronts us.
 =We *are* **confronted with** a problem.
 我々はある問題に直面している。

protect プロテクト 守る
▶ be protected by copyright 著作権の保護を受けている

guard ガード 守る/守衛
safeguard セイフガード 守る/保護
shield シールド 盾, 防御物

stand
endure インデュア
bear ベア
tolerate タレレイト
put up with 耐える
▶ stand heat 暑さに耐える
 endure adversity 逆境に耐える
 endurance 耐久性

obey オウベイ
follow ファロウ 従う
▶ obey an order 命令に従う
 obedient アビーディアント 従順な

enemy エネミ 敵
▶ enemy in business 商売上の敵
 ⇔ friend 味方

neutral ニュートラル 中立の
▶ remain neutral 中立を守る

security シキュリティ 安全, 防衛
▶ campus security 大学構内の安全

resist リジスト 抵抗する
▶ resist temptation 誘惑と戦う

yield イールド
give in
give way 屈服する
▶ *yield[give in]* **to** their demand 彼らの要求に屈する

defiance デファイアンス 抵抗, 無視
▶ *in defiance of* the law 法律を無視して

revenge リヴェンヂ 報復(する)
retaliate リタリエイト 報復する
▶ *retaliate on[against]* them 彼らに報復する
 retaliation 報復

sacrifice サクリファイス 犠牲(にする)
▶ sacrifice one's health *for* work 仕事のために健康を犠牲にする
 work *at the sacrifice[cost/expense] of* one's health 健康を犠牲にして働く
 【意味】 cost/expenseにも「犠牲」の意味がある。

ここまでの見出し語数（のべ） **3,531** 語

害

harm ハーム 害（を与える）
▶ Smoking *does* you *harm*.
= Smoking *does harm to* you.
喫煙はあなたに害を与える。
harmful 有害な ⇔ harmless 無害な

havoc ハボク 大混乱
▶ play havoc 大損害を与える

suffer サファ
incur インカー ★
〈害を〉被る
▶ suffer[incur] great losses
大損害を受ける

impair イムペア
mar マー 損なう
▶ impair one's health 健康を損なう
mar the view 景観を損なう

nuisance ニュースンス 迷惑なもの
▶ public nuisance 公共の迷惑

drag ドラグ 足手まとい
▶ I'm afraid I'm a *drag on* you.
私はあなたの足手まといではありませんか。

苦労・経験

suffer サファ 苦しむ
▶ *suffer from* debts 借金で苦しむ

trouble トラブル 苦労（をかける）
▶ I'm sorry to trouble you.
お手数をおかけしてすみません。

hardship ハードシップ 苦労, 困難
▶ financial hardship 財政的苦難

trial トライアル
ordeal オーディール 試練

torture トーチャ 苦しめる/拷問

pain ペイン 苦痛, 苦労
▶ take pains 苦労する

mishap ★ ミスハップ 不幸な出来事
▶ *without mishap* 無事に
※トラブル（例:運送中の事故）を婉曲に伝える場合に使われることがある。

lesson レスン 教訓
▶ get a valuable lesson 貴重な教訓を得る

experience エクスピリアンス 経験（する）
▶ hard experience つらい経験

undergo アンダゴウ
go through 経験する
▶ *go through* hardships 苦労を経験する

overcome オウヴァカム
get over 克服する
▶ *get over* a shock ショックから立ち直る

pull through
come through 切り抜ける
▶ *pull through* a crisis 危機を切り抜ける

88 可能性・成功・失敗

可能性

possibility ポシビリティ
chance チャンス
可能性

▶ There is a good possibility[chance] that the plan will be successful.
その案は成功する可能性が十分ある。

prospect プラスペクト
likelihood ライクリフッド
見込み

probability プロバビリティ
odds アッヅ
見込み, 確率

▶ probably たぶん
possibly もしかすると
The odds are even.
確率は五分五分だ。

prospective プロスペクティヴ
見込みのある

▶ prospective buyer
買ってくれそうな客

likely ライクリ
ありそうな

unlikely アンライクリ
ありそうにない

▶ *It is likely that* he *will get* the job.
＝He *is likely to get* the job.
＝He *will likely get* the job.
彼はその仕事につけそうだ。

【語法】3つ目の文は《米》でよく使う言い方。この文の likely は副詞。

potential ポテンシャル
潜在的な/潜在力

▶ potential buyers
潜在的な購買者

latent レイテント
潜在的な

▶ latent defect
潜在的な欠陥

危険

danger デインヂャ
hazard ハザド
危険

▶ be *in danger* 危険である
dangerous 危険な
haphazard 無計画な

risk リスク
危険

▶ *run[take] a risk* 危険を冒す
risky plan 危険な計画
※ risk は自ら冒す危険のこと。

crisis クライシス
危機

critical クリティカル
危機的な

▶ financial crisis 経営危機
critical situation 危機的状況
【混同注意】critical 批判的な ＜ criticism 批判

threat スレット
脅威

menace メナス
脅威/脅迫する

pitfall ピットフォール
落とし穴

▶ investment pitfall
投資の落とし穴

predicament プレディカメント
苦境

threaten スレトン
脅かす

▶ Bankruptcy threatens us.
我々は倒産の危機に瀕している。

vulnerable ヴァルネラブル
脆弱な

▶ The firm is *vulnerable to* a takeover.
その会社は乗っ取りの対象になりやすい。

endanger エンデインヂャ
jeopardize チェパダイズ
危うくする

▶ The failure jeopardized his position.
その失敗が彼の立場を危うくした。

contingency ★ コンティンヂャンシ
不慮の事故

▶ anticipate contingencies
不測の事態に備える

pitfall

成功・失敗

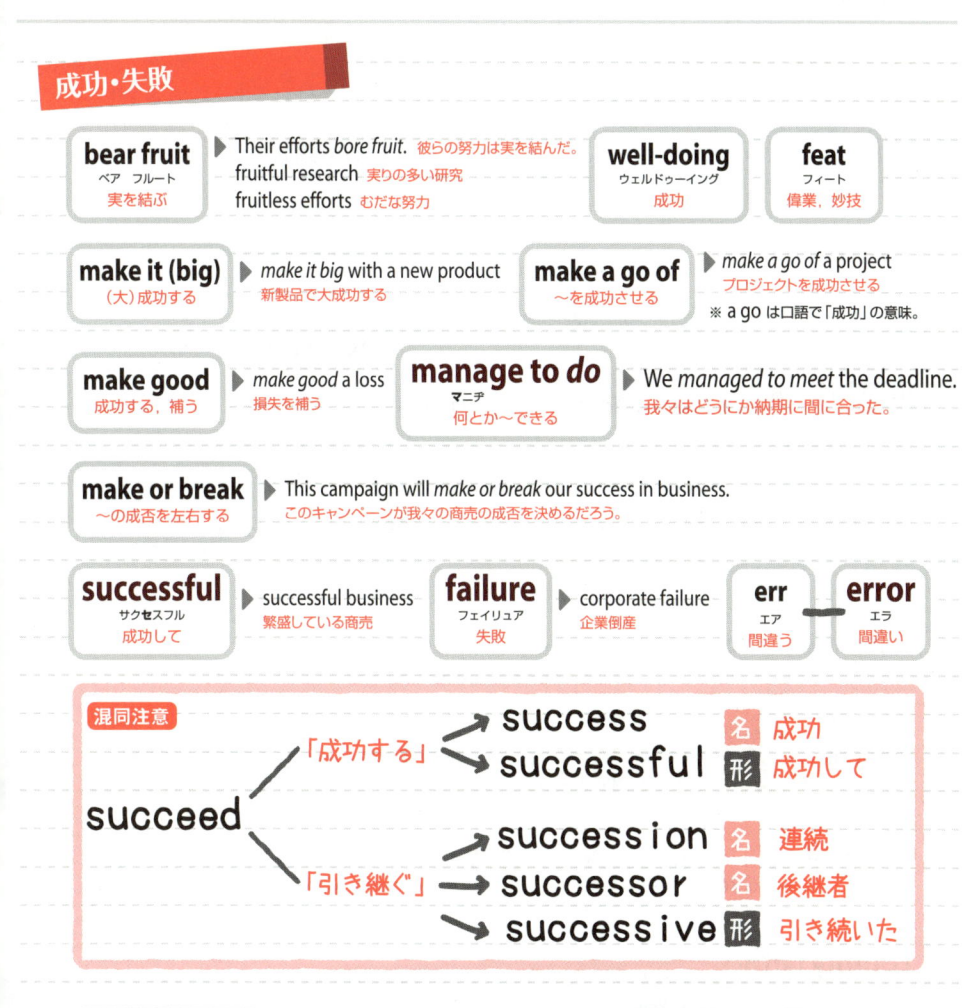

bear fruit ベア フルート 実を結ぶ
▶ Their efforts *bore fruit*. 彼らの努力は実を結んだ。
　fruitful research 実りの多い研究
　fruitless efforts むだな努力

well-doing ウェルドゥーイング 成功

feat フィート 偉業，妙技

make it (big) （大）成功する
▶ *make it big* with a new product 新製品で大成功する

make a go of ～を成功させる
▶ *make a go of* a project プロジェクトを成功させる
※ a go は口語で「成功」の意味。

make good 成功する，補う
▶ *make good* a loss 損失を補う

manage to *do* マニヂ 何とか～できる
▶ We *managed to meet* the deadline. 我々はどうにか納期に間に合った。

make or break ～の成否を左右する
▶ This campaign will *make or break* our success in business. このキャンペーンが我々の商売の成否を決めるだろう。

successful サクセスフル 成功して
▶ successful business 繁盛している商売

failure フェイリュア 失敗
▶ corporate failure 企業倒産

err エア 間違う ― **error** エラ 間違い

混同注意

succeed
- 「成功する」→ success 〔名〕成功
- 　　　　　　→ successful 〔形〕成功して
- 「引き継ぐ」→ succession 〔名〕連続
- 　　　　　　→ successor 〔名〕後継者
- 　　　　　　→ successive 〔形〕引き続いた

fall through ★ / founder ファウンダ 挫折する
▶ The sales promotion *fell through*. 販促活動は失敗に終わった。

blunder ブランダ 失敗，へま

fiasco フィアスコウ 大失敗

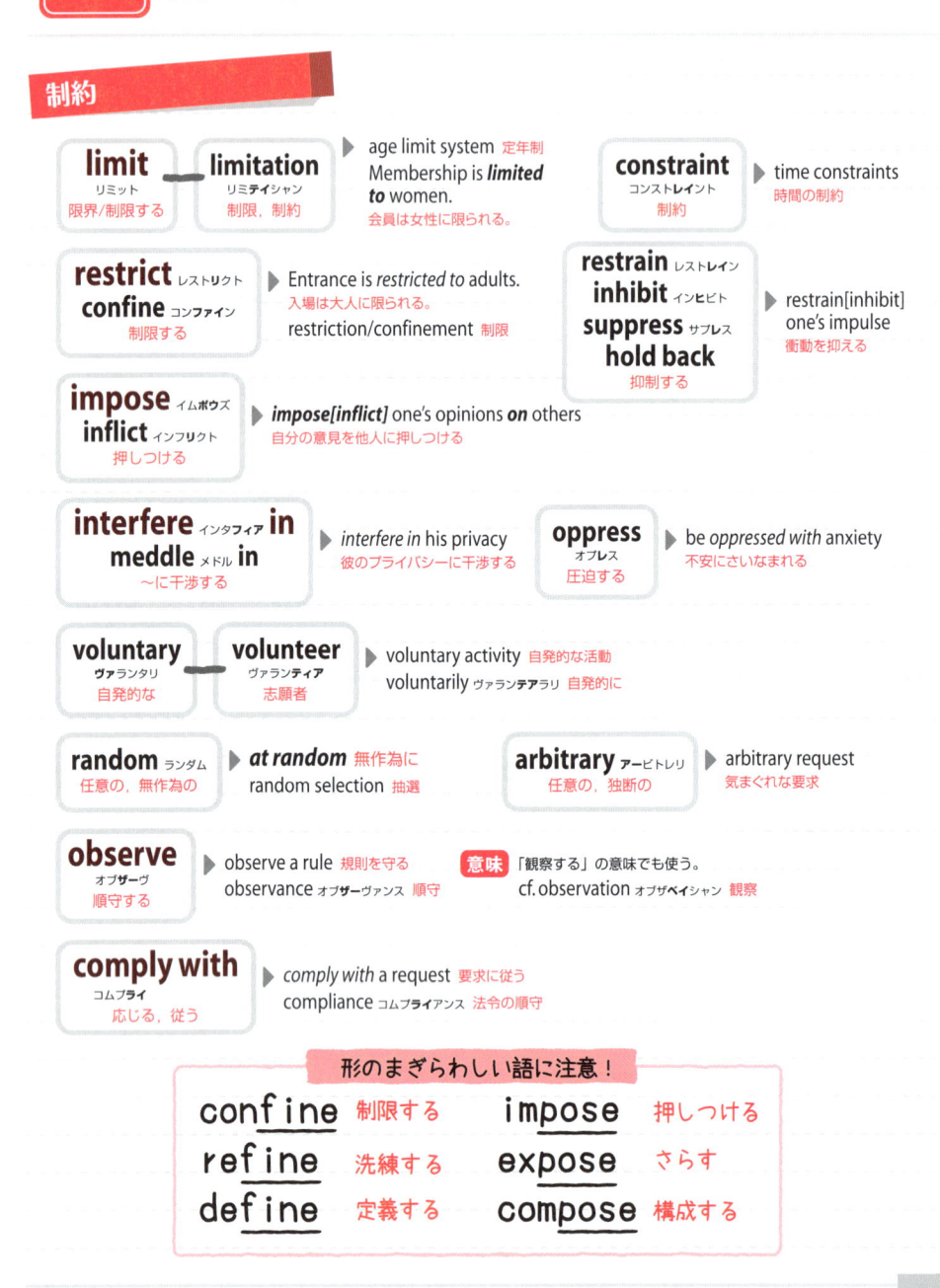

89 制約・妨害

制約

limit リミット 限界/制限する
limitation リミテイシャン 制限, 制約
- age limit system 定年制
- Membership is *limited to* women. 会員は女性に限られる。

constraint コンストレイント 制約
- time constraints 時間の制約

restrict レストリクト
confine コンファイン 制限する
- Entrance is *restricted to* adults. 入場は大人に限られる。
- restriction/confinement 制限

restrain レストレイン
inhibit インヒビト
suppress サプレス
hold back 抑制する
- *restrain[inhibit]* one's impulse 衝動を抑える

impose イムポウズ
inflict インフリクト 押しつける
- *impose[inflict]* one's opinions *on* others 自分の意見を他人に押しつける

interfere インタフィア **in**
meddle メドル **in** ～に干渉する
- *interfere in* his privacy 彼のプライバシーに干渉する

oppress オプレス 圧迫する
- be *oppressed with* anxiety 不安にさいなまれる

voluntary ヴァランタリ 自発的な
volunteer ヴァランティア 志願者
- voluntary activity 自発的な活動
- voluntarily ヴァランテアリ 自発的に

random ランダム 任意の, 無作為の
- *at random* 無作為に
- random selection 抽選

arbitrary アービトレリ 任意の, 独断の
- arbitrary request 気まぐれな要求

observe オブザーヴ 順守する
- observe a rule 規則を守る
- observance オブザーヴァンス 順守
- **意味** 「観察する」の意味でも使う。
- cf. observation オブザベイシャン 観察

comply with コムプライ 応じる, 従う
- *comply with* a request 要求に従う
- compliance コムプライアンス 法令の順守

形のまぎらわしい語に注意！

confine	制限する	impose	押しつける
refine	洗練する	expose	さらす
define	定義する	compose	構成する

妨害

obstruct アブストラクト
block ブラック
hamper ハムパ
interrupt インタラプト
interfere with
妨げる, 遮る

▶ The road is obstructed. 道路は遮断されている。/ obstruction 妨害
Sorry to interrupt you. お邪魔してすいません。/ interruption 遮断
interfere with her work 彼女の仕事の邪魔をする
【混同注意】 interfere in ～に干渉する

obstacle アブスタクル
block / bar バー
barrier バリア
impediment イムペディメント
障害

▶ *obstacle to* success 成功への妨げ
stambling block 障害物
remove a barrier 障壁を取り除く

check チェック
block
foil フォイル
withhold ウィズホウルド
阻止する

▶ check the spread of the disease
その病気の伝染を食い止める

語法 O + from + ～ing をとる動詞

たとえば keep は,〈keep+O+from+～ing〉(O が～するのを妨げる) という形で使うことができる。
・The accident **kept** us **from** *leaving*. その事故で我々は出発できなかった。
同様に,「妨害」の意味を表す次のような動詞は, from と結びつく。

prevent プリヴェント
hinder ヒンダ
stop
妨げる

▶ The firefighters tried to **stop** the fire **from** *spreading*.
消防士たちは火事の延焼を食い止めようとした。

discourage ディスカレヂ
deter ディター
思いとどまらせる

▶ The weather **discourages** me **from** *going* out.
悪天候のために外出する気になれない。

prohibit プロヒビト
ban バン
禁止する

▶ We're **prohibited from** *smoking* in the office.
職場での喫煙は禁止されている。
※forbid (禁じる) は〈O+to 不定詞〉の形をとる。

intimidate インティミデイト
脅迫する

in the way
じゃまになって

▶ The chair is *in the way*.
そのいすがじゃまだ。

set back
進行を妨げる

▶ *set back* the schedule
計画を遅らせる

strand ストランド
立ち往生させる

▶ stranded passengers
足止めを食った乗客たち

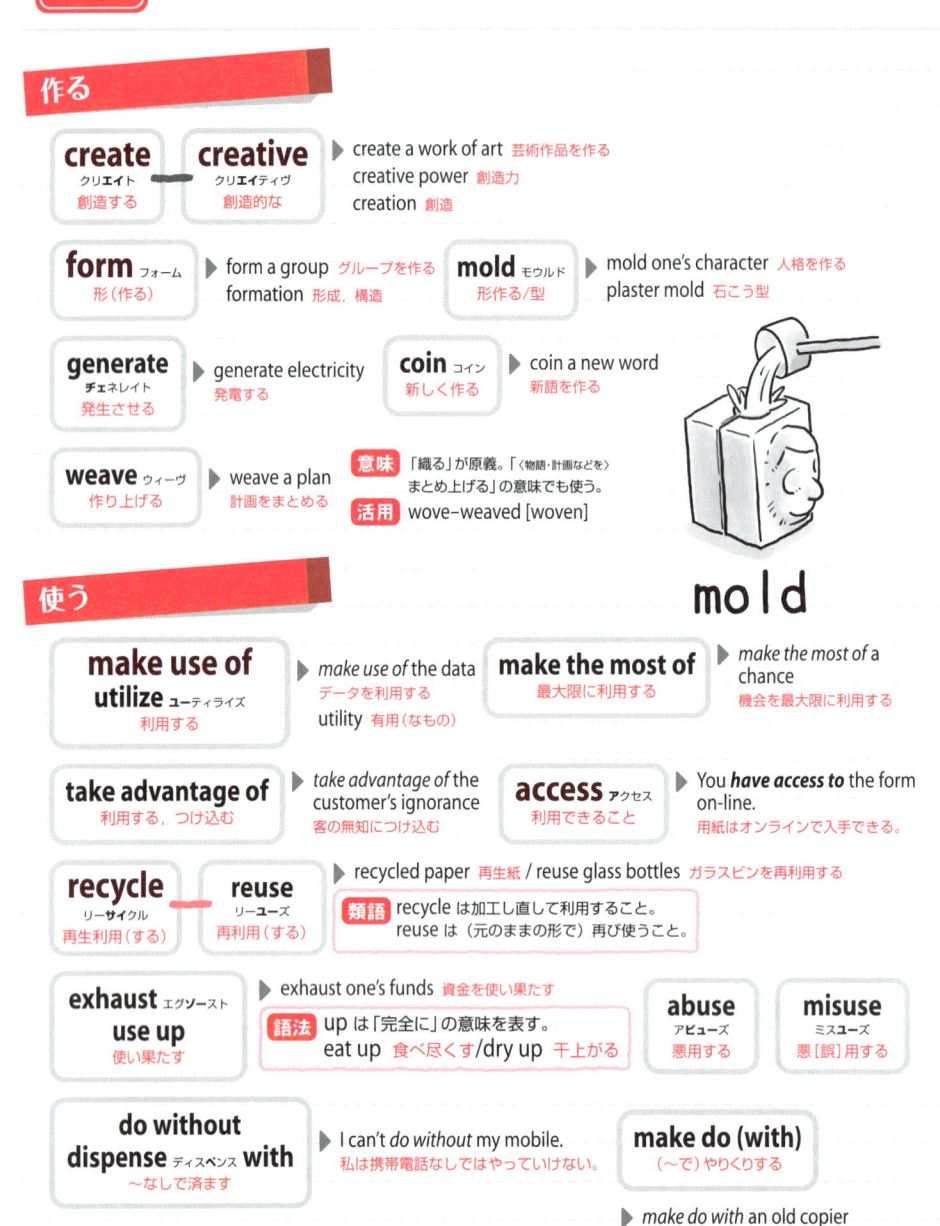

90 作成・使用

作る

create クリエイト 創造する
creative クリエイティヴ 創造的な
- create a work of art 芸術作品を作る
- creative power 創造力
- creation 創造

form フォーム 形(作る)
- form a group グループを作る
- formation 形成，構造

mold モウルド 形作る/型
- mold one's character 人格を作る
- plaster mold 石こう型

generate ヂェネレイト 発生させる
- generate electricity 発電する

coin コイン 新しく作る
- coin a new word 新語を作る

weave ウィーヴ 作り上げる
- weave a plan 計画をまとめる
- 意味：「織る」が原義。「〈物語・計画などを〉まとめ上げる」の意味でも使う。
- 活用：wove-weaved [woven]

使う

make use of / **utilize** ユーティライズ 利用する
- make use of the data データを利用する
- utility 有用(なもの)

make the most of 最大限に利用する
- make the most of a chance 機会を最大限に利用する

take advantage of 利用する，つけ込む
- take advantage of the customer's ignorance 客の無知につけ込む

access アクセス 利用できること
- You **have access to** the form on-line. 用紙はオンラインで入手できる。

recycle リーサイクル 再生利用(する)
reuse リーユーズ 再利用(する)
- recycled paper 再生紙 / reuse glass bottles ガラスビンを再利用する
- 類語：recycle は加工し直して利用すること。reuse は（元のままの形で）再び使うこと。

exhaust エグゾースト / **use up** 使い果たす
- exhaust one's funds 資金を使い果たす
- 語法：up は「完全に」の意味を表す。
- eat up 食べ尽くす / dry up 干上がる

abuse アビューズ 悪用する

misuse ミスユーズ 悪[誤]用する

do without / **dispense** ディスペンス **with** ～なしで済ます
- I can't *do without* my mobile. 私は携帯電話なしではやっていけない。

make do (with) (～で)やりくりする
- *make do with* an old copier 古いコピー機で間に合わせる

ここまでの見出し語数(のべ) **3,655**語

exchange エクス**チェ**インヂ
switch ス**ウィ**ッチ
swap ス**ワ**ップ
交換する
▶ *exchange* yen *for* dollars 円をドルに交換する
exchange of opinions 意見交換
exchange student 交換学生

replace リプ**レ**イス
取り替える
▶ *replace* the old copier *with*[*by*] a new one
古いコピー機を新しいのに取り替える
意味 名詞の replacement は「交換部品」「交替要員」の意味で使う。

substitute **サ**ブスティテュート
代用する, 代用品
▶ *substitute* an e-mail *for* a letter 手紙の代わりにメールを使う
temporary substitute 臨時の代用品 [代役]

operate **ア**ペレイト
manipulate マ**ニ**ピュレイト
操作する
▶ operate a machine 機械を操作する / operation 操作, 作用
manipulate stocks 株価を操作する / manipulation 巧み [不正] な操作

maneuver マ**ヌ**ーバ
巧みに操る/作戦行動
▶ maneuver a car [a conversation/public opinion]
車 [会話/世論] を巧みに操作する

rig リグ
不正に操作する
▶ rig the market 株式市場を操作する
bid rigging 談合入札

捨てる

discard ディス**カ**ード
throw away
捨てる
▶ *discard* a plan 案を廃棄する
throw away cigarette butts たばこの吸い殻をポイ捨てする

dispose of ディス**ポ**ウズ
get rid of
処分する
▶ *dispose of* old files 古いファイルを処分する
disposal ディス**ポ**ウザル 処分
get rid of stock 在庫を処分する

abandon ア**バ**ンダン
give up
断念する
▶ abandon a research project 研究計画を断念する
give up smoking 禁煙する

abolish ア**バ**リシュ
do away with
廃止する
▶ abolish [*do away with*] the seniority system 年功序列制を廃止する
abolition アバ**リ**シャン 廃止

phase out **フェ**イズ
段階的に廃止する
▶ *phase out* production 生産を段階的に廃止する

back out
手を引く
▶ We decided to *back out of* the deal.
我々はその取引から手を引くことに決めた。

195

91 能力・技術

能力

ability アビリティ
capacity キャパシティ
competence カンピテンス
faculty ファカルティ
能力

▶ a man of ability 有能な人
be **capable of** ~ing ~できる
ケイパブル

potential ポテンシャル
潜在能力

▶ fulfill one's potential
（潜在）能力を発揮する

aptitude アプティテュード
適性，才能

▶ aptitude for a job
仕事への適性

talent タレント
gift ギフト
flair フレア
才能

▶ have a **talent for** writing 文才がある
talented singer 才能のある歌手

literacy リテラシ
特定分野の能力

▶ computer-literate
コンピュータに精通した

efficient エフィシャント
competent カンピテント
有能な

▶ efficient secretary 有能な秘書
She is competent to handle the assignment.
彼女にはその任務をこなす能力がある。

go-getter ゴウゲタ やり手

up-and-coming やり手の，有望な

self-made セルフメイド たたき上げの

promising プラミシング 前途有望な

知識・技術

knowledge ナレッジ 知識

expertise エクスパティーズ 専門知識

expert エクスパート 専門家

professional プロフェショナル プロ（の）

↔ **amateur** アマタ
layman レイマン 素人

well-informed ウェルインフォームド 博識の

numerate ニューマレト 数理に明るい

bilingual バイリングワル 2か国語を話す

genius チーニアス
prodigy プラディチ 天才

ここまでの見出し語数(のべ) **3,712** 語

technique テクニーク / **skill** スキル 技術	
skillful / **skilled** 腕のよい	driving technique 運転技術 / be skilled at[in] 〜が上手だ
finesse フィネス 手際のよさ	with finesse 手際よく
experience イクスピリアンス 経験(する)	accumulate experience 経験を積む / inexperienced 経験の浅い
full-fledged フルフレッヂド 一人前の	full-fledged trader 一人前のトレーダー
adept アデプト / **proficient** プロフィシャント 熟達した	be proficient in = be adept at[in] 〜に熟達している
inept イネプト 技量に欠ける	inept manager 無能な管理者
green 未熟な	green hand 未熟な人
know-how ノウハウ 専門知識	business know-how 商売のノウハウ
knack ナック こつ	There is a *knack to* it. それをするにはこつがある
know the ropes 仕事のやり方を知っている	
command コマンド 自由に操る力	She *has a good command of* English. 彼女は英語を自由に使える。
cut out for 〜に適任である	He's *cut out for[to be]* an MC. 彼は司会者に適任だ。

知能・性格

intellect インテレクト 知性	intellectual property right 知的所有権
intelligence インテリヂャンス 知力, 知能	intelligent 聡明な / intelligible わかりやすい
insight インサイト 洞察力	
smart スマート / **clever** クレヴァ 利口な	※日本語の「スマートな」に当たる語は slim/slender。
wise ワイズ 賢明な	wisdom 知恵
tact タクト 機転, 如才なさ	
shrewd シュルード 抜け目のない	
ingenious インヂーニアス 独創的な, 巧妙な	ingenuity 創意, 発明の才
initiative イニシアティヴ 独創力	
leadership リーダシップ 指導力	
decisive ディサイシヴ 決断力がある	
character キャラクタ 性格	He has a cheerful character. 彼は陽気な性格だ。
personality パーソナリティ 人格, 個性	develop one's personality 個性を伸ばす

92 程度・範囲①

程度・等級・範囲

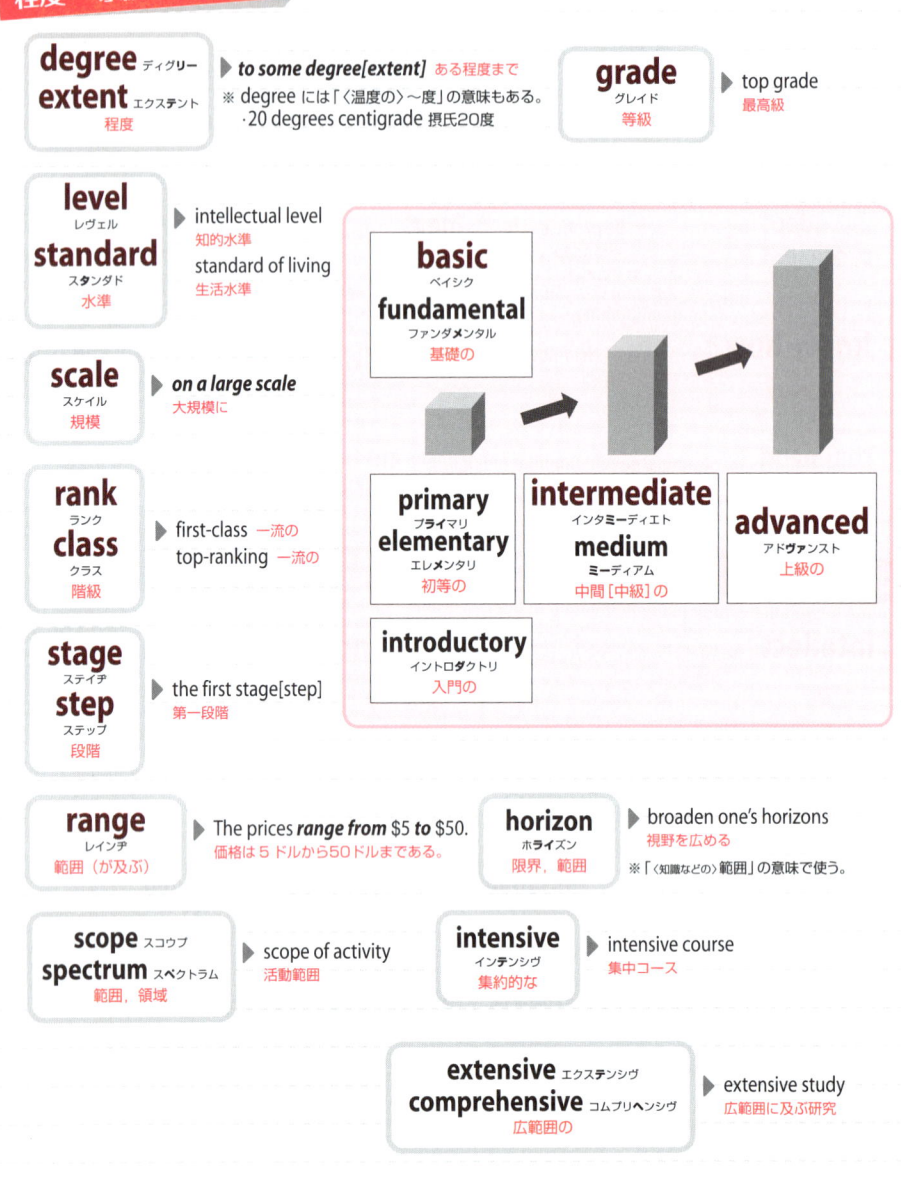

degree ディグリー / **extent** エクステント　程度
▶ to some degree[extent]　ある程度まで
※ degree には「〈温度の〉～度」の意味もある。
・20 degrees centigrade　摂氏20度

grade グレイド　等級
▶ top grade　最高級

level レヴェル / **standard** スタンダド　水準
▶ intellectual level　知的水準
　standard of living　生活水準

scale スケイル　規模
▶ on a large scale　大規模に

rank ランク / **class** クラス　階級
▶ first-class　一流の
　top-ranking　一流の

stage ステイヂ / **step** ステップ　段階
▶ the first stage[step]　第一段階

basic ベイシク / **fundamental** ファンダメンタル　基礎の

primary プライマリ / **elementary** エレメンタリ　初等の

introductory イントロダクトリ　入門の

intermediate インタミーディエト / **medium** ミーディアム　中間[中級]の

advanced アドヴァンスト　上級の

range レインヂ　範囲（が及ぶ）
▶ The prices *range from* $5 *to* $50.　価格は5ドルから50ドルまである。

horizon ホライズン　限界，範囲
▶ broaden one's horizons　視野を広める
※「〈知識などの〉範囲」の意味で使う。

scope スコウプ / **spectrum** スペクトラム　範囲，領域
▶ scope of activity　活動範囲

intensive インテンシヴ　集約的な
▶ intensive course　集中コース

extensive エクステンシヴ / **comprehensive** コムプリヘンシヴ　広範囲の
▶ extensive study　広範囲に及ぶ研究

ここまでの見出し語数(のべ) **3,758**語

全体と個別

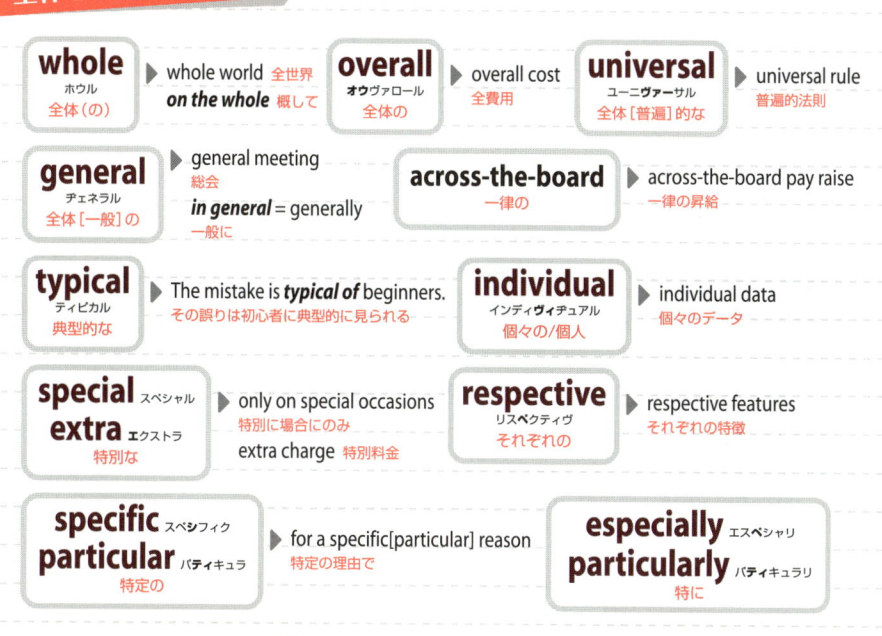

whole ホウル 全体(の)
▶ whole world 全世界
 on the whole 概して

overall オウヴァロール 全体の
▶ overall cost 全費用

universal ユーニヴァーサル 全体[普遍]的な
▶ universal rule 普遍的法則

general ヂェネラル 全体[一般]の
▶ general meeting 総会
 in general = generally 一般に

across-the-board 一律の
▶ across-the-board pay raise 一律の昇給

typical ティピカル 典型的な
▶ The mistake is typical of beginners. その誤りは初心者に典型的に見られる

individual インディヴィデュアル 個々の/個人
▶ individual data 個々のデータ

special スペシャル
extra エクストラ 特別な
▶ only on special occasions 特別に場合にのみ
 extra charge 特別料金

respective リスペクティヴ それぞれの
▶ respective features それぞれの特徴

specific スペシフィク
particular パティキュラ 特定の
▶ for a specific[particular] reason 特定の理由で

especially エスペシャリ
particularly パティキュラリ 特に

普通と特別

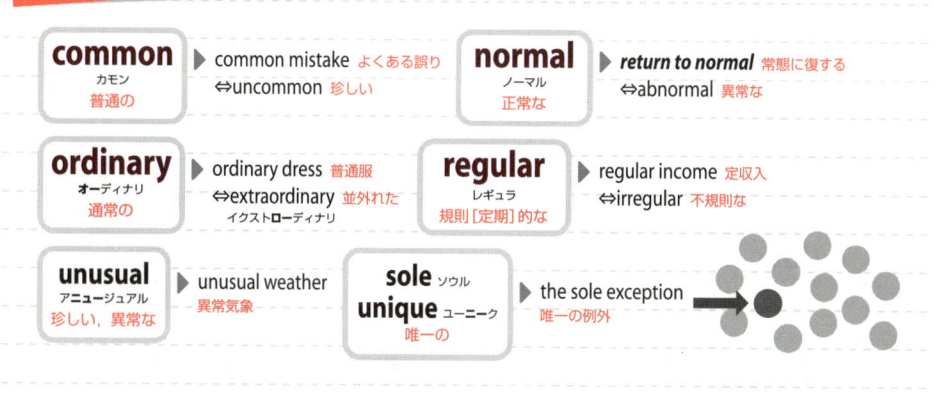

common カモン 普通の
▶ common mistake よくある誤り
 ⇔uncommon 珍しい

normal ノーマル 正常な
▶ return to normal 常態に復する
 ⇔abnormal 異常な

ordinary オーディナリ 通常の
▶ ordinary dress 普通服
 ⇔extraordinary イクストローディナリ 並外れた

regular レギュラ 規則[定期]的な
▶ regular income 定収入
 ⇔irregular 不規則な

unusual アニュージュアル 珍しい, 異常な
▶ unusual weather 異常気象

sole ソウル
unique ユーニーク 唯一の
▶ the sole exception 唯一の例外

199

93 程度・範囲②

小さな程度

- **tiny** タイニ ごく小さい ▶ tiny amount わずかな量
- **slight** スライト わずかな ▶ slight injury 軽いけが
- **minute** マイニュート 微小な ▶ minute difference わずかな違い
- **faint** フェイント かすかな ▶ faint light かすかな光
- **nominal** ナミナル 名ばかりの，わずかな ▶ at nominal fees わずかな料金で
- **subtle** サトル 微妙な ▶ subtle nuance 微妙なニュアンス
- **passable** パサブル / **decent** ディーセント まずまずの ▶ passable knowledge of English まずまずの英語の知識 / decent income まずまずの収入
- **so-so** ソウソウ まずまずである ▶ Just so-so. まずまずだ[よくも悪くもない]。
- **moderate** マデレト 適度の ▶ moderate exercise 適度な運動
- **relatively** レラティヴリ 比較的
- **considerable** コンシダラブル / **substantial** サブスタンシャル / **comparative** コムパラティヴ / **sizable** サイザブル かなりの ▶ considerable[sizable] amount of money かなりの大金 / substantial[comparative] wealth かなりの財産

大きな程度

- **numerous** ニューメラス / **innumerable** イニューメラブル 非常に多い
- **countless** カウントレス / **myriad** ミリアド 無数の ▶ numerous friends 多数の友人 / countless stars 無数の星
- **huge** ヒューヂ 巨大な
- **enormous** エノーマス / **tremendous** トリメンダス / **immense** イメンス 莫大な ▶ a huge amount of money 巨額の金
- **vast** ヴァスト 広大[莫大]な
- **major** メイヂャ 大きな ⇔ **minor** マイナ 小さな ▶ major award 大きな賞 / minor change 小改正
- **majority** マヂャリティ 大多数 ⇔ **minority** マイナリティ 少数派

ここまでの見出し語数(のべ) **3,813** 語

極度・完全

maximum マクシマム 最大限(の) ⇔ **minimum** ミニマム 最小限(の)
▶ minimum wage 最低賃金

暗記 **The minimum order is 10 units.**
ご注文は10セット以上でお願いします。

maximal マクシマル 最大限の ⇔ **minimal** ミニマル 最小限の
▶ minimal cost 最小コスト

語彙強化 | 程度を表す形容詞

- **revolutionary** レヴォルーシャナリ 革命的な
- **astronomical** アストロナミカル 天文学的な
- **breathtaking** ブレステイキング 息を飲む,すごい
- **stunning** スタニング 目が回るほどの
- **phenomenal** フェナミナル 驚異的な
- **dazzling** ダズリング 目がくらむほどの
- **exorbitant** エグゾービタント 途方もない

maximize マクシマイズ 最大にする ⇔ **minimize** ミニマイズ 最小にする
▶ maximize profits 利益を最大にする

utmost アットモウスト 最大の
▶ with utmost care 最大限に注意して

fancy ファンシ / **outrageous** アウトレイヂャス 法外な
▶ fancy price 法外な値段

extreme イクストリーム 極端な
▶ extreme case 極端な例
▶ go to extremes 極端に走る

unprecedented アンプレシデンティド 前代未聞の
▶ unprecedented event 前代未聞の事件

thorough サラ / **in-depth** インデプス 徹底的な
▶ through[in-depth] investigation 徹底的な調査

intense インテンス / **keen** キーン / **fierce** フィアス 激しい
▶ intense pain 激痛
keen competition 激しい競争
fierce battle 激戦

drastic ドラスティク 抜本的な
▶ drastic measures 抜本的な対策

dramatic ドラマティク 劇的な
▶ dramatic change 劇的な変化

radical ラディカル 急進的な
▶ radical opinion 過激な意見

excessive イクセシヴ 過度の
▶ excessive charges 法外な料金

overly オウヴァリ / **unduly** アンデューリ 過度に

incredible インクレディブル 信じられない

overflow オウヴァフロウ あふれる
▶ overflowing wastebasket あふれたくずかご

perfect パーフェクト / **complete** コムプリート 完全な
▶ complete error 完全な誤り

pure ピュア 純粋な
▶ pure gold 純金

201

94 量・種類

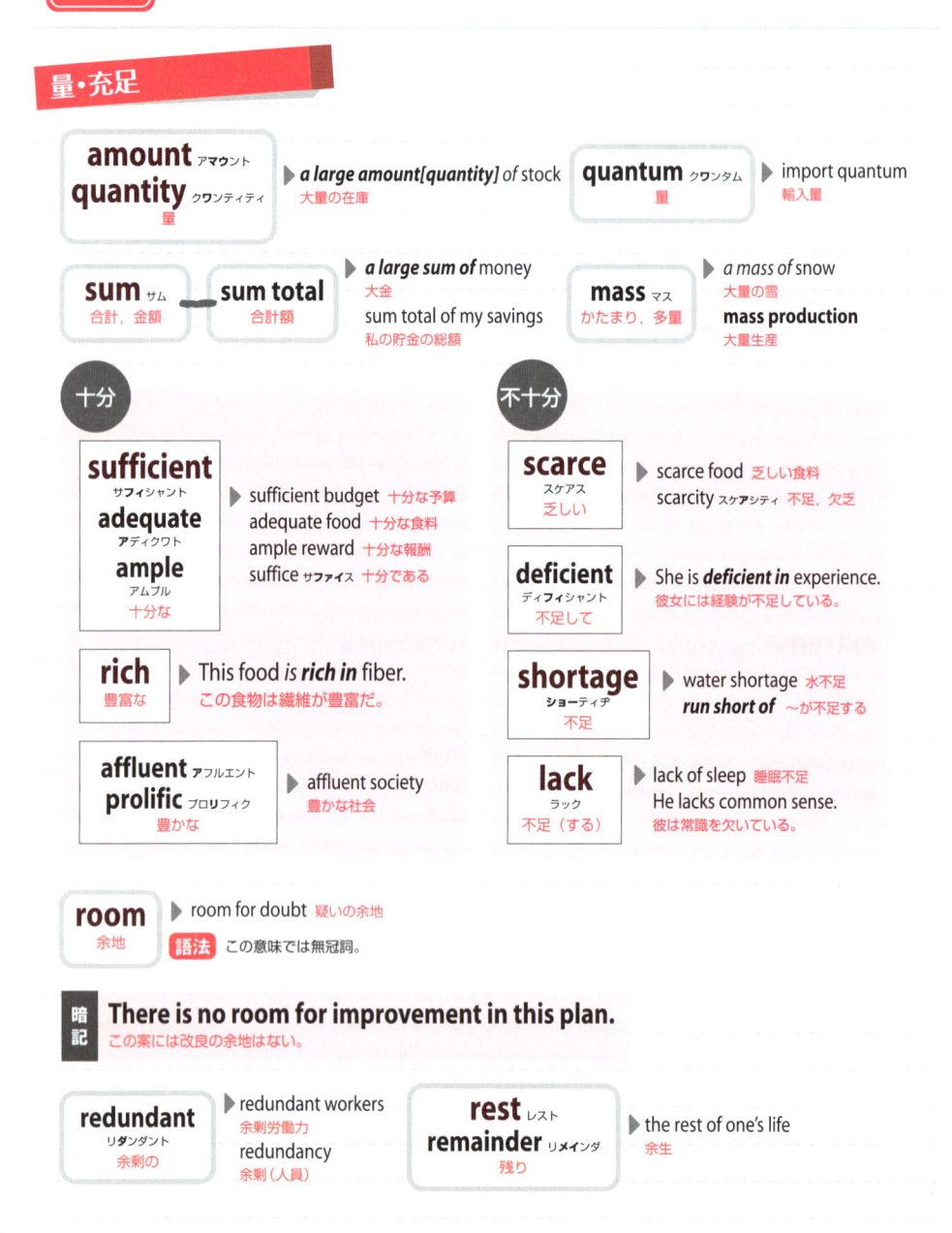

量・充足

amount アマウント / **quantity** クワンティティ 量
- *a large amount[quantity] of* stock 大量の在庫

quantum クワンタム 量
- import quantum 輸入量

sum サム 合計, 金額 — **sum total** 合計額
- *a large sum of* money 大金
- sum total of my savings 私の貯金の総額

mass マス かたまり, 多量
- *a mass of* snow 大量の雪
- mass production 大量生産

十分

sufficient サフィシャント / **adequate** アディクワト / **ample** アムプル 十分な
- sufficient budget 十分な予算
- adequate food 十分な食料
- ample reward 十分な報酬
- suffice サファイス 十分である

rich 豊富な
- This food *is rich in* fiber. この食物は繊維が豊富だ。

affluent アフルエント / **prolific** プロリフィク 豊かな
- affluent society 豊かな社会

不十分

scarce スケアス 乏しい
- scarce food 乏しい食料
- scarcity スケアシティ 不足, 欠乏

deficient ディフィシャント 不足して
- She is *deficient in* experience. 彼女には経験が不足している。

shortage ショーティヂ 不足
- water shortage 水不足
- *run short of* 〜が不足する

lack ラック 不足（する）
- lack of sleep 睡眠不足
- He lacks common sense. 彼は常識を欠いている。

room 余地
- room for doubt 疑いの余地
- 語法 この意味では無冠詞。

暗記 There is no room for improvement in this plan.
この案には改良の余地はない。

redundant リダンダント 余剰の
- redundant workers 余剰労働力
- redundancy 余剰(人員)

rest レスト / **remainder** リメインダ 残り
- the rest of one's life 余生

ここまでの見出し語数（のべ）**3,853**語

追加・予備

preliminary プレ**リ**ミナリ ★
preparatory プレ**パ**ラトリ
予備の，準備段階の
▶ preliminary research 予備調査

incidental インシ**デ**ンタル
付随的な
▶ incidental expenses 雑費

additional アディショナル
追加の
▶ additional fee 追加料金

extra エクストラ
余分な，追加の
▶ extra charge 追加料金
extra expenses 臨時経費

spare スペア
予備の
▶ spare tire スペアタイヤ

further ファーザ
なおいっそう（の）
▶ further questions 追加質問

ad hoc アドホック
臨時の，特別な
▶ ad hoc committee 特別委員会

種類

diverse ディ**ヴァ**ース 多様な ― **diversity** ディ**ヴァ**ーシティ 多様性，種類 ― **diversify** ディ**ヴァ**ーシファイ 多様化する
▶ a great diversity of goods 多種多様な商品
diversify production 生産を多様化する

vary ヴェアリ さまざまである ― **various** ヴェアリアス さまざまな ― **variety** ヴァ**ラ**イアティ さまざまな
▶ vary by locality 地域によって異なる
a variety of events さまざまな催し

multiple マルティプル
多数の，多角的な
▶ multiple-choice question 多肢選択問題
multiply マルティプライ 多様化する，増す

語形成 multi- は「多～」の意味（*multi*national＝国際的な）。

unilateral ユーニ**ラ**テラル 一方的な ― **bilateral** バイ**ラ**テラル 相互的な ― **multilateral** マルティ**ラ**テラル 多国間の，多角的な
▶ unilateral agreement 片務契約
bilateral work 共同作業
multilateral management 多角経営

miscellaneous ミセ**レ**イニアス
雑多な
▶ miscellaneous expense 雑費

multifaceted マルティ**ファ**セティド
多面の，多角的な
▶ multifaceted influence 多面的な影響

95 数字・尺度・比率

数字・統計

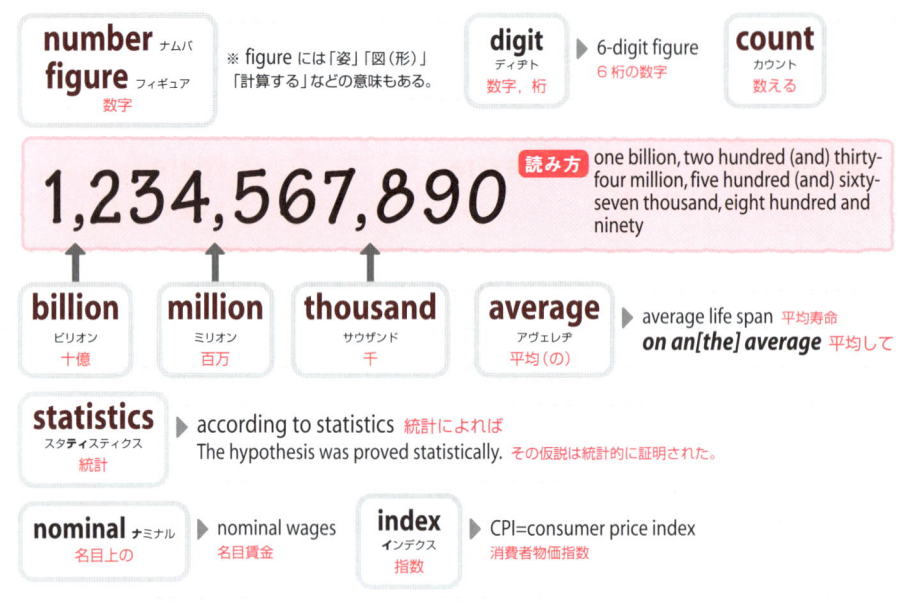

number ナンバ 数字
figure フィギュア 数字
※ figure には「姿」「図(形)」「計算する」などの意味もある。

digit ディヂト 数字, 桁
▶ 6-digit figure 6桁の数字

count カウント 数える

1,234,567,890 読み方: one billion, two hundred (and) thirty-four million, five hundred (and) sixty-seven thousand, eight hundred and ninety

billion ビリオン 十億
million ミリオン 百万
thousand サウザンド 千

average アヴェレヂ 平均(の)
▶ average life span 平均寿命
on an[the] average 平均して

statistics スタ**ティ**スティクス 統計
▶ according to statistics 統計によれば
The hypothesis was proved statistically. その仮説は統計的に証明された。

nominal **ナ**ミナル 名目上の
▶ nominal wages 名目賃金

index インデクス 指数
▶ CPI=consumer price index 消費者物価指数

比率

rate レイト 比率, 速度
▶ unemployment rate 失業率
at the rate[speed] of 50 MPH 時速50マイルで ※ MPH=mile per hour

ratio レイショウ 比, 比率
▶ *at a ratio of* 7 to 3 7対3の比率で

proportion プロポーシャン 比率, 割合
▶ *the proportion of* births *to* deaths 出生率の死亡率に対する割合
A is **proportional to** B. AはBに比例する

out of 〜のうちで
▶ Two *out of* three employees are women. 従業員のうち3人に2人が女性だ。

apiece アピース 1つにつき
▶ It costs 100 yen apiece. 1個100円です。

per パー 〜につき
▶ work 40 hours per[a] week 週に40時間働く
※「〜によって」の意味もある。
・**per your request** ご要望により

per head 1人につき
▶ 3,000 yen *per head* 1人につき3,000円

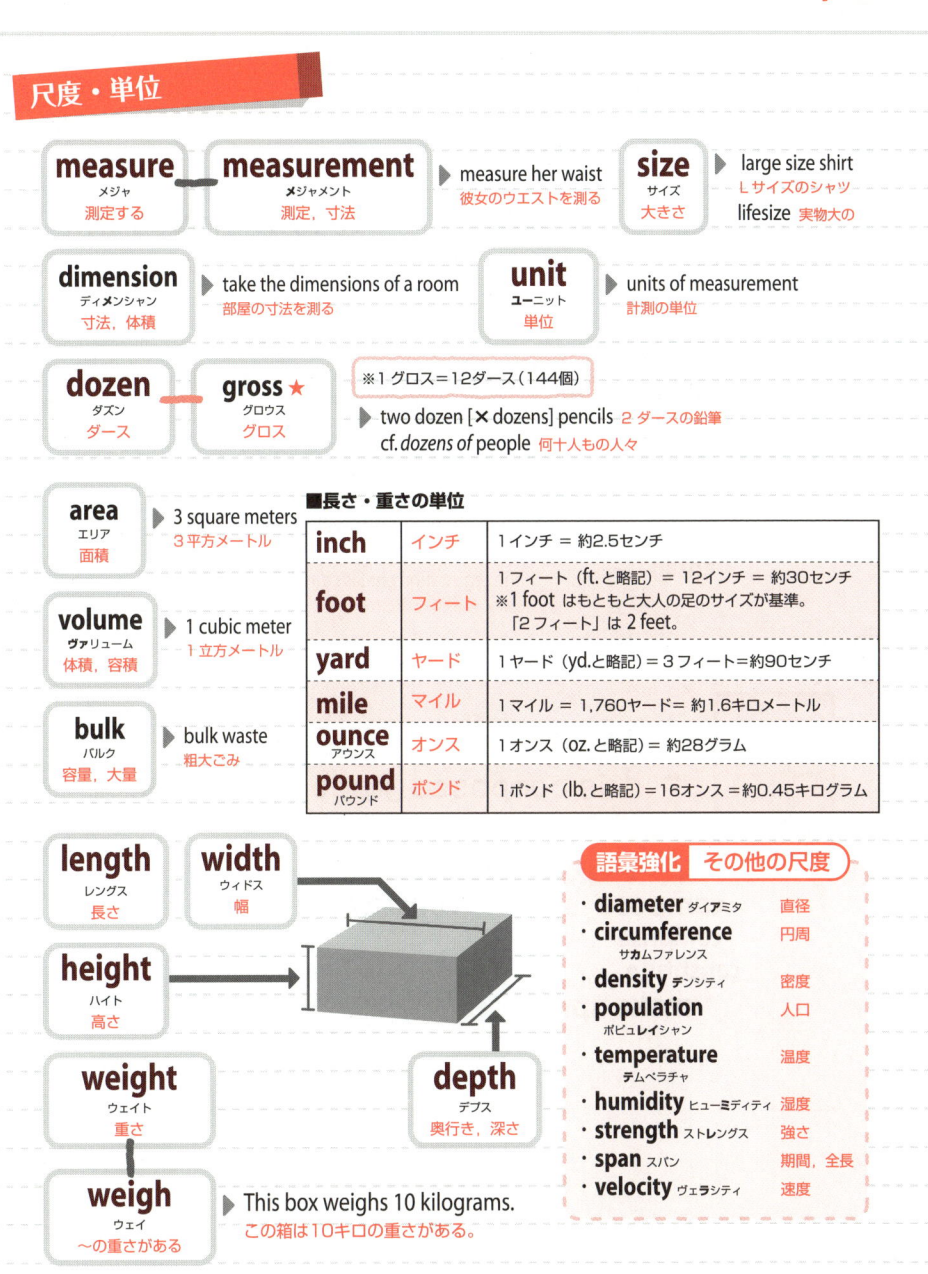

ここまでの見出し語数（のべ） **3,893** 語

尺度・単位

measure メジャ 測定する

measurement メジャメント 測定，寸法
▶ measure her waist 彼女のウエストを測る

size サイズ 大きさ
large size shirt Lサイズのシャツ
lifesize 実物大の

dimension ディメンシャン 寸法，体積
▶ take the dimensions of a room 部屋の寸法を測る

unit ユーニット 単位
▶ units of measurement 計測の単位

dozen ダズン ダース

gross ★ グロウス グロス

※1 グロス＝12ダース（144個）
▶ two dozen [✗ dozens] pencils 2ダースの鉛筆
  cf. *dozens of* people 何十人もの人々

area エリア 面積
▶ 3 square meters 3平方メートル

volume ヴァリューム 体積，容積
▶ 1 cubic meter 1立方メートル

bulk バルク 容量，大量
▶ bulk waste 粗大ごみ

■長さ・重さの単位

inch	インチ	1インチ ＝ 約2.5センチ
foot	フィート	1フィート（ft.と略記）＝12インチ ＝ 約30センチ ※1 foot はもともと大人の足のサイズが基準。「2フィート」は 2 feet。
yard	ヤード	1ヤード（yd.と略記）＝ 3フィート＝約90センチ
mile	マイル	1マイル ＝ 1,760ヤード ＝ 約1.6キロメートル
ounce	オンス	1オンス（oz.と略記）＝ 約28グラム
pound	パウンド	1ポンド（lb.と略記）＝16オンス ＝ 約0.45キログラム

length レングス 長さ
width ウィドス 幅
height ハイト 高さ
weight ウェイト 重さ
depth デプス 奥行き，深さ

weigh ウェイ 〜の重さがある
▶ This box weighs 10 kilograms. この箱は10キロの重さがある。

語彙強化　その他の尺度

- **diameter** ダイアミタ 直径
- **circumference** サカムファレンス 円周
- **density** デンシティ 密度
- **population** ポピュレイシャン 人口
- **temperature** テムペラチャ 温度
- **humidity** ヒューミディティ 湿度
- **strength** ストレングス 強さ
- **span** スパン 期間，全長
- **velocity** ヴェラシティ 速度

96 部分・変更

部分と全体

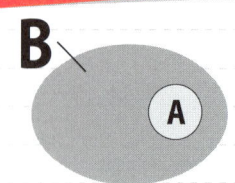

B includes A. = **A is included in B.**
（BはAを含む）　　　　　（AはBに含まれる）

include インクルード
contain コンテイン
含む

▶ The price includes tax. 価格は税金を含む。
This fruit contains vitamin C. この果物はビタミンCを含む。

【類語】 include は全体の一部として含むこと。contain は要素として含むこと。

involve インヴァルヴ
entail エンテイル
伴う

▶ This job involves traveling abroad.
この仕事は海外出張を伴う。
The registration entails complicated procedures.
登録には複雑な手続きが必要である。

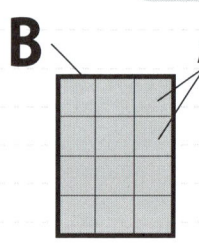

As compose B.（AはBを構成する）
= **B is composed[made up] of As.**
（BはAから成る）

compose コムポウズ
comprise コムプライズ
constitute カンスティテュート
make up
構成する

consist of コンシスト
〜から成る

▶ This club *consists[is composed]* of 30 members.
このクラブは30名の会員から成る。

ここまでの見出し語数(のべ) **3,923** 語

部分に関係する名詞

単語	意味	部分
department デパートメント	部(門), 売り場	editorial department 編集部門
division ディヴィジョン	部門, 区分	sales division 販売部門
section セクション	部分, 部門, 課	business section 〈新聞の〉ビジネス欄
sector セクタ	(産業)部門	biotechnology sector バイオテクノロジー部門
portion ポーション	部分, 割り当て	a portion of food 1人前の食事
segment セグメント	〈区切られた〉部分	business segment 事業区分
particle パーティクル	小片	particle of dust ほこりの粒
fraction フラクション	小部分, 微量	*a fraction of* information わずかな情報
fragment フラグメント	断片, 破片	fragments of glass ガラスの破片
patch パッチ	小片, 小地面	corn patch とうもろこし畑
element エレメント	要素	nutritional elements 栄養素
component コムポウネント	構成要素, 部品	assemble components 部品を組み立てる

変更・修正

convert コンヴァート
転換する
▶ ***convert* a check *into* cash** =cash a check 小切手を現金に交換する

redo リドゥー
やり直す, 作り直す
▶ redo a schedule 予定を立て直す

alter オールタ
modify マディファイ
変更する, 修正する
▶ alter a plan 案を変更する
modify a contract 契約を変更する
alteration/modification 修正

語形成 re- =再び
- **re**make 作り直す
- **re**use 再利用する
- **re**arrange 日時を決め直す
- **re**consider 再考する
- **re**confirm 再確認する
- **re**schedule 予定を変更する
- **re**produce 再生[複製]する

correct コレクト
amend アメンド
revise リヴァイズ
rectify レクティファイ
訂正する, 修正する
▶ correct an error 誤りを正す
revise a budget 予算を修正する
rectify a defect 欠点を矯正する
correction/revision 訂正

reform リフォーム
改革(する)
▶ reform a system 体制を改革する
economic reforms 経済改革

97 関連・適合

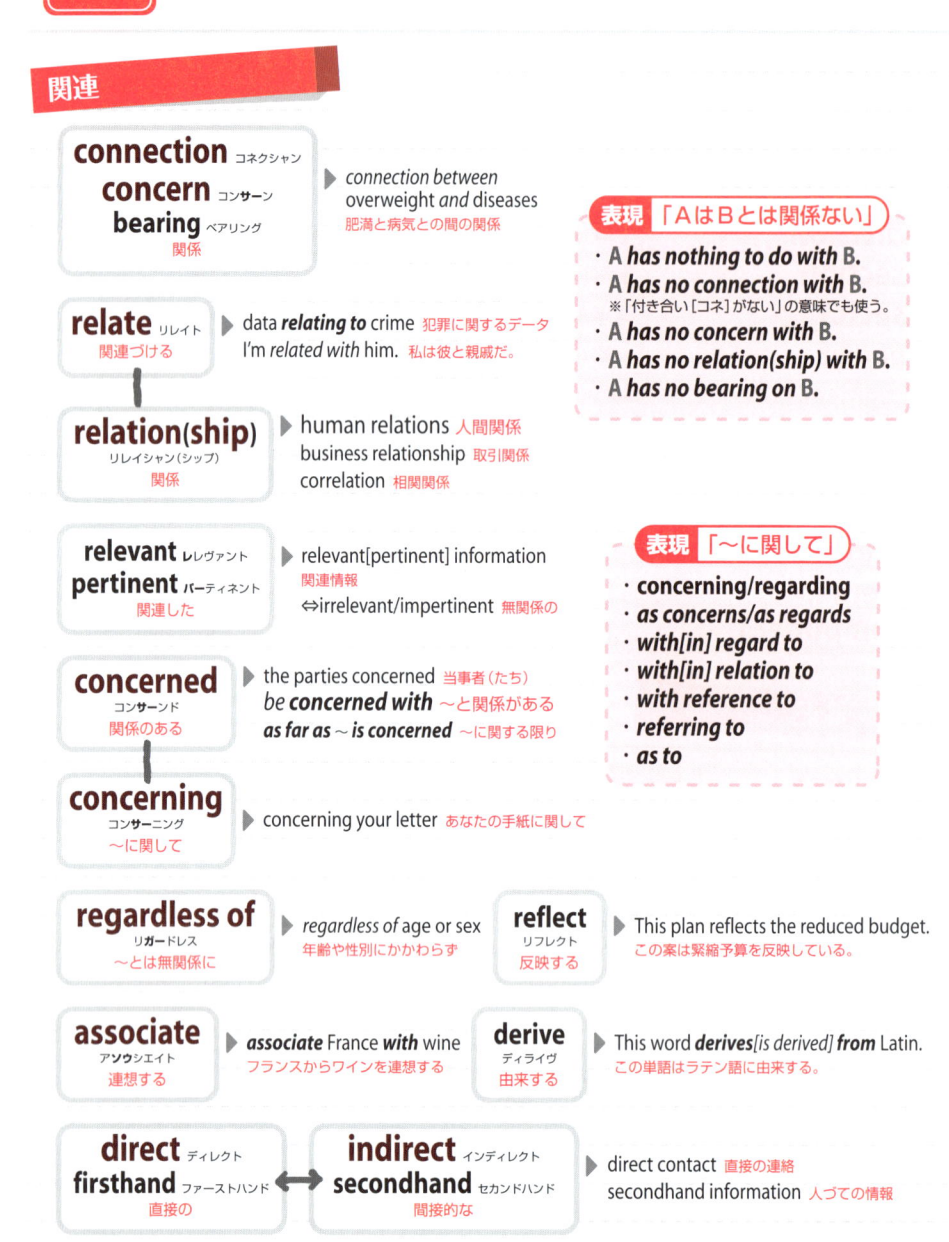

関連

connection コネクシャン
concern コンサーン
bearing ベアリング
関係

▶ *connection between overweight and diseases* 肥満と病気との間の関係

表現 「AはBとは関係ない」
- A *has nothing to do with* B.
- A *has no connection with* B.
  ※「付き合い[コネ]がない」の意味でも使う。
- A *has no concern with* B.
- A *has no relation(ship) with* B.
- A *has no bearing on* B.

relate リレイト
関連づける

▶ data *relating to* crime 犯罪に関するデータ
I'm *related with* him. 私は彼と親戚だ。

relation(ship) リレイシャン(シップ)
関係

▶ human relations 人間関係
business relationship 取引関係
correlation 相関関係

relevant レレヴァント
pertinent パーティネント
関連した

▶ relevant[pertinent] information 関連情報
⇔irrelevant/impertinent 無関係の

表現 「〜に関して」
- *concerning/regarding*
- *as concerns/as regards*
- *with[in] regard to*
- *with[in] relation to*
- *with reference to*
- *referring to*
- *as to*

concerned コンサーンド
関係のある

▶ the parties concerned 当事者(たち)
be concerned with 〜と関係がある
as far as 〜 is concerned 〜に関する限り

concerning コンサーニング
〜に関して

▶ concerning your letter あなたの手紙に関して

regardless of リガードレス
〜とは無関係に

▶ *regardless of* age or sex 年齢や性別にかかわらず

reflect リフレクト
反映する

▶ This plan reflects the reduced budget. この案は緊縮予算を反映している。

associate アソウシエイト
連想する

▶ *associate* France *with* wine フランスからワインを連想する

derive ディライヴ
由来する

▶ This word *derives*[is derived] *from* Latin. この単語はラテン語に由来する。

direct ディレクト
firsthand ファーストハンド
直接の

⇔

indirect インディレクト
secondhand セカンドハンド
間接的な

▶ direct contact 直接の連絡
secondhand information 人づての情報

適合・調和

単語	意味	例
adjust アヂャスト	調節する 順応する	adjust a machine 機械を調節する ***adjust to*** new life 新しい生活に順応する / adjustment 調節
adapt アダプト	適合させる	We must ***adapt ourselves to*** changes in the market. 我々は市場の変化に順応しなければならない。
apply アプライ	適用する 当てはまる	You can't ***apply*** the rule ***to*** this instance. その規則はこの例には適用できない。 The rule doesn't ***apply to*** this instance. その規則はこの例には当てはまらない。
coordinate コウオーディネイト	調和させる	coordinate business policies 営業方針を調整する / coordination 調整
harmonize ハーモナイズ	調和させる	***harmonize*** the color of the curtain ***with*** the room カーテンの色を部屋に調和させる A is ***in harmony with*** B. AはBと調和している。
tailor ★ テイラ	好みに合わせる	***tailor*** one's speech ***to*** the audience スピーチを聴衆に合わせる
match マッチ **fit** フィット **suit** スート **become**	合う 似合う	This shirt matches your suit. このシャツは君のスーツに合う。 This dress fits me perfectly. このドレスは私の体にぴったり合う。 This dress suits[becomes] you well. このドレスは君によく似合う。

suitable / fit スータブル
適当な

▶ This toy is ***suitable for*** gifts.
このおもちゃは贈り物に適している。

optimum アプティマム
最適な

▶ optimum amount of sleep
最適な睡眠量

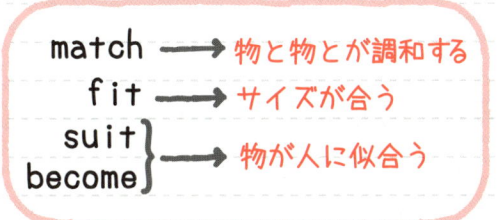

match → 物と物とが調和する
fit → サイズが合う
suit } → 物が人に似合う
become

98 因果関係

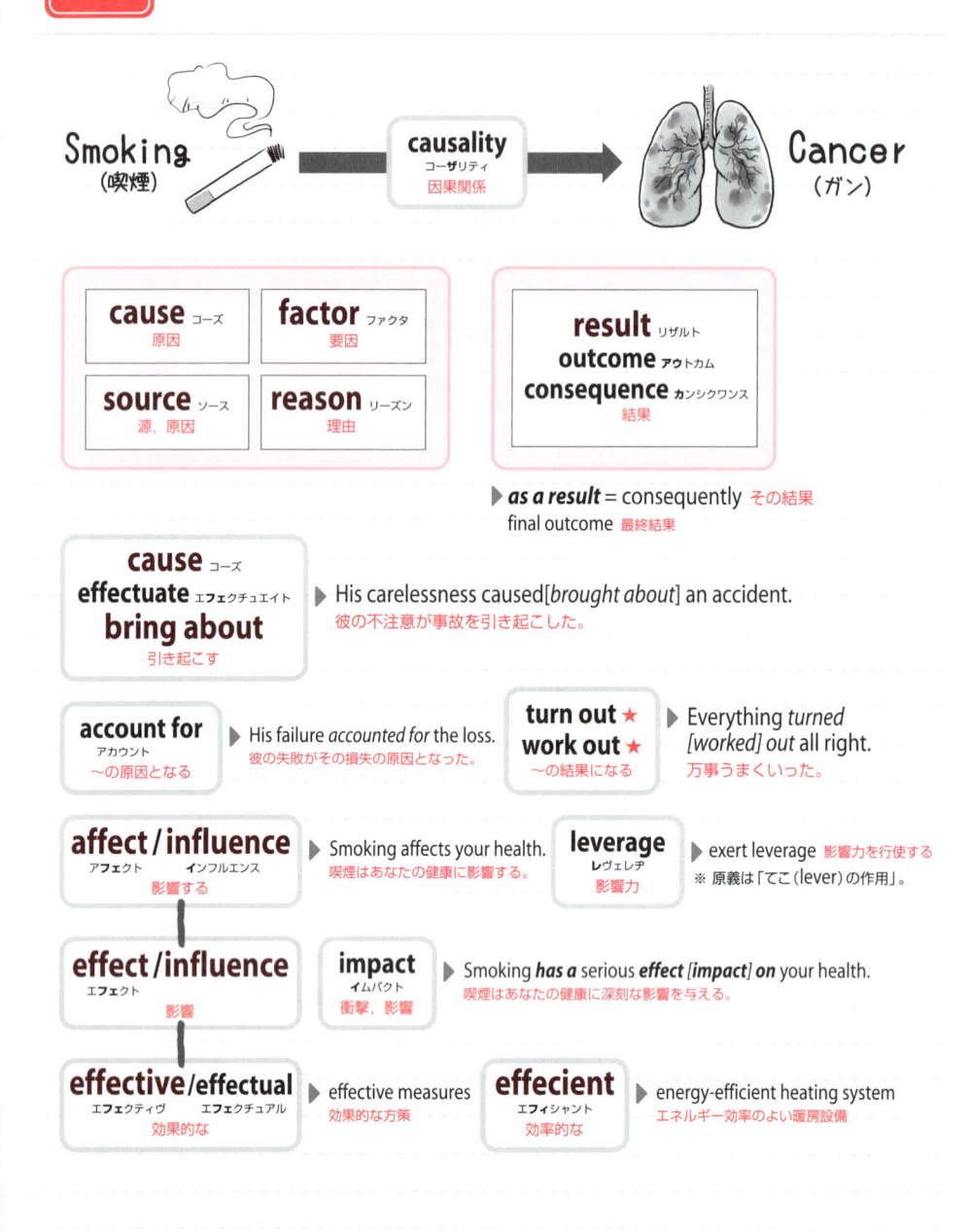

Smoking（喫煙） → **causality** コーザリティ 因果関係 → **Cancer**（ガン）

- **cause** コーズ 原因
- **factor** ファクタ 要因
- **source** ソース 源，原因
- **reason** リーズン 理由

- **result** リザルト
- **outcome** アウトカム
- **consequence** カンシクワンス
  結果

▶ *as a result* = consequently その結果
  final outcome 最終結果

cause コーズ / **effectuate** エフェクチュエイト / **bring about** 引き起こす
▶ His carelessness caused [*brought about*] an accident.
  彼の不注意が事故を引き起こした。

account for アカウント ～の原因となる
▶ His failure *accounted for* the loss.
  彼の失敗がその損失の原因となった。

turn out ★ / **work out** ★ ～の結果になる
▶ Everything *turned* [*worked*] *out* all right.
  万事うまくいった。

affect / influence アフェクト インフルエンス 影響する
▶ Smoking affects your health.
  喫煙はあなたの健康に影響する。

leverage レヴェレヂ 影響力
▶ exert leverage 影響力を行使する
  ※ 原義は「てこ (lever) の作用」。

effect / influence エフェクト 影響

impact インパクト 衝撃，影響
▶ Smoking *has a* serious *effect* [*impact*] *on* your health.
  喫煙はあなたの健康に深刻な影響を与える。

effective / effectual エフェクティヴ エフェクチュアル 効果的な
▶ effective measures 効果的な方策

efficient エフィシャント 効率的な
▶ energy-efficient heating system エネルギー効率のよい暖房設備

trigger トリガ
引き金（となる）
▶ The economic policy triggered inflation.
その経済政策はインフレの引き金となった。

stimulate スティミュレイト
刺激する
▶ stimulate the economy
経済を刺激する

depend on ディペンド
〜次第である
depending on
〜次第で
▶ Your success *depends on* your efforts.
君の成功は努力次第だ。
▶ The schedule may be changed *depending on* the weather.
天候次第で予定は変更されるかもしれない。

conditional コンディシャナル
contingent コンティンヂェント
条件付きの
▶ Your fee *is conditional[contingent] on* your ability.
あなたの報酬は能力によって決まる。

because of
on account of
owing オウイング **to**
due デュー **to**
thanks サンクス **to**
〜のために，〜のせいで
▶ *Because of* an accident, we couldn't arrive on time.
事故のために我々は時間どおりに到着できなかった。

語法 due to は，be due to
（〜のせいである）の形でも使う。

▶ The bus was delayed *due to* an accident.
=The delay of the bus *was due to* an accident.
バスの遅れは事故のせいだった。

語法 thanks to は，
thanks to your help あなたの援助のおかげで
thanks to the accident その事故のせいで
のように，よい意味でも悪い意味でも使う。

inevitable イネヴィタブル
unavoidable アンナヴォイダブル
不可避の，必然的な
▶ *It is inevitable that* you will be charged with the task.
君がその任務を課せられるのは避けられない。

avoid アヴォイド
避ける
語法 *avoid eating* [×to eat] between meals
間食を避ける《→72を参照》

evade エヴェイド
escape エスケイプ
免れる
▶ evade (paying) taxes 脱税する
escape criminal charges 刑事責任を免れる

99 存在・生起

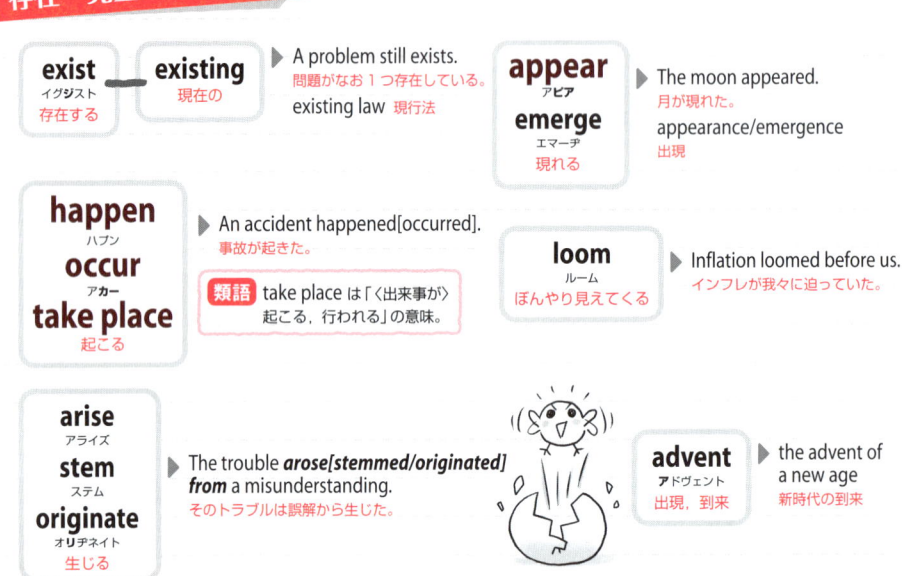

存在・発生

exist イグジスト 存在する — **existing** 現在の
▶ A problem still exists. 問題がなお１つ存在している。
existing law　現行法

appear アピア / **emerge** エマーヂ 現れる
▶ The moon appeared. 月が現れた。
appearance/emergence　出現

happen ハプン / **occur** アカー / **take place** 起こる
▶ An accident happened[occurred]. 事故が起きた。
【類語】take place は「〈出来事が〉起こる，行われる」の意味。

loom ルーム ぼんやり見えてくる
▶ Inflation loomed before us. インフレが我々に迫っていた。

arise アライズ / **stem** ステム / **originate** オリヂネイト 生じる
▶ The trouble *arose[stemmed/originated] from* a misunderstanding. そのトラブルは誤解から生じた。

advent アドヴェント 出現，到来
▶ the advent of a new age　新時代の到来

開始・終了

launch ローンチ 着手する
▶ launch a venture　事業に乗り出す

inaugurate イノーギュレイト 開始する
▶ inaugurate a new branch　新支店を開業する
inaugural address　就任演説

set about 着手する
▶ *set about* the task　その仕事に取りかかる

cease シース 止まる，やめる
【語法】cease walking[○ to walk] = stop walking[× to walk] 歩くのをやめる

over 終わって
▶ The meeting is over. 会議は終わった。

discontinue ★ ディスコンティニュー 中止する
▶ discontinue a product　製品の製造を中止する

end up (〜で) 終わる
▶ *end up in* a quarrel　けんか別れに終わる
The negotiation *ended in* a rupture. 交渉は決裂に終わった。

継続・連続

last / go on 続く
▶ The meeting lasted [went on] for hours.
会議は何時間も続いた。

carry on 続ける
▶ carry on the discussion
議論を続ける

continue コンティニュー 続く, 続ける
▶ continue to work = continue working
働き続ける

survive サヴァイヴ 存続する
▶ survive a financial crisis
経営危機を切り抜ける
survival 生存, 残存

remain リメイン 残る / 〜のままである
▶ The problem remains to be solved. = The problem is yet to be solved.
その問題は未解決だ。
He remained silent.
彼は黙ったままだった。

linger リンガ 残る, 長引く
▶ lingering deficit
長期欠損

repeat リピート 繰り返す

repeatedly リピーティドリ 繰り返して
▶ repeat a word
言葉を繰り返す

resume リズーム 再開する
▶ resume a meeting
会議を再開する

temporary テムポラリ 一時的な ↔ **permanent** パーマネント 永続的な
▶ temporary job
臨時の仕事

ongoing オンゴウイング 進行中の, 持続的な
▶ ongoing project
進行中の事業

continual コンティニュアル / **continuous** コンティニュアス / **constant** カンスタント / **incessant** インセサント
連続的な, 絶え間ない
▶ continual [constant] rain 降り続く雨
constant pain 引き続く痛み
incessant changes 絶え間ない変化

consecutive ★ コンセキュティヴ / **successive** サクセシヴ
引き続いた

【暗記】We've been in the red for 3 consecutive years.
当社は3年連続の赤字だ。

serial シリアル 連続する
▶ serial number 通し番号

discrete ディスクリート 別個の, 不連続の
▶ discrete production
不連続生産

ここまでの見出し語数(のべ) **4,029**語

100 所有・保持

所有

own オウン 所有する — **owner** オウナ 所有者 — **ownership** オウナシップ 所有権
▶ own a land 土地を所有する

proprietor プロプライアタ 所有者
▶ hotel proprietor ホテル経営者

possess ポゼス 所有する — **possession** ポゼシャン 所有(物)
▶ possess a villa 別荘を所有する

belong to ビロング ～のものである
▶ This firm *belongs to* him. この会社は彼のものだ。

occupy アキュパイ 占有する
▶ This desk occupies too much space. この机が場所を取りすぎている。

monopolize モナポライズ 独占する
▶ monopolize a conversation 会話を独占する
Antimonopoly Law 独占禁止法

財産・相続

wealth ウェルス / **property** プラパティ / **fortune** フォーチュン / **estate** エステイト / **asset** アセット 財産, 資産

wealthy ウェルシ / **well off** / **well-to-do** 裕福な
▶ I'm better[worse] off than I was 10 years ago. 私は10年前より裕福[貧乏]だ。

▶ property tax 固定資産税
real estate 不動産

millionaire ミリオネア 百万長者 — **billionaire** ビリオネア 億万長者

inherit インヘリト 相続する
▶ He inherited his father's fortune. 彼は父親の財産を相続した。

inheritance インヘリタンス / **legacy** レガシ 遺産
※文化的な遺産は heritage ヘリティヂ。

will 遺言, 遺書
▶ I had my will drawn up. 私は遺言書を作成してもらった。

heir エア 相続人
▶ an heir to his fortune 彼の財産の相続人
同じ発音 air 空気

recipient レシピエント 受取人
▶ a recipient of the Nobel prize ノーベル賞の受賞者

ここまでの見出し語数(のべ) **4,082** 語

獲得

gain ゲイン / **obtain** オブテイン
earn アーン / **acquire** アクワイア
procure プロキュア
得る

- gain popularity 人気を得る
- obtain information 情報を得る
- *earn[make]* money 金を稼ぐ
- acquire knowledge 知識を得る
- procure employment 職を得る

capture キャプチャ
捕らえる

▶ capture consumers' attention
消費者の関心を集める

raise レイズ ★
〈資金を〉集める

▶ *raise funds* 資金を集める
  fund-raiser 資金調達者

保持・保存・回復

retain リテイン
保持する

▶ retain one's memory 記憶を保つ
  retention 保有, 保持

maintain メインテイン
維持する

▶ maintain one's balance バランスを保つ
  maintenance 維持

save セイヴ
put[lay] aside[away/by]
取っておく, 蓄える

▶ save a file ファイルを保存する
  lay by money for the future
  将来のために金を蓄える

endow エンダウ
bestow ビストウ
award アウォード
impart インパート
confer カンファー
授ける, 与える

▶ impart information
  情報を伝える
  confer a degree
  学位を授ける

endure エンデュア
withstand ウィズスタンド
hold on
持ちこたえる

▶ withstand the test of time
  時が経っても朽ちない
  hold on to one's principle
  主義を曲げない
  endurance 耐久性

sustain サステイン
持続させる

sustainable
持続可能な

▶ sustain one's interest
  興味を保つ
  sustainable development
  持続可能な[環境保護と共存できる]開発

conserve コンサーヴ
preserve プリザーヴ
保存する, 保護する

▶ conserve[preserve] nature
  自然を保護する
  conservation/preservation
  保存, 保護

recover リカヴァ
regain リゲイン
restore リストア
retrieve リトリーヴ
取り戻す, 回復する

▶ recover[regain] one's health
  健康を回復する
  restore order
  秩序を回復する

215

Stage 8 確認テスト

次のそれぞれの語句の意味を答えてください。

No	単語	品詞	
1	acquire	動	( )
2	adapt	動	( )
3	affect	動	( )
4	alter	動	( )
5	asset	名	( )
6	billion	名	( )
7	compete	動	( )
8	consecutive	形	( )
9	consequence	名	( )
10	contingency	名	( )
11	creative	形	( )
12	disadvantage	名	( )
13	discontinue	動	( )
14	excessive	形	( )
15	experience	動	( )
16	expertise	名	( )
17	extent	名	( )
18	extreme	形	( )
19	factor	名	( )
20	fall through		( )

No	単語	品詞	
21	include	動	( )
22	intensive	形	( )
23	make use of ~		( )
24	moderate	形	( )
25	obstacle	名	( )
26	overcome	動	( )
27	prohibit	動	( )
28	prospect	名	( )
29	quantity	名	( )
30	relationship	名	( )
31	replace	動	( )
32	resist	動	( )
33	restrict	動	( )
34	specific	形	( )
35	statistics	名	( )
36	stimulate	動	( )
37	sufficient	形	( )
38	temporary	形	( )
39	thorough	形	( )
40	typical	形	( )

正解は282ページ

Stage 9

101		増減
102		拡大
103		変化・悪化
104		変形
105		物の形①
106		物の形②
107		位置関係
108		順序
109		地理・地域
110		気象
111		時
112		状況・問題・記憶
113		感情・心理①
114		感情・心理②
115		感情・心理③

101 増減

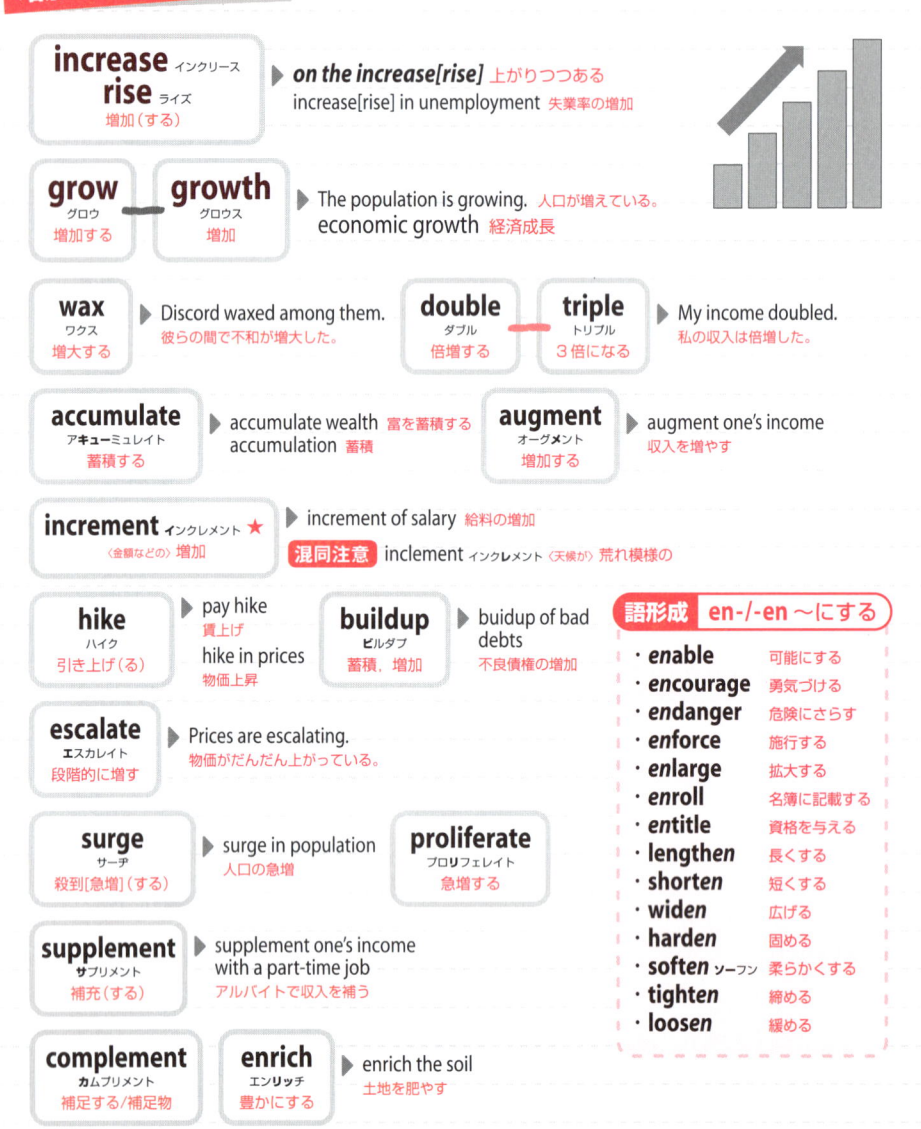

増加

increase / rise インクリース / ライズ 増加(する)
- *on the increase[rise]* 上がりつつある
- increase[rise] in unemployment 失業率の増加

grow グロウ 増加する — **growth** グロウス 増加
- The population is growing. 人口が増えている。
- economic growth 経済成長

wax ワクス 増大する
- Discord waxed among them. 彼らの間で不和が増大した。

double ダブル 倍増する — **triple** トリプル 3倍になる
- My income doubled. 私の収入は倍増した。

accumulate アキューミュレイト 蓄積する
- accumulate wealth 富を蓄積する
- accumulation 蓄積

augment オーグメント 増加する
- augment one's income 収入を増やす

increment インクレメント ★ 〈金額などの〉増加
- increment of salary 給料の増加
- 混同注意 **inclement** インクレメント 〈天候が〉荒れ模様の

hike ハイク 引き上げ(る)
- pay hike 賃上げ
- hike in prices 物価上昇

buildup ビルダプ 蓄積, 増加
- buildup of bad debts 不良債権の増加

escalate エスカレイト 段階的に増す
- Prices are escalating. 物価がだんだん上がっている。

surge サーヂ 殺到[急増](する)
- surge in population 人口の急増

proliferate プロリフェレイト 急増する

supplement サプリメント 補充(する)
- supplement one's income with a part-time job アルバイトで収入を補う

complement カムプリメント 補足する/補足物

enrich エンリッチ 豊かにする
- enrich the soil 土地を肥やす

語形成 en-/-en ～にする
- **enable** 可能にする
- **encourage** 勇気づける
- **endanger** 危険にさらす
- **enforce** 施行する
- **enlarge** 拡大する
- **enroll** 名簿に記載する
- **entitle** 資格を与える
- **lengthen** 長くする
- **shorten** 短くする
- **widen** 広げる
- **harden** 固める
- **soften** ソーフン 柔らかくする
- **tighten** 締める
- **loosen** 緩める

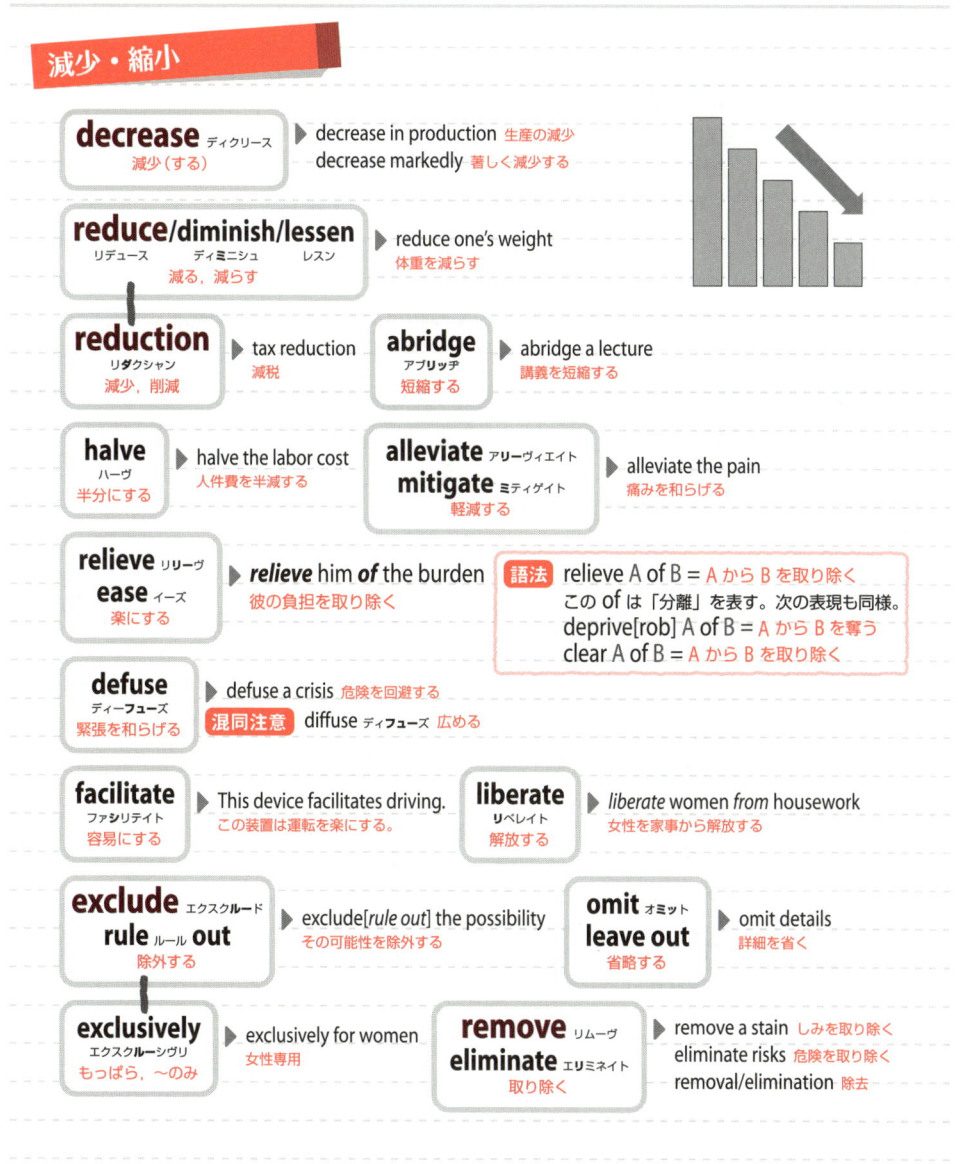

ここまでの見出し語数(のべ) **4,121** 語

減少・縮小

decrease ディクリース
減少(する)
▶ decrease in production 生産の減少
　decrease markedly 著しく減少する

reduce/diminish/lessen
リデュース　ディミニシュ　レスン
減る，減らす
▶ reduce one's weight 体重を減らす

reduction リダクシャン
減少，削減
▶ tax reduction 減税

abridge アブリッヂ
短縮する
▶ abridge a lecture 講義を短縮する

halve ハーヴ
半分にする
▶ halve the labor cost 人件費を半減する

alleviate アリーヴィエイト
mitigate ミティゲイト
軽減する
▶ alleviate the pain 痛みを和らげる

relieve リリーヴ
ease イーズ
楽にする
▶ *relieve* him *of* the burden 彼の負担を取り除く

語法 relieve A of B = A から B を取り除く
この of は「分離」を表す。次の表現も同様。
deprive[rob] A of B = A から B を奪う
clear A of B = A から B を取り除く

defuse ディーフューズ
緊張を和らげる
▶ defuse a crisis 危険を回避する
混同注意 diffuse ディフューズ 広める

facilitate ファシリテイト
容易にする
▶ This device facilitates driving. この装置は運転を楽にする。

liberate リベレイト
解放する
▶ *liberate* women *from* housework 女性を家事から解放する

exclude エクスクルード
rule ルール **out**
除外する
▶ exclude[*rule out*] the possibility その可能性を除外する

omit オミット
leave out
省略する
▶ omit details 詳細を省く

exclusively エクスクルーシヴリ
もっぱら，〜のみ
▶ exclusively for women 女性専用

remove リムーヴ
eliminate エリミネイト
取り除く
▶ remove a stain しみを取り除く
　eliminate risks 危険を取り除く
　removal/elimination 除去

219

102 拡大

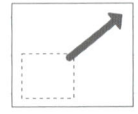

spread スプレッド
extend イクステンド
expand イクスパンド
broaden ブロードン
widen ワイドン
広がる，広げる

▶ The rumor is spreading. そのうわさは広まりつつある。
extend one's business 事業を拡大する / extension 拡大
IT industry is expanding. IT産業は拡大している。
broaden[widen] one's horizons 視野を広げる

enlarge エンラーヂ
magnify マグニファイ
拡大する

▶ enlarge a photo 写真を引き伸ばす / enlargement 拡大
magnifying glass 拡大鏡，虫めがね

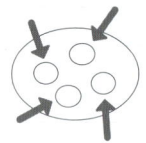

integrate インテグレイト
unify ユーニファイ
synthesize シンセサイズ
統合する

▶ integrate[synthesize] one's knowledge 知識を統合する

absorb アブソーブ
吸収する

▶ absorb moisture 湿気を吸収する
be *absorbed in* 〜に熱中している

assimilate アシミレイト
同化する

▶ assimilate immigrants 移民を同化する

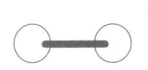

connect コネクト
combine コムバイン
link リンク
unite ユーナイト
結びつける

▶ **connect** a computer **to** the Internet
パソコンをインターネットに接続する
combine efforts 努力を結集する
connection 結合，関係 / combination 結合
linkage リンキヂ 結合

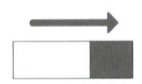

extend イクステンド
stretch ストレッチ
伸びる，伸ばす

▶ *stretch out* 手足を伸ばす

prolong プロロング
延長する

▶ prolong one's stay 滞在を延長する

ここまでの見出し語数(のべ) **4,158** 語

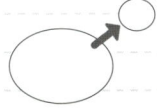

elevate エレヴェイト
enhance エンハンス ▶ enhance their motivation 彼らの意欲を高める
boost ブースト　　 boost the local economy 地元経済を活気づける
高める

strengthen ストレングサン ▶ strengthen one's position 地位を強化する
reinforce リーインフォース　 reinforce one's health 健康を増進する
強化する　　　　　　　 reinforcement 補強

promote ▶ promote sales 販売を促進する　**accelerate** ▶ accelerate economic growth
プロモウト　　sales promotion 販売促進　アクセレレイト　　経済成長を促進する
促進する　　　　　　　　　　　　　　　加速する

animate ▶ animate the market 市場を活気づける　**ameliorate** ▶ ameliorate working conditions
アニメイト　　　　　　　　　　　　　　　　　アメリオレイト　　労働条件を改善する
活気づける　　　　　　　　　　　　　　　　　改善する

語句	意味	例
discharge ディスチャーヂ	排出する，解放する	discharge waste water 排水を放出する
diffuse ディフューズ	拡散する，広める	diffuse information 情報を広める
disperse ディスパース	分散させる	disperse a crowd 群衆を散らす
eject エヂェクト	排出する，追い払う	eject a CD CDを取り出す
emit エミット / **give off**	〈熱・光・香りなどを〉放つ	emit[give off] a bad smell いやなにおいを放つ
launch ローンチ	発射する	launch a rocket ロケットを発射する
issue イシュー	発行する	issue a magazine 雑誌を発行する
release リリース	放出する，公開する	release a film 映画を封切る
scatter スキャタ	まき散らす	scatter empty cans 空き缶を散らかす

103 変化・悪化

変化・進歩

transition トランジション
移り変わり
▶ transition period 過渡期

variation ヴァリエイシャン
変化, 変種

variable ヴァリアブル
変わりやすい
▶ Prices are subject to variation.
値段は変更することがあります。

sign サイン
symptom シムプトム
徴候
▶ symptom of inflation インフレの徴候

monotonous モノトナス
単調な
▶ monotonous voyage 単調な航海

advance アドヴァンス
proceed プロシード
前進する
▶ advance to the finals 決勝戦に進出する
Please proceed to Gate 3.
3番ゲートへお進みください。

develop デヴェロプ
発達する

make progress プラグレス
進歩する

▶ developing countries 発展途上国
development 発達

▶ Your English has made great progress.
君の英語は大いに進歩した。

culminate カルミネイト
頂点に達する
▶ Their efforts culminated in success.
彼らの努力はついに実を結んだ。

変化の程度

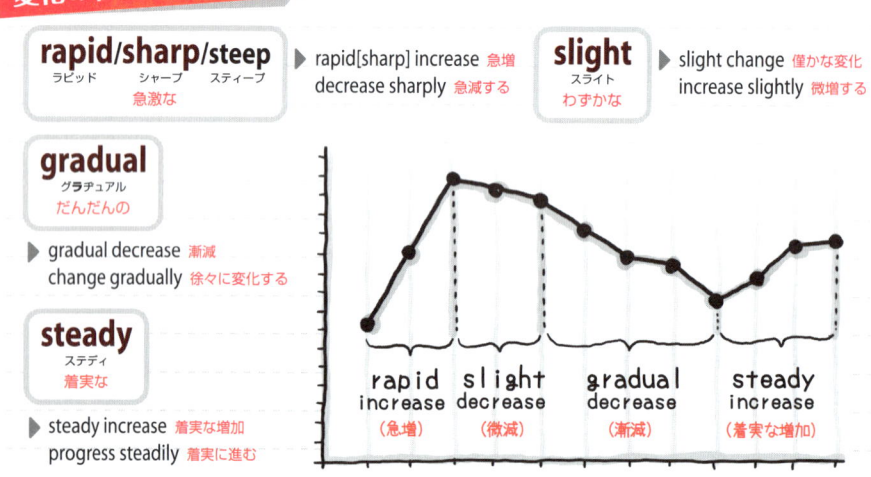

rapid/sharp/steep ラピッド／シャープ／スティープ
急激な
▶ rapid[sharp] increase 急増
decrease sharply 急減する

slight スライト
わずかな
▶ slight change 僅かな変化
increase slightly 微増する

gradual グラデュアル
だんだんの
▶ gradual decrease 漸減
change gradually 徐々に変化する

steady ステディ
着実な
▶ steady increase 着実な増加
progress steadily 着実に進む

rapid increase（急増）　slight decrease（微減）　gradual decrease（漸減）　steady increase（着実な増加）

ここまでの見出し語数(のべ) **4,196**語

悪化

worsen ワースン 悪化する[させる]	▶ worsening situation 悪化しつつある状況	**aggravate** アグラヴェイト 悪化させる	**vicious circle** ヴィシャス サークル 悪循環	▶ fall into a *vicious circle* 悪循環に陥る

- **worsen** ワースン 悪化する[させる] ▶ worsening situation 悪化しつつある状況
- **aggravate** アグラヴェイト 悪化させる
- **vicious circle** ヴィシャス サークル 悪循環 ▶ fall into a *vicious circle* 悪循環に陥る
- **deteriorate** デテリオレイト 劣化する[させる] ▶ The economy is deteriorating. 経済は悪化しつつある。
- **degrade/debase** デグレイド／デベイス 価値を下げる ▶ Don't debase yourself. 自分の品位を落とすようなまねをするな。
- **devastate** デヴァステイト 荒廃させる ▶ devastating earthquake 壊滅的な地震
- **undermine** アンダマイン 土台を崩す ▶ Alcohol undermined his health. アルコールが彼の健康を蝕んだ。
- **destroy** デストロイ 破壊する ▶ The storm destroyed the bridge. 嵐が橋を破壊した。 destruction デストラクシャン 破壊
- **ruin** ルーイン／**spoil** スポイル 台無しにする ▶ The rain spoiled our drive. 雨で我々のドライブは台無しになった。
- **collapse** コラプス 崩壊(する) ▶ economic collapse 経済の破綻
- **downfall** ダウンフォール 転落, 没落 ▶ His failure led to the downfall of the company. 彼の失敗が会社の没落の原因となった。
- **pollute** ポリュート／**contaminate** コンタミネイト 汚染する ▶ Exhaust fumes pollute the air. 排気ガスは大気を汚染する。 pollution/contamination 汚染 pollutant 汚染物質
- **erode** エロウド 蝕む, 浸食する ▶ Waves have *eroded away* the coast. 波が海岸を浸食した。
- **weather** ウェザ 風化する ▶ weathered building 風化した建物
- **upset** アップセット／**disrupt** ディスラプト 混乱させる ▶ The accident upset our schedule. その事故で我々の予定が狂った。 The strike disrupted the traffic. そのストで交通が混乱した。
- **paralyze** パラライズ まひさせる ▶ Heavy snow paralyzed the traffic. 大雪で交通がまひした。
- **entangle** エンタングル 巻き込む ▶ become *entangled in* a lawsuit 訴訟に巻き込まれる

223

104 変形

transform トランス**フォーム** 変形する
▶ transformation 変形

freeze フリーズ 固まる, 凍る
活用 froze-frozen

dissolve ディゾルヴ / **melt** メルト 溶ける

thaw ソー 解凍する
※ thaw は「冷凍食品を解凍する」の意味で使う。

swell スウェル / **inflate** インフレイト 膨張する

burst バースト 破裂(する)

explode エクスプロウド / **go off** 爆発する
▶ explosion 爆発

fade フェイド 次第に消える
▶ The color has faded. 色があせた。

disappear ディサピア / **vanish** ヴァニッシュ 消える
▶ The stain has disppeared. しみが消えた。

wither ウィザ しおれる
▶ withered flower しおれた[枯れた]花

decay ディケイ 朽ちる, 衰える
▶ decayed tooth 虫歯

decline デクライン 衰える

go bad[off] / rot / spoil ラット スポイル 腐る
▶ This milk has *gone off*. = This milk is off. このミルクは腐っている。
rotten egg 腐った卵

shrink シュリンク / **dwindle** ドウィンドル 縮小する
▶ shrinking market 縮小している市場
活用 shrank-shrunk

taper テイパ 漸減する
▶ Our sales are *tapering off*. 売り上げが次第に減っている。

bend ベンド / **warp** ウォープ 曲がる, 曲げる
▶ bend one's knees ひざを曲げる

distort ディス**トート** 歪む, 歪める
▶ distorted frame ゆがんだフレーム

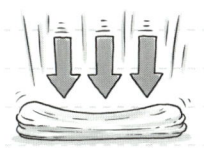

ここまでの見出し語数(のべ) **4,244**語

compress コムプレス 圧縮する		**crush** クラッシュ 押しつぶす
condense コンデンス 濃縮する	▶ *condense* a report *to* 1 page 報告を1ページに要約する	**shatter** シャタ **smash** スマッシュ 粉砕する
stick スティック **pierce** ピアス 突き刺す	▶ *stick* a fork *in* a sausage ソーセージにフォークを突き刺す	**penetrate** ペネトレイト 貫く **chop** チャップ 切り刻む
divide ディヴァイド **separate** セパレイト **split** スプリット 分ける，割る	▶ *divide* the trainees *into* two groups 研修生たちを2つのグループに分ける division 分割，部門 separation 分離	**bipolarization** バイポウラリゼイシャン 二極化
strip ストリップ **rip** リップ はぎ取る	▶ *rip off* a poster ポスターをはぎ取る	**deprive** デプライヴ **rob** ラブ 奪う	▶ *deprive* them *of* their jobs 彼らから職を奪う *rob* her *of* her bag 彼女のバッグを奪う
extract エクストラクト 抜き取る	**squeeze** スクウィーズ 絞る	▶ *extract[squeeze]* juice *from* a fruit 果物から果汁を搾り取る	**dilute** ディルート 〈水で〉薄める
mix ミクス **blend** ブレンド 混ぜる	**stir** スター かき回す	▶ *stir* coffee with a spoon コーヒーをスプーンでかきまぜる
	▶ Don't *mix* business *with* pleasure. 仕事と遊びを混同してはならない。	
stick スティック くっつく，貼る	▶ Some gum *stuck to* the sole of my shoe. ガムが靴の底にくっついた。 *Stick* this poster *on* the wall. このポスターを壁に貼りなさい。	

225

105 物の形①

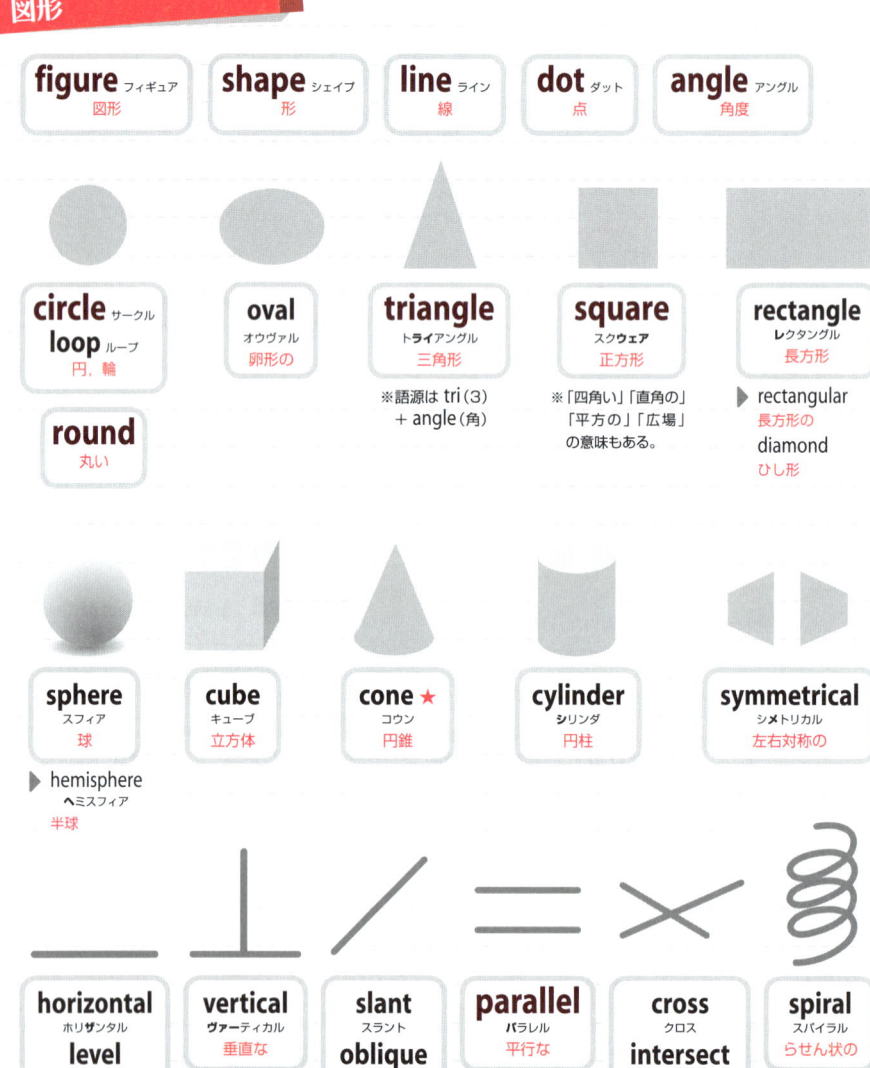

図形

- **figure** フィギュア 図形
- **shape** シェイプ 形
- **line** ライン 線
- **dot** ダット 点
- **angle** アングル 角度

- **circle** サークル / **loop** ループ 円, 輪
- **round** 丸い
- **oval** オウヴァル 卵形の
- **triangle** トライアングル 三角形
  ※語源は tri（3）＋ angle（角）
- **square** スクウェア 正方形
  ※「四角い」「直角の」「平方の」「広場」の意味もある。
- **rectangle** レクタングル 長方形
  ▶ **rectangular** 長方形の
  diamond ひし形

- **sphere** スフィア 球
  ▶ **hemisphere** ヘミスフィア 半球
- **cube** キューブ 立方体
- **cone** ★ コウン 円錐
- **cylinder** シリンダ 円柱
- **symmetrical** シメトリカル 左右対称の

- **horizontal** ホリザンタル / **level** レヴェル 水平な
- **vertical** ヴァーティカル 垂直な / **upright** アップライト 直立した
- **slant** スラント / **oblique** オブリーク 斜めの
- **parallel** パラレル 平行な
- **cross** クロス / **intersect** インタセクト 交差する
- **spiral** スパイラル らせん状の

模様

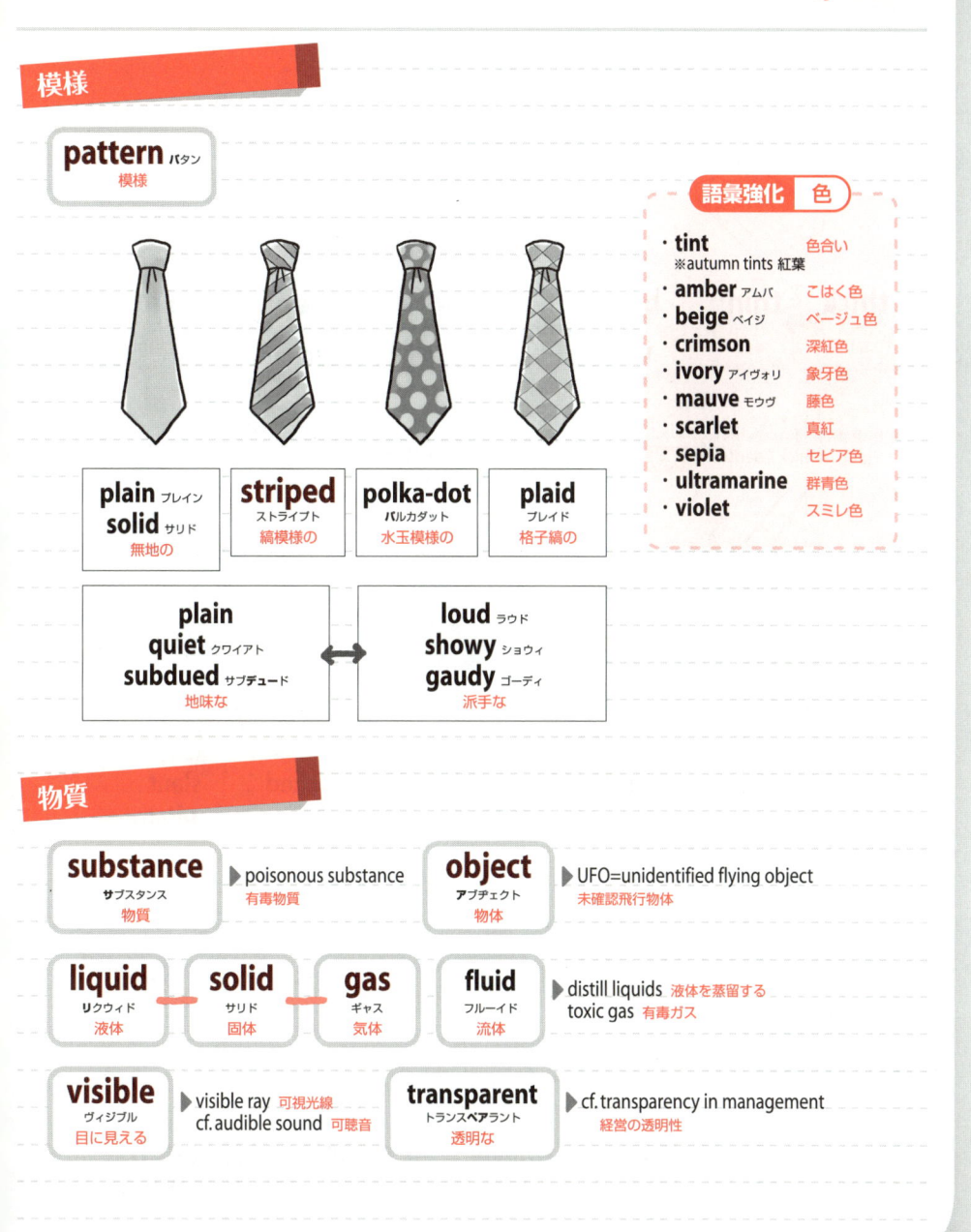

pattern パタン
模様

plain プレイン **solid** サリド 無地の	**striped** ストライプト 縞模様の	**polka-dot** パルカダット 水玉模様の	**plaid** プレイド 格子縞の

plain
quiet クワイアト
subdued サブデュード
地味な ↔ **loud** ラウド
showy ショウィ
gaudy ゴーディ
派手な

語彙強化 色

- **tint** 色合い ※autumn tints 紅葉
- **amber** アムバ こはく色
- **beige** ベイジ ベージュ色
- **crimson** 深紅色
- **ivory** アイヴォリ 象牙色
- **mauve** モウヴ 藤色
- **scarlet** 真紅
- **sepia** セピア色
- **ultramarine** 群青色
- **violet** スミレ色

物質

substance サブスタンス 物質 ▶ poisonous substance 有毒物質

object アブヂェクト 物体 ▶ UFO=unidentified flying object 未確認飛行物体

liquid リクウィド 液体 ― **solid** サリド 固体 ― **gas** ギャス 気体

fluid フルーイド 流体 ▶ distill liquids 液体を蒸留する / toxic gas 有毒ガス

visible ヴィジブル 目に見える ▶ visible ray 可視光線 / cf. audible sound 可聴音

transparent トランスペアラント 透明な ▶ cf. transparency in management 経営の透明性

106 物の形②

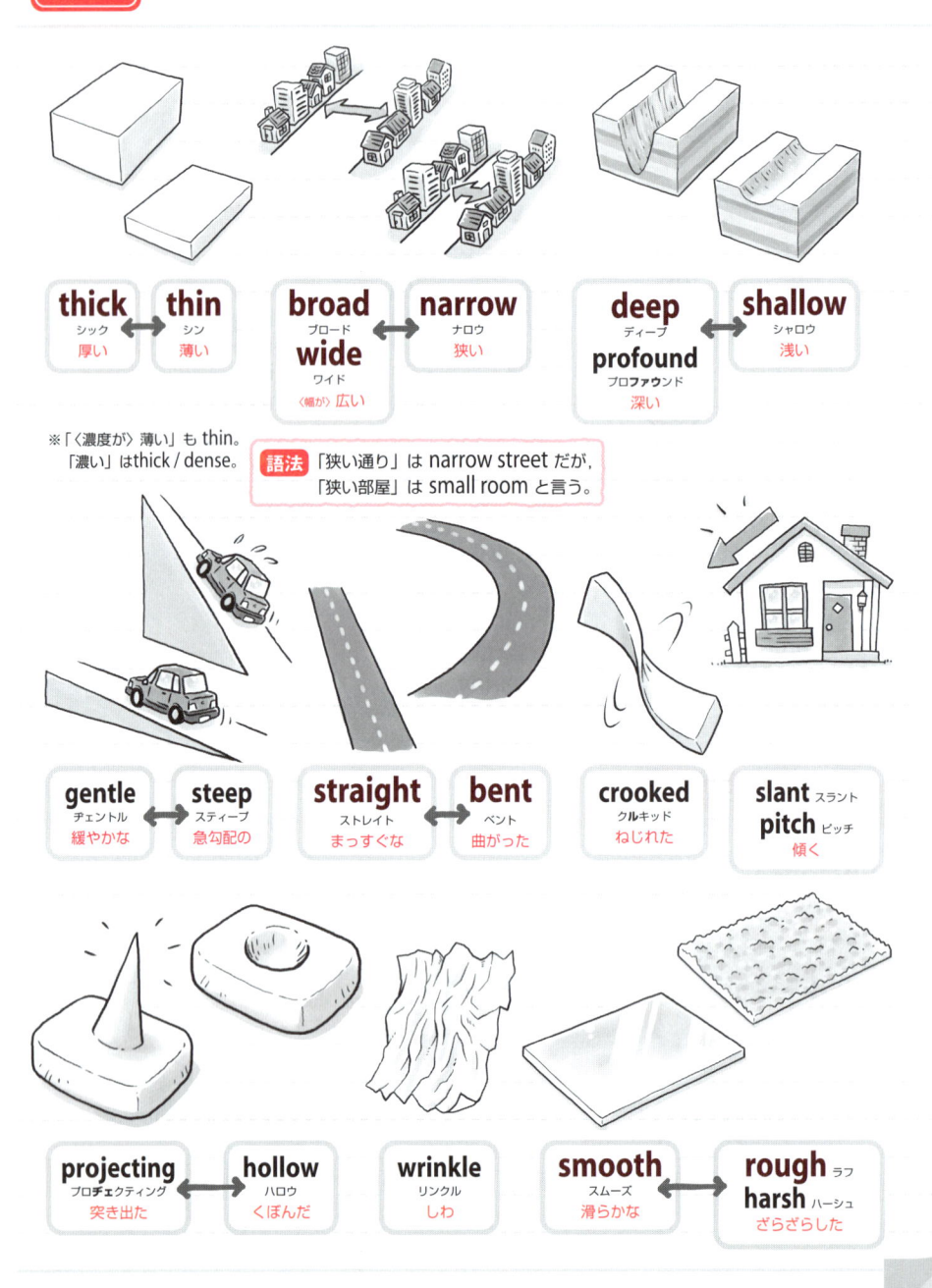

thick シック 厚い	↔	thin シン 薄い

broad ブロード / wide ワイド 〈幅が〉広い	↔	narrow ナロウ 狭い

deep ディープ / profound プロファウンド 深い	↔	shallow シャロウ 浅い

※「〈濃度が〉薄い」も thin。「濃い」は thick / dense。

語法 「狭い通り」は narrow street だが,「狭い部屋」は small room と言う。

gentle ヂェントル 緩やかな	↔	steep スティープ 急勾配の

straight ストレイト まっすぐな	↔	bent ベント 曲がった

crooked クルキッド ねじれた

slant スラント / pitch ピッチ 傾く

projecting プロ**ヂェ**クティング 突き出た	↔	hollow ハロウ くぼんだ

wrinkle リンクル しわ

smooth スムーズ 滑らかな	↔	rough ラフ / harsh ハーシュ ざらざらした

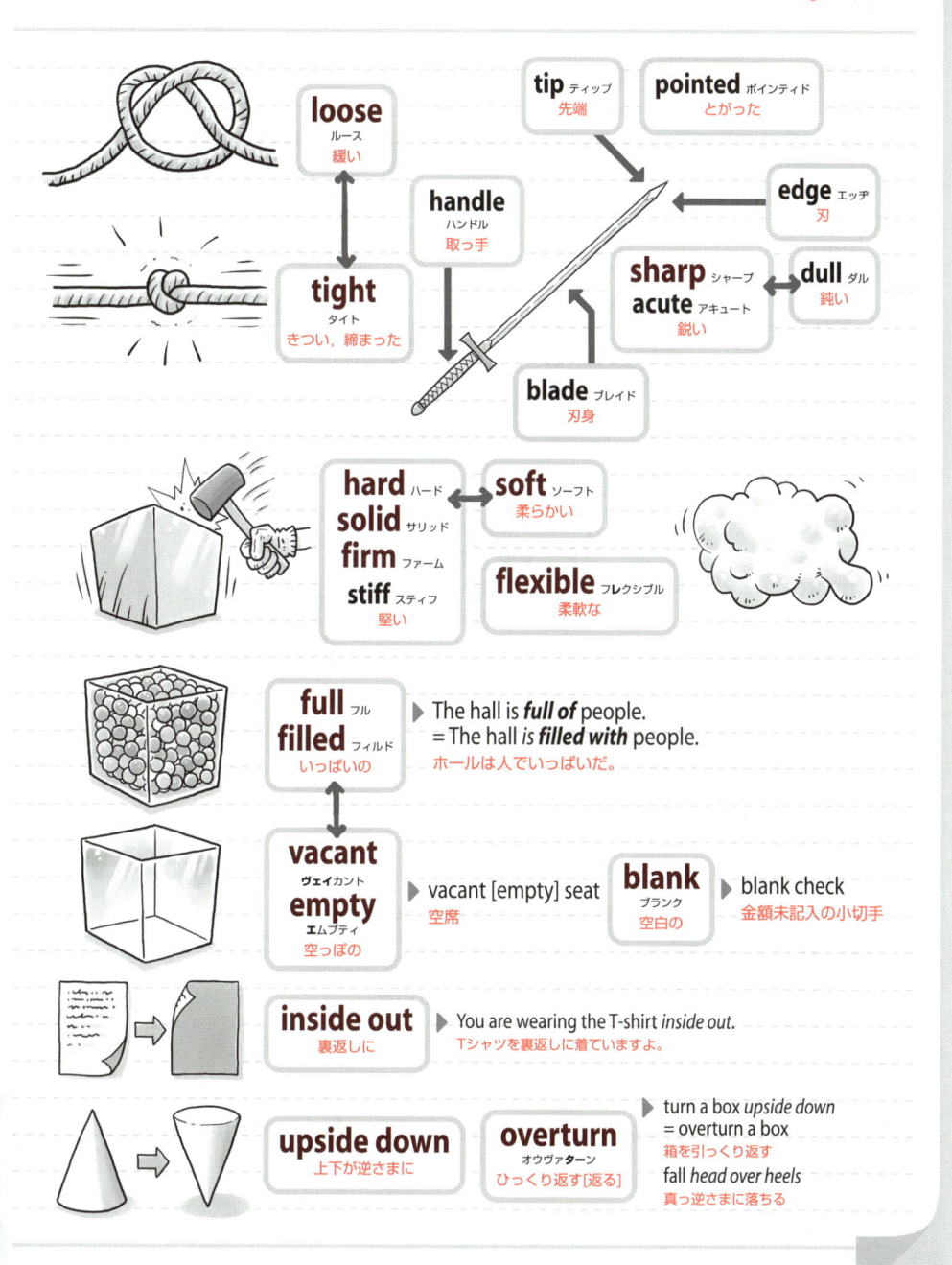

ここまでの見出し語数(のべ) **4,334**語

loose ルース
緩い

tight タイト
きつい，締まった

handle ハンドル
取っ手

tip ティップ
先端

pointed ポインティド
とがった

edge エッヂ
刃

sharp シャープ
acute アキュート
鋭い

dull ダル
鈍い

blade ブレイド
刃身

hard ハード
solid サリッド
firm ファーム
stiff スティフ
堅い

soft ソフト
柔らかい

flexible フレクシブル
柔軟な

full フル
filled フィルド
いっぱいの

> The hall is **full of** people.
> = The hall *is* **filled with** people.
> ホールは人でいっぱいだ。

vacant ヴェイカント
empty エムプティ
空っぽの

> vacant [empty] seat
> 空席

blank ブランク
空白の

> blank check
> 金額未記入の小切手

inside out
裏返しに

> You are wearing the T-shirt *inside out*.
> Tシャツを裏返しに着ていますよ。

upside down
上下が逆さまに

overturn オウヴァターン
ひっくり返す[返る]

> turn a box *upside down*
> = overturn a box
> 箱を引っくり返す
> fall *head over heels*
> 真っ逆さまに落ちる

229

107 位置関係

内外

内		外		例
inside インサイド	内側の[に]	**outside** アウトサイド	外側の[に]	inside story 内幕話 / go outside 外へ出る
inner インナ	内部の	**outer** アウタ	外部の	inner court 中庭 / outer wall 外壁
internal インターナル	内部の	**external** エクスターナル	外部の	internal [external] audit 内[外]部監査
interior インティリア	室内の	**exterior** エイクスティリア	屋外の	interior [exterior] decorations 室内[屋外]装飾
indoors インドアズ	屋内で	**outdoors** アウトドアズ	屋外で	stay indoors 屋内にいる / play outdoors 外で遊ぶ

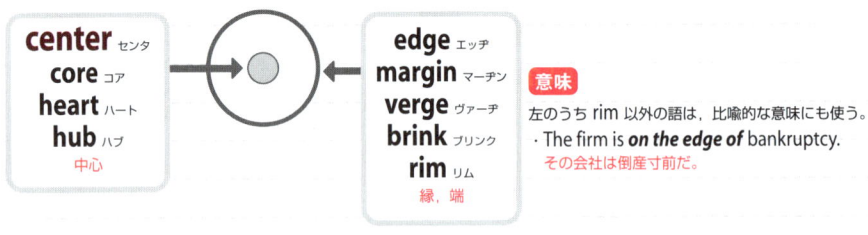

center センタ
core コア
heart ハート
hub ハブ
中心

edge エッヂ
margin マーヂン
verge ヴァーヂ
brink ブリンク
rim リム
縁, 端

意味
左のうち rim 以外の語は, 比喩的な意味にも使う。
・The firm is **on the edge of** bankruptcy.
　その会社は倒産寸前だ。

位置関係

in a row ロウ ★
一列に

align アライン
整列する[させる]
▶ align the children
　子供たちを一列に並べる

line (up)
並ぶ, 並べる
▶ *Line up*, please.
　一列に並んでください

暗記 **Cars are lining up bumper to bumper.**
車が数珠つなぎになっている。

face to face
向かい合って
▶ sit *face to face*
　向かい合って座る

face
向く, 向ける
▶ face the camera
　カメラのほうを向く

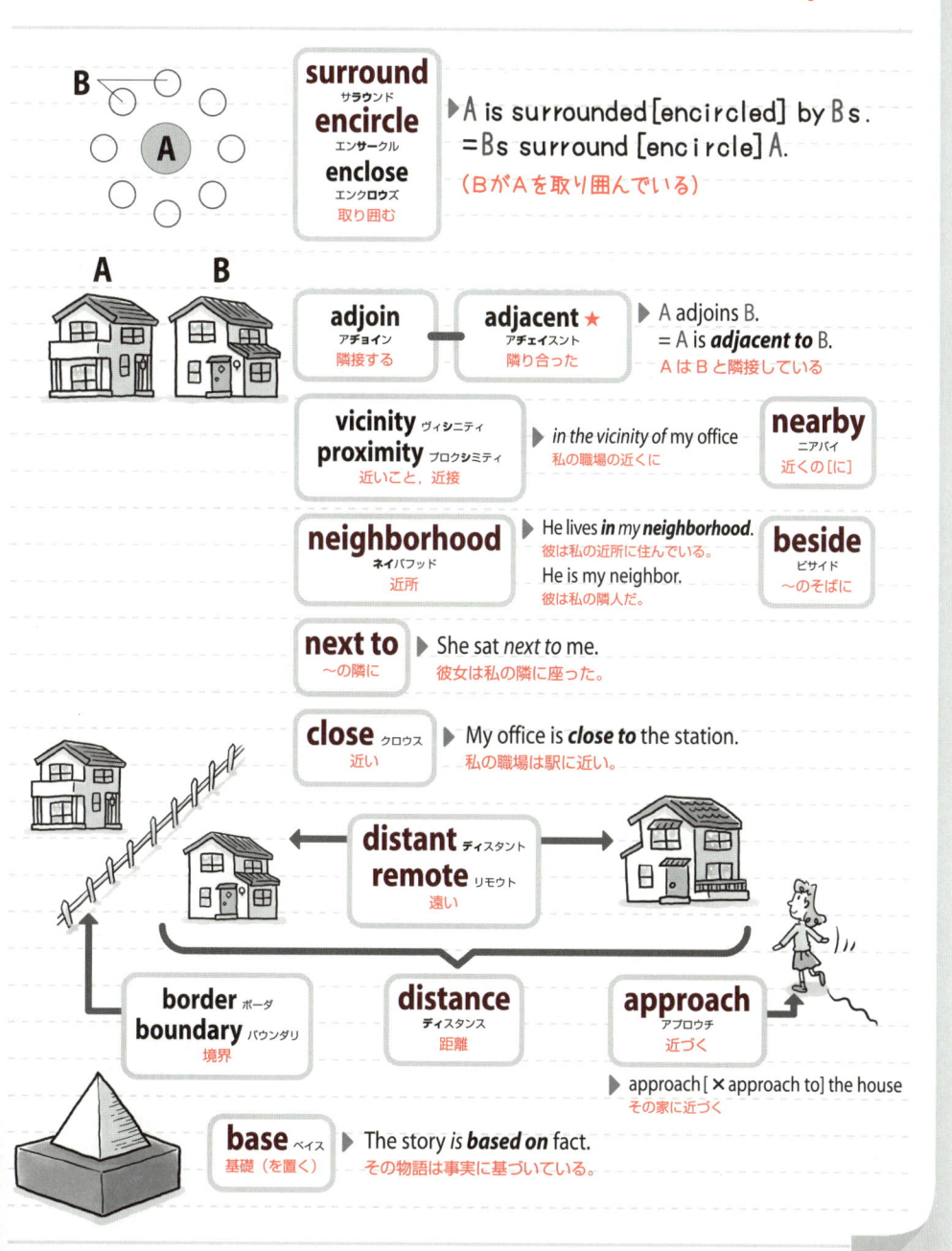

ここまでの見出し語数(のべ) **4,377** 語

surround サラウンド
encircle エンサークル
enclose エンクロウズ
取り囲む

▶ A is surrounded [encircled] by Bs.
= Bs surround [encircle] A.
(BがAを取り囲んでいる)

adjoin アジョイン
隣接する

adjacent ★ アジェイスント
隣り合った

▶ A adjoins B.
= A is *adjacent to* B.
AはBと隣接している

vicinity ヴィシニティ
proximity プロクシミティ
近いこと，近接

▶ *in the vicinity of* my office
私の職場の近くに

nearby ニアバイ
近くの[に]

neighborhood ネイバフッド
近所

▶ He lives *in my neighborhood*.
彼は私の近所に住んでいる。
He is my neighbor.
彼は私の隣人だ。

beside ビサイド
〜のそばに

next to 〜の隣に

▶ She sat *next to* me.
彼女は私の隣に座った。

close クロウス
近い

▶ My office is *close to* the station.
私の職場は駅に近い。

distant ディスタント
remote リモウト
遠い

border ボーダ
boundary バウンダリ
境界

distance ディスタンス
距離

approach アプロウチ
近づく

▶ approach [×approach to] the house
その家に近づく

base ベイス
基礎(を置く)

▶ The story is *based on* fact.
その物語は事実に基づいている。

231

108 順序

最初・先頭

lead リード 先頭に立つ
leading 先頭の、一流の
▶ The state leads the nation in wheat production. その州は小麦の生産が国内一だ。
leading company 一流企業

top タップ 先頭に立つ
▶ top the market 市場で一位を占める

lead / top (先頭に立つ)

forerunner フォアランナ 先駆、前身
▶ X Bank, the forerunner of XYZ Bank XYZ銀行の前身であるX銀行

forefront フォアフロント / **cutting edge** エッジ ★ 最前線、最先端
▶ the forefront[cutting edge] of IT industry IT産業の最先端

foremost フォアモウスト 先頭の、主要な
▶ first and foremost いの一番に

語形成 fore- は「前」を表す接頭辞。・forehead 額 / forecast 予報する

initial イニシャル 最初の
▶ initial letter 頭文字

initiate イニシエイト 開始する
▶ initiate a new business 新事業を始める

primary/prime プライマリ／プライム 第一の
secondary セカンダリ 第二の
tertiary ターシャリ 第三の
▶ prime candidate 最有力候補
secondary exam 二次試験
tertiary industry 第三次産業

inception インセプシャン 始め
▶ at the inception[beginning] of 〜の始めに

commence コメンス 開始する
▶ commence negotiations 交渉を開始する
commencement 開始/学位授与式

最後

final ファイナル 最後の
finally ファイナリ 最後に、結局
▶ final decision 最終決定
※「決勝戦」の意味もある。「準決勝戦」は semifinal。

in the end / eventually イヴェンチュアリ / **in the long run** 結局は

ultimate アルティメト 最終の
▶ ultimate goal 最終目標

terminal ターミナル 終点の、末期の
▶ terminal care 終末医療

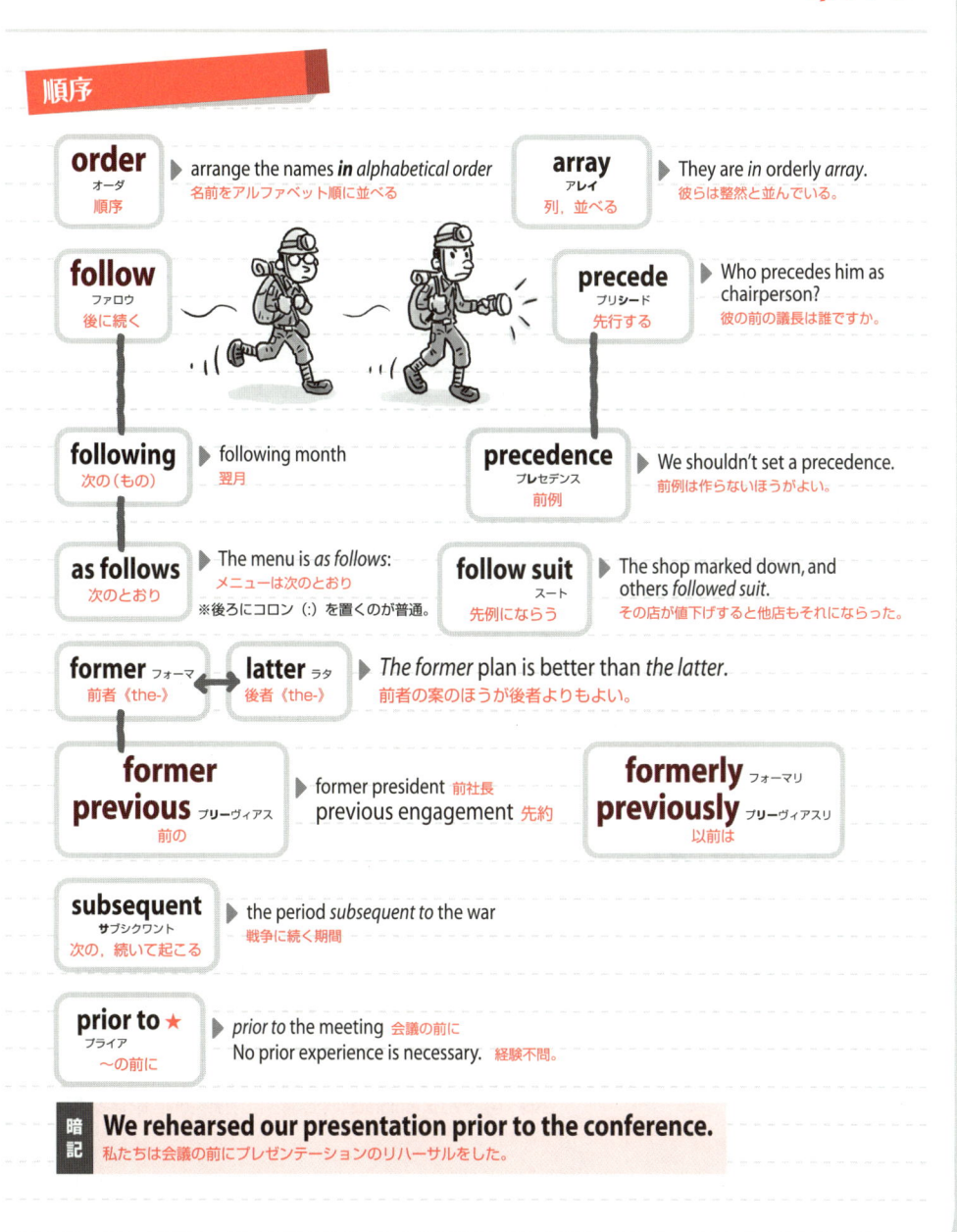

ここまでの見出し語数(のべ) **4,414** 語

順序

order オーダ 順序
▶ arrange the names *in* alphabetical *order*
名前をアルファベット順に並べる

array アレイ 列, 並べる
▶ They are *in* orderly *array*.
彼らは整然と並んでいる。

follow ファロウ 後に続く

precede プリシード 先行する
▶ Who precedes him as chairperson?
彼の前の議長は誰ですか。

following 次の(もの)
▶ following month
翌月

precedence プレセデンス 前例
▶ We shouldn't set a precedence.
前例は作らないほうがよい。

as follows 次のとおり
▶ The menu is *as follows*:
メニューは次のとおり
※後ろにコロン(:)を置くのが普通。

follow suit スート 先例にならう
▶ The shop marked down, and others *followed suit*.
その店が値下げすると他店もそれにならった。

former フォーマ 前者〈the-〉 ⇔ **latter** ラタ 後者〈the-〉
▶ *The former* plan is better than *the latter*.
前者の案のほうが後者よりもよい。

former / **previous** プリーヴィアス 前の
▶ former president 前社長
previous engagement 先約

formerly フォーマリ / **previously** プリーヴィアスリ 以前は

subsequent サブシクワント 次の, 続いて起こる
▶ the period *subsequent to* the war
戦争に続く期間

prior to ★ プライア 〜の前に
▶ *prior to* the meeting 会議の前に
No *prior* experience is necessary. 経験不問。

暗記 **We rehearsed our presentation prior to the conference.**
私たちは会議の前にプレゼンテーションのリハーサルをした。

109 地理・地域

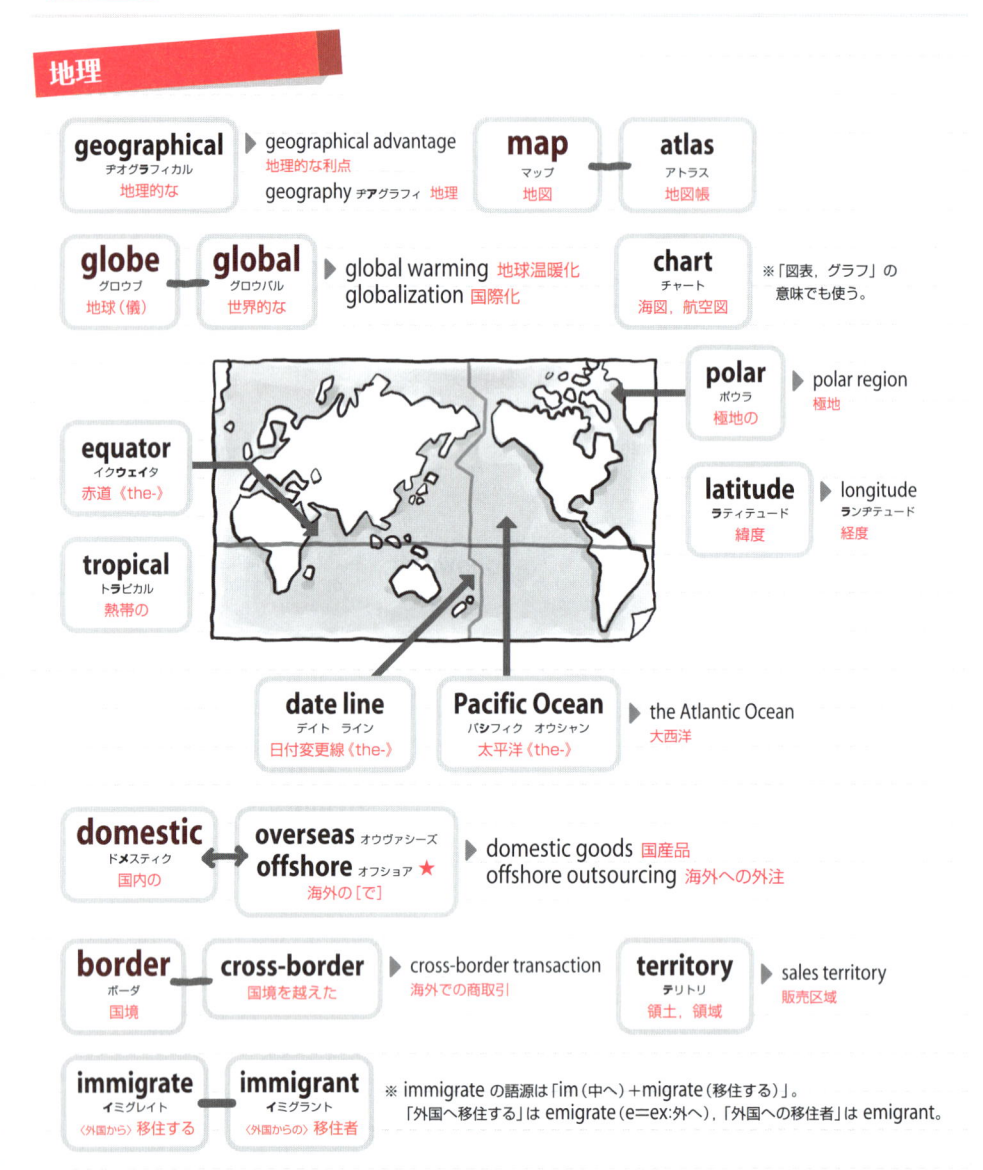

地理

geographical ヂオグラフィカル 地理的な
▶ geographical advantage 地理的な利点
geography ヂアグラフィ 地理

map マップ 地図 — **atlas** アトラス 地図帳

globe グロウブ 地球(儀) — **global** グロウバル 世界的な
▶ global warming 地球温暖化
globalization 国際化

chart チャート 海図，航空図
※「図表，グラフ」の意味でも使う。

polar ポウラ 極地の ▶ polar region 極地

equator イクウェイタ 赤道《the-》

latitude ラティテュード 緯度 ▶ longitude ランヂテュード 経度

tropical トロピカル 熱帯の

date line デイト ライン 日付変更線《the-》

Pacific Ocean パシフィク オウシャン 太平洋《the-》
▶ the Atlantic Ocean 大西洋

domestic ドメスティク 国内の ⇔ **overseas** オウヴァシーズ / **offshore** オフショア ★ 海外の[で]
▶ domestic goods 国産品
offshore outsourcing 海外への外注

border ボーダ 国境 — **cross-border** 国境を越えた
▶ cross-border transaction 海外での商取引

territory テリトリ 領土，領域 ▶ sales territory 販売区域

immigrate イミグレイト 〈外国から〉移住する — **immigrant** イミグラント 〈外国からの〉移住者
※ immigrate の語源は「im(中へ)+migrate(移住する)」。「外国へ移住する」は emigrate (e=ex:外へ)，「外国への移住者」は emigrant。

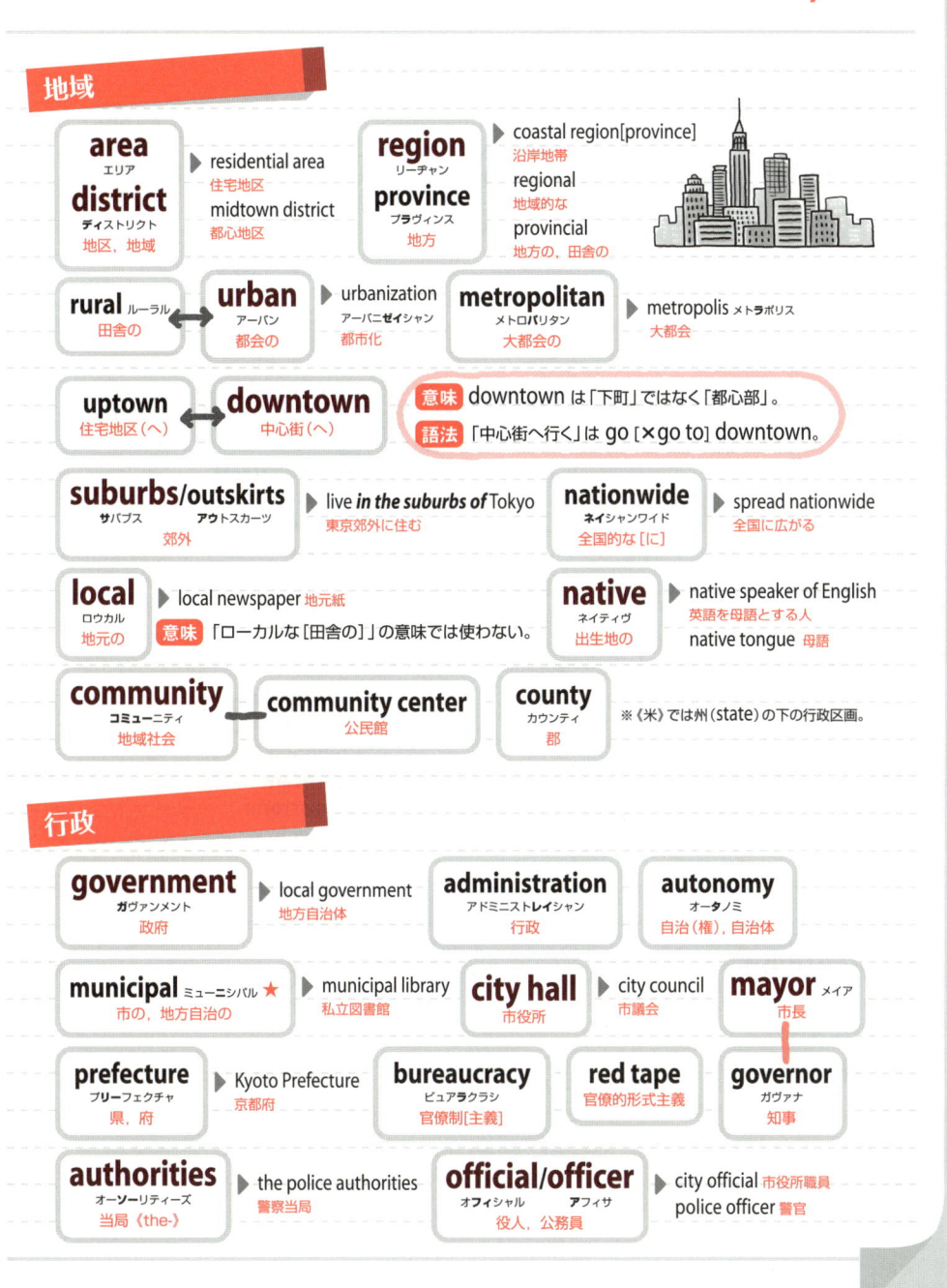

ここまでの見出し語数(のべ) **4,464** 語

地域

area エリア / **district** ディストリクト
地区, 地域
▶ residential area 住宅地区
  midtown district 都心地区

region リージャン / **province** プラヴィンス
地方
▶ coastal region[province] 沿岸地帯
  regional 地域的な
  provincial 地方の, 田舎の

rural ルーラル 田舎の ↔ **urban** アーバン 都会の
urbanization アーバニゼイシャン 都市化

metropolitan メトラパリタン 大都会の
▶ metropolis メトラポリス 大都会

uptown 住宅地区(へ) ↔ **downtown** 中心街(へ)

意味 downtown は「下町」ではなく「都心部」。
語法 「中心街へ行く」は go [×go to] downtown.

suburbs サバブス / **outskirts** アウトスカーツ 郊外
▶ live *in the suburbs of* Tokyo 東京郊外に住む

nationwide ネイシャンワイド 全国的な[に]
▶ spread nationwide 全国に広がる

local ロウカル 地元の
▶ local newspaper 地元紙
意味 「ローカルな[田舎の]」の意味では使わない。

native ネイティヴ 出生地の
▶ native speaker of English 英語を母語とする人
  native tongue 母語

community コミュニティ 地域社会 — **community center** 公民館

county カウンティ 郡
※《米》では州(state)の下の行政区画。

行政

government ガヴァンメント 政府
▶ local government 地方自治体

administration アドミニストレイシャン 行政

autonomy オータノミ 自治(権), 自治体

municipal ミューニシパル ★ 市の, 地方自治の
▶ municipal library 私立図書館

city hall 市役所
▶ city council 市議会

mayor メイア 市長

prefecture プリーフェクチャ 県, 府
▶ Kyoto Prefecture 京都府

bureaucracy ビュアラクラシ 官僚制[主義]

red tape 官僚的形式主義

governor ガヴァナ 知事

authorities オーソーリティーズ 当局〈the-〉
▶ the police authorities 警察当局

official オフィシャル / **officer** アフィサ 役人, 公務員
▶ city official 市役所職員
  police officer 警官

110 気象

天候

weather ウェザ 天気 — **climate** クライメト 気候

▶ *weather permitting* 天候が許せば
We have a mild climate here. 当地の気候は温暖です。

mild マイルド 穏やかな — **severe** シヴィア 厳しい

【類語】weather は一時的な空模様を，climate はある地域の長期にわたる気候を表す。

serene セリーン 晴れ渡って
▶ sunny 日が照って

overcast オウヴァキャスト 一面に曇って
▶ cloudy 曇って

thunderhead サンダヘッド 入道雲
▶ vapor trail 飛行機雲

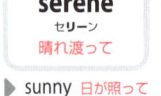

【語彙強化】気象

- **windy** 風が強い
- **head [tail] wind** 向かい[追い]風
- **gale** ゲイル 強風
- **gust** ガスト / **blast** 突風
- **breeze** ブリーズ そよ風
- **rainfall** レインフォール 降雨量
- **shower** にわか雨
- **drizzle** ドリズル こぬか雨
- **intermittent rain** インタミテント 断続的な雨
- **torrential rain** トレンシャル 土砂降りの雨
- **downpour** ダウンポー 豪雨
- **tornado** トーネイドウ 竜巻
- **typhoon** タイフーン 台風
- **hurricane** ハーリケイン ハリケーン
- **snowstorm** 吹雪
- **snowplow** スノウプラウ 除雪車
- **let up** 〈雨・風が〉やむ
- **rainbow** 虹
- **frost** 霜
- **hail** ヘイル あられ，ひょう
- **sleet** スリート みぞれ
- **icicle** アイスィクル つらら
- **dew** デュー 露
- **fog** 霧
- **mist** もや
- **haze** ヘイズ かすみ

※ fog, mist, haze の順に薄くなる。

lightning ライトニング 稲妻
▶ The hut was struck by lightning. その小屋に雷が落ちた。

thunder サンダ 雷鳴
▶ The thunder rolled [cracked]. 雷が鳴った。

天気予報

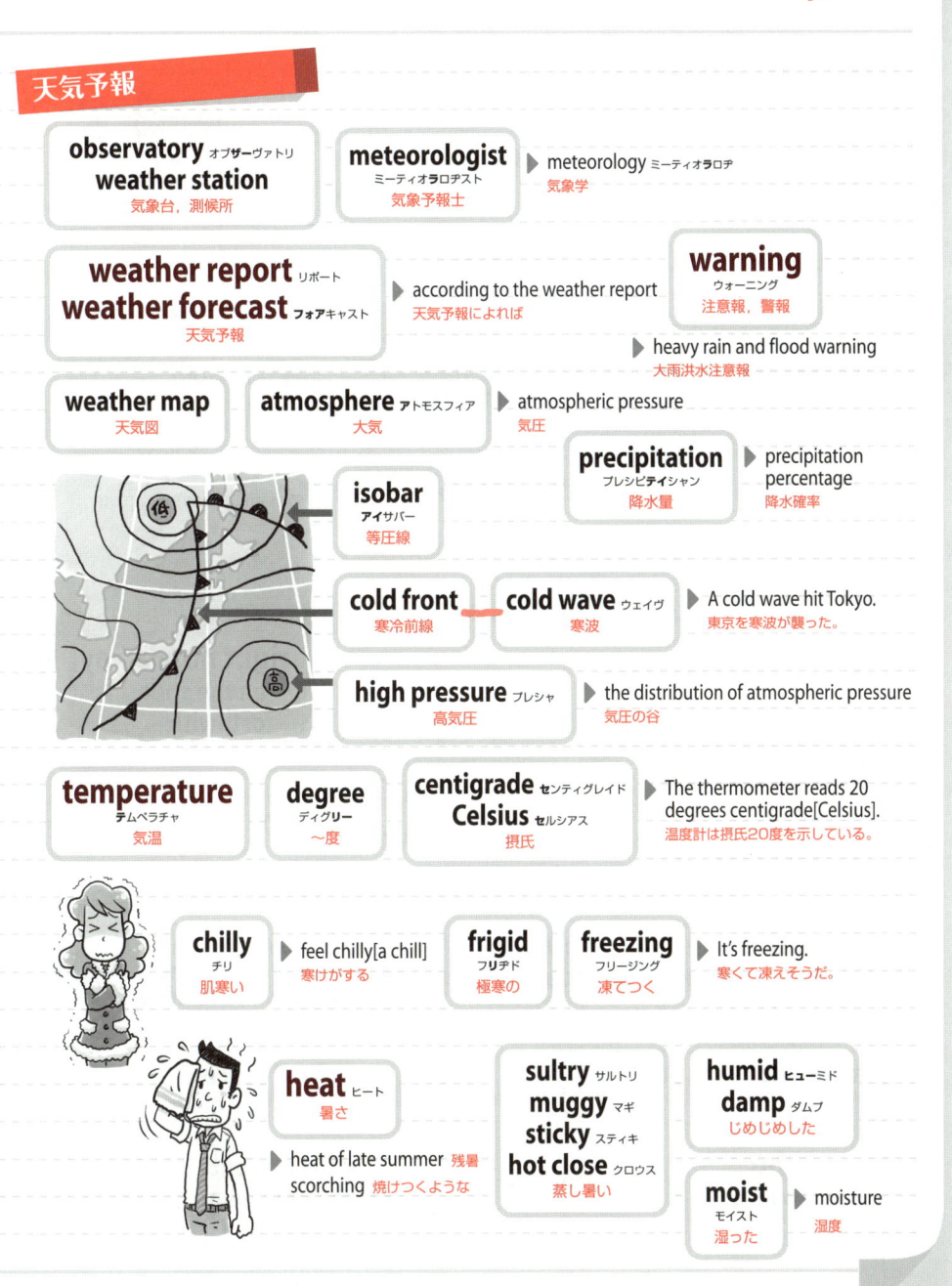

observatory オブザーヴァトリ
weather station
気象台，測候所

meteorologist ミーティオラロヂスト
気象予報士
▶ meteorology ミーティオラロヂ 気象学

weather report リポート
weather forecast フォアキャスト
天気予報
▶ according to the weather report 天気予報によれば

warning ウォーニング
注意報，警報
▶ heavy rain and flood warning 大雨洪水注意報

weather map 天気図

atmosphere アトモスフィア 大気
▶ atmospheric pressure 気圧

precipitation プレシピテイシャン 降水量
▶ precipitation percentage 降水確率

isobar アイサバー 等圧線

cold front 寒冷前線

cold wave ウェイヴ 寒波
▶ A cold wave hit Tokyo. 東京を寒波が襲った。

high pressure プレシャ 高気圧
▶ the distribution of atmospheric pressure 気圧の谷

temperature テムペラチャ 気温

degree ディグリー 〜度

centigrade センティグレイド
Celsius セルシアス 摂氏
▶ The thermometer reads 20 degrees centigrade[Celsius]. 温度計は摂氏20度を示している。

chilly チリ 肌寒い
▶ feel chilly[a chill] 寒けがする

frigid フリヂド 極寒の

freezing フリージング 凍てつく
▶ It's freezing. 寒くて凍えそうだ。

heat ヒート 暑さ
▶ heat of late summer 残暑
 scorching 焼けつくような

sultry サルトリ
muggy マギ
sticky スティキ
hot close クロウス 蒸し暑い

humid ヒューミド
damp ダムプ じめじめした

moist モイスト 湿った
▶ moisture 湿度

111 時

時の経過

- **past** パスト 過去
- **present** プレゼント 現在
- **future** フューチャ 未来
  - ▶ *in the past* 過去に
  - *in the near future* 近い将来に

- **passage** パセヂ 経過
  - ▶ *with the passage of time* 時の経過とともに
- **shortly** ショートリ まもなく

- **meanwhile** ミーン(ホ)ワイル その間に
  - ※ *in the meanwhile [meantime]* とも言う。
- **later** レイタ 後で
- **afterward(s)** アフタワド[ツ] 後で
  - ▶ *See you later.* さようなら。

- **occasionally** オケイジャナリ 時おり
- **frequently** フリークワントリ たびたび
- **simultaneously** サイマルテイニアスリ 同時に
  - ▶ *simultaneous interpreter* 同時通訳者

- **immediate** イミーディエト 即座の
- **immediately** すぐに
  - ▶ *make an immediate decision* 即決する

- **right now [away]**
- **on the spot** スパット
- **forthwith** フォースウィズ すぐに

現在

- **modern** マダン
- **contemporary** コンテムポラリ 現代の
  - ▶ *contemporary architecture* 現代建築
- **current** カレント 現在の
  - ▶ *current topics* 時事問題

- **recently** リースントリ
- **lately** レイトリ / **of late** 最近
- **these days**
- **nowadays** ナウアデイズ 今日[最近]では
  - 語法 用いられる時制の違いに注意。
    - ・recently/lately ➡ 現在完了形・過去形
    - ・these days/nowadays ➡ 現在形

- **at present** 現在のところ
- **as of ★** ～現在で
  - ▶ *as of* April 1 4月1日現在で
  - 語法 後ろに日付を置いて用いる。
- **from now on** 今後は

- **so far**
- **up to now** 今までのところ
  - ▶ *So far(,) so good.* 今までのところはうまくいっている。
- **for the present**
- **for the time being** さしあたり、当分

ここまでの見出し語数(のべ) **4,552** 語

期間

period ピリオド / **term** ターム 期間
— **long-term** 長期的な
▶ term of office 任期
  long-term vision 長期のビジョン

span スパン / **spell** スペル 期間
▶ life span 寿命
  long spell of dry weather 干天続き

interval インタヴァル 間隔
▶ after a long interval 久しぶりに

for the first time in 〜ぶりに
▶ It rained for the first time in a month.
  1か月ぶりに雨が降った。

age エイヂ / **period** / **epoch** エポク / **era** イアラ 時代
▶ golden age 黄金時代
  dot-com era ドットコム時代
  epoch-making invention 一時代を画する発明

decade デケイド 10年
▶ for decades 何十年間も
  cf. for hours 何時間も

chronological クロノラヂカル 年代[日付]順の
▶ arrange the events in chronological order
  出来事を年代順に並べる

cycle サイクル 周期
▶ life cycle of a product 製品寿命

leap リープ **year** うるう年

fall on 〜に当たる
▶ Christmas Day falls on (a) Friday this year.
  今年はクリスマスが金曜日に当たる。

seasonal シーズナル 季節的な
▶ seasonal worker 季節労働者

annual アニュアル 年1回の
▶ annual meeting 年次総会
  annually 年に一度

monthly マンスリ 毎月(の)
▶ The magazine is published monthly.
  その雑誌は毎月出版される。

【語形成】「名詞+ly」は,形容詞または副詞を作る。
・daily 毎日(の) / quarterly 年に4回(の) / yearly 毎年(の)

lifelong ライフロング / **lifetime** ライフタイム 生涯の
▶ lifelong regret 一生の後悔
  lifetime employment 終身雇用

239

112 状況・問題・記憶

状況・問題

situation シチュエイシャン / **circumstance** サーカムスタンス
状況
▶ The situation is getting worse. 状況は悪化しつつある。
under no circumstances いかなる事情があっても〜ない

affair アフェア
事柄, 事情

state of affairs ステイト
事態, 状況
▶ foreign affairs 外交問題
current *state of affairs* 現在の状況

incident インシデント
出来事

incidental インサデンタル
偶然の

case ケイス / **occasion** オケイジャン
場合
▶ *in this case* この場合は / *on this occasion* このときには

意味 the case には「実情, 真相」の意味がある。
・The reverse is the case. 実際はその逆です。

opportunity オポチューニティ / **chance** チャンス
機会
▶ Take every opportunity available. 利用できるあらゆる機会を捕らえなさい。

by chance / **by accident**
偶然

trend トレンド / **tendency** テンデンシ
傾向

tend to *do* テンド
〜する傾向がある
▶ economic trend 経済の動向
Power *tends to corrupt*. 権力を持つと堕落しやすい。

aspect アスペクト / **phase** フェイズ
局面, 様相
▶ The situation is beginning to assume a serious aspect.
状況は深刻な様相を呈し始めている。

standing
地位, 評判
▶ credit standing 信用状態

appearance アピアランス / **look**
外見, 様子
▶ *to all appearances* どう見ても
look of the sky 空模様

respect リスペクト / **way**
点
▶ This is an excellent method of teaching *in every respect[way]*.
これはあらゆる点で優れた教授法だ。

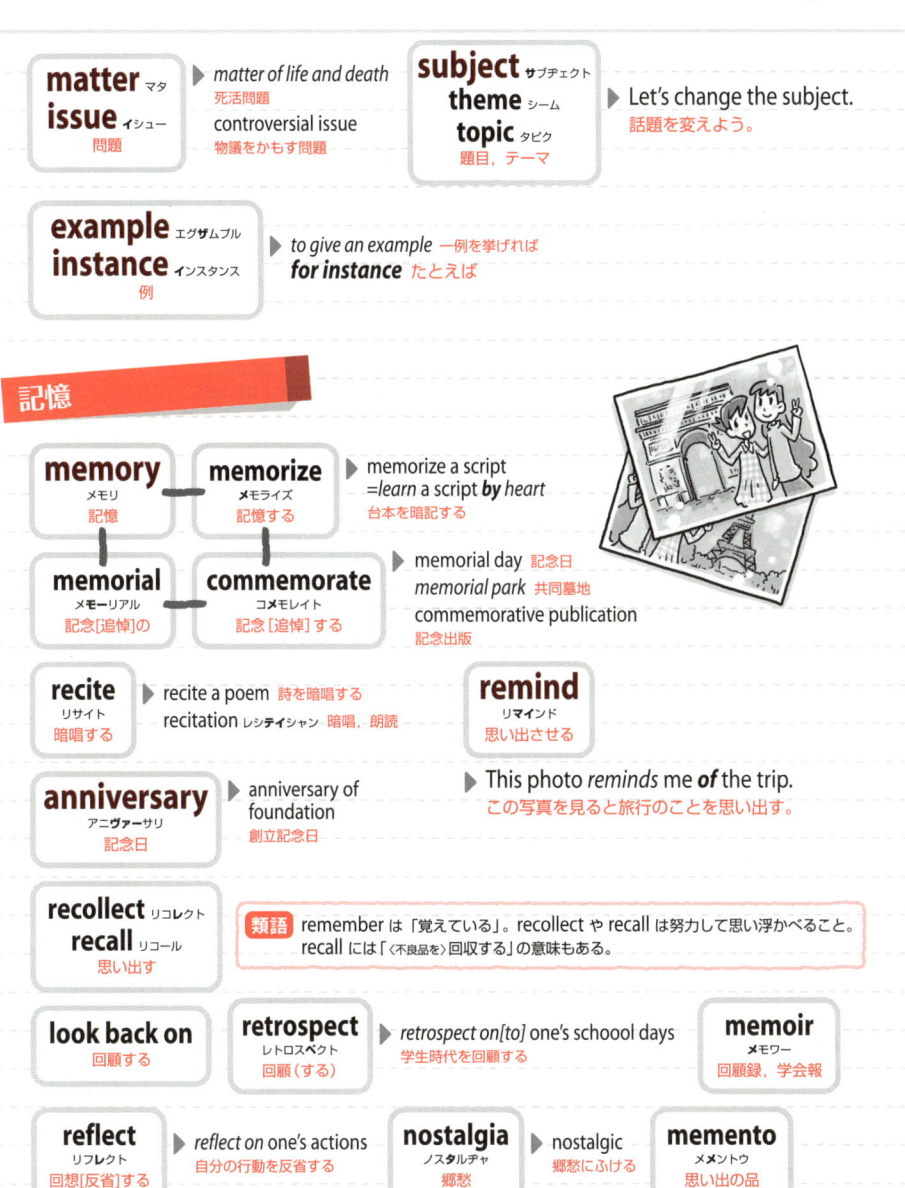

ここまでの見出し語数(のべ) **4,595**語

matter マタ / **issue** イシュー 問題
▶ *matter of life and death* 死活問題
controversial issue 物議をかもす問題

subject サブヂェクト / **theme** シーム / **topic** タピク 題目, テーマ
▶ Let's change the subject. 話題を変えよう。

example エグザンプル / **instance** インスタンス 例
▶ *to give an example* 一例を挙げれば
for instance たとえば

記憶

memory メモリ 記憶 — **memorize** メモライズ 記憶する
▶ *memorize a script* = *learn a script by heart* 台本を暗記する

memorial メモーリアル 記念[追悼]の — **commemorate** コメモレイト 記念[追悼]する
▶ *memorial day* 記念日
memorial park 共同墓地
commemorative publication 記念出版

recite リサイト 暗唱する
▶ *recite a poem* 詩を暗唱する
recitation レシテイシャン 暗唱, 朗読

remind リマインド 思い出させる
▶ This photo *reminds* me *of* the trip. この写真を見ると旅行のことを思い出す。

anniversary アニヴァーサリ 記念日
▶ *anniversary of foundation* 創立記念日

recollect リコレクト / **recall** リコール 思い出す

類語 remember は「覚えている」。recollect や recall は努力して思い浮かべること。recall には「〈不良品を〉回収する」の意味もある。

look back on 回顧する

retrospect レトロスペクト 回顧(する)
▶ *retrospect on[to] one's school days* 学生時代を回顧する

memoir メモワー 回顧録, 学会報

reflect リフレクト 回想[反省]する
▶ *reflect on one's actions* 自分の行動を反省する

nostalgia ノスタルヂャ 郷愁
▶ *nostalgic* 郷愁にふける

memento メメントウ 思い出の品

113 感情・心理①

感情・心理一般

mental メンタル 精神的な
▶ mental disease 精神病 ⇔ physical 肉体的な

psychological サイコロヂカル 心理的な
▶ psychological effects 心理的効果
psychology 心理学

emotion エモウシャン 感情
▶ emotional person 感情的な人

mood ムード 気分
▶ I'm *in no mood to* work. 仕事をする気分ではない。
moody 不機嫌な, 気分屋の

impression イムプレシャン 印象
▶ His speech *made a* good *impression on* the listeners.
彼のスピーチは聞き手たちに好印象を与えた。

impulse イムパルス 衝動
▶ impulse buying 衝動買い
I bought the bag *on impulse*. 私はそのバッグを衝動買いした。

intuition インテュイシャン 直観
▶ Intuition suggested that he had something about him.
彼にはどこか人を引きつけるものがあると直観的に感じた。

hunch ハンチ 予感
▶ have a hunch that ... …という予感がする

連語 a sense of ～
- a sense of responsibility レスポンシビリティ 責任感
- a sense of duty デューティ 義務感
- a sense of accomplishment アカムプリシュメント 達成感
- a sense of values ヴァリューズ 価値観
- a sense of honor アナ 自尊心
- a sense of direction ディレクシャン 方向感覚

sense センス 感覚, 観念
▶ a sense of humor ユーモアのセンス

sensitive センシティヴ 敏感な
▶ He's *sensitive to* criticism. 彼は批判に敏感だ。
混同注意 sensible センシブル 分別のある

conscious カンシャス / **aware** アウェア 意識して, 気づいて
▶ I'm *conscious[aware] of* the risks.
私はそのリスクを意識している。
consciousness / awareness 意識
fashion-conscious 流行に関心のある

subliminal サブリミナル 潜在意識の
▶ subconsciousness サブカンシャスネス 潜在意識

ここまでの見出し語数(のべ) **4,623** 語

語法 be 動詞 + 形容詞 + that 節

次のような形容詞は，後ろに that 節をまたは〈of＋名詞[動名詞]〉の形を置くことができる。

| **sure** シュア **certain** サートゥン **assured** アシュアド **convinced** コンヴィンスト 確信して | **conscious aware** 意識して，気づいて | **afraid** アフレイド 恐れて | **proud** プラウド 誇りに思って | **ashamed** アシェイムド 恥じて |

I'm **sure that** you'll be promoted. = I'm **sure of** your promotion.
私は君が昇進すること[君の昇進]を確信している。
He is **proud that** he is a graduate of Harvard. = He is **proud of** being a graduate of Harvard.
彼はハーバード大の卒業生であることを誇りに思っている。

表情

expression エクスプレシャン 表情 ▶ bored expression 退屈した表情

countenance カウンテナンス 顔つき，顔色 ▶ change countenance 顔色を変える

complexion コムプレクシャン 顔色，肌の色 ▶ have a healthy complexion 顔の血色がよい

frown フラウン **make faces** **pull faces** 顔をしかめる

※ make [pull] a face とも言う。

pale ペイル 〈顔色が〉悪い ▶ You look pale. 顔色が悪いよ。

tears ティアズ 涙

表現 表情

- **laughter** ラフタ 笑い
- **chuckle** チャクル くすくす笑う
- **smile/beam** ビーム ほほえむ
- **dimple** えくぼ
- **wink** ウインク（する）
- **blink** まばたきする
- **giggle** ギグル くすくす笑う
- **grin** にやりと笑う
- **weep** ウィープ しくしく泣く
- **sob** サブ すすり泣く
- **shed** シェド **tears** 涙を流す
- **blush** 赤面する
- **grimace** グリマス 顔をしかめる
- **make [pull] a long face** 浮かぬ顔をする

混同注意
tear テア 引き裂く
⇒ 活用：tore トアー torn トーン

114 感情・心理②

語法 excite 型の動詞

excite は「(人)を興奮させる」の意味で，次のように使う。
- The game excited us. その試合は我々を興奮させた。
- We were excited at the game. 我々はその試合を見て興奮した [←興奮させられた]。
- It was an exciting game. それはわくわくする試合だった。

※ excited は「(人が)興奮している」，exciting は「人を興奮させるような→わくわくする」の意味を表す。
これと同様の使い方をする動詞には，次のようなものがある。

please プリーズ 喜ばせる
▶ I'm pleased. うれしい
pleasant day 楽しい1日

satisfy サティスファイ 満足させる
▶ be satisfied with ～に満足して
satisfactory 満足のゆく，十分な

interest インタレスト
intrigue イントリーグ
興味を引く
▶ I'm interested in psychology. 心理学に興味がある。
The plan is intriguing. その計画は興味深い。

fascinate ファシネイト
attract アトラクト
charm チャーム
enchant エンチャント
allure アルア
魅了する
▶ fascination 魅了
attractive 魅力的な
attraction 魅力，呼び物
charming girl 魅力的な女の子

surprise サプライズ
amaze アメイズ
astonish アスタニシュ
驚かせる
▶ surprising news 意外なニュース
amazement 驚き

touch タッチ
move ムーヴ
impress イムプレス
strike ストライク
感動させる
▶ touching[moving] story 感動的な話
His speech impressed[struck] us. 彼のスピーチは我々に感銘を与えた。
impressive[striking] scene 印象的な光景

relax リラックス くつろがせる
▶ feel relaxed くつろぐ
※「くつろぐ」(自動詞)の意味もある。
relaxation リーラクセイシャン くつろぎ

refresh リフレシュ 元気づける
▶ refreshing beverages 清涼飲料
refreshment 元気回復

ここまでの見出し語数(のべ) **4,662** 語

bore ボア 退屈させる	I *was bored with* the disappointing lecture. 私はその期待外れの講義に退屈した。	**relieve** リリーヴ 安心させる	sigh of relief 安堵のため息
disappoint ディサ**ポイント** 失望させる	I *was disappointed with* the boring lecture. 私はその退屈な講義に失望した。	**reassure** リア**シュア** 安心させる	reassure oneself 自信を取り戻す
frustrate フラスト**レイト** 失望させる	frustrating game 期待はずれの試合 frustration 欲求不満	**embarrass** エン**バラス** ばつの悪い思いをさせる	embarrassment 当惑, きまり悪さ
confuse コン**フューズ** **puzzle** パズル **perplex** パプ**レクス** **baffle** バフル 当惑させる	puzzling question 訳の分からない質問 confusion/perplexity 当惑, 混乱	**scare** スケア 怖がらせる	I'm scared. 怖い。 scary film 怖い映画
offend オ**フェンド** 不快にする	offensive smell いやな臭い	**provoke** プロ**ヴォウク** 怒らせる / **disgust** ディス**ガスト** 嫌悪させる	I *was disgusted by* the story. その話を聞いてむかむかした。
disturb ディス**ターブ** **bother** バザ 面倒をかける	I was disturbed by a call. 電話に仕事のじゃまをされた。 Don't *bother* me *with* such a thing. そんなことで私の手を煩わすな。	**humiliate** ヒューミリエイト 恥をかかせる	
irritate イリテイト **annoy** ア**ノイ** いらだたせる	Don't be irritated. いらいらするな。 irritation いらだち annoyance 迷惑	**afflict** アフ**リクト** **distress** ディスト**レス** 苦しめる	

人 I'm <u>bored</u> with this film.　（この映画には退屈した）
物 This film is <u>boring</u>.　（この映画は退屈だ）

245

115 感情・心理③

プラスの心理

content コンテント
満足して
> I'm **content with** my present position.
> 私は現在の地位に満足している。
> contentment 満足

意味 「内容・目次」の意味もある。この意味のときはふつう複数形（contents）で使う。

preoccupied プレアキュパイド
夢中になって
> The boss is **preoccupied with** raising the money.
> 社長は金策で頭が一杯だ。

compassion コムパシャン / **sympathy** シムパシ
共感, 同情
— **sympathize** シムパサイズ
共感する
> I **sympathize with** you.
> あなたに共感します。

sincere シンシア
誠実な
> sincere apology
> 誠実な謝罪

cordial コーディアル ★
心からの
> cordial thanks
> 心からの感謝

語法 副詞のsincerely / cordiallyは，手紙の結びの「敬具」の意味で使う。
・ Yours sincerely, [Sincerely yours,] 敬具
・ Yours cordially, [Cordially yours,] 敬具

honor アナ
名誉
> for the honor of the client
> 依頼人の顔を立てて

in honor of
〜に敬意を表して
> hold a party in honor of the retiring professor
> 引退する教授のためにパーティーを開く

confident カンフィデント
自信のある
> I'm **confident in** my abilities.
> 私は自分の能力に自信がある。
> confidence 自信

curious キュアリアス
好奇心が強い
> I'm **curious about** his career.
> 私は彼の経歴が知りたい。
> out of curiosity 好奇心から

aspire アスパイア / **long** / **crave** クレイヴ
熱望する
— **eager** イーガ
熱望して
> She **longs** [She is **eager**] **for** promotion.
> 彼女は昇進を待ち望んでいる。

マイナスの心理

pity ピティ
残念［気の毒］なこと
> **It is a pity that** you can't come.
> = I'm sorry (that) you can't come.
> あなたが来られないのは残念です。

miss ミス
(い)なくて寂しく思う［困る］
> I'll **miss** you.
> あなたがいなくなると寂しくなります。

mind マインド / **care** ケア
気にかける
> I don't **mind**[**care**] the delay.
> 遅れても気にしません。

regret リグレット
後悔する
> I **regret** to say 残念ですが〜
> It is regrettable. それは残念です。
> I feel regretful. 残念に思います。

ここまでの見出し語数(のべ) **4,710**語

anxious アンクシャス / **concerned** コンサーンド 心配して

worry ワリ 心配する

▶ I'm *worrying about* my future.
=I'm *anxious[concerned] about* my future.
私は自分の将来が不安だ。

anxiety アン(グ)ザイアティ 不安

nervous ナーヴァス / **uneasy** アニージ 不安な

▶ I feel *nervous about* the result.
私は結果が心配だ。

at a loss 当惑して

▶ I was *at a loss for* words.
私は言葉に詰まった。

impatient イムペイシャント じれったい

▶ *impatient* gesture もどかしげな仕草
be *impatient to do* 〜したくてたまらない

shame シェイム 恥

▶ be *ashamed of* 〜を恥じている
shameful behavior 恥ずべき行為

disgrace ディスグレイス 不名誉(となる)

▶ *disgraceful* conduct 恥ずべき振る舞い

lose face 面目を失う ↔ **save (one's) face** 面目を保つ

▶ Your boss will *lose face* if you refuse the offer.
君がそのオファーを拒めば，上司は面目を失うだろう。

tension テンシャン / **strain** ストレイン 緊張

stress ストレス / **pressure** プレシャ ストレス，重圧

let down 失望させる

▶ Don't *let* me *down*.
私をがっかりさせないで。

put off 不快にする

▶ His rudeness *put* me *off*.
彼の無作法に私はげんなりした。

detest ディテスト ひどく嫌う

nasty ナスティ 不快な

gloomy グルーミ 憂うつな

desperate デスパレト 捨てばちの/必死で

▶ He is *desperate for[to get]* a job.
=He is looking for a job *desperately*.
彼は必死で職を探している。

envy エンヴィ うらやむ

▶ I *envy* (you) your good luck.
君の幸運がうらやましい。
envious 嫉妬深い

moody ムーディ 不機嫌な/気まぐれな

cross クロース 不機嫌な

▶ He's *cross with* you.
彼は君に立腹している。

on edge エッヂ 気が立っている

rage レイヂ / **fury** フューリ 激怒

▶ in a fit of *rage* 激高して

Stage 9 確認テスト

次のそれぞれの語句の意味を答えてください。

No	単語	品詞	
1	adjacent	形	( )
2	amaze	動	( )
3	anniversary	名	( )
4	annual	形	( )
5	anxiety	名	( )
6	city hall		( )
7	cold front		( )
8	decade	名	( )
9	domestic	形	( )
10	empty	形	( )
11	encircle	動	( )
12	exclude	動	( )
13	fascinate	動	( )
14	geographical	形	( )
15	horizontal	形	( )
16	immediately	副	( )
17	increment	名	( )
18	initiate	動	( )
19	meanwhile	副	( )
20	municipal library		( )

No	単語	品詞	
21	offend	動	( )
22	offshore	形	( )
23	opportunity	名	( )
24	precede	動	( )
25	precipitation	名	( )
26	previously	副	( )
27	psychological	形	( )
28	remove	動	( )
29	right away		( )
30	ruin	動	( )
31	sensitive	形	( )
32	shrink	動	( )
33	sincere	形	( )
34	so far		( )
35	steady	形	( )
36	substance	名	( )
37	suburbs	名	( )
38	sultry	形	( )
39	the authorities		( )
40	vicious circle		( )

正解は282ページ

Stage 10

116	交際①
117	交際②
118	性格・態度①
119	性格・態度②
120	人への対応
121	比較
122	価値
123	余暇・娯楽①
124	余暇・娯楽②
125	健康・美容
126	人体・医療
127	食事・料理①
128	食事・料理②
129	衣類・掃除
130	重要な前置詞・副詞

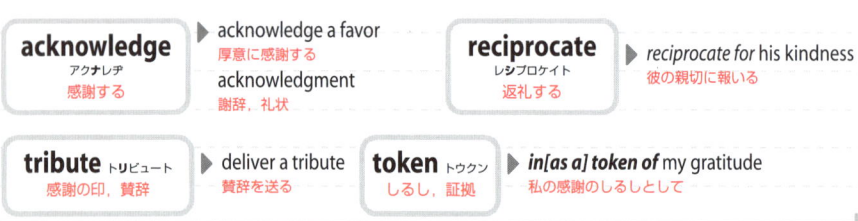

116 交際①

対人関係

acquaintance アクウェインタンス 知人 — **acquainted** アクウェインティド 知り合いで
▶ be [get] **acquainted with** her
彼女と知り合いである[になる]

on ~ terms with タームズ …とは〜な間柄だ
▶ I'm *on good [speaking/visiting] terms with* him.
私は彼とは親しい[話をする/訪問し合う]間柄だ。

get along / get on 仲良くやっていく
▶ I'm *getting along with* my colleagues.
私は同僚たちと仲良くやっている。

congenial コンヂーニアル 気心が知れた
▶ *congenial* atmosphere
打ち解けた雰囲気

好意・感謝

favor フェイヴァ 好意
▶ May I ask you a *favor*?
お願いがあるのですが。

goodwill グッドウィル 好意，親切

courtesy カーテシ 厚意，優遇
▶ through the *courtesy* of
〜の厚意によって

thanks サンクス / **gratitude** グラティテュード 感謝
▶ letter of *thanks*
礼状

obliged オブライヂド / **grateful** グレイトフル 感謝して
▶ I'm *grateful* for your help.
ご協力に感謝します。

appreciate アプリーシエイト 感謝する

【語法】thank の目的語は「人」である点に注意。
thank you *for* your help
＝*appreciate*[×thank] your help　あなたの援助に感謝する

【暗記】**Your cooperation would be appreciated.**
ご協力いただけると幸いです。

※下線部をたとえば prompt remittance に置き換えれば，「早急にご送金いただけると幸いです」となる。

acknowledge アクナレヂ 感謝する
▶ *acknowledge* a favor
厚意に感謝する
acknowledgment
謝辞，礼状

reciprocate レシプロケイト 返礼する
▶ *reciprocate* for his kindness
彼の親切に報いる

tribute トリビュート 感謝の印，賛辞
▶ deliver a *tribute*
賛辞を送る

token トウクン しるし，証拠
▶ in[as a] *token* of my gratitude
私の感謝のしるしとして

信用・依存・援助

credence クリーデンス / **credit** クレジット 信用
credible クレディブル 信用できる
▶ give credit[credence] to the information その情報を信用する
credibility 信頼性 / incredible 信じられない

trust トラスト 信頼(する)
trustworthy トラストワージ 信頼できる
▶ win his trust 彼の信頼を得る

reliable リライアブル 信頼できる
reliance リライアンス 信頼
▶ place reliance on her 彼女を信頼する

reliability レライアビリティ 信頼性
▶ a car with high reliability 高い信頼性を持つ車

respect リスペクト 尊敬(する)
▶ respectable person 立派な人
▶ respectful attitude いんぎんな態度

deference デファレンス 敬意
混同注意 difference 違い

重要 「頼る，当てにする」の意味を表す動詞

depend ディペンド **on** / **rely** リライ **on** / **count** カウント **on**
turn to / **look to**

be *dependend on* ～に頼っている
⇔ be *independent of* ～から独立している

語法 これらの動詞は，〈＋人＋**for**＋事物〉の形でも使われる。
・I *depend on* him *for* financial support. 私は彼の金銭的支援に頼っている。

assist アシスト 援助する
▶ assistance 援助
▶ assistant 助手

aid エイド / **support** サポート 援助(する)
▶ financial aid[support] 金銭上の援助

back up 支援する

251

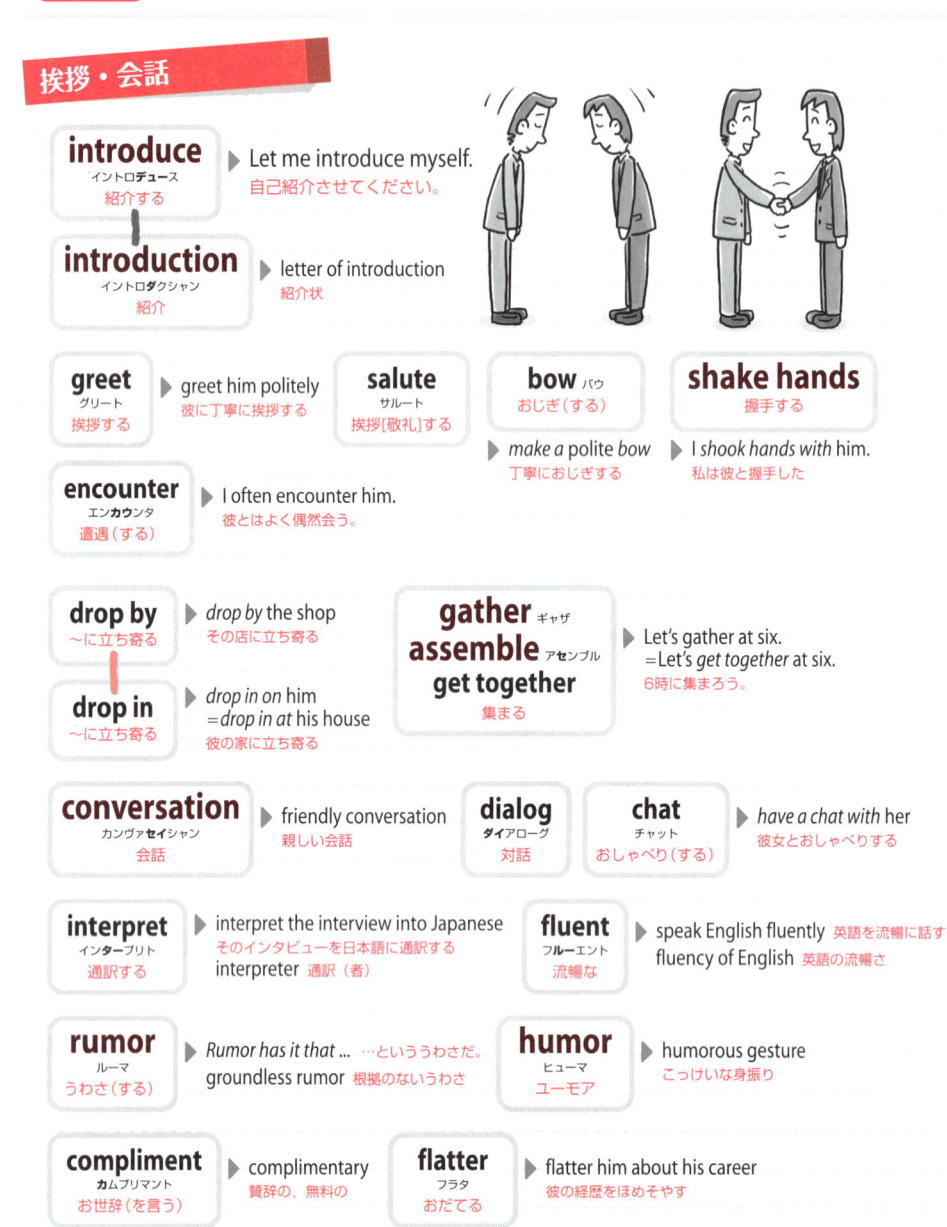

117 交際②

挨拶・会話

introduce イントロデュース 紹介する
▶ Let me introduce myself. 自己紹介させてください。

introduction イントロダクション 紹介
▶ letter of introduction 紹介状

greet グリート 挨拶する
▶ greet him politely 彼に丁寧に挨拶する

salute サルート 挨拶[敬礼]する

bow バウ おじぎ(する)
▶ make a polite bow 丁寧におじぎする

shake hands 握手する
▶ I shook hands with him. 私は彼と握手した

encounter エンカウンタ 遭遇(する)
▶ I often encounter him. 彼とはよく偶然会う。

drop by 〜に立ち寄る
▶ drop by the shop その店に立ち寄る

drop in 〜に立ち寄る
▶ drop in on him =drop in at his house 彼の家に立ち寄る

gather ギャザ **assemble** アセンブル **get together** 集まる
▶ Let's gather at six. =Let's get together at six. 6時に集まろう。

conversation カンヴァセイシャン 会話
▶ friendly conversation 親しい会話

dialog ダイアローグ 対話

chat チャット おしゃべり(する)
▶ have a chat with her 彼女とおしゃべりする

interpret インタープリト 通訳する
▶ interpret the interview into Japanese そのインタビューを日本語に通訳する
interpreter 通訳(者)

fluent フルーエント 流暢な
▶ speak English fluently 英語を流暢に話す
fluency of English 英語の流暢さ

rumor ルーマ うわさ(する)
▶ Rumor has it that ... …といううわさだ。
groundless rumor 根拠のないうわさ

humor ヒューマ ユーモア
▶ humorous gesture こっけいな身振り

compliment カムプリマント お世辞(を言う)
▶ complimentary 賛辞の，無料の

flatter フラタ おだてる
▶ flatter him about his career 彼の経歴をほめそやす

ここまでの見出し語数(のべ) **4,787** 語

celebrate セレブレイト 〈事柄を〉祝う
▶ celebrate an anniversary 記念日を祝う
celebration 祝い

congratulate コングラチュレイト 〈人を〉祝福する
▶ *congratulate* her *on* her promotion 彼女の昇進を祝う
Congratulations! おめでとう。

joke ヂョウク / **kid** キッド 冗談を言う
▶ You must be joking. 冗談でしょう
No kidding. 冗談じゃない[本当だ]。

tease ティーズ / **make fun of** からかう

cheer up チア 元気づける

態度・行為

behave ビヘイヴ 振る舞い / **behavior** ビヘイヴィア 振る舞い
▶ He doesn't know how to behave. 彼は行儀作法を知らない。
rude behavior 無作法なふるまい

conduct カンダクト / **demeanor** デミーナ 品行, 振る舞い

act アクト 行動する / **action** アクシャン 行動 / **activity** アクティヴィティ 活動
▶ Now is the time for action. 今こそ行動に移す時だ。
recreational activity レクリエーション活動

attitude アティテュード 態度
▶ He showed a cooperative attitude toward us. 彼は我々に協力的な態度を示した。

表現	**a man of 〜 (〜な人)**
・a man of ability	有能な人
・a man of action	行動家
・a man of character	人格者
・a man of means	資産家
・a man of the day	時の人
・a man of one's word	約束を守る人

manners マナズ 礼儀作法
gentle manners 上品な作法
well-mannered 礼儀正しい
ill-mannered 無作法な

react リアクト 反応する / **reaction** リアクシャン 反応, 反発
▶ How did the boss *react to* your proposal? 君の提案に対して上司はどう反応しましたか。
The policy faced a strong reaction. その政策は強い反発を受けた。

intention インテンシャン 意図 / **intentional** インテンシャナル 故意の
▶ I don't have such intention. そんなつもりはありません。
I was late intentionally[*on purpose*]. 私は故意に遅刻した。

118 性格・態度①

積極的

enthusiastic エンスージアスティク
熱列な，熱心な
▶ receive an enthusiastic welcome 熱烈な歓迎を受ける
enthusiasm 熱意，熱狂

keen キーン
ardent アーデント
dedicated デディケイティド
熱心な

passionate パシャネト
情熱的な

energetic エナチェティク
dynamic ダイナミク
精力的な

can-do キャンドゥ
意欲的な

ambitious アムビシャス
大望を抱いた
▶ ambition 大望，野心

positive パジティヴ
積極的な

active アクティヴ
hard-hitting
活発な

aggressive アグレシヴ
精力的な/強引な

progressive プラグレシヴ
革新的な

extrovert エクストロヴァート
外向性の

bold ボウルド
大胆な

brave ブレイヴ
courageous カレイヂャス
勇敢な
▶ courage カレジ 勇気

determined デターミンド
resolute レザルート
断固とした

厳格

strict ストリクト / **severe** シヴィア
rigid リヂド / **stern** スターン / **stringent** ストリンヂャント
厳格な

grave グレイヴ
solemn サレム
austere オースティア
厳粛な

obstinate アブスタネト
stubborn スタボン
頑固な

stiff スティフ
融通がきかない

adamant アダマント
譲らない

hasty ヘイスティ
性急な

picky ピッキ
えり好みをする
▶ picky customer 口うるさい客

particular ★ パティキュラ
好みがうるさい
▶ She's *particular about* wine.
彼女はワインの好みがうるさい。

nag ナグ
小言を言う
▶ nagging mother 口うるさい母親

bark バーク
がみがみ言う

yell イエル
怒鳴る

dress down
叱りつける

ここまでの見出し語数(のべ) **4,863**語

真剣・穏健

serious シリアス
earnest アーネスト
真剣な

diligent ディリヂェント
hardworking ハードワーキング
勤勉な

faithful フェイスフル
loyal ロイアル
忠実な

frank フランク
candid キャンディド
outspoken アウトスポウクン
straightforward ストレイトフォーワド
率直な

▶ frankly (speaking) / to be frank
率直に言えば
straightforward attitude
ざっくばらんな態度

scrupulous スクルーピュラス
実直な

allegiance アリージャンス
忠誠

considerate カンシダレト
思いやりがある

prudent プルーデント
discreet ディスクリート
思慮深い

sensible センシブル
分別のある

attentive アテンティヴ
注意深い

open-minded
偏見のない

polite ポライト
礼儀正しい

propriety プロプライアティ
礼儀正しさ

integrity インテグリティ
正直, 高潔

modest マデスト
humble ハムブル
謙虚な

reserved リザーヴド
控えめな

calm カーム
composed コムポウズド
落ち着いた

down-to-earth アース
地に足が着いた, 現実的な

impartial イムパーシャル
公平な
⇔ partial 不公平な

docile ダシル
従順な

generous ヂェネラス
tolerant タレラント
lenient リーニアント
寛大な

▶ tolerant manager
寛大な管理者
generosity 寛大さ
ヂェネラシティ

overlook オウヴァルック
tolerate タレレイト
大目に見る

▶ overlook a mistake
過ちを大目に見る

benevolent ビネヴォレント
慈悲深い

give ~ a break
~を大目に見る

▶ Give me a break, will you?
かんべんしてくれよ。

patient ペイシャント
辛抱強い

119 性格・態度②

消極的

hesitate ヘジテイト ためらう
▶ Don't *hesitate to* contact me any time.
= *Feel free to* contact me any time.
遠慮なくいつでもご連絡ください。

refrain リフレイン / **abstain** アブステイン 控える
▶ *refrain from* smoking 喫煙を控える

neglect ネグレクト 怠る
▶ neglect one's duty 義務を怠る

skip スキップ 省く
▶ skip breakfast [a meeting] 昼食を抜く［会議をさぼる］
意味 「通常行うことをしない」の意味。

negative ネガティヴ 消極的な

negligent ネグリヂャント 無関心な

indifferent インディファレント 無関心な
▶ I am *indifferent to* politics. 私は政治には関心がない。

passive パッシヴ 受動的な

timid ティミド 臆病な

reluctant リラクタント / **unwilling** アンウィリング 気が進まない
▶ I'm *reluctant to* submit this report. この報告書を出すのは気が進まない。

shy シャイ / **withdrawn** ウィズドローン 内気な

ambivalent アムビヴァレント / **noncommittal** ノンコミタル どっちつかずの

absent-minded アブセントマインディド うわの空の

casual キャジュアル いいかげんな
▶ casual attitude いいかげんな態度

evasive イヴェイシヴ 責任回避の

indecisive インディサイシヴ 優柔不断な

語法 be動詞 + 形容詞・過去分詞 + to do

- be sure[certain/bound] to *do* ／ きっと～する
- be apt[liable] to *do* ／ ～しがちだ
- be eager[anxious] to *do* ／ しきりに～したがる
- be willing[ready] to *do* ／ 進んで［喜んで］～する
- be inclined to *do* ／ ～したい気がする
- be free[welcome] to *do* ／ 自由に～してよい
- be scheduled to *do* ／ ～する予定である
- be forced to *do* ／ ～せざるを得ない

lax ラクス 手ぬるい

slack スラック いいかげんな

lukewarm ルークウォーム 煮え切らない

resigned リザインド あきらめた

indulgent インダルヂャント 甘やかす
▶ He is *indulgent to* women. 彼は女性に甘い。

lazy レイジ 怠惰な

frivolous フリヴォラス 軽薄な

ここまでの見出し語数(のべ) **4,922** 語

対抗的・不快

arrogant アロガント
haughty ホーティ
傲慢な

high-handed ハイハンディド
高圧的な

impudent イムピュデント
impertinent イムパーティネント
図々しい

hostile ハスタイル
敵対的な
▶ hostility 敵意

rebellious レベリアス
反抗的な

defiant デファイアント
挑戦的な

selfish セルフィシュ
egotistic エゴウイスティク
利己的な

conservative コンサーヴァティヴ
保守的な
⇔ progressive 革新的な

ironical アイラニカル
皮肉な
▶ irony 皮肉

hypocritical ヒポクリティカル
偽善的な
▶ hypocrisy ヒパクリシ 偽善

suspicious サスピシャス
doubtful ダウトフル
疑念を抱いて

skeptical スケプティカル
懐疑的な
▶ I'm *doubtful[suspicious/skeptical] about[of]* the prospects of his promotion.
彼の昇進の見込みについては疑わしい。

alert アラート
cautious コーシャス
precautious プレコーシャス
用心深い

critical クリティカル
批判的な
▶ criticism クリティシズム 批判

rude ルード
impolite イムポライト
無作法な

bluff ブラフ
ぶっきらぼうな

have one's (own) way
思い通りにふるまう

presumptuous プリザムプチュアス
でしゃばりな

partial パーシャル
不公平な

snobbish スナビシュ
affected アフェクティド
きざな

conceited コンシーティド
うぬぼれた
▶ (self-)conceit うぬぼれ

persist パシスト **in**
stick スティック **to**
cling クリング **to**
固執する
▶ *persist in* the original plan
元の案に固執する

brag ブラグ
自慢(する)

257

120 人への対応

語法 〈A + for + B〉の形をとる動詞

「人の行為を評価する」という意味を含む動詞は，しばしば〈動詞＋A［人］＋for＋B［事柄］〉の形で「BのことでAを〜する」の意味を表す。

admire アドマイア praise プレイズ acclaim アクレイム 称賛する	blame ブレイム condemn コンデム censure センシャ reprehend レプリヘンド 非難する	rebuke リビューク reproach リプロウチ reprimand レプリマンド reprove リプルーヴ 叱責［懲戒］する
thank サンク 感謝する	excuse イクスキューズ 許す	reward リウォード 報酬を与える
scold スコウルド 叱る	punish パニシュ 罰する	criticize クリティサイズ 批判する

They *blamed* him *for* the loss. = They *accused* him *of* the loss.
= They *charged* him *with* the loss.
彼らはその損失の責任は彼にあると責めた。

I *thanked* her *for* her help.
私は彼女の手助けに感謝した。

apologize アパロヂャイズ 謝罪する	apology アパロヂ 謝罪

▶ I *apologized* (*to* him) *for* my mistake.
私は（彼に）間違いをわびた。
※「彼にわびる」は apologize to him。to をつけるのを忘れないこと。

The boss allowed me to take a vacation.
（上司は私に休暇をとるのを許した）

I was allowed to take a vacation.
（私は休暇をとるのを許された）

語法 〈O + to不定詞〉の形をとる動詞

He *told [asked] me to go.* のように「O（人）の行動を促す」という意味を含む動詞は、後ろに〈O + to不定詞〉の形をとることが多い。これを受動態にすると、*I was told to go.*（私は行けと言われた）のように〈be動詞+過去分詞 + to不定詞〉の形になる。

persuade パスウェイド
induce インデュース
convince コンヴィンス
説得する，勧める

▶ I tried to **persuade** him **to** attend the meeting.
= I tried to **persuade[talk]** him **into** attending the meeting.
私は彼を説得して会議に出席させようとした。

advise アドヴァイズ
忠告する
※名詞の advice アドヴァイス（忠告）とのつづり字・発音の違いに注意。

rush ラッシュ
急がせる

drive ドライヴ
駆り立てる

tempt テムプト
そそのかす

urge アーヂ
催促する

▶ They *urged* him *to resign.*
= He *was urged to resign.*
彼は辞職を勧告された。

require リクワイア
request リクウェスト
要求する

▶ I *requested* her *to come.*
私は彼女に来てくれるよう求めた。

allow アラウ
permit パミット
許す

encourage エンカレヂ
励ます

enable エネイブル
可能にする

▶ The boss *allowed* her *to take* a vacation.
上司は彼女に休暇を取ることを許した。

force フォース
compel コムペル
oblige オブライヂ
強制する

▶ I *was forced to sign* the contract against my will.
私は意に反してその契約書に無理やり署名させられた。

order オーダ
command コマンド
命令する

direct ディレクト
指図する

▶ The manager *directed* me *to copy* the materials.
部長は私にその資料をコピーするよう指示した。

warn ウォーン
caution コーシャン
警告（する）

▶ I *warned* him *not to park* there.
= I *warned* him *against* parking there.
そこへ駐車しないよう私は彼に警告した。

121 比較

類似・同一

similar シミラ / **alike** アライク 似ている
- A is like[*similar to*] B. AはBに似ている。
- A and B are alike. AとBは似ている。
- two similar[×alike] buildings 2つの似た建物

語法 〈alike＋名詞〉は不可。

similarity シミラリティ / **analogy** アナロヂ 類似性

overlap オウヴァラップ 部分的に重なる
- My vacation *overlaps with* hers. 私の休暇は彼女の休暇と部分的に重なっている。

correspond コレスパンド / **coincide** コウインサイド / **accord** アコード / **equate** イクウェイト / **conform** コンフォーム 一致する
- Your report doesn't *correspond with* his. 君の報告は彼の報告と一致していない。

語法 A corresponds with B. で「AはBに一致する」。他の動詞も、同様に with と結びつく。

coincidence コウインシデンス 偶然の一致
- What a coincidence! 何という巡り合わせでしょう。

same セイム / **identical** アイデンティカル 同じ、同一の
- A is *the same as* B.
- = A is *identical to[with]* B. AとBは同じである。

類語 identical は「完全に同じ」の意味で、same より同一性が強調される。

equivalent エクウィヴァレント 同等の
- His silence was *equivalent to* consent. 彼の沈黙は同意に等しかった。

比較・対比

compare コムペア 比較する
- *compare* A *with[to]* B AをBと比較する
- *compare* A *to* B AをBにたとえる
- comparable 匹敵する / comparative かなりの

contrast カントラスト 対比、対照
- *in contrast* (*with*) (〜と)対照的に

counterpart カウンタパート 相当するもの
- my counterpart in the company その会社で私と同じポストにいる人

commensurate コメンシュレト 相当する
- wages *commensurate with* the labor その労働に見合った賃金

instead of インステッド / **in lieu of** ルー[リュー] 〜の代わりに
- payment *in lieu of* notice 解雇予告手当
- ※事前の予告なく解雇する代わりに支払う手当のこと。

ここまでの見出し語数(のべ) **5,005** 語

逆・不一致

opposite アポジット
reverse リヴァース
inverse インヴァース
反対の, 逆の
▶ in the opposite[reverse] direction 逆の方向に
　in inverse proportion to 〜に反比例して

the other way around
逆に
▶ Turn the knob *the other way around*.
　ノブを逆に回しなさい。

vice versa ヴァイス ヴァーサ
逆の場合も同じ
▶ Sometimes I support him, *and vice versa*.
　時には私が彼を助け、逆の場合もある。

contrary カントラリ
逆(の)
▶ *on the contrary* 逆に、それどころか
　contrary to our expectations
　我々の予想に反して

discrepancy ディスクレパンシ ★
不一致, 食い違い
▶ discrepancy in the balance
　差引残高の食い違い

the other way around

特徴・区別

stand out
目立つ

feature フィーチャ / **trait** トレイト
characteristic キャラクタリスティク
特徴

※ feature には「特集(番組)」「目玉商品」「顔つき」などの意味もある。

outstanding アウトスタンディング
striking ストライキング
conspicuous コンスピキュアス
prominent プラミネント
目立つ
▶ conspicuous feature
　目立った特徴

peculiar ペキューリア
proper プラパ
特有の
▶ accent *peculiar* to the Irish
　アイルランド人に特有の訛り

remarkable リマーカブル / **marked** マークト
notable ノウタブル / **noticeable** ノウティサブル
注目すべき, 顕著な
▶ make remarkable progress
　著しい進歩をとげる

distinguish ディスティングウィシュ
discern ディサーン
区別する, 識別する
▶ distinguish[tell] A *from* B = distinguish *between* A and B
　A と B を区別する
　discern the difference 違いを識別する

261

122 価値

価値

- **value** ヴァリュー 価値 ▶ asset value 資産価値
- **valuable** ヴァリュアブル / **precious** プレシャス 貴重な ▶ valuable papers 重要書類 / precious stone 宝石
- **deserve** ディザーヴ ～に値する ▶ His action deserves praise. 彼の行動は称賛に値する。
- **serve** サーヴ 役に立つ ▶ This room serves as a drawing room. この部屋は応接室として使える。 be of service 役に立つ
- **worth** ワース / **worthy** ワージ (～の)価値がある

  語法 The museum is worth[worthy of] visiting. =It is worthwhile[worth your while] to visit the museum. その美術館は訪れる価値がある。

- **meaningful** ミーニングフル 有意義な ⇔ **meaningless** ミーニングレス 無意味な ▶ meaningful [meaningless] discussion 有意義な[無意味な]議論
- **dignity** ディグニティ 品位, 威厳 ▶ dignitary 〈政府の〉高官
- **vain** ヴェイン むだな ▶ All our efforts were in vain. 我々の努力はすべてむだだった。
- **futile** フュータイル 役に立たない ▶ futile protest むだな抗議
- **banal** バナル 平凡な

注目

- **attention** アテンシャン 注意, 注目 ▶ pay attention to safety 安全に注意を払う
- **notice** ノウティス / **note** ノウト 注目(する) ▶ take notice of the data そのデータに注目する
- **value** ヴァリュー 重視する ▶ value the proposal = think much of the proposal その提案を重視する
- **disregard** ディスリガード / **ignore** イグノー 無視する ▶ disregard the information その情報を無視する

重要性

matter マタ 重要である

make difference ディファレンス 差が出る

> It doesn't matter whether he comes or not.
> =It makes no difference whether he comes or not.
> 彼が来ようが来るまいがどちらでもよい。

count カウント 重要である

> count for much [nothing] 重要である[価値がない]

key キー
pivotal ピヴォタル 重要な

> key problem 重要な問題
> pivotal figure 中心人物

important イムポータント
significant シグニフィカント 重要な

> important matter = matter *of importance* 重要な問題
> significant task 重要な仕事
> significance 重要性

main メイン
chief チーフ
principal プリンシプル
capital キャピタル
staple ステイプル 主要な

> main office 本社 / chief clerk 係長
> staple food 主食
> ※名詞の意味にも注意。
> chief 長
> principal 社長, 校長
> capital 首都
> staple 主要産物

mainly メインリ
chiefly チーフリ 主として

major メイヂャ 重要な ↔ **minor** マイナ 重要でない

> major advantage 大きな利点
> minor problem 小さな問題

trivial トリヴィアル ささいな

> trivial matter ささいな問題

grave グレイヴ
serious シリアス
critical クリティカル
crucial クルーシャル 重大な

> grave mistake 重大な間違い
> serious problem 深刻な問題
> crucial moment 決定的な時

fatal フェイタル
lethal リーサル 致命的な

> fatal error 致命的な誤り
> lethal dose 致死量

essential エセンシャル
indispensable インディスペンサブル 不可欠な

> A is *essential [indispensable]* to B.
> AはBにとって不可欠である。
> *dispense with* = *do without*
> 〜なしですます

imperative ★ イムペラティヴ 絶対必要な

> It is imperative that he meet the deadline.
> 彼は締め切りを守ることが絶対に必要だ。
> **語法** that 節中の動詞は常に原形。《63を参照》

ここまでの見出し語数(のべ) **5,049** 語

123 余暇・娯楽①

余暇・趣味

spare スペア **time**
leisure リー[レ]ジャ
余暇
▶ How do you spend your leisure time? 余暇をどう過ごしますか。
意味 leisure には，日本語の「レジャー」に相当する意味はない。

amusement アミューズメント
entertainment エンタテインメント
娯楽
▶ entertainer 芸能人

recreation レクリエイシャン
レクリエーション

pastime パスタイム
娯楽，気晴らし

hobby ハビ
趣味
類語 hobby は園芸・コレクションなど（本業以外の）静的で積極的な活動を指す。テレビを見たりカラオケに行ったりするのは pastime。

taste テイスト
好み，趣味
▶ She has refined tastes. 彼女は洗練された趣味を持つ。

favorite フェイヴァリト
お気に入りの
▶ my favorite tunes 私の好きな曲

take to 好きになる
▶ I *took to* singing karaoke. 私はカラオケを歌うのが好きになった。

tune テューン
曲
▶ play a tune on the piano ピアノで曲をひく

draw ドロー
線で描く
▶ draw [×write] a map 地図を描く
drawing 線画

painting ペインティング
絵画，油絵

▶ paintbrush 絵筆
watercolor 水彩画

portrait ポートレイト
肖像画
▶ portray ポートレイ 肖像画を描く

sculpture スカルプチャ
彫刻

carve カーヴ
engrave エングレイヴ
彫る

▶ engrave one's name on a stone 石に名前を刻む

mural ミュラル
壁画

curio キュリオウ
骨董品

do-it-yourself/DIY 日曜大工の
▶ do-it-yourself carpentry 日曜大工

craft クラフト
工芸
▶ handycraft 手工芸品
replica レプリカ 複製品

museum ミュージーアム
博物館

gallery ギャラリ
(art) museum 美術館

類語 gallery では展示・販売を，museum では展示のみを行う。

curator キュレイタ
学芸員

ここまでの見出し語数(のべ) **5,095** 語

娯楽・文化施設

遊園地

英語	カナ	意味
amusement park	アミューズメント	遊園地
maze	メイズ	迷路
roller coaster	ロウラ コウスタ	ジェットコースター
Ferris wheel	フェリス (ホ)ウィール	観覧車
attraction	アトラクシャン	呼び物

▶ parade パレード
　float フロウト 山車(だし)

| **zoo** ズー 動物園 | **botanical gardens** ボタニカル 植物園 | **aquarium** アクエィリアム 水族館 | **planetarium** プラネテリアム プラネタリウム |

野外活動・スポーツ

outing アウティング 遠足，ピクニック	**campsite** キャンプサイト キャンプ場	**fireworks** ファイアワークス 花火
arena アリーナ 競技場，会場	**stadium** ステイディアム スタジアム，競技場	
ballpark ボールパーク 野球場	**spectator** スペクテイタ **crowd** クラウド 観衆	

表現　野外活動

- pitch[put up] a tent　テントを張る
- strike a match　マッチをする
- make[build] a fire　火を起こす
- extinguish[put out] a fire　イクスティングウィシュ　火を消す
- play catch　キャッチボールをする
- have a snowball fight　雪合戦をする
- make a snowman　雪だるまを作る
- fly a kite　カイト　たこを揚げる

rain out 雨天順延[中止]にする
▶ The game was *rained out*.　試合は雨で中止になった。

applaud アプロード 拍手喝采する
▶ applause アプローズ 拍手喝采
　clap one's hands 拍手する
　standing ovation 立ち上がって送る拍手喝采

athlete アスリート 運動選手
▶ *athletic field* 競技場

124 余暇・娯楽②

演劇

- **play / drama** ドラマ 演劇
  - ▶ playwright/dramatist プレイライト 劇作家, 脚本家
- **pageant** ペイヂャント 野外劇
- **perform** パフォーム 演じる
  - ▶ street performer 大道芸人
- **theatrical company** シアトリカル 劇団
- **audition** オーディシャン オーディション
- **debut** デイビュー デビュー
- **actor** アクタ 俳優 ─ **actress** アクトレス 女優
- **cast** キャスト 配役
- **propman** プラプマン 裏方
  - ※ property man の略。
- **prompter** プロンプター プロンプター

解説 役者・ニュースキャスターなどにセリフを教える役目の人[原稿を表示する装置]。

劇場など

- **theater** シーアタ 劇場
  - ▶ puppet theater 人形劇(場)
- **auditorium** オーディトーリアム 公会堂, 観客席

語形成 aud- は「聞く」の意味の接頭辞。例は audience (聴衆), audition (試聴, オーディション), audit (会計検査 <昔は口頭で行われた>) など。

- **audience** オーディアンス 聴衆, 観客

語法 There was a **large** [×a lot of] **audience** in the theater. 劇場には多くの観客がいた。

- **intermission** インタミシャン 〈劇場などの〉休憩時間
- **usher** アシャ 〈劇場などの〉案内係
- **premiere** プレミア 〈芝居などの〉初演
- **matinée** マティネイ 〈芝居などの〉昼間の興行
- **seat** シート 収容する
  - ▶ This theater seats 1,000 people. この劇場には1,000人収容できる。
- **box office** チケット売り場/興行成績
- **advance ticket** アドヴァンス 前売り券
- **stub** スタブ ★ (米) / **counterfoil** カウンタフォイル 〈英〉 〈切符の〉半券

意味 stub は「短い使い残り」。ticket stub は, 改札を通った後に手元に残る切符の半券(控え)のこと。短くなった鉛筆やろうそく, たばこの吸いさし, ひげそり跡, 木の切り株なども stub と言う。

- **admission** アドミシャン 入場料
- **aisle** アイル 通路
- **concession (stand)** コンセシャン 場内売り場
  - ▶ refreshment concession 場内の飲み物売り場

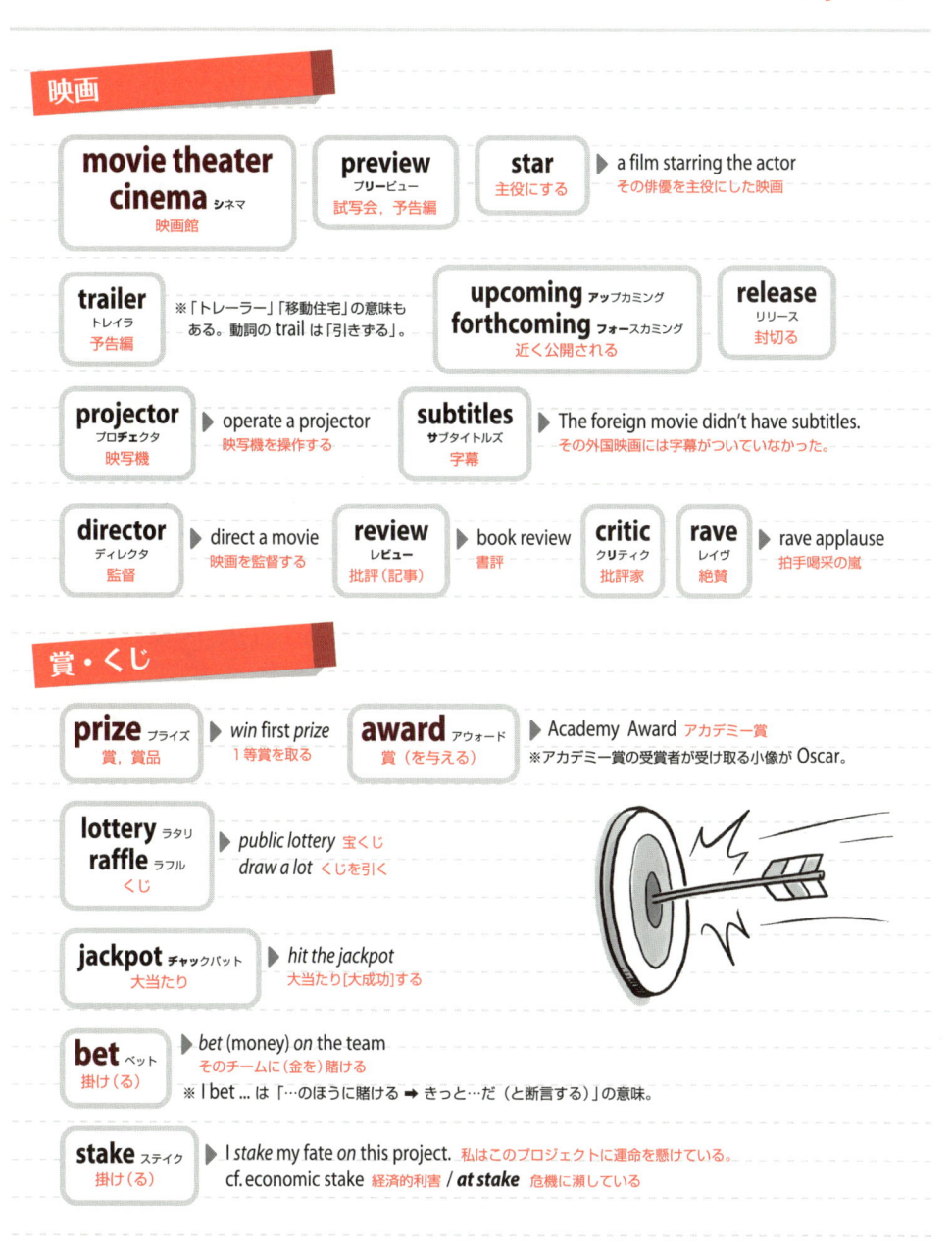

ここまでの見出し語数(のべ) **5,143** 語

映画

movie theater / cinema シネマ 映画館

preview プレビュー 試写会, 予告編

star 主役にする
▶ a film starring the actor その俳優を主役にした映画

trailer トレイラ 予告編
※「トレーラー」「移動住宅」の意味もある。動詞の trail は「引きずる」。

upcoming アップカミング / **forthcoming** フォースカミング 近く公開される

release リリース 封切る

projector プロチェクタ 映写機
▶ operate a projector 映写機を操作する

subtitles サブタイトルズ 字幕
▶ The foreign movie didn't have subtitles. その外国映画には字幕がついていなかった。

director ディレクタ 監督
▶ direct a movie 映画を監督する

review レビュー 批評(記事)
▶ book review 書評

critic クリティク 批評家

rave レイヴ 絶賛
▶ rave applause 拍手喝采の嵐

賞・くじ

prize プライズ 賞, 賞品
▶ win first prize 1等賞を取る

award アウォード 賞(を与える)
▶ Academy Award アカデミー賞
※アカデミー賞の受賞者が受け取る小像が Oscar。

lottery ラタリ / **raffle** ラフル くじ
▶ public lottery 宝くじ
draw a lot くじを引く

jackpot チャックパット 大当たり
▶ hit the jackpot 大当たり[大成功]する

bet ベット 掛け(る)
▶ bet (money) on the team そのチームに(金を)賭ける
※ I bet ... は「…のほうに賭ける ➡ きっと…だ(と断言する)」の意味。

stake ステイク 掛け(る)
▶ I stake my fate on this project. 私はこのプロジェクトに運命を懸けている。
cf. economic stake 経済的利害 / at stake 危機に瀕している

267

125 健康・美容

健康

fit フィット 健康な — **fitness** フィットネス 健康
▶ *keep fit* 健康を保つ
fitness boom 健康ブーム

wellness ウェルネス
意味 よい健康状態であること (illness の反意語)。「健康増進」の意味でも使う。

shape シェイプ 体調
▶ I'm *in good shape*. 私は体調がよい[健康だ]。
get into shape 体調を整える

checkup チェッカプ ★ 健康診断
physical フィジカル ★ 健康診断
▶ *regular checkup* 定期的な健康診断
undergo a physical 健康診断を受ける

out of sorts ソーツ 体調を崩して

sound サウンド 健全な
※ *sound opinion* (健全な意見) のようにも使う。

overweight オウヴァウェイト
obese オウビース
太りすぎの
▶ *obesity* オウビーシティ 肥満

scale スケイル 体重計
▶ *step on the scales* 体重計に乗る

diet ダイエット ダイエット
▶ *go on a diet* ダイエットをする
I'm *on a diet*. 私はダイエット中だ。

lose weight 減量する ⇔ **gain weight / put on weight** 体重が増える

nutrition ニュートリシャン 栄養
▶ *nutritionist* 栄養士
nutrient 栄養素

protein プロテイン タンパク質 — **fat** ファット 脂肪 — **carbohydrate** カーボウハイドレイト 炭水化物

supplements サプリメンツ 栄養補助剤[食品]
▶ *vitamin pill* ビタミン錠

vegetarian ヴェヂテリアン 菜食主義者
※卵・チーズ・牛乳なども取らない「絶対菜食主義者」は vegan ヴェヂャン/ヴィーガン。

ここまでの見出し語数(のべ) **5,189**語

🟧 運動

| **exercise** エクササイズ 運動 | ▶ *get moderate exercise* 適度な運動をする | **muscle** マスル 筋肉 | ▶ *muscle-building* 筋力トレーニング *abdominal muscle* 腹筋 |

work out ★ 体を鍛える ▶ *do a workout* トレーニングをする　**sweat** スウェット 汗(をかく)　**sit-up** 腹筋運動 ▶ *do 20 sit-ups a day* 1日20回腹筋をする　*push-up* 腕立て伏せ

shape[slim] up 体型を美しくする　※shape up には「〈事が〉進展する，好転する」の意味もある。　**jog** ヂャグ ジョギングする ▶ *I jog every morning.* 私は毎朝ジョギングする。　*pedometer* ペドミタ 万歩計

health spa スパー ★ ヘルスセンター　解説 プール・サウナ・運動設備などを持つ，健康増進を目的とする施設のこと。

gym ヂム スポーツジム　**warm-up** ウォーマプ 準備体操　**aerobics** エアロウビクス エアロビクス ▶ *aerobic exercises* エアロビクス体操

🟧 美容など

beauty parlor ビューティ パーラ 美容院　**beautician** ビューティシャン 美容師　**massage** マサージュ マッサージ

trim トリム 調髪する ▶ *crop /clip* 刈り込む　*dye* ダイ 染める　**hairdo** ヘアドゥ 〈女性の〉髪型 ▶ *do one's hair* 髪を結う　**jewelry** ヂューアルリ 宝石類

(sun)tan (サン)タン 日焼け(する) ▶ *tanning salon* 日焼けサロン　**UV** 紫外線 ※ *ultraviolet ray* の略。　**gem** ヂェム 宝石

makeup メイカプ 化粧　**cosmetic** コズメティク 化粧品/美容の ▶ *cosmetic[plastic] surgery* 美容整形　**perfume** パフューム 香水

126 人体・医療

医療

- **clinic** クリニック 診療所, 病院
- **disease** ディジーズ 病気
- **ambulance** アムビュランス 救急車
  - paramedic 救急救命士
- **hospitalize** ハスピタライズ 入院させる
- **cure** キュア / **heal** ヒール 治療する, 治る
  - cure cancer ガンを治療する
  - natural healing 自然治癒（療法）
- **therapy** セラピ / **remedy** レメディ 療法
  - therapist / therapeutist 治療専門家 セラピューティスト
  - herbal remedies 漢方療法
- **physician** フィジシャン 内科医, 医者
- **surgeon** サーヂャン 外科医
  - surgery 外科, 手術
- **dentist** デンティスト 歯科医
  - cavity / decayed ディケイド tooth 虫歯
  - dental 歯の

薬

- **pharmacy** ファーマシ 薬学, 薬局
- **pharmaceutical** ファーマスーティカル 薬学の
  - pharmaceutical chemist/PhC 薬剤師
- **drug** ドラグ 薬
  - tablet 錠剤
  - pill 丸薬
- **medicine** メディスン 薬, 医学
- **medical** メディカル 医学の
  - medical inspection 健康診断
- **dose** ドウス 〈薬の〉1服
  - a dose of medicine 1服の薬
- **prescription** プレスクリプシャン 処方箋
  - prescribe a drug for a patient 患者に薬を処方する
- **effect** エフェクト 効果
  - side effect 副作用

けが

- **injure** インヂャ / **hurt** ハート / **wound** ウーンド 傷つける
  - be injured in an accident 事故で負傷する
  - 類語 「けがをする」は be[get] injured[hurt]。wound は「武器などで故意に傷つける」の意味。
- **bleed** ブリード 出血する
  - nosebleed 鼻血
- **injury** インヂャリ / **wound** 傷
  - slight injury 軽傷
  - fatal wound 致命傷
  - bruise ブルーズ あざ, 打撲傷
  - lump[bump] こぶ
- **sprain** スプレイン ねんざ（する）
  - sprain one's ankle 足首をねんざする
  - break one's arm 腕を骨折する
- **first-aid kit** ファーストエイド キット 救急箱

ここまでの見出し語数(のべ) **5,215**語

語彙強化　体の部分

・skin 皮膚	・waist ウェイスト 腰	・chest/breast 胸
・joint 関節	・fingerprint 指紋	・limb リム 手足, 四肢
・forehead フォーリド ひたい	・nail ネイル 爪	・elbow エルボウ ひじ
・(eye)brow (アイ)ブラウ まゆ	・knee ニー ひざ	・wrist リスト 手首
・eyelash まつげ	・lap ひざ	・tiptoe ティプトウ つま先
・cheek チーク ほお	※腰～ひざ頭を指す。	・heel ヒール かかと
・lip くちびる	・ankle 足首	・sole ソウル 足の裏
・tongue タング 舌	・toe トウ 足の指	・organ 器官
・tooth トゥース 歯	・jaw ヂョー あご	・brain ブレイン 脳
※複数形: teeth ティース	・chin チン あご先	・blood ブラッド 血
・palm パーム 手のひら	・throat スロウト のど	・lung ラング 肺
・fist 握りこぶし	・neck 首	・stomach スタマク 胃
・thumb サム 親指	・shoulder ショウルダ 肩	・liver リヴァ 肝臓
・forefinger 人差し指	・back 背中	・kidney キドニ 腎臓

語彙強化　医療

・thermometer 体温計 サマミタ	・record card/medical chart カルテ	・infection 伝染 インフェクシャン
・fever フィーヴァ 熱	・ward ウォード 病棟	・disinfect 消毒する ディスインフェクト
・X-rays エクスレイズ レントゲン	・dispensary 医務室 ディスペンサリ	・injection/shot 注射
・fiberscope 内視鏡 ファイヴァスコウプ	・rehabilitation 社会復帰 リハビリテイシャン	・vaccination 予防接種 ヴァクシネイシャン
・patient 患者 ペイシャント	・operation 手術	・antibacterial 抗菌性の アンティバクティリアル
・treatment 治療	・hypertension 高血圧 ハイパテンシャン	・allergy アラヂ アレルギー
・symptom 症状 シムプトム	・cancer キャンサ ガン	・hay ヘイ fever 花粉症
・dizzy ディジ めまいがする	・heart attack 心臓まひ	・fracture 骨折 フラクチャ
・antibiotic 抗生物質 アンティバイアティク	・fit 発作	・(eye)sight 視力 (アイ)サイト
・diagnose 診断する ダイアグノウズ	・the flu フルー インフルエンザ	
	・sore throat のどの痛み ソア スロウト	

127 食事・料理①

レストラン

- **restaurant** レストラント　レストラン
- **chef** シェフ　シェフ
- **wait on** 給仕をする ▶ wait on a customer 接客する　waitor ウエイター
- **sommelier** サマリエイ　ソムリエ
  - 解説 レストランなどのワイン専門の係のこと。

表現　食事を出す施設

単語	意味など
café カフェイ	軽食堂，喫茶店。歩道に張り出したカフェテラスを持つ店は street café。
cafeteria キャフェティリア	セルフサービスの軽食堂。
buffet ブフェイ	カウンター[立食]式でセルフサービスの軽食堂。
canteen キャンティーン	社員食堂，学生食堂。
snack スナック bar	簡易食堂，軽食堂。酒は出さない。
stall ストール	屋台。street stall とも言う。

- **serve** サーヴ 〈飲食物を〉出す ▶ Are you being served, sir? ご注文は承りましたでしょうか。
- **cover charge** テーブルチャージ
  - 解説 飲食代に加算されるサービス料のこと。table charge とは言わない。

メニュー

- **menu** メニュー　メニュー
- **special(ty)** スペシャル（ティ）　特別[名物]料理
- **a la carte** アーラカート　一品料理
- **appetizer** アペタイザ　前菜，食前酒
- **apéritif** アーペラティーフ　食前酒
- **hors d'oeuvres** オーダーブル　オードブル
- **soup** スープ　スープ
- **salad** サラド　サラダ
- **entrée ★** アーントレイ　主料理
- **dessert** ディザート　デザート
  - 混同注意　desert デザット 砂漠

料理・食事

help oneself (to) (〜を)自由に取って飲食する
- *Help yourself.* セルフサービスでどうぞ。

smorgasbord スモーガスボード バイキング料理 — **buffet** ブフェイ 立食
- smorgasbord[buffet-style] restaurant バイキング形式の料理店

takeout テイクアウト 持ち帰り料理

暗記 For here or to go? こちらでお召し上がりですか，お持ち帰りですか。
※ ハンバーガー店などで使われる表現。

all-you-can-eat 食べ放題の
- leftovers 食べ残し
- doggy[doggie] bag 食べ残しの料理を入れて持ち帰る袋

helping 1杯，1盛り
- second helping お代わり
- Would you like another helping of salad? サラダのお代わりはいかがですか。

portion ポーション 1人前の料理
- three portions of salad サラダ3人前

feast フィースト ごちそう，宴会

snack スナック
refreshments リフレッシュメンツ 軽食

refill ★ リフィル 〈飲料の〉お代わり
- Would you like a refill of coffee? コーヒーのお代わりはいかがですか。

eat out / dine out ダイン アウト 外食する

treat トリート おごる
- I'll *treat* you *to* dinner. 夕食をおごるよ。

appetite アペタイト 食欲

gourmet グアメイ / **epicure** エピキュア 美食家

語彙強化 — 味覚

- **sweet** 甘い
- **luscious** ラシャス 甘くておいしい
- **salty** ソルティ 塩辛い
- **hot** 辛い
- **spicy** スパイシー ぴりっとした
- **sour** サウア すっぱい
- **bitter** 苦い
- **astringent** アストリンチャント 渋い
- **greasy** グリージー 脂っこい
- **rich** こってりした
- **light** さっぱりした
- **full-bodied** 〈酒に〉こくがある
- **dry** 〈酒が〉辛口の
- **flat/stale** ステイル 気のぬけた
- **mouth-watering** よだれの出そうな
- **crispy** クリスピー ぱりぱりした
- **tough** タフ 〈肉が〉硬い
- **tender** テンダー 〈肉が〉柔らかい

ここまでの見出し語数（のべ）**5,254**語

128 食事・料理②

調理

英語	カナ	意味	例
cuisine	クウィジーン	料理(法)	French cuisine フランス料理
recipe	レシピ	調理法	recipe for stew シチューの作り方
homemade	ホウムメイド	手作りの	
ingredient	イングリーディエント	材料	
raw	ロー	生の	raw egg 生卵
processed	プラセスト	加工した	processed cheese プロセスチーズ
season	シーズン	味をつける	soup seasoned with salt 塩で味をつけたスープ / seasoning 調味料
dress	ドレス	和える	salad dressed with oil and vinegar オイルと酢をかけたサラダ / dressing ドレッシング
stuff	スタッフ	詰め物をする	stuffed cabbage ロールキャベツ
coat	コウト	まぶす	a cake coated with sugar 砂糖をまぶしたケーキ
powder	パウダ	粉	
flour	フラウア	小麦粉	
marinate	マリネイト	マリネにする	marinated salmon 鮭のマリネ / pickle 漬ける
smoke	スモウク	燻製にする	
microwave	マイクロウェイブ	レンジで暖める	
assort	アソート	盛り合わせる	assorted salad サラダの盛り合わせ
garnish	ガーニシュ	付け合せ(る)	steak garnished with a salad サラダを添えたステーキ
trimmings	トリミングズ	付け合せ	
flavor	フレイヴァ	風味, 味わい	
seasonable	シーズナブル	旬の	seasonable [unseasonable] vegetables 旬の[時期外れの]野菜 / Oysters are in [out of] season now. 今カキは旬[時期外れ]だ。

表現 「おいしい」の意味を表す形容詞

nice	tasty	delicious	palatable ★
ナイス	テイスティ	デリシャス	パラタブル

scrumptious ★	savory	yummy
スクラムプシャス	セイバリ	《幼児語》ヤミ

語法
delicious は「最高においしい」という強い意味を持つので, 日常会話ではあまり使わない。また, very delicious とは言わない (really や quite は可)。

飲料・酒

beverage ★ ベヴァリヂ 飲料
fizz フィズ 発泡性飲料
alcohol アルカホール アルコール, 酒
liquor リカ 酒類

spirits スピリッツ 蒸留類
説明 ウイスキー・ブランデーなどは spirits。
日本酒・ビール・ワインなどは fermented liquor（発酵酒）。

vintage ヴィンテヂ 年代物のワイン
意味 もとは「ブドウの収穫年」の意味。転じて vintage wine[movie]
（醸造年入りの上質ワイン[往年の名画]）のように使う。

bar バー / **pub** パブ（英） 酒場
tavern タヴァン 居酒屋
toast トウスト 乾杯する
▶ Toast! / Cheers! / Bottoms up! 乾杯！

drunk ドランク 酔っている
▶ He's dead[blind] drunk. 彼は泥酔している。
tipsy ティプシ ほろ酔いの / sober ソウバ しらふの

hangover ハングオウヴァ 二日酔い
▶ I've got a terrible hangover. ひどい二日酔いだ。

暗記 **How would you like your coffee?**
コーヒーはどのように召しあがりますか。

※返答の例：
I'd like it strong [weak]. 濃く[薄く]してください。

語彙強化 「食べる」「飲む」

- **overeat** オウヴァリート 食べ過ぎる
- **sample** サムプル 試食する
- **taste** テイスト 味見する
- **devour** ディバウア むさぼり食う
- **munch** マンチ むしゃむしゃ食べる
- **bite** バイト / **chew** チュー かむ
- **crunch** クランチ ポリポリ[カリカリ]かむ
- **gnaw** ノー / **nibble** ニブル かじる
- **lick** リック なめる
- **slurp** スラープ 音を立てて飲食する
- **suck** サック 吸う, しゃぶる
- **swallow** スワロウ 飲み込む
- **gulp** ガルプ / **guzzle** ガズル がぶ飲みする
- **sip** シップ ちびちび飲む
- **consume** コンスーム 食べ[飲み]尽くす

ここまでの見出し語数（のべ）**5,293**語

129 衣類・掃除

衣類

- **sew** ソウ 縫う → sewing machine ミシン ※「ミシン」は machine がなまったもの。
- **knit** ニット 編む → knit a sweater セーターを編む
- **embroider** エムブロイダ 刺繍する → a scarf *embroidered with* a floral pattern 花柄の模様の刺繍が入ったスカーフ / embroidery 刺繍 / needle and thread 針と糸
- **texture** テクスチャ 手触り → fine [coarse] texture きめが細かい [粗い] 手触り
- **apparel** アパラル 衣類、服装 → apparel industry アパレル産業
- **boutique** ブーティーク ブティック
- **fitting room** 試着室
- **try on** 試着する → *try* a dress *on* ドレスを試着する
- **zip up** ジップ ジッパーを上げる ⇔ **unzip** アンジップ ジッパーを下げる → *zip up* one's skirt スカートのジッパーを上げる
- **made-to-order / custom-made** 特注の ⇔ **ready-made** 既製の

語彙強化 衣類

- fur ファー 毛皮
- lining ライニング 裏地
- jacket 上着
- overcoat コート
- tailcoat 燕尾服
- business suit 背広
- jumper ジャンパー
- evening dress 夜会服
- sweater スウェタ セーター
- sweat スウェット suit トレーナー
- vest チョッキ
- skirt スカート
- pants/trousers トラウザズ ズボン
- jeans ジーンズ
- underwear 下着
- shirt シャート シャツ
- pantyhose パンティホウズ パンスト

語彙強化 服の部位

- collar カラ えり
- lapel ラペル えりの折り返し
- sleeve スリーヴ そで
- cuff カフ そで口
- pocket ポケット
- hem すそ
- button バトン ボタン
- fastner ファスナ 留め具
- hook フック ホック
- seam シーム 縫い目
- tuck タック ひだ/折り返す
- pleat プリート 〈スカートの〉ひだ
- crease クリース 〈ズボンの〉折り目
- ruffle ラフル ひだ飾り
- notch ナッチ 〈えりの〉切れ込み
- vent 〈背広の〉切れ込み
- mesh メッシュ
- lace(work) レース

語彙強化 服装

- skintight 体にぴったりの
- loose/baggy ルース だぶだぶの
- bulky バルキ ゆったりした
- round-neck 丸首の
- open-neck 開襟の
- torn/ripped 破れた
- worn-out すり切れた
- shabby シャビ よれよれの
- ragged ラギド ぼろぼろの

ここまでの見出し語数（のべ）**5,322**語

掃除・ごみ

- **cleanup** クリーンナプ 清掃 ▶ cleanup duty 掃除当番
- **dust** ダスト ほこり ▶ dirt 汚れ / mold かび
- **stain** ステイン しみ ▶ stain on a shirt シャツのしみ / blot/spot 〈インキなどの〉しみ
- **sweep** スウィープ 掃く
- **broom** ブルーム ほうき ▶ mop モップ / floorcloth ぞうきん
- **vacuum** ヴァキュウム 電気掃除機（をかける） ▶ vacuum a room 電気掃除機で部屋を掃除する
- **wastepaper** ウェイストペイパ 紙くず
- **trash / garbage** トラッシュ / ガーベッヂ ごみ ▶ burnable garbage 燃やせるごみ
- **litter** リタ 散乱 / 散らかす

語法　注意すべき不可算名詞

garbage は，water や air などと同様に，一定の形を持たない。このような名詞（物質名詞）や，love（愛），advice（忠告）のような抽象的な意味を表す名詞（抽象名詞）は，a[an] をつけたり複数形にしたりすることができない。次の名詞も同様。

- baggage 荷物
- furniture 家具
- clothing 衣類
- scenery 風景
- fun 楽しさ
- work 仕事
- news 知らせ
- information 情報
- weather 天気
- music 音楽

two pieces of baggage [×two baggages] 2 つの荷物
I have a lot of work [×works]. 仕事がたくさんある。

- **mess / disorder** メス / ディスオーダ 乱雑，混乱 ▶ This room is a mess. = This room is in disorder. この部屋は散らかっている。
- **put away** 片付ける ▶ Put the toys away. おもちゃを片付けなさい。
- **dump** ダンプ ごみ捨て場 ▶ dump garbage ごみを捨てる
- **landfill** ランドフィル 〈ごみの〉埋め立て（地）
- **incinerator** インシネレイタ 焼却炉

130　重要な前置詞・副詞

注意すべき前置詞

単語	意味	例・説明
alongside アロングサイド	～と並んで	His car is parked alongside mine. 彼の車は私の車の横に駐車してある。
besides ビサイズ	～に加えて	Besides English, he speaks Chinese. 英語に加えて彼は中国語も話す。
despite ディスパイト	～にもかかわらず	I went swimming despite the rain. 雨にもかかわらず私は泳ぎに行った。
except エクセプト	～を除いて	I'm available except Friday. 金曜日以外は予定が空いています。
excluding エクスクルーディング	～を除いて	3 members objected, excluding me. 私を除いて3人の会員が反対した。
including インクルーディング	～を含めて	It's 1,050 yen, including tax. 税込みで1,050円です。
throughout スルーアウト	～の至る所に[で]	The writer is famous throughout the world. その作家は世界中で有名だ。
unlike アンライク	～とは違って	Unlike John, his brother is a go-getter. ジョンと違って、弟はやり手だ。

注意すべき副詞①

かなり	**fairly** フェアリ	**pretty** プリティ	**considerably** コンシデラブリ	**comparatively** コムパラティヴリ
非常に	**greatly** グレイトリ	**extremely** イクストリームリ	**awfully** オーフリ	**exceedingly** エクシーディングリ
まったく，完全に	**absolutely** アブソルートリ	**completely** コムプリートリ	**entirely** エンタイアリ	**indeed** インディード
ほとんど	**almost** オールモウスト	**nearly** ニアリ	**mostly** モウストリ	**practically** プラクティカリ / **virtually** ヴァーチャリ
ほとんど～ない	**hardly** ハードリ	**scarcely** スケアスリ	めったに～ない **seldom** セルダム	**rarely** レアリ
概して	**generally** ヂェネラリ	**in general** ヂェネラル	**on the whole** ホウル	**as a whole**

ここまでの見出し語数(のべ) **5,392**語

その上	besides ビサイズ	in addition アディシャン	furthermore ファーザモア	moreover モアロウヴァ
とにかく	anyway エニウェイ	anyhow エニハウ	at any rate レイト	in any case ケイス
要するに	in a word	in short[brief] ブリーフ	to sum up サム	to put it briefly ブリーフリ

注意すべき副詞②

therefore ゼアフォ / **accordingly** アコーディングリ
したがって

however ハウエヴァ / **yet** イェト
しかし

otherwise アザワイズ
さもなければ

actually アクチャリ
実際には

beforehand ビフォーハンド / **in advance** アドヴァンス
前もって

barely ベアリ
かろうじて

presumably プリズーマブリ
おそらく

arguably アーギュアブリ
ほぼ間違いなく

fortunately フォーチュネトリ
幸運にも
↔
unfortunately アンフォーチュネトリ
残念なことに

merely ミアリ
ただ〜にすぎない

at least リースト
少なくとも

exactly イグザクトリ
まさに

literally リテラリ
文字通り

in a sense
ある意味では

above all
とりわけ

by the way
ところで

in other words
言い換えれば

so-called
いわゆる

one after another
次々に

without fail フェイル
必ず

Stage 10 確認テスト

次のそれぞれの語句の意味を答えてください。

No	単語	品詞	
1	acquaintance	名	( )
2	amusement park		( )
3	apology	名	( )
4	appetite	名	( )
5	at least		( )
6	attitude	名	( )
7	barely	副	( )
8	beverage	名	( )
9	bleed	動	( )
10	congratulate	動	( )
11	conservative	形	( )
12	conversation	名	( )
13	cover charge		( )
14	despite	前	( )
15	discrepancy	名	( )
16	disease	名	( )
17	distinguish	動	( )
18	encourage	動	( )
19	generous	形	( )
20	gratitude	名	( )

No	単語	品詞	
21	hangover	名	( )
22	hesitate	動	( )
23	imperative	形	( )
24	ingredient	名	( )
25	intention	名	( )
26	intermission	名	( )
27	literally	副	( )
28	lose weight		( )
29	mainly	副	( )
30	patient	形	( )
31	perfume	名	( )
32	persist in ～		( )
33	polite	形	( )
34	reliable	形	( )
35	reluctant	形	( )
36	sew	動	( )
37	similar	形	( )
38	strict	形	( )
39	trivial	形	( )
40	warn	動	( )

正解は282ページ

確認テストの解答

Stage 1 (p.24)

1 宿泊施設　2 通路　3 高度　4 日よけ　5 宴会　6 所持品
7 機内に持ち込める手荷物　8 清算　9 通勤する　10 飾る　11 入国カード
12 目的地　13 免税店　14 非常口　15 燃料　16 パンクする　17 チップ
18 ～へ向かう　19 クラクションを鳴らす　20 消火栓　21 通行できない
22 旅行日程　23 遺失物取扱所　24 燃費　25 定刻に　26 歩道橋　27 駐車場
28 小道　29 受付係　30 再確認する　31 予約　32 往復切符　33 観光
34 おみやげ　35 時刻表　36 輸送する　37 旅行代理店　38 乱気流
39 キャンセル待ち名簿　40 フロントガラス

Stage 2 (p.58)

1 建築士　2 落葉した木　3 手押し車　4 あごひげ　5 仕入れ係　6 レジ係　7 天井
8 顧客　9 配達　10 装置　11 掘る　12 波止場　13 電気器具　14 設備
15 蛇口　16 浮かぶ　17 噴水　18 無料で　19 手すり　20 生け垣　21 分割払いで
22 無傷の　23 はしご　24 もたれる　25 ふた　26 儲かる　27 住宅ローン
28 注文伝票　29 注ぐ　30 払い戻し　31 住宅　32 小売り　33 列　34 のこぎり
35 出荷する　36 ワンルームマンション　37 追加料金　38 棚卸しをする
39 取引　40 車いす

Stage 3 (p.82)

1 提携する　2 志願者　3 監査役　4 パンフレット　5 証明書　6 欠け目
7 損害賠償を請求する　8 同僚　9 競争優位　10 競合他社　11 消費者　12 欠陥
13 多角化する　14 設立する　15 輸出　16 送別会　17 破産[倒産]する
18 保証する　19 本部　20 保険　21 最新の　22 商品　23 (吸収)合併
24 相互の　25 名札　26 勤め口　27 組織　28 宣伝　29 広報活動　30 アンケート
31 回収する　32 不況　33 推薦する　34 回復　35 営業マン　36 評判
37 子会社[関連企業]　38 上司　39 フリーダイヤル　40 求人広告

Stage 4 (p.116)

1 留守番電話　2 割り当てる　3 掲示板　4 ～を実行する　5 手数料[歩合]
6 集中する　7 法人税　8 締め切り[納期]　9 消去する　10 文書　11 能率
12 同封物　13 内線　14 正[常勤]社員　15 人事部　16 連絡　17 社内連絡
18 任務　19 士気　20 新入社員　21 事務用品　22 有給休暇　23 紙詰まり　24 給料
25 勤務評定　26 郵便料金　27 昇進させる　28 迅速な　29 時間を守る
30 辞職する　31 責任　32 定年　33 文房具　34 監督者　35 ～を引き継ぐ
36 研修[実習]生　37 異動させる　38 旅費　39 失業　40 研修会[セミナー]

Stage 5 (p.138)

1 おおよそ[概算で]　2 残高　3 協力する　4 委託販売　5 契約　6 赤字
7 預金する　8 寄付する　9 登録する　10 会計年度　11 資金調達　12 投資
13 訴訟　14 台帳[元帳]　15 合法的な　16 負債　17 株式上場会社
18 義務的な　19 交渉する　20 純益　21 間接費　22 特許権　23 盗用する
24 ～を強く求める　25 手続き　26 四半期の　27 削減する　28 登録する
29 規制　30 拒絶する　31 送金する　32 更新する　33 金庫　34 署名
35 規定する　36 株主　37 黒字　38 売上高　39 有効な　40 浪費する

Stage 6 (p.160)
1 認める 2 採用する 3 議題[議事日程] 4 発表 5 適切な 6 出席 7 複雑な 8 会議室 9 ～に同意する 10 正確な 11 公表する 12 強調する 13 倫理 14 明白[明確]な 15 表現 16 訴訟を起こす 17 ～を提出する 18 配布資料[ちらし] 19 示す 20 推論する 21 検査する 22 解釈する 23 調査する 24 苦情を提出する 25 議長[司会者] 26 ～に反対する 27 客観的な 28 楽観的な 29 ～に参加する 30 未解決の 31 指摘する 32 優先(権) 33 計画 34 戦略 35 要約する 36 行われる 37 専門用語 38 旅行の秘訣 39 開催場所 40 投票する

Stage 7 (p.184)
1 農業 2 伝えられるところでは 3 ニュースキャスター 4 人工の 5 放送する 6 化学 7 著作権 8 乳製品 9 使い捨ての 10 耐久性のある 11 電気 12 司会する 13 工学 14 実験 15 肥料 16 本物の 17 見出し 18 改善する 19 実験室 20 講義 21 図書館司書 22 材木 23 故障[機能不全] 24 製造業者[メーカー] 25 海産物 26 経営学修士号 27 生産高 28 大学院生 29 報道発表 30 生産性 31 出版する 32 品質管理 33 研究開発 34 埋め立てる 35 資源 36 改訂する 37 仕様書 38 成績証明書 39 授業料 40 防水の

Stage 8 (p.216)
1 得る 2 適合させる 3 影響する 4 変更[修正]する 5 資産[財産] 6 10億 7 競争する 8 引き続いた 9 結果 10 不慮の事故 11 創造的な 12 短所[不利] 13 中止する 14 過度の 15 経験する 16 専門知識 17 程度 18 極端な 19 要因 20 挫折する 21 含む 22 集約的な 23 ～を利用する 24 適度の 25 障害 26 克服する 27 禁止する 28 見込み 29 量 30 関係 31 取り替える 32 抵抗する 33 制限する 34 特定の 35 統計 36 刺激する 37 十分な 38 一時的な 39 徹底的な 40 典型的な

Stage 9 (p.248)
1 隣り合った 2 驚かせる 3 記念日 4 年1回の 5 不安 6 市役所 7 寒冷前線 8 10年 9 国内の 10 空っぽの 11 取り囲む 12 除外する 13 魅了する 14 地理的な 15 水平な 16 すぐに 17 増加 18 開始する 19 その間に 20 市立図書館 21 不快にする 22 海外の 23 機会 24 先行する 25 降水量 26 以前は 27 心理的な 28 取り除く 29 すぐに 30 台無しにする 31 敏感な 32 縮小する 33 誠実な 34 今までのところ 35 着実な 36 物質 37 郊外 38 蒸し暑い 39 当局 40 悪循環

Stage10 (p.280)
1 知人 2 遊園地 3 謝罪 4 食欲 5 少なくとも 6 態度 7 かろうじて 8 飲料 9 出血する 10 祝福する 11 保守的な 12 会話 13 テーブルチャージ 14 ～にもかかわらず 15 不一致[食い違い] 16 病気 17 区別する 18 励ます 19 寛大な 20 感謝 21 二日酔い 22 ためらう 23 絶対必要な 24 材料 25 意図 26 休憩時間 27 文字通り 28 減量する 29 主として 30 辛抱強い 31 香水 32 ～に固執する 33 礼儀正しい 34 信頼できる 35 気が進まない 36 縫う 37 似ている 38 厳格な 39 ささいな 40 警告する

索引 INDEX

この索引には、見出し語（句）がすべて収録されています。数字はページ数を表します。

a

a la carte	272	across-the-board	199	aerospace	182
abandon	195	act	253	aesthetic	62
abandoned	5	acting	76	affair	240
ability	196	action	253	affect	210
aboard	16	activate	19	affected	257
abolish	195	active	254	affiliate	72, 74
above all	279	activity	253	affirm	148
abridge	219	actor	266	affix	55
absent	140	actress	266	afflict	245
absenteeism	88	actually	279	affluent	202
absent-minded	256	acute	229	afford to do	49
absolutely	278	ad hoc	203	affordability	49
absorb	74, 220	ad(vertisement)	60, 162	afraid	243
abstain	256	adamant	254	after-sale service	47
abstract	150	adapt	209	afterward(s)	238
abuse	194	add	121	age	239
accelerate	221	add up to	121	agency	72
accentuate	152	addition	121	agenda	140
accept	134	additional	203	aggravate	223
acceptable	150	address	106, 107, 148	aggressive	254
access	8, 112, 194	addressee	107	agony column	162
accessible	8	adept	197	agree	144
accident	13	adequate	202	agreement	128
acclaim	258	adjacent	231	agriculture	171
accommodate	22	adjoin	231	ahead of time	9
accommodation	22	adjourn	142	aid	251
accompany	65	adjust	179, 209	aim	147
accomplish	99	adjustable	181	air	164
accord	260	administration	88, 235	airborne	17
according to	163	admire	258	air-conditioner	22
accordingly	279	admission	129, 266	aircraft	16
account	122	admit	81, 154	airline	16
account for	150, 210	adopt	145	airport	16
accountability	75	adorn	5	aisle	15, 266
accountant	119	advance	95, 128, 153, 222	alarm	19
accredit	81	advance ticket	266	alcohol	275
accumulate	218	advanced	198	alert	257
accurate	157	advantage	186	align	230
accuse	136	advent	212	alike	260
achieve	99	adverse	186	allegedly	163
achievement	87	adversity	186	allegiance	255
acknowledge	154, 250	advertise	60	alleviate	219
acquaintance	250	advise	259	alley	3
acquainted	250	advisor	76	allocate	89
acquire	215	advisory	19	allot	89
acronym	61	aerobics	269	allow	259

283

allowance	91	anyhow	279	around [just around]	
alloy	174	anyway	279	the corner	96
allude	148	apartment	42	around-the-clock	46
allure	244	apéritif	272	arrange	98
ally	74	apiece	204	arrangement	128
all-you-can-eat	273	apologize	258	array	233
almost	278	apology	258	arrears	43
alongside	278	apparatus	37	arrival	18
alter	207	apparel	276	arrogant	257
alternate	95	apparent	157	art	162
alternative	147	appeal	134	art museum	264
altitude	17	appear	212	article	130, 162
alumni	168	appearance	240	artifact	177
amalgamate	74	appendix	167	artificial	177
amateur	196	appetite	273	artistic	62
amaze	244	appetizer	272	as a whole	278
ambiguous	157	applaud	265	as follows	233
ambitious	254	appliance	37	as is	45
ambivalent	256	applicant	78	as of	238
ambulance	11, 270	application	110	as remarked [mentioned]	
ameliorate	221	application form	78	above	153
amend	207	apply	209	ascend	127
amenity	39	apply for	78	ascribe	156
amiable	65	appoint	79, 86	ashamed	243
amount	202	appointment	64	ashtray	93
amount to	121	appraise	43	aspect	240
ample	202	appreciate	250	aspire	246
amusement	264	appreciation	71	assemble	176, 252
amusement park	265	apprentice	85	assembly	176
analogy	260	approach	147, 231	assembly line	176
analyst	127	appropriate	150	assent	144
analyze	183	approve	81, 144	assert	148
anchor	164	approximately	121	assess	87
angle	226	aptitude	196	asset	214
animate	221	aquarium	265	assign	89
annex	22, 74	arbitrary	192	assignment	89
anniversary	241	arbitrate	132	assimilate	220
announce	149	arcade	3	assist	251
announcement	149	arch	27	assistant	76
annoy	245	architect	34	associate	74, 77, 208
annual	239	architecture	34	association	77
annuity	91	archrival	72	assort	274
annul	131	ardent	254	assume	98, 154
anonymous	162	area	205, 235	assure	81, 103
answering machine	114	area code	114	assured	243
anticipate	98, 154	arena	265	astonish	244
antique	62	arguably	279	at 60 d/s	109
anxiety	247	argue	144	at a loss	247
anxious	247	arise	212	at any rate	279

at least	279	aware	242, 243	bathroom	41
at present	238	awfully	278	battery	175
at the wheel	12	awning	3	bay	32
athlete	265	ax(e)	84, 119, 173	bay window	38
atlas	234	**b** B.A.	168	beam	35
ATM	123	baccalaureate	168	bear	188
atmosphere	93, 237	bachelor	168	bear fruit	191
attach	105	back out	195	beards	30
attack	98	back up	9, 251	bearing	208
attain	99	background	2, 79	bearish	127
attempt	147	backlog	53, 96	beat	186
attend	140	backpack	31	beat down	49
attendance	140	backyard	38	beautician	269
attendant	140	bad loan	122	beauty parlor	269
attention	262	badge	64	because of	211
attentive	255	baffle	245	beckon	28
attic	39	baggage	16	become	209
attire	31	baggage claim	17	bed	54
attitude	253	baggage office	14	beep	114
attorney	136	balance	122	beforehand	279
attract	244	balance due	51	beg	134
attraction	265	balance sheet	119	behave	253
attribute	156	balcony	38	behavior	253
auction	44	balloon	26	behind time	9
audience	266	ballpark	265	belated	96
audio	110	ban	193	believe	154
audit	118	banal	262	bellhop	23
audition	266	bandage	31	belong to	214
auditor	76, 118	banister	39	belongings	16
auditorium	266	bank	32, 122	bench	27
augment	218	bankbook	122	benchmark	180
austere	254	bankruptcy	75	bend	28, 224
authentic	180	banner	3	benefactor	124
author	166	banquet	23	beneficiary	69
authorities	235	bar	193, 275	benefit	91
authorization	80	bare tree	26	benevolent	255
authorize	81	barefoot	27	bent	228
autograph	164	barely	279	berth	15
automate	178	bargain	44, 48	beside	231
automatically	178	bark	26, 254	besides	278, 279
automobile	11	barn	172	bestow	215
autonomy	235	barren	171	bet	267
availability	23	barrier	193	beverage	275
available	114	barrister	136	bias	146
avenue	4	barrow	55	bicycle shed	3
average	204	base	34, 73, 231	bid	44
aviation	16	basement	39	bilateral	74, 203
avoid	211	basic	198	bilingual	196
award	215, 267	basin	40	bill	47, 50, 123

285

billboard	2, 61
billing	60
billion	204
billionaire	214
bind	55, 166
binding	131
binoculars	20
biology	182
biotech	171
bipolarization	225
blackout	19
blade	229
blame	258
blank	229
bleed	270
blend	225
blind	92
blinkers	10
block	4, 193
blockage	6
bloom	26
blossom	26
blue-chip	127
blue-collar	94
bluff	257
blunder	191
board	16, 35, 42, 142
board of directors	76
boarding pass	16
boat	33
bogus	180
bold	254
bond	126
bonnet	10
bonus	90
book	18
bookkeeping	119
booklet	61
bookmark	167
boom	71
boost	221
boot	10, 111
booth	92
border	231, 234
bore	245
boring	89
borrow	125
boss	77
botanical gardens	265
bother	245
bottom	67
bottom line	146
bounce	123
bound for	15
boundary	231
bounty	124
boutique	276
bow	252
box office	266
brag	257
branch	26, 72
branch out	74
brand	60
brand-new	62
brave	254
breach	129
break	21, 97
break down	133, 179
break even	118
break up	142
breakage	57
breakdown	50
breakthrough	182
breed	171, 172
breeder	172
brew	92, 170
brick	35
brief	150, 152
briefcase	31
brilliant	62
bring about	210
bring forward	153
brink	230
brisk	71
broad	228
broadcast	164
broaden	220
brochure	61
broker	44
broom	277
browse	113
browser	113
buck	47
bud	26
budget	118
buffet	272, 273
buildup	218
built-in	37
bulk	205
bulldozer	7
bulletin board	102
bullish	127
bump	6, 13
bumper	10
bundle	54
bungalow	42
burden	89
bureau	76
bureaucracy	235
burn	26
burst	224
bury	38
bush	38
business administration	168
business card	64
business hours	66
business trip	64
businessman	73
bust	71
butt	93
buyer	52
buyout	74
by chance	240
by check	51
by deputy	128
by proxy	128
by the way	279
by train	15
by way of	18
by word of mouth	60
bypath	7
byway	7
C.I.F.	109

C

cab	6
cabin	17
cable	164
café	272
cafeteria	272
calculate	121
calculation	121
caliber	180
call	114
call back	115
call center	66
call in sick	115
call signal	114

call the roll	88	caster	55	character	197
caller	92, 114	casual	65, 256	characteristic	261
calm	93, 255	catalog	52	charcoal	173
campaign	60	catch on	63	charge	50
campsite	265	catch up on	96	charity	124
campus	169	catch up with	186	charm	244
cancel	18	catchy	60	chart	141, 234
candid	255	categorize	156	charter	80, 125
candidate	78	category	156	chase	27
can-do	254	cater	23	chat	252
cane	27	cathedral	20	cheap	48
cannery	176	cattle	172	check	
canoe	33	CATV	164		23, 50, 57, 123, 158, 193
canteen	272	caught in	9	check-in	23
canyon	32	causality	210	check in	16, 167
capacity	110, 196	cause	210	checkout	23, 47
capital	70, 263	caution	259	check out	167
capital gain	120	cautious	257	checkup	268
caption	162	cave	32	cheer up	253
capture	215	cease	212	chef	272
carbohydrate	268	ceiling	39	chemistry	182
cardboard box	100	celebrate	253	cheque	123
care	246	celebrated	64	chic	62
career	79, 94	celebrity	164	chief	76, 263
caretaker	42	cell	175	chiefly	263
cargo	56	cell(ular) phone	114	chilly	237
cargo manifest	56	cellar	39	chimney	38
carousel	17	Celsius	237	china	175
carpool	12	censor	158	chip	67
carriage	56	censure	258	choice	147
carrier	56	center	230	choke	40
carry	55, 163	centigrade	237	chop	119, 225
carry-on	16	centralize	75	chore	95
carry on	213	ceramics	175	chronological	239
carry out	99	certain	243	chute	22
carry over	119	certificate	80	CI	75
cart	55	certified	80	cigarette	93
cartel	72	chair	140	CIM	178
carton	57	chairman	76	cinema	267
carve	264	chairperson	140	circle	226
cascade	32	challenge	89, 144	circular	61, 104
case	57, 136, 163, 240	chamber	142	circulation	163
cash	21	chamber of commerce		circumstance	240
cash dispenser	123		142	cistern	41
cash flow	119	chance	190, 240	cite	151
cash on delivery	56	change	47	city hall	235
cash register	47	change trains	15	city map	4
cashier	47	channel	165	city news	162
cast	28, 266	chapter	167	civil engineering	7

claim	66, 134	collaborate	133	competent	196
claim damages	68	collapse	223	competition	186
clarity	151	collar	27	competitive	186
clash	13	collate	166	competitor	72
class	198	collateral	124	compile	105
classified	104	colleague	77	complain	66
classified ad	162	collide	13	complaint	66
classify	156	column	162	complement	218
classy	62	comb	40	complete	99, 201
clause	130	combine	220	completely	278
cleanup	277	come out	167	complex	150
clearance (sale)	46	come through	189	complexion	243
clear-cut	150	come to terms with	132	compliance	75
clerical	94	comfortable	39	complicated	150
clerk	94	command	20, 197, 259	compliment	252
clever	197	commemorate	241	complimentary	48
client	44	commence	232	comply with	133, 192
clientele	44	commencement	168	component	178, 207
cliff	32	commend	81	compose	206
climate	236	commensurate	260	composed	255
climb	127	comment	148	compost	170
cling to	257	commentary	164	comprehend	154
clinic	270	commentator	164	comprehensive	198
clip	100	commerce	70	compress	225
clipping	163	commercial	60, 70	comprise	206
clique	77	commercial area	3	compromise	132
cloakroom	23	commission	50, 94	compulsory	131
clock in	88	commit	133	computerize	178
clock out	88	committee	142	conceal	149
clog	40	commodity	71	concede	132
close	231	common	199	conceited	257
close down	75	communicate	102	concentrate	99
closing price	127	community	235	concern	208
closure	6, 75	community center	235	concerned	208, 247
clothes	31	commute	15	concerning	208
clue	156	commuter	15	concession	80, 132
coal	174	compact	150	concession (stand)	266
coalition	74	company	72	concierge	23
coast	32	comparative	200	concise	150
coat	177, 274	comparatively	278	conclude	145
coat rack	92	compare	260	concrete	7, 143
COD	56	compartment	15	concur	144
code	130	compassion	246	condemn	258
coin	47, 194	compatible	110	condense	225
coincide	260	compel	259	condition	130, 159
coincidence	130	compensate	68	conditional	211
cold call	64	compensation	91	condominium	42
cold front	237	compete	186	conduct	253
cold wave	237	competence	196	conductor	15

cone	6, 226	consumer	70	cordial	246
confectionery	46	consumption	70	core	230
confer	215	contact	102	corporate	72
conference	142	contain	206	corporate identity	75
confess	149	container	57	corporate ladder	86
confident	246	contaminate	223	corporation	72
confidential	104, 107	contemporary	238	correct	157, 207
confine	192	contend	188	correspond	260
confirm	18	content	246	correspondence	106
confiscate	137	contents	167	corridor	39
conflict	188	contest	186	cosign	128
conform	260	contingency	190	cosmetic	269
confront	188	contingent	211	cost	120
confuse	155, 245	continual	213	cost-effective	143
congenial	39, 250	continue	213	costly	48
conglomerate	72	continuous	213	costume	31
congratulate	253	contract	128	cottage	42
congregate	142	contract out	75	council	142
connect	220	contractor	34	count	204, 263
connect A to B	114	contradict	157	count on	251
connection	208	contrary	261	countenance	243
conscious	242, 243	contrast	260	counter	92
consecutive	213	contribute	124, 152	counterbalance	119
consensus	144	contribute to	99	counterfeit	137
consent	144	control tower	16	counterfoil	266
consequence	210	controller	118	countermeasure	147
conservative	257	controversy	144	counterpart	260
conserve	215	convene	142	countersign	128
consider	154	convenience	65	countless	200
considerable	200	convenience store	46	county	235
considerably	278	convenient	65	coupon	49
considerate	255	convention	142	courageous	254
consign	56, 133	conventional	150	courier	56
consignment	133	conversation	252	course	147, 169
consist of	206	convert	207	court	136
consistent	150	convey	56	courtesy	250
consolidate	74	convince	81, 103, 259	cover	69, 163, 167
consortium	72	convinced	243	cover charge	272
conspicuous	261	convincing	150	cover letter	79
constant	213	cool	62	cover up	149
constitute	206	cooling-off period	67	coverage	69, 163
constitution	30	cooperate	133	coworker	77
constraint	192	coordinate	209	cozy	39
construct	34	cope with	98	crack	67
construction	34	copier	93	craft	264
construction site	35	copy	60, 165	crane	7
consult	85	copyright	166	crash	13, 17, 127
consultant	85	coral reef	20	crate	57
consume	70	cord	111	crater	32

crave	246	customer service	66	decorate	5
craze	63	customize	176	decrease	219
create	194	custom-made	276	dedicate	99
creative	194	customs	21	dedicated	254
credence	251	customs inspection	17	deduct	121
credentials	79	cut back (on)	119	deduction	121
credible	251	cut down (on)	119	deed	128
credit	169, 251	cut out for	197	deem	154
credit union	122	cutting edge	232	deep	228
creditor	118	CV	79	default	111, 118
crew	95	cybernation	178	defeat	186
crisis	190	cycle	239	defect	67
criterion	79	cylinder	226	defective	67
critic	267	dairy farm	172	defer	145
critical	190, 257, 263	dairy product	172	deference	251
criticize	258	damage	68	defiance	188
crooked	228	damp	237	defiant	257
crop	171	danger	190	deficient	202
cross	2, 226, 247	daring	143	deficit	120
cross-border	234	data	112	define	156
crossing	2, 14	date	128	definite	157
crossing gate	14	date line	17, 234	deforestation	173
crosswalk	2	date-stamp	107	defraud	137
crouch	28	dead end	133	defuse	219
crowd	265	dead stock	53	degrade	86, 223
crowded	9	deadline	96	degree	168, 198, 237
crucial	263	deadlock	133	delay	9
crude	174	deal	44, 128	delegate	133, 142
cruise	18	deal with	98	delete	112
crush	225	dealer	44	deliberate	143, 159
cube	226	dean	169	delicate	57
cubicle	92	dear	48	delicious	274
cuisine	274	Dear	107	deliver	56, 148
culminate	222	debase	223	delivery	56
cultivate	170	debate	144	deluxe	62
culture	173	debt	118	demand	70, 134
curator	264	debtor	118	demanding	89
curb	2	debut	266	demeanor	253
cure	270	decade	239	demerit	186
curfew	42	decay	224	demolish	34
curio	264	decent	62, 200	demonstrate	61, 88
curious	246	decide	145	demote	86
currency	122	decisive	197	dent	10
current	238	deck	8, 38	dentist	270
cursor	114	declare	21, 149	deny	154
curtail	119	decline	127, 134, 224	deodorizer	41
curtain	92	decode	112	depart	18
curve	2	decomposable	181	department	46, 76, 169, 207
customer	44	décor	5	departure	18

depend on	211, 251	dig	38	dispatch	56
depending on	211	digest	152	dispense with	194
depict	151	digit	204	disperse	221
deposit	43, 123	digital	181	display	61, 110
depot	8	dignity	262	disposable	181
depreciation	71, 119	diligent	255	dispose of	195
depression	71	dilute	225	dispute	144
deprive	225	dime	47	disregard	262
depth	205	dimension	205	disrupt	223
deputy	76	diminish	219	dissertation	169
derail	14	dine out	273	dissolve	224
derelict	5	dip	127	distance	231
derive	208	diploma	168	distant	231
descend	127	direct	4, 208, 259	distinct	157
describe	151	direct mail	66	distinguish	261
description	66	direction	4	distinguished	64
deserted	5	director	76, 267	distort	224
deserve	262	directory	104	distress	245
design	34	disadvantage	186	distribute	140
designate	86	disappear	224	distributor	45
desperate	247	disappoint	245	district	235
despite	278	discard	195	disturb	245
dessert	272	discern	261	ditch	6, 33
destination	18	discharge	84, 221	dive	127
destroy	223	disciplinary	88	diverse	203
detach	105	discipline	85	diversify	74, 203
detached	34	disclose	149	diversity	203
detail	152	disconnect	111	divide	225
detailed	150	discontinue	212	dividend	127
detect	159	discord	133	division	76, 207
deter	193	discount	49	DIY	264
deteriorate	223	discourage	193	DM	66
determine	145	discreet	255	do away with	195
determined	254	discrepancy	261	Do not disturb.	23
detest	247	discrete	213	do without	194
detour	4	discretion	77	docile	255
devastate	223	discuss	144	dock	32
develop	21, 183, 222	disease	270	doctor	168
developer	43	disembarkation	16	document	104
device	37	disembarkation card	17	documentary	164
devise	183	disgrace	247	do-it-yourself	264
devote	99	disgust	245	domestic	234
diagram	141	dishonor	123	dominant	187
dial	114	disk	112	dominate	187
dialog	252	diskette	112	donate	124
dictate	105	dismantle	34, 179	donation	124
diet	268	dismiss	84	donor	124
differentiate	180	dismount	54	door	39
diffuse	63, 221	disorder	277	door-to-door sales	66

doorway	38	
dormitory	42	
dose	270	
dossier	104	
dot	226	
dot-com	113	
double	218	
doubt	154	
doubtful	257	
down payment	51	
downfall	223	
download	113	
downsize	119, 183	
downtime	179	
down-to-earth	255	
downtown	235	
downturn	71	
doze (off)	97	
dozen	205	
draft	22, 104, 123	
drag	55, 189	
drain	41	
drain(pipe)	40	
drainage	171	
drama	266	
dramatic	201	
drastic	201	
draw	55, 123, 264	
draw near	96	
draw up	105	
drawback	186	
drawer	36	
dress	31, 274	
dress code	88	
dress down	254	
drift	32	
drive	110, 259	
Drive	107	
drive-in	12	
drive-through[thru]	12	
driving license	13	
droop	5	
drop by	252	
drop in	252	
drop off	12	
drought	171	
drug	270	
drugstore	46	
drunk	275	

dub	165	
duct	41	
due	9, 123	
due to	211	
dues	129	
dull	229	
dump	54, 277	
duplicate	57, 104	
durable	181	
dust	277	
duties	70	
duty	95, 131	
duty-free	21	
dwindle	224	
dynamic	254	
dynamics	178	

e

eager	246	
earn	125, 215	
earn one's living	90	
earnest	255	
earnings	90	
ease	219	
eat out	273	
eaves	38	
ecofriendly	181	
economic	70	
economical	125	
economize	125	
economy	70	
edge	67, 71, 229, 230	
edit	166	
edition	166	
editor	166	
editorial	162	
educate	168	
education	168	
effect	210, 270	
effective	210	
effectual	210	
effectuate	210	
efficiency	96	
efficient	196, 210	
egoistic	257	
eject	221	
elastic	143	
electric	175	
electrician	175	
electricity	175	
electronics	178	

elegant	62	
element	207	
elementary	198	
elevate	54, 221	
eligible	80	
eliminate	219	
e-mail	105	
embark on	73	
embarkation	16	
embarrass	245	
embassy	19	
embezzle	137	
embroider	276	
emcee	164	
emerge	212	
emergency	19	
emergency exit	19	
eminent	64	
emission	11	
emit	221	
emolument	91	
emotion	242	
emphasize	152	
employ	84	
employee	84	
employment	84	
empty	229	
empty can	6	
empty seat	15	
en route	4	
enable	259	
enchant	244	
encircle	231	
enclose	106, 231	
enclosure	101, 106	
encode	112	
encounter	252	
encourage	259	
end up	212	
endanger	190	
endeavor	99	
endorse	60, 123	
endow	124, 215	
endurance	180	
endure	188, 215	
enemy	188	
energetic	254	
energy	174	
energy-saving	181	

enforce	136	especially	199	exotic	62
engage in	98	essayist	166	expand	74, 220
engineer	178	essential	263	expect	154
engineering	178	establish	73	expedite	96
engrave	264	establishment	37, 73	expel	137
enhance	221	estate	214	expenditure	120
enlarge	220	estimate	52, 87	expense	120
enormous	200	ethics	146	expensive	48
enrich	218	evacuation	19	experience	189, 197
enroll	129	evade	211	experiment	182
enrollment	129	evaluate	87	expert	196
ensure	81	evasive	256	expertise	196
entail	206	eventually	232	expiration	131
entangle	223	evict	43	expire	131
enter	111	evidence	156	expiry	131
enterprise	73	evident	157	explain	150
entertain	65	exacting	89	explanation	150
entertainment	264	exactly	279	explicit	157
enthusiastic	254	exaggerate	152	explode	224
entirely	278	examine	158	exploit	183
entitle	81	example	241	explore	158
entity	77	exceed	187	explosive	16
entrance	27	exceedingly	278	expo	61
entrée	272	excel	187	export	70
entrepreneur	73	excellent	62	expose	149
entry	119, 129	except	278	ex-president	76
enumerate	151	exceptional	62	express	14, 106, 148
envelope	107	excerpt	105	expression	148, 243
environment	93	excessive	201	exquisite	62
envy	247	exchange	21, 123, 195	extend	74, 220
epicure	273	exclude	219	extension	114, 169
epoch	239	excluding	278	extensive	198
equate	260	exclusively	219	extent	198
equator	234	excursion ticket	14	extenuate	137
equip	37	excuse	153, 258	exterior	230
equipment	37	execute	99	external	230
equivalent	260	executive	76	extinguisher	19
era	239	exempt	130	extra	199, 203
erase	112	exercise	99, 269	extra charge	23
eraser	100	exert	99	extract	105, 225
erode	223	exhaust	194	extravagant	125
err	191	exhaust (fumes)	11	extreme	201
errand	95	exhausted	97	extremely	278
erroneous	157	exhausting	89	extrovert	254
error	191	exhibit	61	eye patch	31
erupt	32	exhibition	61	eye-catcher	49
escalate	218	exist	212	**f**	
escape	211	existing	212	fabric	175
escort	65	exit	27, 111	fabricate	34, 176
				fabulous	62

facade	5	feasible	143	fisherman	173
face	5, 188, 230	feast	273	fishery	173
face to face	230	feat	191	fit	209, 268
face value	126	feature	49, 164, 261	fitness	268
facedown	26	fee	50, 169	fitting room	276
face-lift	34	feed	27, 111	fix	37, 98, 179
faceup	26	feedback	60	fixer	132
facilitate	219	fell	173	fixture	37
facility	37	fence	27	fizz	275
fact sheet	152	Ferris wheel	265	flair	196
faction	77	ferry	33	flashlight	31
factor	210	fertile	171	flat	42
factory	176	fertilizer	170	flatter	252
faculty	169, 196	fiasco	191	flavor	274
fad	63	fiction	166	flaw	186
fade	224	field	170, 182	flexible	143, 229
failure	179, 191	fierce	201	flextime	88
faint	200	figure	30, 121, 204, 226	flier	61
fairly	278	figure out	121, 151	flight	16
faithful	255	file	112, 153	flight attendant	17
fake	180	file cabinet	92	float	32
fall	27	fill in [out]	78	flood	70
fall behind	96	fill in for	95	floor	39
fall on	239	fill up	11	floppy (disk)	112
fall through	191	filled	229	flour	274
fallen leaves	26	film	21	flourish	44
false	157, 180	filthy	41	flow	32
falsify	137	final	232	flowerpot	38
familiar	64	finalize	145	fluctuate	127
familiarity	64	finally	232	fluent	252
famine	171	finance	118, 122	fluid	227
fancy	62, 201	financial	118, 122	fluorescent	175
fare	14, 50	financial statement	118	flush	41
farewell	65	fine	137	focus	99
farfetched	143	finesse	197	foil	193
farmer	171	fire	26, 84	fold	55
farming	171	fire alarm	19	follow	188, 233
farsighted	143	fire drill	88	follow suit	233
fascinate	244	fire engine	11	follow up	159
fashion	63	fire extinguisher	19	following	233
fat	268	fireplug	3	follow-up	163
fatal	263	fireworks	265	font	166
fatigue	97	firm	72, 229	food poisoning	19
faucet	40	firm offer	109	foot	205
fault	186	first-aid kit	270	footing	34
favor	250	firsthand	208	footprint	6
favorable	186	fiscal	118	for sale	46
favorite	264	fish	33	for the first time in	239
fax	93	fish farm	173	for the present	238

for the time being	238	freeway	7	gear	37
force	170, 259	freeze	111, 224	gem	269
forefront	232	freezing	237	gene	171
foreground	2	freight	56	general	199
foreign-made	176	frequency	165	general manager	76
foreman	35	frequently	238	generalize	156
foremost	232	freshman	169	generally	278
forerunner	232	friction	188	generate	194
foresee	154	frigid	237	generator	175
forest	32	from now on	238	generic	60
forestation	173	front desk	23	generous	125, 255
forestry	173	front seat	10	genius	196
forfeit	137	front-page	162	gentle	228
forge	137	frown	243	genuine	180
forklift	54	frugal	125	geographical	234
form	78, 194	frustrate	245	gesture	28
formal	65	fuel	11, 174	get a flat	13
formalities	129	fulfill	99	get across	151
format	111, 166	full	229	get ahead	86
former	233	full-fledged	197	get airsick	17
formerly	233	full-time	94	get along	250
formulate	151	fund	124	get into	8
forte	186	fundamental	198	get lost	4
forthcoming	267	fund-raising	124	get off	8
forthwith	238	furnish	37	get on	8, 250
fortunately	279	further	203	get on to	102
fortune	214	furthermore	279	get out of	8
forum	142	fury	247	get over	189
forward	105	futile	262	get rid of	195
forwarder	56	future	238	get through	114
found	73	futures	126	gift	196
foundation	34, 73	**g** gadget	37	gift certificate	49
founder	73, 191	gain	215	gift-wrap	47
fountain	27	gain ground	186	give ~ a break	255
fowl	172	gain weight	268	give ~ a lift	12
fraction	207	gallery	264	give ~ a ride	12
fragile	57	galley	17, 166	give in	188
fragment	207	garage	13	give off	221
frail	57	garbage	277	give up	195
frame	67	garden	38	give way	188
framework	35, 77	garment	31	give-and-take	132
franchise	74	garnish	274	giveaway	49
franchisee	72	gas	227	glamorous	62
frank	255	gas station	11	glasses	30
fraud	137	gate	27	glassware	177
free (of charge)	48	gatepost	27	glean	170
free hand	77	gather	154, 252	global	234
free sample	49	gaudy	227	globe	234
freelance	94	gauge	178	gloomy	247

gloss	177	greenhouse	170	hardship	189
glue	100	greet	252	hardworking	255
glut	70	grievance	66	harm	189
GM	171	grind	170, 177	harmonize	209
go bad	224	grip	28	harsh	228
go bankrupt	75	grocery (store)	46	harvest	170
go broke	75	gross	121, 205	hasten	96
go in for	98	ground	156, 171	hasty	254
go into	159	groundbreaking	34	hatchet	173
go off	224	grow	170, 218	haughty	257
go on	213	growth	218	haul	56, 173
go out of business	75	grumble	66	have one's (own) way	257
go out of gas	11	guarantee	69, 124		
go over	159	guard	188	havoc	189
go shopping	46	guard railing	6	hay	170
go through	189	guess	154	hazard	190
go under	75	guide	20	head for	4
goal	147	guidelines	180	headlight	10
go-between	132	gutter	6, 38	headline	162
go-getter	196	gym	269	headquarters	72
goods	71	hack	113	headset	165
goodwill	250	haggle	49	heal	270
gorgeous	62	hairdo	269	health center	41
gossip	163	half dollar	47	health spa	269
gourmet	273	hall(way)	39	heap	54
government	235	hallmark	180	heart	230
governor	235	halt	12	heat	237
grab	28	halve	219	hectic	96
graceful	62	hammer	36	hedge	38, 147
grade	169, 198	hamper	193	height	205
grade crossing	14	hand	140	heir	214
gradual	222	hand in	153	help oneself (to)	273
graduate	168	hand out	140	helping	273
graduation	168	handbill	61	hesitate	256
grain	171	handcart	55	hew	173
grand	62	hand-held	181	hide	149
grant	124, 131	handle	98, 229	hierarchy	77
graph	141	handout	61, 140	high pressure	237
graphic	141	handrail	15, 39	high-end	62
grasp	28, 154	hands-on	85	high-handed	257
grass	26	handy	181	highlight	152
grateful	250	hang	5	high-rise	2
gratitude	250	hang up	115	high-tech	182
gratuity	23	hangover	275	highway	7
grave	254, 263	happen	212	hike	218
gravel	6	harbor	32	hill	32
graze	172	hard	229	hinder	193
greatly	278	hard-hitting	254	hint	148
green	197	hardly	278	hip	62

hire	84, 125	hygiene	41	impudent	257
hit	28	hypocritical	257	impulse	242
hobby	264	hypothesis	156	impulse buying	46
hoist	54	ID	19	in ～ 's place	87
hold	22, 28, 142	ideal	62	in a row	230
hold back	192	identical	260	in a sense	279
hold on	115, 215	identify	19, 159	in a word	279
hold on to	15	idle	179	in addition	279
hold the line	115	ignore	262	in advance	279
hold up	9, 12	illegal	136	in any case	279
hold up on	145	illuminate	5	in brief	279
holiday	97	illumination	5	in bulk	52
hollow	228	illustrate	141	in cash	51
home page	113	illustration	141, 162	in charge	95
homemade	176, 274	imagine	154	in general	278
homestay	18	immediate	238	in honor of	246
honk	12	immediately	238	in lieu of	260
honor	246	immense	200	in order	93
hood	10	immigrant	234	in other words	279
hook up	111	immigrate	234	in person	128
horizon	33, 198	immigration	17	in short	279
horizontal	226	imminent	96	in terms of	146
horn	12	impact	210	in the black	120
hors d'oeuvres	272	impair	189	in the end	232
hose	38	impart	215	in the long run	232
hospitable	65	impartial	255	in the red	120
hospitality	65	impassable	7	in the way	193
hospitalize	270	impasse	7	in time (for)	9
host	140	impatient	247	in turn	95
hostel	22	impeccable	62	inaugurate	212
hostile	257	impediment	193	inbound	15
hot close	237	impending	96	Inc.	72
hot spring	20	imperative	263	incentive	89
house	53	impertinent	257	inception	232
house for rent	42	impetus	89	incessant	213
housing complex	42	implement	37, 99	inch	205
housing loan	43	implore	134	incident	240
however	279	imply	151	incidental	203, 240
HR (department)	86, 101	impolite	257	incinerator	277
hub	230	import	70	inclement	17
huge	200	important	263	include	206
humble	255	impose	192	including	278
humid	237	imposing	5	income	120
humiliate	245	impracticable	143	incoming	86
humor	252	impractical	143	increase	218
hunch	242	impress	244	incredible	201
hurl	28	impression	242	increment	218
hurt	270	impromptu	143	incumbent	76
hydrant	3	improve	183	incur	189

indebted	118	innovate	183	intersect	226
indecisive	256	innumerable	200	intersection	2
indeed	278	input	111, 149	interval	239
indemnify	68	inquiry	52	intervene	132
in-depth	201	insert	111	interview	79
index	167, 204	inside	230	intimidate	193
indicate	151	inside out	229	intranet	112
indifferent	256	insight	197	intricate	150
indirect	208	insist	134	intrigue	244
indispensable	263	insolvent	75	introduce	183, 252
individual	199	inspect	158	introduction	252
indoors	230	install	37, 111	introductory	198
induce	259	installment	51	intuition	242
indulgent	256	instance	241	invade	129
industrial	175	instant	96	invalid	131
industry	175	instead of	260	invent	183
inept	197	institute	182	inventory	53
inevitable	211	instruct	85	inverse	261
inexpensive	48	instructions	66	invest	126
infant	27	instructor	85	investigate	158
infer	156	instrument	37	investment	126
inferior	187	insurance	69	invitation	65
inflate	224	insure	69	invite	65
inflation	71	insurer	69	invoice	56, 206
inflict	192	intact	57	IOU	125
in-flight	17	integrate	220	IPO	126
influence	210	integrity	255	iron	174
inform	102, 103	intellect	197	ironical	257
informal	65	intelligence	197	irreparable	68
information	102	intelligible	150	irrevocable L/C	109
infrastructure	175	intense	201	irrigate	171
infringe	129	intensive	198	irritate	245
ingenious	197	intention	253	island	20
ingredient	274	intentional	253	isobar	237
inhabit	42	interactive	110	issue	123, 167, 211, 241
inherit	214	intercom	114	item	52
inheritance	214	interest	122, 244	itemize	50
inhibit	192	interface	110	itinerary	18
in-house	95	interfere in	192	ivy-grown	5
initial	232	interfere with	193	**j** jack	13
initialize	111	interim	143	jackpot	267
initiate	232	interior	230	janitor	42
initiative	132, 197	intermediate	198	jargon	153
injunction	137	intermission	266	jeopardize	190
injure	270	intern	85	jet lag	19
injury	270	internal	230	jewelry	269
ink cartridge	93	Internet	113	jingle	60
inn	22	interpret	155, 252	job	94
inner	230	interrupt	193	job offer	78

job-hunting	78	last	213	let ~ know	102
jog	269	lately	238	let down	247
joint	74	latent	190	lethal	263
joint venture	73	later	238	letter of credit	80
joke	253	latest	63	letter of intent	128
jot down	105	latitude	234	letterhead	107
journalist	163	latter	233	level	198, 226
judge	136, 154	launch	212, 222	leverage	210
jump	26	laundry	23	levy	91
junction	2	lavatory	41	liabilities	118
junior	169	lavish	125	liable	118
junior college	168	law	136	liaise	102
justice	156	lawn	26	liaison	102
justify	156	lawsuit	136	liberal arts	169
JV	73	lawyer	136	liberate	219
k keen	201, 254	lax	256	librarian	167
key	22, 263	lay aside [away/by]	215	license	80
key money	43	lay off	84	license plate	10
keyboard	110	layman	196	lid	41
kickback	51	layout	34	lifelong	239
kid	253	layover	14	lifetime	239
kit	37	lazy	256	lift	54
knack	197	lead	27, 174, 232	lighthouse	33
kneel	27	lead to	7	lightning	236
knit	276	leadership	197	likelihood	190
knob	39	leading	232	likely	190
knock down	49	leaf	26, 167	limit	192
knot	55	leaflet	61	limitation	192
know the ropes	197	leak	40	limited express	14
know-how	197	lean	28, 30	limousine	11
knowledge	196	leap	26	line	47, 114, 226
l lab(oratoy)	182	leap year	239	line (up)	230
label	54, 55	lease	125	linger	213
labor	94	leash	27	link	220
labor union	88	leather	172	liquid	227
laborious	89	leave	97	liquid crystal	110
lack	202	leave out	219	liquidate	75
ladder	35	lecture	169	liquor	275
lag	186	ledger	119	list	112
lake	32	leg	36	listed company	126
lamppost	2	legacy	214	literacy	196
land	17	legal	136	literally	279
land price	43	legitimate	136	literature	61
landfill	277	leisure	264	litigate	136
landlord	43	lend	125	litter	277
landmark	20	length	205	live	164
landscape	20	lenient	255	live on	90
lane	2	lessen	219	livestock	172
laptop	110	lesson	189	load	54, 56

loan	122	lucrative	44	manager	76
loan company	122	luggage	16	managerial	73
lobby	22	lukewarm	256	mandatory	131
local	14, 235	lumber	173	maneuver	195
local time	17	lump sum	51	manifest	56, 151
located	93	luncheon	97	manipulate	195
location	93	luster	177	manners	253
lock	22	luxurious	62	man's room	41
lock oneself out	22	**m** M&A	74	mansion	42
locker	92	machinery	178	manual	66, 177
lodge	153	made-to-order	276	manufacture	176
lodgings	22, 42	magazine	167	manufacturer	176
lofty	2	magnificent	62	manuscript	166
log	35	magnify	220	map	234
logging	173	maiden's name	162	mar	189
logical	150	mail	106	margin	45, 230
logistics	56	mail order	66	marinate	274
logo(type)	61	mailbox	3, 38	marine product	173
lonely	5	main	263	mark down	49
long	246	mainly	263	mark up	49
long-awaited	62	maintain	134, 215	marked	261
longevity	87	maintenance	179	market	71
long-term	239	maintenance fee	43	marketable	71
look	240	major	200, 263	marketing	71
look back on	241	major in	168	marvelous	62
look into	159	majority	200	mask	31
look over	159	make a go of	191	mass	202
look through	159	make difference	263	mass media	163
look to	251	make do (with)	194	massage	269
look up	159	make efforts	99	massive	5
loom	212	make ends meet	118	master	168
loop	226	make fun of	253	masterpiece	166
loose	229	make good	191	match	209
loosen	55	make it	9	material	140, 174
lose	186	make it (big)	191	matinée	266
lose face	247	make off with	137	matter	241, 263
lose weight	268	make or break	191	mature	123
loss	120	make out	105, 151	maximal	201
loss leader	49	make progress	222	maximize	201
lost and found	14	make the most of	194	maximum	201
lot	43, 52	make up	206	mayor	235
lottery	267	make use of	194	maze	265
loud	227	makeup	77, 269	MBA	168
lounge	22	malfunction	179	meadow	172
lower	49, 54, 127	mall	46	meaningful	262
loyal	255	man	78	meaningless	262
loyalty	89	manage	73	means	147
Ltd.	72	manage to do	191	meanwhile	238
lucid	150	management	73, 88	measure	205

measurement	205	mill	176	moody	247
measures	147	million	204	moonlight	94
mechanical	178	millionaire	214	moral	146
meddle in	192	mind	246	morale	89
media	163	mine	174	moratorium	130
mediate	132	mineral	174	moreover	279
medical	270	minimal	201	mortgage	43, 124
medicine	270	minimize	201	mostly	278
medium	198	minimum	201	motel	22
meet	16	minor	200, 263	motion	28, 149
meet halfway	132	minority	200	motion sickness	19
melt	224	minute	200	motivate	89
membership	129	minutes	140	motivation	89
membership fee	129	mirror	40	motor	175
memento	241	miscellaneous	203	motorbike	6
memo	101, 104	mishap	189	motorcycle	6
memo pad	100	mislead	155	mount	54
memoir	241	misplace	55	mourning	31
memorial	241	miss	246	mouse	110
memorize	241	missing	19	mouth	33
memory	241	mission	95	move	42, 244
menace	190	mistake	155	movement	28
mend	179	mistaken	157	movie theater	267
mental	242	misunderstand	155	mower	38
mention	148	misuse	194	muddy	6
mentor	85	mitigate	219	muggy	237
menu	272	mix	225	multifaceted	203
merchandise	71	mobile	181	multilateral	203
merchant	46	mobile (phone)	114	multiple	203
merely	279	mobilize	95	municipal	235
merger	74	mock-up	182	mural	264
merger and acquisition		moderate	140, 200	muscle	269
	74	moderator	140	museum	264
merit	186	modern	238	mustache	30
merit system	87	modernize	75	mutual	74
meritocracy	87	modest	255	myriad	200
mess	277	modify	207	**n** nag	254
message	115	module	34	nail	36
metal	174	moist	237	name tag	64
metal detector	16	mold	194	Name your price.	49
metallic	174	monetary	122	narrate	164
meteorologist	237	money order	123	narrow	228
method	147	moneymaking	126	nasty	247
metropolitan	235	monitor	178	nationwide	235
microwave	274	monopolize	214	native	235
mild	236	monotonous	222	navigate	12
mile	205	monthly	239	nearby	231
mileage	11	monument	20	nearly	278
milk a cow	172	mood	242	neat	62, 93

negative	256	oar	33	on edge	247
neglect	256	obese	268	on loan	86
neglected	5	obey	188	on request	52
negligent	256	obituary	162	on sale	46
negotiate	132	object	144, 147, 227	on the road	64
negotiation	132	objective	147, 150	on the shelf	133
neighborhood	231	obligatory	131	on the side	94
nervous	247	oblige	259	on the spot	238
nest box	26	obliged	250	on the whole	278
net	121, 173	oblique	226	on time	9
network	164	obscure	157	oncost	120
neutral	188	observation deck	20	one after another	279
new recruit	85	observatory	20, 237	one-way	14
newcomer	85	observe	148, 159, 192	ongoing	213
news bulletin	164	obsolescent	63	on-line	113
newscast	164	obstacle	193	opening	78
newsletter	104	obstinate	254	open-minded	255
newsstand	163	obstruct	193	operate	195
next to	231	obtain	215	operating system	110
nice	274	obvious	157	operator	114
niche	71	occasion	240	opinion	149
nickel	47	occasionally	238	opportunity	240
nifty	62	occupation	94	oppose	144
no-frills hotel	22	occupy	214	opposite	261
noisy	93	occur	212	oppress	192
nominal	200, 204	odds	190	optical	182
nominate	81	of ~ make	176	optimistic	146
noncommittal	256	of late	238	optimum	209
normal	199	off duty	95	option	131, 147, 178
nosedive	127	offend	245	optional	131
nostalgia	241	offense	137	orchard	171
notable	261	offer	44, 134	ordeal	189
note	47, 104, 167, 262	office regulation	88	order	52, 233, 259
notebook	100	office supplies	100	order sheet	52
noted	64	officer	235	orderly	93
notice	43, 102, 104, 262	official	235	ordinance	136
noticeable	261	offset	119	ordinary	199
notify	102	offshore	234	organic	171
novel	60	OHP	141	organization	77
novelist	166	OJT	85	organize	77
novelty	60	omit	219	original	62, 104
nowadays	238	on ~ terms with	250	originate	212
nozzle	40	on a ~ basis	146	ornament	5
nuisance	189	on account of	211	otherwise	279
nullify	131	on approval	45	ounce	205
number	204	on behalf of	95	out of	204
numerate	196	on credit	51	out of order	179
numerous	200	on demand	52	out of sorts	268
nutrition	268	on duty	95	out of stock	53

out of town	64	overturn	229	particle	207
outbound	15	overview	152	particular	199, 254
outcome	210	overweight	268	particularly	199
outdo	187	overwhelm	187	partition	92
outdoors	230	owe	125	partnership	74
outer	230	owing to	211	parts	178
outfit	31, 37	own	214	part-time	94
outgoing	64, 86	owner	214	party concerned	132
outing	265	ownership	214	pass	140
outlay	120	oxygen mask	17	passable	200
outlet	45, 111	Pacific Ocean	234	passage	167, 238
outline	152	pack	54, 55, 57	passbook	122
outlook	146	package	54	passenger	15
outnumber	187	packet	57	passenger seat	10
out-of-date	63	pact	128	passerby	6
outplacement	84	paddle	33	passionate	254
output	177	paddy	33	passive	256
outrageous	201	page	23, 167	passport	19
outside	230	pageant	266	password	112
outskirts	235	pail	27	past	238
outsourcing	75	pain	189	past record	79
outspoken	255	paint	36	paste	100
outstanding	51, 261	painting	264	pastime	264
oval	226	palatable	274	pasture	172
over	212	pale	243	patch	207
overall	199	pallet	54	patent	183
overcast	236	pamphlet	61	path	7
overcharge	50	pane	38	patient	255
overcome	189	panel	142	patio	38
overdo	187	panorama	20	patron	44
overdue	123	pantry	22	patronage	44
overflow	201	paper jam	93	pattern	227
overhang	5	papers	104	pause	97
overhaul	179	paperwork	94	pavement	2
overhead	120	par	126	pawn	124
overhead bin	17	paragraph	167	pay	51, 90
overhead projector	141	parallel	226	pay off	51, 84
overlap	260	paralyze	223	pay phone	114
overlook	20, 158, 255	paramount	62	pay raise	90
overly	201	parcel	54	payback	51
overnight	23	pare (down)	119	paycheck	90
overpass	2, 7	parent company	72	payday	90
overseas	234	park	12	payment	51
oversee	88	parking lot	12	payroll	90
overseer	88	parlor	45	peak	32
overstock	53	part	95	pebble	6
overtake	186	partake in	142	peculiar	261
over-the-counter	45	partial	257	pedal a bike	3
overtime	90	participate in	142	pedestrian	2

pedestrian overpass	2	photographer	21	pledge	124
peer	77	phrase	153	pliers	36
peg	36	physical	268	plot	43
pen	172	physician	270	plow	170
penalty	137	physics	182	plug	3, 40, 60, 111
pending	143	physique	30	plug in	111
penetrate	225	pick	170	plumber	40
pennant	3	pick out	46	plummet	127
pension	91	pick up	12, 71	plump	30
penthouse	5	pickup	54, 56	plunge	127
per	204	picky	254	plush	62
per head	204	pictorial	167	plywood	35
perch	26	piecework	94	poach	173
percolator	92	pier	32	pocket	137
perfect	201	pierce	225	point	141
perform	99, 266	pile	54	point out	149
performance	87, 178	pillar	39	pointed	229
perfume	269	pilot	182	pointer	141
period	239	pilot plant	182	polar	234
periodical	167	PIN	123	pole	3
peripheral	110	pinpoint	151	policy	69, 146
perk	91	pioneer	73	polish	177
permanent	213	piracy	166	polite	255
permit	80, 259	pirate	137	polka-dot	227
perplex	245	pitch	28, 228	pollute	223
persist in	257	pitfall	190	pompous	62
personal effects	16	pity	246	pond	32
personal history	79	pivotal	263	pool	124
personality	197	PL	118	POP	61
personnel	86	placard	102	popularity	64
perspective	146	place	55	porch	38
persuade	259	place an order	52	port	32
pertinent	208	placement	78	portable	181
pessimistic	146	plaid	227	porter	23
pesticide	170	plain	157, 227	portfolio	52, 126
petition	134	planetarium	265	portion	207, 273
petroleum	174	plank	35	portrait	264
Ph.D.	168	plant	173, 176	pose	28, 153
pharmaceutical	270	planter	92	position	86
pharmacy	270	plaster	31, 35	positive	254
phase	240	plastic bag	47	possess	214
phase out	195	plate	177	possession	214
philosophy	146	plateau	32	possibility	190
phone book	114	platform	8, 14, 141	post	86, 102
phone booth	3, 114	plausible	150	post office	106
phony	180	play	266	postage	106
photo(graph)	21	playground	20	postal	106
photocopy	93	plead	134	poster	102
photogenic	21	please	244	postgraduate	168

postmark	107	
postpone	142	
postscript	107	
posture	28	
potential	190, 196	
pothole	6	
poultry	172	
pound	205	
pour	29	
powder	274	
powder room	41	
power	111, 175	
power cut	19	
power generation	175	
power lunch	97	
PR	60	
practically	278	
practice	94, 146	
practitioner	94	
praise	258	
precautions	66	
precautious	257	
precede	233	
precedence	147, 233	
precious	262	
precipitation	237	
precise	157	
precision machine	175	
precondition	80	
predecessor	87	
predicament	190	
predict	154	
predominant	187	
prefabricated	34	
preface	167	
prefecture	235	
prejudice	146	
preliminary	203	
premature	143	
premiere	266	
premise	156	
premises	43	
premium	89	
premiums	69	
preoccupied	246	
preparatory	203	
prepare	98	
prepay	51	
prerequisite	80, 169	
prescription	270	
present	140, 151, 153, 238	
presentation	141	
presenter	141	
preserve	215	
preside	140	
president	76, 140, 169	
press	55, 163	
press for	134	
press release	163	
pressing	96	
pressure	247	
prestigious	62	
presumably	279	
presume	154	
presumptuous	257	
pretax	51	
pretty	278	
prevail	63	
prevalent	63	
prevent	193	
preview	267	
previous	233	
previously	233	
price	50	
price tag	48	
price war	49	
prices	70	
primary	198, 232	
prime	232	
prime time	164	
principal	122, 263	
print	166	
printer	110	
prior to	233	
priority	147	
privilege	131	
prize	267	
probability	190	
probation	85	
probe	158	
procedure	66, 129	
proceed	222	
proceedings	140	
proceeds	120	
process	98, 177	
processed	274	
proclaim	149	
procure	215	
prodigal	125	
prodigy	196	
produce	153, 171, 177	
product	171, 177	
product liability	67	
production	177	
productivity	177	
profess	149	
profession	94	
professional	196	
professor	169	
proficient	197	
profile	60	
profit	120	
profitable	44	
profound	228	
program	164	
progressive	254	
prohibit	193	
project	147	
projecting	228	
projection	71	
projector	267	
proliferate	218	
prolific	202	
prolong	220	
promenade	27	
prominent	261	
promise	103	
promising	196	
promote	86, 221	
promotion	60, 86	
prompt	96	
prompter	266	
proof	156, 166, 180	
proofread	166	
prop	35, 36	
proper	150, 261	
property	214	
propman	266	
proportion	204	
propose	134	
proprietor	214	
propriety	255	
pros and cons	144	
prospect	190	
prospective	190	
prospectus	66, 73	
prosper	44	

305

protect	188	put forward	153	ratio	204		
protein	268	put in for	78	rational	150		
protest	134	put off	142, 247	rave	267		
protocol	113	put on	31	raw	274		
prototype	182	put on weight	268	razor	40		
proud	243	put up	102	RE	101		
prove	156	put up with	188	reach	102		
provide	151	puzzle	245	react	253		
provider	113	**q** QC	180	reaction	253		
province	235	qualification	80	readership	167		
provision	130	qualified	80	ready-made	276		
proviso	130	quality	180	real estate	43		
provoke	245	quality control	180	real estate agent	43		
proximity	231	quantity	202	realize	99, 154		
proxy	128	quantum	202	realtor	43		
prudent	255	quarantine	17	reap	170		
prune	119	quarrel	144	rear seat	10		
PS	107	quarter	47, 118	rearview mirror	10		
pseudonym	166	quarterly	118	reason	210		
psychological	242	quest	158	reasonable	48, 150		
pub	275	questionnaire	60	reassure	245		
public relations	60	queue	47	rebate	51		
publication	167	quiet	93, 227	rebellious	257		
publicity	64	quit	84	rebuild	34		
publish	167	quota	89	rebuke	258		
publisher	167	quotation	52	recall	67, 241		
puddle	6	quote	52, 151	recede	71		
pull	55	**r** R&D	182	receipt	47		
pull down	34	rack	15	receive	57		
pull over	12	radical	201	receiver	114		
pull through	189	raffle	267	recently	238		
pull up	12	raft	32	reception	65		
punch in	88	rage	247	receptionist	23, 92		
punch out	88	rail	15, 39	recession	71		
punctual	88	railing	6	recipe	274		
punish	258	rain out	265	recipient	106, 214		
purchase	48	raise	90, 170, 215	reciprocal	74		
pure	201	rake	26, 170	reciprocate	250		
purify	41	rally	127, 142	recite	241		
purpose	147	ramble	27	reckon	121		
purse	31	ranch	172	reclaim	175		
pursue	99, 158	random	192	recline	28		
push	55	range	198	recognize	154		
pushover	96	rank	198	recollect	241		
put A before B	147	rapid	222	recommend	81		
put A through to B	114	rapport	133	recompense	68		
put aside [away/by]	215	rarely	278	reconcile	132		
put away	277	rate	50, 87, 204	reconfirm	18		
put down	105	rating	164	reconsider	158		

record	105, 165	release	221, 267	reproach	258
recoup	68	relegate	86	reprove	258
recover	215	relevant	208	reputation	64
recovery	71	reliability	251	request	134, 259
recreation	264	reliable	251	require	134, 259
recruit	78, 85	reliance	251	requirement	80
rectangle	226	relics	20	requisite	80
rectify	207	relieve	219, 245	requisition	52
recycle	194	relinquish	131	rerun	164
red tape	235	relocate	93	research	182
redeem	124	reluctant	256	reservation	18, 130
redo	34, 207	rely on	251	reserve	18, 145
redress	68	remain	213	reserved	255
reduce	119, 219	remainder	202	reservoir	171
reduction	219	remains	20	reshuffle	86
redundant	202	remark	148	residence	42
refer to	148, 154	remarkable	261	resign	84
reference	79, 148, 153	remedy	270	resignation	84
referral	79	remind	103, 241	resigned	256
refill	11, 93, 273	remit	123	resist	188
refined	62	remodel	34	resolute	254
reflect	154, 208, 241	remonstrate	144	resolve	145
reform	207	remote	231	resort	20
refrain	256	remote control	165	resource	174
refresh	244	remove	31, 219	respect	240, 251
refreshments	273	remuneration	91	respective	199
refuel	11	render	153	respond	106
refund	51	renege	129	respondent	60
refurbish	34	renew	128	responsibility	95
refuse	134	renounce	131	rest	97, 202
regain	215	renovate	34	restaurant	272
regard	155	renowned	64	restore	215
regardless of	208	rent	43, 125	restrain	192
region	235	repair	179	restrict	192
register	106, 129	reparation	68	restroom	41
registration	73, 129	repay	51	restructure	75
regret	246	repeat	213	result	210
regular	199	repeatedly	213	resume	213
regulate	136	replace	67, 195	résumé	79
regulation	136	replacement	87	retail	45
rehearse	98	replenish	93	retailer	45
reimburse	68	reply	106	retain	215
reinforce	221	report	151	retaliate	188
reject	79, 134	reportedly	163	retire	84
relate	208	repose	97	retirement	84
relation(ship)	208	reprehend	258	retractable	181
relatively	200	represent	64	retrench	119
relax	92, 244	representative	64, 142	retrieve	67, 112, 215
relay	164	reprimand	258	retrospect	241

return	67, 126	rotate	95	savings	122
return address	107	rough	228	savory	274
reunion	168	roughly	121	saw	36
reuse	194	round	226	sawing	173
reveal	149	roundabout	150	scaffold	35
revenge	188	round-trip	14	scale	198, 268
revenue	120	route	4	scan	113, 158
reverse	261	routine	95	scandal	163
reversible	181	row	33, 47	scarce	202
review	158, 267	royalty	166	scarcely	278
revise	167, 207	rubber	100	scare	245
revive	71	rubber band	100	scarecrow	170
revoke	18	rude	257	scatter	221
revolving door	22	ruin	223	scene	20
reward	91, 258	rule out	219	scenery	20
rice paddy	33	ruler	100	schedule	18
rich	202	rumor	252	scheme	147
rider	130	run	73	scholarship	169
ridership	8	run away with	137	scissors	100
ridge	32, 35	run out	131	scold	258
rig	195	runway	16	scope	198
right	131	rupture	133	score	169
right now [away]	238	rural	235	scrabble	105
rigid	254	rush	259	scrap	34, 163
rim	230	rush hour	15	scratch	10, 105
ring	114	rust	177	scratch paper	100
rip	225	**S** sack	84	scrawl	105
ripple	33	sacrifice	188	screen	79, 110
rise	127, 218	safe	122	screw	36
risk	190	safeguard	188	scribble	105
rival	72	sail	33	scrimp	119, 125
riverbank	32	salad	272	script	141
rivermouth	33	salary	90	scroll	113
road	7	sale	46	scrumptious	274
road sign	2	salesclerk	46	scrupulous	255
roam	27	salesperson	46	scrutinize	158
rob	225	saloon	22	sculpture	264
robot	178	salute	252	seaboard	32
robotics	178	same	260	seal	55, 128
robust	71	sample	52	search	158
rod	33	sanction	81	season	274
role	95	sandbox	27	seasonable	274
roller coaster	265	sanitary	41	seasonal	239
rollout	60	sanitation	41	seat	14, 266
roof	38	satellite	164	seat belt	17
room	202	satisfy	244	secluded	5
root	26	saturate	70	second thought	159
rope	54	save	112, 122, 215	secondary	232
rot	224	save (one's) face	247	secondhand	45, 208

secretary	76, 140	settle	42, 145	shrewd	197
section	76, 207	settlement	118	shrine	20
section chief	76	setup	37, 111	shrink	224
sector	175, 207	severance (pay)	84	shrub	38
securities	126	severe	236, 254	shut down	111
security	124, 188	sew	276	shuttle	8
sedan	11	sewage	41	shy	256
sedentary	89	sewer	41	sideburns	30
see off	16	shade	26, 92	sidewalk	2
see the sights	20	shake hands	252	sightseeing	20
seed	170	shallow	228	sign	128, 222
seedling	173	shame	247	sign up for	129
seek	158	shape	226, 268	signal	2
segment	207	shape up	269	signature	128
seize	28	shape-memory	181	signboard	2
seldom	278	share	71, 95, 126	significant	263
select	46	shareholder	126	sign-in	88
self-development	85	sharp	222, 229	signpost	2
self-employed	94	shatter	225	silent	153
selfish	257	shaver	40	silo	172
self-made	196	shed	172	similar	260
semester	169	shelf	92	similarity	260
semiconductor	182	shepherd	172	simple	150
seminar	169	shield	188	simulate	183
send in	153	shift	95	simultaneously	238
send out	56	ship	56	sincere	246
sender	106	shipbuilding	175	Sincerely (yours),	107
senior	77, 169	shipment	56	sine die	131
seniority system	87	shipping	56	sink	40
sensation	163	shipping charge	56	site	43, 113
sense	242	shipyard	175	sitting	76
sensible	255	shoot up	127	situated	93
sensitive	104, 242	shoplift	47	situation	240
sentence	137, 167	shopper	47	sit-up	269
separate	225	shortage	202	sizable	200
septic tank	41	shortchange	47	size	205
sequel	167	shortcoming	186	skeptical	257
serene	236	shortcut	4	sketch	34, 151
serial	167, 213	shorthand	140	skid	13
serious	255, 263	shorthanded	78	skill	197
serve	262, 272	shortly	238	skilled	197
server	112	shot	21	skillful	197
service	8	shoulder	6	skim	158
service station	11	shovel	38	skip	256
session	142	show	164	skyline	2
set about	212	show(ing)	61	skyrocket	127
set back	193	showcase	61	skyscraper	2
set up	73	showy	227	slack	71, 256
setback	186	shred	93	slant	226, 228

slash	119	soup	272	spreadsheet	110
sleek	62	source	210	sprinkler	26
sleeping car	15	souvenir	21	sprout	26
sleeping facility	22	sow	170	square	3, 51, 226
slender	30	spa	20	squat	28
slide	141	spacious	39	squeeze	119, 225
slight	200, 222	spam (mail)	113	stable	172
slim	30	span	239	stack	54
slim up	269	spare	125, 203	stadium	265
slip	50	spare time	264	staff	78
slogan	60	sparing	125	stage	198
slope	7	speak to	115	stagnant	71
slow down	96	special	199	stain	277
sluggish	71	special express	14	stairs	39
slump	71	special(ty)	272	stake	267
smart	197	specialize in	168	stall	3, 13, 272
smash	225	specialty	21	stamp	107
smoke	274	specific	157, 199	stand	3, 188
smokestack	176	specifications	57, 66	stand by	95
smoking	93	specifics	50	stand out	261
smooth	228	specify	130, 151	standard	180, 198
smorgasbord	273	specimen	52	standardize	180
snack	273	specs	179	standby	18
snack bar	272	spectacles	30	standing	86, 240
snobbish	257	spectacular	62	standpoint	146
snug	39	spectator	265	staple	171, 263
so far	238	spectrum	198	stapler	100
soap dish	40	speculate	126	star	267
soar	127	speed up	96	start up	111
so-called	279	spell	239	state	148
sociable	65	spell out	151	state of affairs	240
socket	111	spend	125	statement	118, 148
sofa	92	sphere	226	station	8, 86
soft	229	spiel	60	station attendant	14
software	110	spill	29	stationery	100
soil	171	spin off	75	statistics	204
solar	175	spine	167	statue	20
sold out	46	spinning	175	status	86
sole	199	spiral	226	steady	222
solemn	254	spirits	275	steal	48, 137
solicitor	64	splash	6	steel	174
solid	227, 229	splendid	62	steep	222, 228
solve	145	split	225	steer	12
sommelier	272	spoil	223, 224	steering wheel	10
sophisticated	62	sponsor	60, 81, 124	stem	212
sophomore	169	spout	40	stenography	140
sort	156	sprain	270	step	8, 198
so-so	200	spray	38	step down	84
sound	268	spread	220	stepladder	35

steps	147	striped	227	sum up	121, 152
stereotype	146	strobe	21	summarize	152
sterile	171	stroll	27	summary	152
stern	254	stroller	27	summit	32
stick	27, 55, 225	structure	34, 77	sumptuous	62
stick to	257	struggle	99	sunrise	33
sticky	237	stub	26, 266	sunset	33
stiff	229, 254	stubborn	254	suntan	269
stimulate	211	studio (apartment)	42	superb	62
stipulate	130	study	39	superintendent	42
stipulation	130	stuff	174, 274	superior	77, 187
stir	225	stump	26	superiority	187
stock	55, 126, 172	stylish	62	supermarket	46
stock exchange	126	subcontract	75	supervise	88
stock farm	172	subdued	227	supervisor	88
stockholder	126	subject	241	supplement	167, 218
stool	92	subjective	150	supplements	268
stoop	28	sublet	43	supplier	52
stop	193	subliminal	242	supply	70, 151
stopover	14	submit	153	support	251
stoppage	179	subordinate	77	suppose	154
storage	53	subscribe to	163	suppress	192
store	53	subscriber	164	supreme	62
storehouse	53	subsequent	233	surcharge	50
storekeeper	46	subsidiary	72	sure	243
story	39, 162	subsidy	124	surety	124
stout	30	substance	227	surf	113
straight	228	substantial	200	surface	67
straightforward	255	substitute	195	surge	33, 218
strain	247	subtitles	267	surgeon	270
strand	193	subtle	200	surpass	187
strap	15	suburbs	235	surplus	120
strategy	147	subway	4	surprise	244
straw	170	subway line	4	surround	231
stray	4	subway station	4	surroundings	93
stream	32	succeed	87	survey	152, 158
streamline	75	successful	191	surveyor	70
street	3, 4	successive	213	survive	213
streetcar	4	successor	87	suspect	154
streetlight	2	sue	136	suspend	5, 137
strengthen	221	suffer	189	suspicious	257
stress	152, 247	sufficient	202	sustain	215
stretch	220	suggest	134, 151	sustainable	215
strict	254	suit	136, 209	swallow up	74
strike	28, 88, 244	suitable	209	swap	195
striking	261	suite	22	swear	149
string	36	sultry	237	sweat	269
stringent	254	sum	121, 202	sweep	277
strip	225	sum total	202	swell	224

swindle	137	
swipe	137	
switch	195	
switch off	165	
switch on	165	
switchboard	114	
symbolize	61	
symmetrical	226	
sympathize	246	
sympathy	246	
symposium	142	
symptom	222	
syndicate	72	
synergy	74	
synthesize	220	
synthetic	177	
t T.L.O.	57	
table	141	
tabloid	163	
tack	100	
tackle	37, 98	
tact	197	
tactics	147	
tag	54	
taillight	10	
tailor	209	
take ～ off	97	
take ～ 's place	87	
take a nap	97	
take advantage of	194	
take back	67	
take down	179	
take effect	131	
take hold of	28	
take off	17, 31	
take on	98	
take over	87	
take part in	142	
take place	142, 212	
take stock	53	
take to	264	
take turns ～ing	95	
takeout	273	
takeover	74	
talent	196	
tally	50	
tan	269	
tangible	157	
tank	41	
tap	40
tap water	19
tape measure	36
taper	224
tardy	88
target	147
tariff	70
task	95
taste	264
tasty	274
tavern	275
tax	91
taxation	91
tax-free	21
taxi	6
taxi stand	3
taxpayer	91
tear off	55
tears	243
tease	253
technical support	113
technique	197
technology	182
tedious	89
telecommunication	182
telemarketing	66
telephone directory	114
telephone rate	114
televise	164
teller	123
temperature	237
temple	20
temporary	213
tempt	259
tenant	43
tend to do	240
tendency	240
tender	34, 153
tension	247
tentative	143
tenure	87, 130
term	130, 153, 239
terminal	232
terminate	129
terminology	153
terrific	62
territory	234
tertiary	232
test	158
testimonial	79
textile	175
texture	276
thank	258
thanks	250
thanks to	211
thaw	224
the bar	136
the other way around	261
theater	266
theatrical company	266
theft	137
theme	241
theory	156
therapy	270
therefore	279
thermal	181
these days	238
thesis	169
thick	228
thin	30, 228
think twice	159
thorn	26
thorough	201
thousand	204
threat	190
threaten	190
thrift	125
thrifty	125
thrive	44
throughout	278
throw	28
throw away	195
throw in	49
thumbtack	100
thunder	236
thunderhead	236
ticket	14
ticket gate	14
ticket wicket	14
tidy	93
tidy up	93
tie	55
tie up	9
tied up	96
tie-up	74
tight	229
tighten	55

tile	38	traffic congestion	9	trunk	10, 26, 31
till	170	traffic jam	9	trust	72, 251
timber	173	traffic offense	13	trustee	76
time clock	88	traffic regulations	13	trustworthy	251
time difference	19	trail	7, 55	try on	276
time limit	96	trailer	267	tryout	79
time-consuming	89	trainee	85	tuition	50, 169
timetable	15	trait	261	tumble	27
timid	256	tram	4	tune	165, 264
tin	174	transact	44	tune up	179
tiny	200	transaction	44	turbulence	17
tip	23, 153, 229	transcript	79, 169	turf	26
tip-top	62	transcription	164	turn around	71
title	43	transfer	15, 86, 123	turn down	134, 165
title deed	43	transform	224	turn in	153
to put it briefly	279	transit	8, 17, 56	turn off	165
to sum up	279	transition	222	turn on	165
toast	275	translate	166	turn out	177, 210
toilet	41	transmit	56	turn to	251
toilet bowl	41	transparency	75	turn up	165
toilet seat	41	transparent	227	turnaround	75
toiletries	40	transport	8	turnover	78, 120
token	250	transportation	8	tutor	169
tolerant	255	trap	40	TV personality	164
tolerate	188, 255	trash	277	TV spot	60
toll	50	trash can	27	type	111
toll-free number	66	travel agency	18	typical	199
tool	37	traveler's check	21	typo	166
top	187, 232	treasurer	119	**u** ultimate	232
topic	241	treat	65, 98, 273	ultimatum	133
top-of-the-line	62	treaty	128	unanimous	143
torture	189	tremendous	200	unauthorized	113
total	121	trend	63, 240	unavoidable	211
touch	102, 244	trend-setting	62	under repair	7
tough	57, 89	trendy	63	undercut	49
tour	20	trial	136, 189	undergo	189
tourism	20	triangle	226	undergraduate	168
tourist	20	tribute	250	underline	152
tow	13	trigger	211	undermine	223
towel rack	41	trim	38, 119, 269	underpass	2
tower	20	trimmings	274	underpay	90
towering	2	triple	218	underscore	152
track	6, 14	tripod	21	understaffed	78
trade	44, 70	triumph	186	undertake	98
trade fair	61	trivial	263	undo	55
trade in	45	tropical	234	unduly	201
trade-off	132	trouble	189	uneasy	247
trader	127	troubleshoot	179	unemployment	84
traffic	9	trowel	27	unfortunately	279

313

uniform	31	vacant	229	view	20, 149
unify	220	vacant seat	15	viewer	164
unilateral	203	vacate	43	viewpoint	146
unique	62, 199	vacation	97	villa	42
unit	205	vacationer	20	vineyard	171
unite	133, 220	vacuum	277	vintage	275
universal	199	vague	157	violate	129
unlike	278	vain	262	virtually	278
unlikely	190	valid	131	virus	113
unload	54	validity	131	visa	19
unlock	22	valley	32	visible	227
unmatchable	62	valuable	262	vision	146
unparalleled	62	valuables	23	visitor	92
unplug	111	value	262	visual	141
unprecedented	201	van	11	vivid	62
unrealistic	143	vanish	224	vocation	94
unusual	199	vantage point	20	vogue	63
unveil	60	variable	222	void	131
unwilling	256	variation	222	volcano	32
unzip	276	variety	203	volume	167, 205
up in the air	143	various	203	voluntary	192
up to now	238	vary	203	volunteer	192
up-and-coming	196	vast	200	vote	145
upbeat	71	vegetable	171	voucher	49
upcoming	267	vegetarian	268	vow	149
update	111, 128	vehicle	11	voyage	18
upgrade	111, 183	vending machine	3	VP	76
upkeep	120	vendor	52	vulnerable	190
upmarket	71	vent	38	**W** wade	32
upright	226	ventilator	22	wage	90
upset	223	venture	73	wagon	55
upside down	229	venue	140	wait on	272
up-to-date	63	verbal	150	waiting list	18
uptown	235	verge	230	waiting room	14
urban	235	verify	156	waive	131
urge	259	versatile	181	wake-up call	23
urgent	96	version	167	walk a dog	27
usage	66	vertical	226	walkout	88
use up	194	vessel	56	walkway	7
used	45	vested	131	wall	39
user-oriented	181	via	18	wander	27
usher	266	via air mail	107	want ad	78, 162
utensil	37	viable	143	warehouse	53
utilities	43, 50	vice versa	261	warm-up	269
utilize	194	vice-president	76	warn	259
utmost	201	vicinity	231	warning	237
utter	148	vicious circle	223	warp	224
UV	269	victory	186	warranty	69
V vacancy	23, 78	video	165	washroom	41

waste	125, 175	wholesale	45	wrinkle		228
wastebasket	92	wholly-owned	73	write down		105
wastepaper	277	wide	228	write off		119
water	38	widen	220	writer		166
water closet	41	widespread	63	written		150
water mill	32	width	205	wrong		157
waterfall	32	will	214	wrong number		115
waterfront	32	win	186	**y** yacht		33
watering can	27	wind	7	yard	38, 205
waterproof	181	windfall	120	yell		254
wave	33	windmill	33	yellow journalism		163
wax	218	window dressing	119	yet		279
way	241	windshield	10	yield	126, 171, 188
wealth	214	wing	16	yummy		274
wealthy	214	winkers	10	**z** zip code		107
wear	31	wipe	29	zip up		276
weather	223, 236	wiper	10	zoo		265
weather forecast	237	wire	36			
weather map	237	wise	197			
weather report	237	withdraw	123			
weather station	237	withdrawn	256			
weathervane	38	wither	224			
weave	194	withhold	91, 145, 193			
website	113	without fail	279			
weed	38	withstand	215			
weed-killer	170	witness	128			
weigh	159, 205	woman's room	41			
weight	205	wood	173			
welcome	65	wooden	34			
welfare	88	work	166, 179			
well off	214	work out	183, 210, 269			
well-doing	191	work out to	121			
well-informed	196	workaholic	97			
wellness	268	workbench	36			
well-paid	90	workforce	84			
well-to-do	214	working conditions	88			
whaling	173	workload	89			
wharf	32	workshop	85			
wheat	170	workweek	88			
wheel	10	worn	179			
wheel track	6	worn out	97			
wheelbarrow	55	worry	247			
wheelchair	27	worsen	223			
whirlpool	32	worth	262			
whiskers	30	worthy	262			
whitecap	33	wound	270			
white-collar	94	wrap	55			
whiteout	100	wrap up	99			
whole	199	wrench	36			

編者プロフィール

佐藤誠司（さとう せいし）

東京大学英文科卒業。広島県教育委員会事務局、私立中学・高校教諭などを経て、現在は（有）佐藤教育研究所を主宰。英語学習全般の著作活動を行っている。著書に『入試英文法マニュアル』『リーディングのための英文法』（いずれも南雲堂）、共著書に『中学英語を5日間でやり直す本』『英語力テスト1000』（PHP文庫）、『使える英語の基本』（宝島社）、『知らないと恥をかく！ネイティブ英語の常識175』（ソフトバンク新書）、『英検2級合格オールインワン』（文英堂）、『新TOEIC®テスト英単語の底力』（ユニコム）など。

小池直己（こいけ なおみ）

広島大学大学院修了。カリフォルニア大学ロサンゼルス校（UCLA）の客員研究員を経て、現在、就実大学人文科学部実践英語学科ならびに同大学大学院教授。NHK教育テレビの講師も務めた。代々木ゼミナール、河合塾、東進ハイスクールの講師を歴任。『TOEIC®テスト最速チャージ』シリーズ（ジャパンタイムズ）、『英会話の基本表現100話』（岩波書店）、『TOEIC®テストの英文法』（PHP）など著書は300冊を超える。「放送英語を教材とした英語教育の研究」で日本教育研究連合会より表彰受賞。

TOEIC®テスト ビジュアル英単語

2009年3月5日　初版発行
2018年5月5日　第10刷発行

編　者　佐藤誠司／小池直己
　　　　© Seishi Sato, Naomi Koike, 2009
発行者　堤　丈晴
発行所　株式会社 ジャパンタイムズ
　　　　〒108-0023 東京都港区芝浦4丁目5番4号
　　　　電話　(03)3453-2013 [出版営業]
　　　　振替口座　00190-6-64848
　　　　ウェブサイト　http://bookclub.japantimes.co.jp
印刷所　日経印刷株式会社

本書の内容に関するお問い合わせは、上記ウェブサイトまたは郵便でお受けいたします。

定価はカバーに表示してあります。

万一、乱丁落丁のある場合は、送料当社負担でお取り替えいたします。ジャパンタイムズ出版営業部あてにお送りください。

Printed in Japan　ISBN978-4-7890-1344-4